기름부으심이 넘치는 치유와 권능

기름부으심이 넘치는 치유와 권능

지은이 | 손기철
초판 발행 | 2006. 3. 15
62쇄 발행 | 2025. 11. 28
등록번호 | 제 3-203호
등록된 곳 | 서울시 용산구 서빙고동 95번지
발행처 | 사단법인 두란노서원
영업부 | 2078-3333 FAX 080-749-3705
출판부 | 2078-3477

▌책값은 뒤표지에 있습니다.
ISBN 89-531-0620-6 03230
ISBN 978-89-531-0620-8 03230

▌독자의 의견을 기다립니다.
tpress@duranno.com http://www.Duranno.com

두란노서원은 바울 사도가 3차 전도 여행 때 에베소에서 성령 받은 제자들을 따로 세워 하나님의 말씀으로 양육하던 장소입니다. 사도행전19장 8-20절의 정신에 따라 첫째 목회자를 돕는 사역과 평신도를 훈련시키는 사역, 둘째 세계선교(TIM)와 문서선교(단행본 · 잡지)사역, 셋째 예수문화 및 경배와 찬양 사역, 그리고 가정 · 상담 사역 등을 감당하고 있습니다. 1980년 12월 22일에 창립된 두란노서원은 주님 오실 때까지 이 사역들을 계속할 것입니다.

기름부으심이 넘치는

Healing, Power & Authority

치유와 권능

손기철 지음

두란노

사도행전은 28장으로 끝난다. 그러나 29장은 지금도 우리를 통해 쓰여지고 있다.

그러므로 사도행전 29장(ACTS 29)에는 모든 성도에 의한 성령의 역사가 기록될 것이다.

이 책에는 다음 내용이 포함되어 있다.

Activation of fresh anointing & faith

믿음과 기름부으심의 활성화

Challenge to power evangelism & divine healing

신유와 능력전도에 대한 도전

Teaching about kingdom & its mentality

하나님 나라와 그 백성의 마음을 가르침

Study of scriptural message & its application

성경말씀과 그 적용에 대한 연구

※ 이 책에 나온 영어 성경말씀은 따로 표기하지 않는 한 'New Living Translation (NLT)'을 사용하였다.

Contents

3부 오직 성령이 너희에게 임하시면… (행 1:8)

4부 병든 자에게 손을 얹은즉… (막 16:18)

5부 뱀과 전갈을 밟으며… (눅 10:19)

추천의 글

손기철 장로님은 온누리교회의 자랑스런 평신도 사역자입니다. 자신의 전공분야를 살려서 창조과학자로서의 역할도 훌륭하게 감당하였지만 그에게 있는 열정은 하나님의 기름부으심이 있는 내적치유 및 질병치유사역입니다. 그에게는 하나님의 능력과 권세를 보고자 하는 갈망이 있습니다. 그 갈망이 그를 사람들의 고통과 어려움 속으로 인도했습니다. 그리고 하나님의 기름부으심의 역사를 뜨겁게 체험하게 했습니다.

평신도 사역자인 손 장로님이 성령사역에 관해서 책을 쓰는 일이 쉽지만은 않았으리라고 생각됩니다. 신학교육의 배경이 없어서 부족한 모습이 있을 수도 있겠지만 사역의 현장에서 체험한 풍부한 경험은 우리에게 신선한 도전과 격려를 주기에 부족함이 없으리라고 생각합니다. 그가 가지고 있는 회복을 향한 소망은 우리가 어떤 사역자가 되어야 하는지 다시 한 번 일깨워 줍니다.

저는 이 책이 독자들을 치유와 회복의 은혜로 인도하여 하나님의 권능을 사모하게 해 줄 것이라 믿습니다. 또한 "믿는 자에게는 표적이 따르리니"(막 16:17)라는 말씀이 어떻게 우리의 삶을 변화시키며 복을 가져다줄 수 있는지 모델이 되어 줄 것이라 믿습니다.

하나님의 능력이 이 책을 읽는 독자들에게 넘치기를 바랍니다.

하용조 목사 (온누리교회)

It is with great joy that I recommend this book by Dr. Son.

This morning in the church dawn prayer service we saw the Scripture in John 10 where it is written that Jesus Christ was doing the Father's Works in helping people. What impresses me most about the ministry and life of Dr. Son is his strong desire to firstly glorify God and secondly help people in the same ways in which Jesus did.

May this book be an instrument of 'Blessing and New Life' to those who read it, an enhancement to their spiritual life, and an encouragement to walk in and with the Holy Spirit. God bless you!

Chris Harrison(Mosaic Ministry Pastor, Chodae Community Church, Norwood, NJ. USA)

손기철 장로님이 쓰신 책을 추천하게 되어 무척 기쁩니다.

저희는 오늘 아침 새벽기도회에서 예수님께서 사람들을 도우시며 하나님 아버지의 일을 하셨던 요한복음 10장을 보았습니다. 요한복음에 펼쳐지는 예수님의 발자취를 따라가다 보면 손 장로님의 사역하시는 모습이 많이 떠오릅니다.

저는 손 장로님의 삶과 사역에서 깊은 감명을 받았습니다.

첫째는 오직 하나님만 영광되게 하려는 것이고, 둘째는 예수께서 그러셨듯이 긍휼과 사랑의 마음으로 사람들을 돕고자 하는 장로님의 강한 사역의 의지였습니다.

이 책은 고통 가운데 있는 사람들, 어려움에 처한 사람들, 인생의 항로를 이탈하여 방황하는 많은 분들에게 새로운 삶을 제시하고 그들의 신앙이 성장할 수 있게 도와줌으로써 하나님의 축복의 도구가 될 것입니다. 또한 더 나아가 성령님과 동행하는 삶으로 인도하는 이정표가 되리라 확신합니다.

손 장로님의 사역에 하나님이 언제나 함께하시기를 축복합니다.

크리스 해리슨 목사 (초대교회)

추천의 글

오늘날 '과학주의'라는 우상을 맹신하여 하나님을 알지 못하는 것이 문제지, 과학 그 자체는 만물에 깃든 하나님의 신성과 능력을 알게 하는 놀라운 축복이요 은혜다. 이와 마찬가지로 기독교에서도 '신비주의'가 문제지, 본래 기독교는 신비한 것을 포함하고 있다. 왜냐하면, 하나님 나라의 도래와 역사는 비합리적인 것이 아니고 초합리적인 질서이기 때문이다. 실제로 하나님의 초자연적인 계시와 섭리가 없었더라면, 오늘의 내 삶과 한동대학은 없었을 것이다. 손 장로는 그동안 창조과학 책을 몇 권 집필하였지만, 이번 책에서는 지성적인 교수로서 또한 복음주의 개혁신앙에서 성숙한 사람으로는 쉽게 접할 수 없는 바로 그 '기독교의 신비'에 대한 이야기를 나누고 있다.

나는 1991년 그를 처음 만나 15년간 교제해 오면서, 초반기에는 창조과학으로 함께 사역하였고 후반기에는 멀리서 그의 새로운 사역을 지켜봐왔다. 내가 겪은 바로 그는 창조과학 세미나를 통해서 창조주 하나님을 열심히 선포하던 과학자였고, 세계관에 많은 관심을 가지고 자신의 학문 속에 역사하시는 하나님을 선포하며 연구하는 학자였다. 그러던 중 1999년에 드디어 그는 하나님의 부름을 받고, '지성의 제자도'를 선포하는 것에서 '상한 심령을 치유하는 사역'으로 들어선다.

그는 학자로서 뿐만 아니라 평신도 내적 및 질병치유 사역자로서 예수님이 하신 설교, 가르침 그리고 치유와 축사를 그대로 행하는 매우 균형 잡힌 그리스도인이다.

손 장로에게 창조과학을 통해서 창조주 하나님을 알려 주시고, 기름부으심을 통해 성령사역을 행하게 하신 하나님께 진심으로 감사를 드린다. 대학교수이자 창조과학자 그리고 성령사역자인 그이기에 열린 마음으로 보다 폭넓은 스펙트럼의 사람들을 이해할 수 있을 것이고, 복음 전파 역시 다양한 방법으로 시도할 수 있을 것이다.

이 책에는 그동안 그가 겪었던 치유와 영적 세계의 여행에 대해서 말하고 있다. 특별히 그는 "나라이 임하옵시며 뜻이 하늘에서 이룬 것 같이 땅에서도 이루어지이다"(마 6:10)라는 예수님이 가르쳐 주신 기도를 어떻게 하면 수행할 수 있을지를 주된 관점으로 하여 기술하고 있다. 새로운 회개, 성령님에 대한 갈급함, 하나님 나라와 천국백성으로서의 정신, 하나님과의 친밀함, 성령충만과 기름부으심, 믿음과 치유사역 등에 대해서 성령님의 인도하심을 따라 깊이 탐험한 흔적을 여러 군데서 볼 수 있다.

나는 개인적으로 이 책이 새로이 임할 부흥을 준비하는 책이라고 생각한다. 왜냐하면, 흔히 바리새적일 수 있는 지식인이 그리고 오순절 계통이 아닌 개혁신앙 안에서 자란 평신도가 하나님의 영광의 임재에 대해서 그리고 예수님이 주신 권세와 능력으로 행하는 영적 전쟁에 대해서 체험한 것을 말하고 있기 때문이다.

나는 이 땅의 죄악을 보며 하나님을 향해 울부짖는 지식층 사람들에게 이 책을 강력히 권하고 싶다. 인간의 힘도 능도 아니고 오직 여호와의 신으로만(슥 4:6) 이루어지는 것을 처절하게 경험한(할) 성도들의 필독서다.

김영길 총장 (한동대학교)

감사의 글

"사람들에게 사역하는 것보다 하나님 당신에게 더 사역할 수 있게 해 주세요." 이것이 나의 최고의 기도이고 묵상이다. 하나님께서 이런 나의 기도를 들으셨는지, 안식년(Athens, GA) 마지막 즈음에 나는 나의 의도와는 상관없이 하나님의 강한 감동에 이끌려 이 작업을 시작하게 되었다.

이 책은 나의 신앙 여정의 일부분이며, 지금의 내 신앙 색깔이기도 하다. 책 내용은 모두 나의 책임이지만, 나를 지금까지 영적으로 이끌어 주신 수많은 분들이 없었더라면 이 모험은 불가능했을 것이다. 누구보다도 온누리교회 하용조 목사님께 감사를 드린다. 나의 삶이 말씀 위에 굳건히 설 수 있도록 훈련시켜 주시고, 평신도임에도 불구하고 내적치유와 신유사역자로 하나님을 섬길 수 있도록 길을 열어 주시지 않았더라면 이 책은 나올 수 없었을 것이다. 특히 "성경에 나오는 모든 말씀대로 이 아들을 통하여 역사가 일어날지어다"라고 기도해 주신 것은 내 인생에 가장 큰 축복기도였으며, 지금도 나는 그 기도를 붙들고 하나님 앞에 나아간다.

또한 내적치유를 통해서 성령사역의 길로 인도해 주신 크리스 해리슨 목사님께도 감사드린다. 그분의 기도와 격려가 없었더라면 하나님께 온전히 인도함을 받을 수 없었을 것이다. 성령님에 대해 너무나 갈급했던 초창기 시절에 많은 국내외 목사님과 집회를 찾아다녔다(지금도 찾아다니지만…). 일일이 다 열거할 순 없지만 그때 귀중한 조언을 해 주시고 기도해 주신 많은 목사님들께 감사드리고 싶다. 내 삶과 사역은 그분들의 사랑과 기름부으심의 결과라 해도 과언이 아니다.

한국창조과학회 동역자들, 온누리교회에서 함께 섬겼던 내적치유 사역위원들,

월요치유집회(Healing Touch Ministry) 스탭들 그리고 집회에 참석한 모든 성도들에게도 깊이 감사드린다. 그분들의 사랑과 기도와 격려가 큰 힘과 위안이 되었다. 마지막으로 나의 가장 소중한 중보기도자요, 사랑의 조언자요, 영원한 동역자인 아내에게도 말할 수 없는 감사를 드린다. 하나님 아버지께서 나에게 주신 최고의 축복이다. 아빠! 감사해요.

내 영혼의 고향인 에덴스에서
손기철

수정본을 내며

벌써 출판된 지 4년이 된 책이지만, 다시 읽을 때 지난 2005년 안식년 동안에 있었던 수많은 일들이 각 장의 내용들과 고구마 줄기처럼 연결되어 내 기억을 스쳐 지나갔다. 너무나 감사한 것은 그때 받은 영감들과 말씀들이 지금도 여전히 내 심령을 뜨거워지게 한다는 것이다.

이 책을 다 쓰고 난 뒤 안식년을 마치고 한국에 돌아와 비로소 성령사역에 관련된 많은 책들을 읽으며, 쓴 책 내용과 비교 검토해 보았다. 난생 처음 신앙서적을 집필하는 것이라, 말씀 묵상과 성령님의 조명으로 주어진 수많은 생각들이 내가 지어낸 생각이 아니라는 것을 보여주고 싶었기 때문이었다.

그 당시에는 가능한 관련된 책의 내용을 인용 또는 첨가함으로 내 책 내용을 증참(證參)받고자 하는 욕심이 앞섰지만, 이제 그간의 엄청난 개인적 사역과 체험을 통해서 본래 책 내용의 대부분이 스스로 입증되었고, 지금의 HTM(Hevenly Touch Ministry) 비전과 개인적인 소명을 고려할 때 불필요한 부분을 수정하거나 보완할 필요를 느꼈다. 또한, 인용된 내용의 저자분들 중 그 사역방향과 비전이 현재의 HTM과 그 궤(軌)를 달리하는 경우, 독자들에게 본질이 아닌 비본질적인 문제로 괜한 오해의 소지가 있을 수 있다고 판단되어, 이 시점에 수정본을 펴내게 되었다.

하나님께서 처음 주신 비전처럼, 나는 이 책을 통해서 더 많은 성도들이 성령님과 깊은 교제를 가지고, 말씀과 성령이 하나되는 "가나안 사역자 스쿨"에 입학하기를 간절히 소망한다.

2009년 12월 21일

손기철 장로

HTM대표

서문

우리의 신앙 여정은 애굽에서 나와 가나안 땅으로 들어가는 것에 비유되곤 한다. 그 과정을 살펴보면, 애굽 땅은 믿지 않았던 불신자 시절을 말하며, 홍해는 구원의 의미로 물세례를, 광야는 하나님의 불기둥과 구름기둥의 인도를 받는 이 세상에서의 교회생활을, 요단강은 성령세례를 그리고 가나안 땅은 하나님과 동행하는 성령충만한 하나님 나라의 삶을 의미한다.

이러한 신앙 여정 중 우리가 처해 있는 상황을 살펴보면, 크게 두 가지로 나누어 볼 수 있다. 우선 많은 그리스도인들이 열심히 교회생활하는 것으로만 만족하려 한다는 것이다.[1)]

물론 교회생활에서도 구름기둥과 불기둥으로 인도함을 받고 있으며, 하나님께서는 때에 따라 만나와 메추라기로 우리를 채워 주신다. 그럼에도 불구하고 우리는 계속 자신의 만족이나 유익을 추구하는 삶을 살며, 삶 속에서 하나님보다 더 높아진 우상들로 인하여 온전한 신앙생활을 하지 못하고 있다. 결국 신앙이 성숙해 가지 못하고 늘 다람쥐 쳇바퀴 돌듯이 '결단-헌신-우울'의 사이클을 돌고 있다. 이러한 신앙생활은 어떤 면에서 십자가의 죽음과 부활을 경험하지 못한 자존자적

1) 여기서 말하고자 하는 것은, 교회생활 자체가 잘못되었다는 것이 아니라 삶과 신앙, 교회와 세상 모두가 하나님의 주권 속에 있다는 사실을 인식하지 못하고, 교회생활은 하나님을 위한 헌신이고 세상의 삶은 자신이 스스로 해결해야 하는 삶이라는 신념에 토대를 둔 신앙생활이다. 이것이 이원론적 세계관이다. 그러한 세계관을 가진 성도는 하나님의 능력이 자신의 삶이나 세상 속에서는 전혀 영향력을 미치지 못하는 삶을 살거나, 교회에서만 열심히 헌신하면 하나님의 사랑을 받을 수 있다고 생각한다. 또 그 반대로 교회에서는 열심히 봉사하고 잘 섬길 테니 세상 속에서의 삶은 자신이 원하는 대로 살 수 있도록 간섭하지 말라는 식의 삶을 살기도 한다. 어느 방식의 삶도 결과적으로는 스스로가 하나님의 주권을 교회로만 제한시키고 세상을 사단의 주권 속에 방치하는 결과를 낳게 된다.

(自存者的) 그리스도인으로서 하나님을 섬기는 광야의 삶이라고 말할 수 있다. 한편, 일부 성도들은 성령체험을 한 후 가나안 땅으로 나아가고자 한다. 성경에 따르면, 가나안 땅은 젖과 꿀이 흐르는 곳이지만 그냥 주어지는 땅이 아니라 전쟁을 통해서 취해야 하는 땅이다. 그런데 이 전쟁은 육과 혈에 대한 전쟁이 아니라 영적 전쟁이기 때문에 말씀뿐만 아니라 하나님의 임재와 능력 없이는 승리할 수 없다.

오늘날 수많은 교회에서 하나님의 말씀을 선포함에도 불구하고 왜 우리의 삶은 변화되지 않을까? 교회는 성경말씀을 가르치고, 오신 메시아와 다시 오실 메시아, 즉 예수 그리스도에 대해서 가르치고 있다. 그러나 정작 그 예수 그리스도께서 이 땅에 오셔서 하시고자 했던 일에 대해서는 구체적으로 가르치지도 보여주지도 않는 것 같다. 이 문제에 대해 보다 자세히 알아보기 위해서, 예수님이 이 땅에 오셔서 가르치신 내용을 다시 한 번 생각해 보자.

예수님은 하나님 나라의 복음을 전하시고, 성경말씀을 가르치시고, 질병을 고치시고 귀신을 쫓아내셨다(마 4:23). 예수님은 친히 하나님 나라의 도래를 가르치시고 그 나라가 무엇인지를 보여 주셨다. 공생애 내내 그 일을 하신 것은 사복음서에 잘 기록되어 있다. 또한 열두 제자와 칠십 인을 통해서도 그 일이 이루어지도록 하셨다. 놀라운 사실은 예수님이 십자가에서 돌아가시고 부활하신 후 40일 동안에도 제자들에게 하나님 나라를 가르치셨다는 것이다(행 1:3). 얼마나 중요했으면 마지막까지 그렇게 하셨겠는가? 예수님의 제자들도 초대교회 때 하나님 나라의 복음을 전하고, 성경에 대한 구속사적인 내용과 그 말씀이 예수 그리스도에 대한 것임을 가르쳤다. 그리고 예수님처럼 그들도 '그 따르는 표적'으로 그 말씀들을 확증하였다. 그렇다면 오늘날 우리가 사도행전을 계속 써나가기 위해서는 사도행전 28장에서 사도 바울이 했던 일들을 그대로 해야 되지 않겠는가? 그의 사역은 사도행전 28장 23절과 31절에 잘 나타나 있다. 즉 하나님 나라와 성경

의 모든 말씀이 예수 그리스도에 대한 것이라는 사실과 그것을 증명해 보이는 일이다.[2)]

이러한 사실을 고려해 볼 때, 오늘날 교회에서는 성경의 말씀이 바로 예수 그리스도인 것을 가르치지만, 그분이 이 땅에(이 세상에) 이루고자 하셨던 하나님 나라와 그 나라의 법칙들 그리고 그분의 뜻을 성취하는 일에는 보다 많은 관심을 가지지 않는 것처럼 보인다. 대부분의 경우, 이 세상이 아닌 교회 내에서 하나님 나라를 이루려 하거나 그 법칙을 적용하고자 하며, 이 세상을 하나님 나라로 만들기보다는 경쟁에서 승리하는 삶의 방식을 가르치는 것 같다. 설령 하나님 나라와 그 나라의 법칙에 대한 것을 가르친다고 항변할지라도, 그것은 이론적인 고찰일 뿐이지 실제로 적용될 수는 없는 것처럼 보인다. 왜냐하면 하나님 나라의 법칙(말씀)은 먼저 하나님 나라가 이 땅에 도래할 때 실제로 적용할 수 있기 때문이다. 하나님 나라가 도래한다는 것은 하나님 영광이 이 땅에 임한다는 것을 의미한다. 왕의 주권이 미치지 않는 곳에 어떻게 그 나라의 법이 적용될 수 있겠는가?[3)]

하나님의 영광이 실제로 임재하지 않고선 그 나라에 대한 가르침은 단지 탁상공론에 불과하다. 모든 운전법을 다 가르치고 벤츠를 주었다 하더라도 기름이 없다면 그 차를 어떻게 움직일 수 있겠는가?

우리는 흔히 광야와 가나안 땅을 비교할 때, 요단강을 건너 가나안 땅으로 이동하는 것 같이 지리적으로 다른 곳을 의미하는 것처럼 생각한다. 그러나 이 세

2) "저희가 일자를 정하고 그의 우거하는 집에 많이 오니 바울이 아침부터 저녁까지 강론하여 하나님 나라를 증거하고 모세의 율법과 선지자의 말을 가지고 예수의 일로 권하더라"(행 28:23), "담대히 하나님 나라를 전파하며 주 예수 그리스도께 관한 것을 가르치되 금하는 사람이 없었더라"(행 28:31).
3) "교회는 그의 몸이니 만물 안에서 만물을 충만케 하시는 자의 충만이니라"(엡 1:23) (and the church is this body; it is filled by Christ, **who fills everything everywhere with his presence**). 예수님은 어떤 장소 어떤 것에라도 실제적인 임재로 나타나신다.

상에서의 가나안 땅은 지리적으로 우리가 가야 할 또 다른 곳이 아니라 우리 마음의 변화로 회복시켜야 할 우리가 현재 거주하는 이 땅이다.[4] 사단의 지배를 받고 있는 이 땅에 종속되었던 우리가 하나님의 자녀된 권세와 능력을 회복함으로 본래 우리에게 주신 땅의 주권을 되찾는 것이다. 광야에서 가나안으로 들어오는 순간부터 우리의 정체성이 달라진다. 즉 자존자적인 삶에서 완전한 의존자적인 삶으로 변화되는 것이다. 하나님과 함께 걷는 삶에서 하나님이 내 안에 오셔서 그분의 삶을 사는 것으로 바뀌는 것이다. 젖과 꿀이 흐르는 땅은 새로운 땅의 의미가 아니라 우리가 하나님의 통로로 사용되어질 때 비로소 우리가 거하는 장소에 하나님의 영광이 임하고, 그 결과로 하나님의 법칙이 적용되는 하나님 나라가 도래한다는 것이다. 그러나 젖과 꿀이 흐르는 이 땅은 그냥 주어지는 땅이 아니라 정복해야 하는 땅이다.

이 땅에(이 세상에) 대해서 잠시 생각해 보자. 이 땅은 지금도 우리를 통해서 회복되기를 기다리고 있다. 이 땅은 이미 우리의 죄와 죄악으로 더럽혀진 땅이며, 그 결과로 정사와 권세, 이 세상의 어둠의 주관자들과 하늘의 악한 영들에게 붙잡힌 바 된 곳이다. 그런데 많은 사람들은 단지 이 약속의 땅으로 들어가기만 하면 다 된 것으로 생각한다. 즉 지금의 신앙생활에서 성령체험만 하면 모든 것이 잘 될 것이라고 생각한다. 이것은 마치 불신자가 구원을 받으면 되지 더 이상 무엇이 필요하냐고 반문하는 것과 동일하다. 광야의 삶이 애굽의 습성을 버리는 삶이라면, 가나안의 삶은 진정한 영적 전쟁의 삶이다. 우리가 이 세상을 사단에게 준 땅으로 생각

4) 성경이 말하는 세상의 의미를 알아 보기 위해서, 먼저 다음 두 구절을 읽고 생각해 보자. "하나님이 세상을 이처럼 사랑하사 독생자를 주셨으니 이는 저를 믿는 자마다 멸망치 않고 영생을 얻게 하려 하심이니라"(요 3:16), "이 세상이나 세상에 있는 것들을 사랑치 말라 누구든지 세상을 사랑하면 아버지의 사랑이 그 속에 있지 아니하니"(요일 2:15) (롬 12:2, 딤후 4:10, 약 4:4도 참조하라). 요한복음 3장 16절의 세상은 '하나님이 창조하신 세계이고 또한 우리를 통해서 회복해야 할 세상'의 의미인 반면 요한일서 2장 15절의 세상은 '인간의 타락 후 악한 세력에 의해서 통제받은 체제나 장소'라는 의미의 세상이다. 따라서 마음이 변화되면 요한일서 2장 15절의 세상이 요한복음 3장 16절의 세상으로 바뀐다는 것이다.

할 때는(하나님의 주권은 교회에만 미치고, 세상은 타락으로 버려진 곳이며, 사단의 영향력 아래 있는 곳으로) 아무런 도전도 받지 않는다. 그러나 우리 마음의 변화로(성령님의 인도하심에 의해서) 이 땅을 가나안 땅으로 규정지을 때부터 엄청난 영적 전쟁이 일어나기 시작한다. 왜냐하면 그동안 우리를 속여왔던 사단의 정체가 우리 앞에 드러남으로 인하여 그들이 가만히 있지 않기 때문이다. 그들은 이 땅이 약속의 땅이 아니라 하나님께 버림받은(혹은 우리 스스로가 버린) 땅으로 성도들이 생각하기를 바란다. 바라는 정도가 아니라 그렇게 생각하도록 모든 속임수와 전략을 다 동원한다.

모세와 여호수아를 생각해 보라. 모세는 주로 백성에게 과거의 습성을 버리라고 말했다. 과거의 습성을 버리는 것이 얼마나 어려운지는 40년의 광야생활을 통해서 잘 알고 있다. 그러나 이스라엘 백성이 마침내 요단강을 건넜을 때 어떤 일이 일어났는가? 전쟁은 바로 이때부터 시작되었다. 모세는 하나님이 주신 초자연적인 능력을 가지고 있었지만 눈의 아들 여호수아는 하나님에게서 그러한 능력을 받지 못했다. 그럼에도 불구하고 진정한 전쟁은 여호수아 때부터 시작된다. 이 전쟁은 인간의 전쟁이 아니라 하나님에 의한 전쟁이다.[5)]

모세의 통치 시절 광야에서 백성들은 "우리는 무서우니 당신만 가서 듣고 우리에게 말하라. 그리하면 우리 모두가 따르리라"고 했다. 그러나 가나안 땅의 삶은 그런 방식의 삶이 아니다. 가나안 땅에 들어간 모든 백성이 하나님의 음성을 듣고 순종하는 삶이다. 그 전쟁이 어떻게 치러졌는지는 여리고 성과 아이 성 전투를 통해서 잘 알고 있다.

---

5) 여호수아가 여리고 성을 함락하기 전에 이미 하나님의 사자가 와서, 그 땅에 하나님의 영광이 임하였음을 알게 하셨다. "그가 가로되 아니라 나는 여호와의 군대 장관으로 이제 왔느니라 여호수아가 땅에 엎드려 절하고 가로되 나의 주여 종에게 무슨 말씀을 하려 하시나이까 여호와의 군대 장관이 여호수아에게 이르되 네 발에서 신을 벗으라 네가 선 곳은 거룩하니라 여호수아가 그대로 행하니라"(수 5:14-15).

지금은 마지막 때다.[6] 남종과 여종에게 하나님의 영을 물 붓듯이 부어 주고 계신다(행 2:17-18). 수많은 하나님의 백성이 광야생활에서 벗어나 가나안 땅으로 들어갔거나 들어가려 하고 있다. 그리고 성령체험을 통해 새로운 경험들을 하고 있다. 그러나 안타깝게도 많은 성도들이 성령체험 후 가나안 땅의 삶에 대한 적절한 인도를 받지 못하여 방황하거나 두려움에 휩싸이거나 균형잡히지 못한 신앙생활을 하고 있다. 아마 그러한 현상은 영적 세계에 대한 바른 가르침의 부족, 악한 영에 의한 두려움과 공포, 적절한 인도자의 부족, 신비주의에 대한 집착 등 다양한 이유에서 비롯되었을 것이다.

앞으로는 하나님 나라를 이 땅에 실제적으로 충돌시킬 수 있고 하나님 나라의 법칙을 가르치고 적용하는 교회가 리더가 되어야 한다. 따라서 영적으로 리드하려는 교회는 무엇보다도 '가나안 사역자 스쿨'[7]에 대해서 적극적으로 보다 많은 관심을 가져야 하며, 그 스쿨을 통해서 앞으로 차세대를 이끌어갈 사역자를 양성해야 한다. 그런데 지금까지는 이 과정의 대부분을 주로 선교단체가 담당했었다. 더러는 신학적으로 균형잡히지 않은 단체나 리더들이 가르치고 있기도 하다.

한편 가나안 땅의 삶을 이끄는 교회는 사단의 최대 적일 뿐만 아니라, 기존 전통 교회의 공적이 될 수 있다. 이것은 단지 종교에서 뿐만 아니라 철학, 신학, 과학 모든 면의 패러다임 시프트(paradigm shift)에 있어서 반드시 겪는 역사적 현상이기도 하다.[8] 따라서 이론적, 경험적, 신학적, 사회적, 역사적으로 준비된 교회가 이

6) "하나님이 가라사대 말세에 내가 내 영으로 모든 육체에게 부어 주리니 너희의 자녀들은 예언할 것이요 너희의 젊은이들은 환상을 보고 너희의 늙은이들은 꿈을 꾸리라 그 때에 내가 내 영으로 내 남종과 여종들에게 부어 주리니 저희가 예언할 것이요"(욜 2:28-29). 이 일은 이미 선지자 요엘에 의해서 예언되었다(행 2:17-18).

7) '가나안 사역자 스쿨'은 성령체험 후 기름부으심을 받고 사역하기까지의 훈련과정을 비유적으로 표현한 것이다. 구체적 내용은 5부의 '기름부으심과 능력전이' 장을 참고하라.

8) 토마스 쿤이 제안한 것으로, 모든 방면의 집단(과학, 철학, 신학 등)은 기존의 패러다임(개념의 틀: 가치체계와 신념)에 따라 자체적으로 활동(진리나 이론에 대한 판단의 기준)하며, 여기에 새로운 패러다임이 형성될 때는 전 패러다임의 집단으로부터 엄청난 박해를 받을 수밖에 없다는 설이다. 천동설이 진리라고 믿었던 때에 갈릴레이가 주장한 지동설을 생각해 보라.

싸움을 이끌어야 한다. 그리고 이 싸움을 위해서는 두 가지 덕목 모두를 갖추어야 할 것이다. 첫 번째는 전통적인 교회에 하나님 나라의 도래와 그 실제를 보여 주기 위한 능력과 권세, 끊임없는 대화와 사랑과 인내를 실천하는 리더십이다. 두 번째는 사단의 악한 방해 공작을 분별하고 그 계략을 파쇄하는 지혜와 능력을 가져야 한다. 즉 비둘기처럼 온순하고 뱀처럼 지혜로워야 한다.

이제는 성령의 능력이나 은사는 오순절 계통의 교회에서 주도하고, 말씀과 교리 그리고 인격적 성숙은 말씀 중심의 복음주의 교회에서 주도해야 한다는 식의 생각을 버려야 한다. 이 시대에 하나님이 이 땅에 진정으로 원하시는 것이 무엇인지에 초점을 맞추어야 한다. 그것은 바로 하나님 나라의 삶이다. 이것을 위해 모든 교회가 연합해야 하며, 서로의 은사와 자원을 나누어야 한다. 그것도 적극적으로 나누어야 한다. 가나안 땅으로 들어가는 것은 위험한 일이 아니라 마지막 때에 모든 교회들이 해야 할 일이다. 계속 광야에 머무르면, 교회가 세상을 이끌어가는 것이 아니라 끌려 다닐 수밖에 없다.

이런 사역은 우리에게 능력이 없어서 할 수 없었던 것이 아니라, 우리의 마음을 변화시키지 않았기 때문에 할 수 없었던 일들이다. 하나님은 우리를 사랑하시며, 우리가 준비되면 언제든지 능력과 권세로 무장시키길 원하신다. 우리의 마음을 변화시키는 회개를 할 때, 비로소 하나님께 능력을 구하는 기도가 시작될 것이다. 하나님 나라를 위하여 하나님께 진정으로 구하지 않는 이유는 바로 우리 마음이 변화되지 않았기 때문이다. 킹덤 멘털리티(Kingdom mentality: 천국백성으로서의 정신)의 회복을 위한 회개가 시작될 때[9] 그때부터 광야는 가나안 땅으로 변화되기 시작한다.

이 책은 온누리교회의 비전이기도 한 '사도행전 29장'을 쓰기 위해 달음박질

9) 1부의 '킹덤 멘털리티(Kingdom mentality)' 장을 참고하라.

해온 나의 신앙 여정의 일부분이다. 신학을 하지 않은 한 성도의 과거에 묶여 있는 삶과 정체성에서 탈출하기, 하나님을 더 알아 가고자 하는 갈급함, 베풀어주신 은혜, 이 땅에서의 삶 등에 대한 깨달음과 체험들이 이 책에 녹아져 있다. 사실, 요단강을 건너서 가나안 땅으로 내딛었던 처음의 발걸음은 두려움과 의심의 연속이었다. 성경말씀과 하나님의 인도하심 그리고 수많은 신앙서적들과 위대한 하나님의 사람들의 간증을 통한 확증 등이 등대의 불빛 역할을 해 주었다. 정신없이 타이핑하고 난 다음 다시 읽어 볼 때면, 주어진 생각들이 기존의 고정관념으로부터 너무 멀리 가지 않았나 하는 두려움이 들 때도 있었다. 그럴 때면, 두 가지 책 내용이 내 머리에 교차되곤 했다. 유진 피터슨이 쓴 「다윗: 현실에 뿌리박은 영성」[10]에 나오는 "신앙이라는 모험을 감행한 사람들 대부분은 평신도다"라는 말이 내게 위안으로 여겨진 반면, 필립 얀시가 쓴 「하나님, 당신께 실망했습니다」[11]를 읽고 고개를 끄덕이는 독자들에게 "더 나아가십시오. 당신이 경험하지 못한 새로운 세상이 있습니다"라고 외치고 싶은 충동이 그것이다.

한편 이 책은 오순절 계통의 교회에서 신앙생활을 한 성도가 썼음직한 내용들로 편향되어 있다고 자인하지만, 저자가 성경말씀 대신에 능력과 은사만을 추구하는 성도라고 오해한다면 그것은 본래 저자의 의도에서 벗어난 성급한 판단이라고 말하고 싶다. 이 책은 말씀 중심적 복음주의 신앙의 기초 위에서 "뜻이 하늘에서

10) 유진 피터슨, 「다윗: 현실에 뿌리박은 영성」(IVP, 1999), pp.35. 이 책은 성령님이 주신 상상력으로 하나님 나라를 모험하는 데 큰 힘이 되었다.

11) 필립 얀시, 「하나님, 당신께 실망했습니다」(좋은씨앗, 2000)는 자기 경험적 믿음을 가진 성도가 하나님과 하나님의 기적을 바라보는 관점에서 쓰였다. 믿음이 있는 자나 믿음이 없는 자가 얼마나 하나님을 더 경험했는지(하나님을 성경적으로 더 알아가는 것 말고) 궁금하다. 하나님과 인간을 더 이해하는 것이 하나님께 더 가까이 나아가는 것을 의미하지는 않기 때문이다. 예수님께서 이 땅에서 행하신 기적은 사람들을 기적의 노예로 삼거나 믿음이 없는 사람에게 믿음을 가지도록 하기 위해 보여 주신 것이 아니다. 이 땅에 하나님 나라를 이루기 위해서 필요하기 때문에 그리고 하나님의 자녀들인 우리가 그러한 기적을 이루어야 할 사람들임을 알려 주기 위해서 행하셨다. 따라서 기적은 그의 나라를 위하여 살기로 작정한 자에게 주어진 무기지 요청하는 모든 자에게 차별 없이 베풀어 주시는 하나님의 선물이 아니다. "믿는 자들에게는 이런 표적이 따르리니"(막 16:17).

이룬 것처럼 이 땅에서 이루어지이다"를 달성하기 위해서 우리가 해야 할 일이 무엇인가에 초점을 맞추고 있을 뿐이다. 성경은 하나님 나라에 이르는 지도다. 그러나 지도가 실제 땅과 그곳의 건물이 아니듯이, 성경 그 자체가 하나님 나라는 아닌 것이다. 다시 말해 어떤 목적지로 가기 위해서 지도가 필요한 것이지 지도를 가지고 있다고 해서 목적지에 도착한 것은 아니다(마 22:29).

우리 모두는 성경을 더 깊이 알도록 최선을 다해야 한다. 그런 의미에서 나는 가능한 많은 성경구절을 책에 제시하였다. 그러나 성경을 아는 것으로 주님을 대체할 수는 없는 것이다(요 5:39-40). 우리는 기록된 성경을 상고함으로 하나님에 대해서는 알 수는 있지만, 하나님의 생명을 경험할 수는 없다(요 5:39-40). 왜냐하면, 그 말씀의 뜻과 본질은 오직 성령을 통해서만이 체험되어질 수 있기 때문이다. 말씀과 성령을 분리하는 인간의 교만은 사단이 가장 즐거워 하는 음식이다.

성경은 하나님이 우리에게 주신 언약이다. 그러나 만약 그 언약만을 가지고 그분과 대화한다면, 그분은 죽은 것이 아닌가? 그분은 지금도 살아계셔서 우리와 대화하신다. 그 대화는 주신 언약에 조금의 흠도 내지 않는다. 그 언약은 온전하다. 그러나 그 언약의 숨은 뜻과 적용 그리고 크로노스(chronos) 시간 속에 살아가는 우리에게 카이로스(kairos)의 시간으로 개입하시는 하나님은 늘 성령을 통해서 계시하신다.[12)]

신약의 말씀은 지금은 우리에게 성경의 말씀으로 읽히지만 그 당시에는 성령님을 통한 계시의 말씀이었다는 사실을 기억해 보라(행 10:9-48, 16:9-10). 종교개혁의 주요 표어였고 우리가 흔히 사용하는 'sola scriptura(오직 성경)'[13)]는 성령의 역사를 부정하는 의미로 만들어진 것이 아니다.

12) D.L. 무디는 성령님이 함께하시지 않는 성경연구는 '달빛 아래 해시계'와 같다고 했다.

13) 'Sola scriptura(오직 성경)'는 성령님은 필요 없고 단지 말씀만이 중요하다는 의미가 아니다. 이것은 중세 가톨릭 교황의 권위가 성경의 권위를 능가한다는 주장에 대하여 반박하는 종교개혁의 표어다.

말하고자 하는 요지는, 성령의 조명 없이는 오늘 우리에게 말씀하시는 하나님의 뜻을 놓치게 된다는 것이다. 즉 우리 영혼에 찾아오신 성령님의 임재를 알지 못한다면 우리는 학자가 될 수 있을지언정 결코 그분의 자녀는 될 수 없다. 그러나 성경 전체를 통하여 말씀 없이 성령님 단독으로 역사한 예는 한 군데도 없다. 결국 우리가 하나님 나라로 온전히 인도받기 위해서는 말씀과 그 말씀에 불을 밝혀 주는 진리의 영 두 가지 모두가 필수적이다.

> "예수께서 대답하여 가라사대 **너희가 성경도 하나님의 능력도 알지 못하는 고로 오해하였도다"**(마 22:29).
>
> "너희가 성경에서 영생을 얻는 줄 생각하고 성경을 상고하거니와 **이 성경이 곧 내게 대하여 증거하는 것이로다 그러나 너희가 영생을 얻기 위하여 내게 오기를 원하지 아니하는도다"**(요 5:39–40).
>
> "성경에 일렀으되 **오늘날 너희가 그의 음성을 듣거든 노하심을 격동할 때와 같이 너희 마음을 강퍅케 하지 말라** 하였으니 듣고 격노케 하던 자가 누구뇨 모세를 좇아 애굽에서 나온 모든 이가 아니냐"(히 3:15–16).

또한 삼위일체 되신 하나님과의 온전한 관계와 그분과의 교제에 초점을 맞추었다고 해서, 영(spirit)적인 것만을 높이고 혼(soul: knowledge, emotion, willing)적이나 육(flesh)적인 것을 무시한다고 생각해서는 안 된다. 만약 그렇게 생각한다면 직접적으로 언급하지 않았지만, 책 전체를 통해서 오늘날 교회 안에 들어온 영지주의(Gnosticism)적[14] 삶과 이원론적인 삶의 잘못된 점을 지적하고 저지하고자 하는 저자의 의도를 읽지 못한 것이다. 그리스도인의 삶에서는 혼과 육이 영과 동일하게 중요하다(살전 5:23). 어느 하나가 다른 것을 대신할 수 없으며, 영 · 혼 ·

14) 영지주의(Gnosticism)란 말은 '지식'을 의미하는 헬라어 '그노시스(gnosis)'에서 유래하였다. 영지주의자들은 지식을 높여 신앙 위에 두었으며, 신비적 지식을 통해 구원을 성취하려는 다양한 종교적 운동을 벌였다. 또한 물질과 육신은 악하고 영(spirit)은 선하다고 보며, 물질을 죄악시하고 창조를 부인한다. 모든 영지주의적 사고는 본질적으로 이원론에서 출발한다.

육이 균형잡히지 못하면 올바른 신앙생활을 할 수도 없다. 하나님과 우리의 관계에서도 그분은 우리를 전인적(holistic)으로 보시고, 우리 또한 그분에게 그렇게 반응하기를 원하신다. 그러나 성경은 분명히 혼과 육이 영을 통제하는 것이 아니라 영이 혼과 육을 통제하는 삶이 진정한 그리스도인의 삶이라고 말하고 있다(롬 8:13). 혼과 육이 영을 통제하는 삶은 율법주의로 갈 수밖에 없다. 율법을 배우고 알아가는 것은 선한 것이고 필요한 것이지만 우리 안에 성육신의 실제(우리 안에 거하시는 예수님: 요 14:20, 갈 2:20)가 없기 때문에, 그것만을 추구한다면 어떻게 사는 것은 배웠지만 실제로 그렇게 살 수 없는 상태가 되고 만다. 정작 율법대로 살 수 없다는 진리만 깨달을 뿐이다. 나는 그런 측면에서 혼과 육의 중요성과 그것의 회복을 알리고자 '마음의 변화'와 '육신적인 질병치유'에 대해서 구체적으로 논하였다.

> "평강의 하나님이 친히 너희로 온전히 거룩하게 하시고 또 **너희 온 영과 혼과 몸이 우리 주 예수 그리스도 강림하실 때에 흠 없게 보전되기를 원하노라**"(살전 5:23).
>
> "너희가 육신대로 살면 반드시 죽을 것이로되 **영으로써 몸의 행실을 죽이면 살리니**"(롬 8:13).
>
> "그 날에는 내가 아버지 안에, 너희가 내 안에, 내가 너희 안에 있는 것을 너희가 알리라"(요 14:20).
>
> "내가 그리스도와 함께 십자가에 못 박혔나니 그런즉 이제는 내가 산 것이 아니요 **오직 내 안에 그리스도께서 사신 것이라** 이제 내가 육체 가운데 사는 것은 나를 사랑하사 나를 위하여 자기 몸을 버리신 하나님의 아들을 믿는 믿음 안에서 사는 것이라"(갈 2:20).

이 책은 기도 중에 받은 말씀과 성령의 인도하심을 기초로 하여, 과거의 경험과 그동안의 사역 가운데 많은 성도들과 나눈 이야기 그리고 적어 놓은 메모와 노트를 다시 정리한 것이다. 그러나 실제로 오래된 노트나 컴퓨터 파일에 적혀 있는 것 중에는 나의 생각이었는지 아니면 다른 사람의 생각인지 구분되지 않는 것도 꽤 있었다.

책을 쓰는 동안에 다섯 가지 정도의 방향성이 주어졌다. 첫 번째는 책 내용 중에 가능하면 하나님의 말씀을 많이 넣어서 읽는 동안에 저자의 생각보다는 하나님이 직접 주시는 계시의 말씀이 독자들에게 임하기를 바라는 마음이었다. 두 번째는 말씀 중심의 복음주의 개혁신앙 교회에서 성장한 평신도 사역자로서 두려움 가운데 성령사역에 접근해 온 흔적들을 함께 나누고 싶었다. 이 책이 그런 의미에서 하나님 나라를 이루어 가고자 하는 모든 평신도들이 교파를 초월하여 서로 이해할 수 있는 장이 되었으면 하는 마음이다. 세 번째로는 내가 겪었던 두려움과 혼동 그리고 많은 책들과 집회들을 통해서 오랜 시간에 걸쳐 깨닫고 체험했던 것들을 이 책을 통해 나눔으로써 더 많은 성도들이 사도행전을 연장해 가는 데 동참하기를 간절히 바라는 마음이다. 네 번째로는 우리의 신앙생활에는 영 · 혼 · 육 모두가 중요함에도 불구하고 영적인 것만을 높이고자 하는 영지주의적 혹은 이원론적 개념의 허구성을 알리고 싶었다. 마지막으로, 모든 것을 다 기록할 수는 없지만, 영적으로 갈급해하는 성도들이 '무엇을 가장 알고 싶어할까'라는 질문을 염두에 두고 쓰고자 했다. 그러나 '십자가와 보혈', '축사(deliverance)' 에 대해서는 책의 분량상 함께 넣을 수가 없었다. 한편, 나에게 늘 갈급한 '하나님의 사랑' 과 '신부의 삶' 은 지금도 내가 다루기에는 너무나 큰 주제여서 도저히 쓸 수가 없었다.

1부에서는 죄와 회개, 새로운 삶, 하나님 나라의 법칙들 그리고 킹덤 멘털리티(천국백성으로서의 정신)를 이야기했다. 킹덤 멘털리티야말로 우리 모두가 새롭게 가져야 할 마음이라고 확신하기 때문이다(롬 12:2). 2부에서는 믿음의 삶을 이야기했다. 아직도 많은 성도들이 하나님이 주신 계시적인 믿음과 신앙 공식적인 믿음 혹은 자기 경험적 믿음을 분별하지 못하는 경우가 많은데, 계시적인 믿음은 하나님을 경험하기 위한 핵심이기 때문에 여러 각도에서 알아보았다. 3부에서는 성령체험이 무엇이며, 성령체험 시 나타나는 여러 가지 현상들을 구체적으로 언급했다. 특히 성령체험 후의 현상들을 내적치유적인 측면에서 분석해 보았다. 우리 모두 상처받은 자로 우리 스스로도 치유 받아야 하며, 동시에 병든 사람에게 손을 얹을 줄도 알아야 한다. 그런 의미에서 4부에는 신유에 대한 잘못된 편견과 올바른 믿음 그리고 신유를 위한 실제적인 지침들에 대해서 알아보았다.

처음 네 단원이 이론적 고찰이라면 마지막 5부, '뱀과 전갈을 밟으며…' 는 실제로 사역을 할 때 절실히 필요하지만 잘못 알고 있거나 잘 알려지지 않은 몇 가지 문제들을 다루었다. 우선 성령체험 후 기름부으심을 얻기 위한 비밀에 대해서는 계시와 경험 그리고 많은 신앙선배들의 간증을 토대로 작성하였다. 또한 사역에 필요한 선포기도, 지식의 말씀과 방언의 은사의 경험과 저주에 대한 의문점을 알아보았다. 실제 사역현장에서 단순히 우리가 알고 있는 전통적인 교리나 가르침만으로는 감당할 수 없는 수많은 문제들을 직면하게 되었고, 그러한 문제들 가운데 몇 가지를 추려서 성경적인 토대 위에서 설명하고자 노력했다.

1부

오직 마음을 **새롭게 함으로…**

(롬 12:2)

1. 사도행전 29장을 쓰기 위해서는

열왕기하 2장에 나오는 엘리야의 승천은 구약 전체에 있어 가장 극적인 구절 중의 하나라고 생각된다. 왜냐하면 엘리야의 승천은 누가복음 24장에 나오는 예수님의 마지막 승천의 그림자처럼 느껴지기 때문이다. 하나님께서는 그에게 지상에서의 그의 사역이 끝났음을 알려 주고, 그를 영광스러운 곳으로 데려다 줄 종착역인 요단강으로 가도록 말씀하셨다. 그는 요단강으로 가기 전에 하나님께서 말씀하신 대로 길갈, 벧엘, 여리고를 들렀으며, 그 여정에 엘리사가 동행하였다. 엘리사의 태도와 거쳐 가는 여행지는 애굽에서 가나안 땅으로 가는 여정 동안의 내면의 변화를 나타내는데, 이는 사도행전 29장을 계속 쓰기 원하는 성도들이 지나야 할 길을 예표하는 것이다.

오늘날과 같은 포스트모더니즘[1]의 시대에 하나님 나라를 넓혀 가기 위해서는 과거 어느 때보다 영적인 권세와 능력이 필요하다. 엘리사가 그의 사역을 시작할 수 있게 된 것은 단순히 엘리야 문하에 들어간 때문은 아니다. 그는 선생님의 마지막 회고여행과 승천하는 곳까지 따라갔다. 그리고 마침내 이 땅에서 엘리야보다 갑절의 기름부으심을 받았다. 엘리야가 아버지께로 올라가신 예수 그리스도의 전형이라면, 엘리사는 예수를 따르는 우리의 그림자인 것이다. 엘리사가 '여호와의 사심과 당신의 혼의 삶을 가리켜 맹세하노니' 의 마음을 가지고 엘리야를 끝까지 따라간 것은 오늘날 우리 성도들이 오직 예수 그리스도만을 바라보며 반드시 거쳐야 될 신앙의 단계를 그림자로서 보여준다. 선생님과 함께한 엘리사의 마지막 졸업여행을 통해서 사도행전 29장을 쓰는 데 필요한 교훈을 얻어 보자.

> "여호와께서 회리바람으로 엘리야를 하늘에 올리고자 하실 때에 엘리야가 엘리사로 더불어 **길갈**에서 나가더니 엘리야가 엘리사에게 이르되 청컨대 너는 여기 머물라 여호와께서 나를 벧엘로 보내시느니라 엘리사가 가로되 여호와의 사심과 당신의 혼의 삶을 가리켜 맹세하노니 내가 당신을 떠나지 아니하겠나이다 이에 두 사람이 **벧엘**로 내려가니 벧엘에 있는 선지자의 생도들이 엘리사에게로 나아와 이르되 여호와께서 오늘날 당신의 선생을 당신의 머리 위로 취하실 줄을 아나이까 가로되 나도 아노니 너희는 잠잠하라 엘리야가 저에게 이르되 엘리사야 청컨대 너는 여기 머물라 여호와께서 나를 여리고로 보내시느니라 엘리사가 가로되 여호와의 사심과 당신의 혼의 삶을 가리켜 맹세하노니 내가 당신을 떠나지 아니하겠나이다 하니라 저희가 **여리고**에 이르매 여리고에 있는 선지자의 생도들이 엘리사에게 나아와 이르되 여호와께서 오늘날 당신의 선생을 당신의 머리 위로 취하실 줄을 아나이까 엘리사가 가로되 나도 아노니 너희는 잠잠하라 엘리야가 또 엘리사에게 이르되 청컨대 너는 여기 머물라 여호와께서 나를 요단으로 보내시느니라 저가 가로되 여호와의 사심과 당신의 혼의 삶을 가리켜 맹세하노니 내가 당신을 떠나지 아니하겠나이다 이에 두 사람이 행하니라

1) 포스트모더니즘(post-modernism)은 헬레니즘 철학에 기초한 서구세계의 지적 인식 틀 안에 깊숙이 내재되어 있는 합리주의 이성론에 대한 회의와 20세기의 급격하고 폭발적인 사회 · 문화적인 변화로 인한 모더니즘(modernism: 18세기 계몽주의로부터 20세기 중반까지의 시대사조)의 반발로 형성된 새로운 시대사조다. 오늘날 흔히 회자되는 후기 산업사회, 정보화 시대, 대중소비사회라는 용어들도 포스트모더니즘을 표현하는 다른 시각으로 볼 수 있다. 이 사조는 대상, 가치, 정신구조, 일을 행하는 방식 등 기존의 모든 것들이 과거와 단절되어야 하고 새롭게 변형되기를 원하는 신념에 기초하고 있으며, 우리는 충분히 그럴 가능성을 가지고 있다고 생각한다.

선지자의 생도 오십 인이 가서 멀리 서서 바라보매 그 두 사람이 **요단** 가에 섰더니 엘리야가 겉옷을 취하여 말아 물을 치매 물이 이리저리 갈라지고 두 사람이 육지 위로 건너더라 건너매 엘리야가 엘리사에게 이르되 나를 네게서 취하시기 전에 내가 네게 어떻게 할 것을 구하라 **엘리사가 가로되 당신의 영감이 갑절이나 내게 있기를 구하나이다** 가로되 네가 어려운 일을 구하는도다 그러나 나를 네게서 취하시는 것을 네가 보면 그 일이 네게 이루려니와 그렇지 않으면 이루지 아니하리라 하고 두 사람이 행하며 말하더니 홀연히 불수레와 불말들이 두 사람을 격하고 엘리야가 회리바람을 타고 승천하더라"(왕하 2:1-11).

엘리야가 하나님으로부터 들림 받기 위해서 마지막 여행을 갈 때, 그는 먼저 길갈로 나아갔으며, 엘리사는 그를 따랐다. 길갈의 의미는 여호수아 5장 9절에 나오는 것처럼 '애굽의 수치를 너희에게서 굴러가게 하였다'는 뜻이다.

"여호와께서 여호수아에게 이르시되 내가 오늘날 애굽의 수치를 너희에게서 굴러가게 하였다 하셨으므로 그곳 이름을 오늘까지 길갈이라 하느니라"(수 5:9).

이때 '애굽의 수치'란 바로의 노예로 430년 동안 종살이 하던 때의 수치를 말한다. 그 수치를 완전히 굴러가게 한 곳은 어디인가? 바로 홍해다. 하나님께서는 모세를 그들의 지도자로 보내셔서 그들을 출애굽시키고, 마침내 홍해를 건너게 하심으로 바로의 권세에서 완전히 해방되게 하셨다. 길갈의 표면적 의미는 '애굽의 수치를 굴러가게 하다'라는 뜻이지만, 그 이면의 뜻은 바로 홍해와 예수 그리스도의 십자가를 의미하는 것이며, 신앙과정을 생각한다면 바로 물세례를 의미한다고 볼 수 있다. 홍해를 건너지 못한 애굽 군대는 모두 죽었지만, 모세를 믿고 홍해를 건넌 이스라엘 백성에게는 애굽의 수치가 완전히 굴러감과 동시에 곧바로 광야생활(이 세상에서의 교회생활에 비유될 수 있음)이 시작되었다. 이는 마치 예수님의 십자가 보혈의 공로를 믿고 영접하는 자는 세상 사람들과 구별되어 하나님의 택한 백성으로서 교회생활을 시작하게 되는 반면, 믿지 않는 자는 끝날에 심판을 받는 것이 아니라 하나님과 상관없는 자가 됨으로서 이미 심판을 받은 것과 같다.

한편 엘리사가 계속 따라갔던 벧엘은 어떤 곳인지 살펴보자. 벧엘은 야곱이 브엘세바에서 떠나 하란을 향하여 가던 중, 해가 져서 더 이상 가지 못하고 유숙하게 된 곳의 지명이다.

> **"야곱이 브엘세바에서 떠나 하란으로 향하여 가더니 한 곳에 이르러는 해가 진지라 거기서 유숙하려고 그곳의 한 돌을 취하여 베개하고 거기 누워 자더니** 꿈에 본즉 사닥다리가 땅 위에 섰는데 그 꼭대기가 하늘에 닿았고 또 본즉 하나님의 사자가 그 위에서 오르락내리락하고 또 본즉 여호와께서 그 위에 서서 가라사대 나는 여호와니 너의 조부 아브라함의 하나님이요 이삭의 하나님이라 너 누운 땅을 내가 너와 네 자손에게 주리니 네 자손이 땅의 티끌같이 되어서 동서남북에 편만할지며 땅의 모든 족속이 너와 네 자손을 인하여 복을 얻으리라 내가 너와 함께 있어 네가 어디로 가든지 너를 지키며 너를 이끌어 이 땅으로 돌아오게 할지라 내가 네게 허락한 것을 다 이루기까지 너를 떠나지 아니하리라 하신지라 야곱이 잠이 깨어 가로되 여호와께서 과연 여기 계시거늘 내가 알지 못하였도다 이에 두려워하여 가로되 두렵도다 이 곳이여 다른 것이 아니라 이는 하나님의 전이요 **이는 하늘의 문이로다 하고 야곱이 아침에 일찌기 일어나 베개하였던 돌을 가져 기둥으로 세우고 그 위에 기름을 붓고 그곳 이름을 벧엘이라 하였더라** 이 성의 본 이름은 루스더라"(창 28:10-19).

위 말씀의 전후사정을 살펴보면, 야곱은 팥죽 한 그릇에 형 에서로부터 장자의 명분을 빼앗고, 아버지 이삭을 속여 장자의 축복까지도 차지하였다. 그 뒤 그는 에서의 분노를 사게 되어, 외삼촌 라반이 살고 있는 밧단아람으로 도망간다. 가는 도중에 유숙하던 곳에서 꿈을 꾸었으며, 그 꿈에서 하나님의 음성을 듣게 된다. 야곱은 아브라함과 이삭의 하나님이 주셨던 그 약속을 다시 한 번 받게 된다. 이 야곱의 꿈은 하나님을 믿고 교회생활을 하면서 성도들이 하나님과의 영적인 교제를 통해

받게 되는 영적인 축복과 은혜를 나타낸다. 여기서 벧엘은 광야를 의미하며, 바로 이 세상에서의 교회생활을 뜻한다고 볼 수 있다. 광야에서 이스라엘 백성이 만나와 메추라기를 먹고 하나님의 은혜 안에 거하듯이, 성도들은 교회생활을 통해 여러 가지 신령한 은사들을 체험한다. 그러나 많은 그리스도인은 그것으로 만족하는 삶이 신앙생활의 전부라고 생각한다.

벧엘의 삶은 하나님의 인도함을 받는 삶이지만, 그분과 동행하는 삶은 아니다. 즉 내 자아를 온전히 하나님께 드리지 못하고 단지 내 입장에서 하나님을 생각하고, 섬기며, 인도함을 받기 원하는 삶의 방식인 것이다. 야곱이 하나님의 영광을 보고 난 다음 벧엘에서 서원하는 장면을 보자. 그는 여전히 자신을 위해 필요한 하나님으로 생각하고 있으며, 하나님께 오히려 조건을 제시하는 것을 볼 수 있다. 이는 마치 농부를 위해 열매가 존재하는 것이 아니고 열매를 위해 농부가 존재하는 것과 같다.

> "야곱이 서원하여 가로되 **하나님이 나와 함께 계시사 내가 가는 이 길에서 나를 지키시고 먹을 양식과 입을 옷을 주사 나로 평안히 아비 집으로 돌아가게 하시오면** 여호와께서 나의 하나님이 되실 것이요 내가 기둥으로 세운 이 돌이 하나님의 전이 될 것이요 하나님께서 내게 주신 모든 것에서 십분 일을 내가 반드시 하나님께 드리겠나이다 하였더라"(창 28:20-22).

또한 우리가 명심해야 하는 것은, 이러한 영적 은사나 인도하심은 하나님께서 궁극적으로 이루고자 하시는 마지막 약속을 성취하기 위한 도구일 뿐 그것 자체가 하나님의 약속이 아니라는 사실이다. 하나님의 궁극적인 목적은 만나와 메추라기로 만족하는 광야가 아니라, 젖과 꿀이 흐르는 가나안 땅이기 때문이다. 광야에서 불평하고 더 이상 앞으로 나아가지 못하던 이스라엘 백성들은 광야에 엎드러져 하나님의 저주와 심판을 받았으며, 심지어 모세까지도 가나안 땅에 들어가지 못했음을 기억하자.

하나님께서는 일단 홍해를 통해 애굽인과 이스라엘 백성을 가르고 난 뒤, 광야 생활을 통해 하나님의 백성으로서의 교육과 연단을 시키셨다. 이처럼 구원 후 교회생활의 시작은 하나님의 약속을 향해 나아가는 출발점에 불과할 뿐이므로 가나안 땅 정복을 위해 끊임없이 훈련을 받아야 한다.

세례 받고 교회생활 하는 것이 전부라고 생각하는 사람은 마치 씨만 받아 놓고 농사를 다 지었다고 착각하는 사람과 다를 바 없다. 광야는 머무는 곳이 아니라 지나가야 하는 곳인 것처럼 이 세상의 교회생활은 안주하는 곳이 아니라 하나님 나라로 들어가기 위한 훈련의 장소여야 한다.[2)]

> "내가 내려와서 그들을 애굽인의 손에서 건져내고 **그들을 그 땅에서 인도하여 아름답고 광대한 땅 젖과 꿀이 흐르는 땅 곧 가나안 족속, 헷 족속, 아모리 족속, 브리스 족속, 히위 족속, 여부스 족속의 지방에 이르려 하노라**"(출 3:8).
>
> "여호와께서 네 열조를 사랑하신고로 그 후손 너를 택하시고 큰 권능으로 친히 인도하여 애굽에서 나오게 하시며 너보다 강대한 열국을 네 앞에서 쫓아내고 **너를 그들의 땅으로 인도하여 들여서 그것을 네게 기업으로 주려 하심이 오늘과 같으니라**"(신 4:37-38).

이스라엘 백성이 광야에 엎드러진 것은 그들이 홍해를 건너지 아니함도 아니요, 메추라기와 만나를 먹지 못해서도 아니요, 하나님의 인도함을 받지 못함도 아니다. 그들이 홍해를 건너고 40년간 신령한 하늘의 양식을 먹은 하나님의 백성임에도 불구하고 광야에서 죽은 것은, 마음을 강퍅케 하여 하나님 말씀을 믿지 아니하여 하나님이 약속하신 땅으로 가지 아니하였기 때문이다.

> "성경에 일렀으되 오늘날 너희가 그의 음성을 듣거든 노하심을 격동할 때와 같이 **너희 마음을 강퍅케 하지 말라 하였으니 듣고 격노케 하던 자가 누구뇨 모세를 좇아**

2) 찰스 프라이스, 「아, 내 안에 계신 그리스도」(생명의말씀사, 2002), pp.41-61.

애굽에서 나온 모든 이가 아니냐 또 하나님이 사십 년 동안에 누구에게 노하셨느뇨 범죄하여 그 시체가 광야에 엎드러진 자에게가 아니냐 또 하나님이 누구에게 맹세하사 그의 안식에 들어오지 못하리라 하셨느뇨 곧 순종치 아니하던 자에게가 아니냐 **이로 보건대 저희가 믿지 아니하므로 능히 들어가지 못한 것이라**"(히 3:15-19).

엘리사는 길갈에서 벧엘로, 벧엘에서 여리고까지 엘리야를 좇아갔다. 그렇다면 여리고는 어떤 땅일까? 우리는 아래의 열왕기하 2장 말씀에서 그 땅의 형편을 엿볼 수 있다.

"엘리사가 여리고에 머무는 중에 무리가 저에게 돌아오니 엘리사가 저희에게 이르되 내가 가지 말라고 너희에게 이르지 아니하였느냐 하였더라 그 성 사람들이 엘리사에게 고하되 우리 주께서 보시는 바와 같이 **이 성읍의 터는 아름다우나 물이 좋지 못하므로 토산이 익지 못하고 떨어지나이다** 엘리사가 가로되 새 그릇에 소금을 담아 내게로 가져오라 하매 곧 가져온지라 **엘리사가 물 근원으로 나아가서** 소금을 그 가운데 던지며 가로되 여호와의 말씀이 내가 이 물을 고쳤으니 이로 좇아 다시는 죽음이나 토산이 익지 못하고 떨어짐이 없을지니라 하셨느니라 하니 그 물이 엘리사의 말과 같이 고쳐져서 오늘날에 이르렀더라"(왕하 2:18-22).

한마디로 여리고 땅은 성읍의 터는 아름다우나 물이 좋지 못하므로 토산이 익지 못하고 떨어지는 땅이다. '성읍의 터는 아름다우나' 라는 뜻은 구원 후 교회생활을 아름답게 하며, 하나님이 보시기에 아름다운 헌신하고자 하는 성도의 삶을 나타낸다. 또 '물이 좋지 못하므로 토산이 익지 못하고 떨어지는 땅이다' 라는 뜻은 하나님을 진심으로 섬기고자 애쓰지만 해결되지 않은 내면의 상처와 쓴 뿌리로 인하여 온전한 생수가 아닌 쓴물이 올라와 성령의 열매가 맺히지 못하는 삶을 의미한다. 결국 여리고는 광야생활에서 열심히 노력하고 헌신은 하나, 성령의 열매가 맺히지 않은 성도의 삶에 비유될 수 있다. 이는 성령님에 의지하는 신앙생활보다는 교회의 전통과 장로의 유전을 통해서 자의적으로 열심히 섬기고자 하는 성도의 삶을 나타내는 것이다.

이런 측면에서 볼 때, 내면의 치유 단계가 바로 여리고 성인 것이다. 내면의 상처가 치유될 때라야만 하나님의 임재를 경험할 수 있는 그릇이 되며, 하나님의 법궤를 옮길 수 있는 자격이 주어진다. *날마다 쏟아져 나오는 수많은 신앙서적들 그리고 매체를 통하여 말씀의 홍수 속에 살면서도 우리의 영이 갈수록 곤고하고 목마른 것은, 내 안에 계신 예수 그리스도를 심령으로 만나는 것이 아니라 예수 그리스도에 대해서 더 많이 알고자 하는 지식으로 만나기 때문이다.* 지식이 아니라 심령으로 만나기 위해서는 마음의 치유와 회복이 꼭 필요하다.

다음으로 엘리야는 제자를 데리고 요단강으로 갔다. 요단강은 여호수아 3장에 나오는 것처럼, 제사장들이 언약궤를 메고 나아갔던 곳이다. 이것은 여리고를 통하여 마음이 치유되고 회복된 다음 요단강을 건널 때는 하나님과 함께 건너간다는 것을 뜻한다고 볼 수 있다. 즉 요단강을 건너는 것은 자신의 노력이나 지혜가 아니라 하나님의 보좌로부터 흘러내리는 능력과 권세에 의해서 이루어진다는 것이다. 실제로 이스라엘 백성이 어떻게 요단강을 건넜는지 말씀을 읽어 보자.

> "백성이 요단을 건너려고 자기들의 장막을 떠날 때에 **제사장들은 언약궤를 메고 백성 앞에서 행하니라** (요단이 모맥 거두는 시기에는 항상 언덕에 넘치더라) 궤를 멘 자들이 요단에 이르며 궤를 멘 제사장들의 발이 물가에 잠기자 곧 위에서부터 흘러내리던 물이 그쳐서 심히 멀리 사르단에 가까운 아담 읍 변방에 일어나 쌓이고 아라바의 바다 염해로 향하여 흘러가는 물은 온전히 끊어지매 백성이 여리고 앞으로 바로 건널새 **여호와의 언약궤를 멘 제사장들은 요단 가운데 마른 땅에 굳게 섰고 온 이스라엘 백성은 마른 땅으로 행하여 요단을 건너니라**"(수 3:14–17).

엘리야도 요단강에서 겉옷을 취하여 말아 물을 치매 물이 이리저리 갈라지고 두 사람이 육지 위로 건널 수 있게 되었다. 요단은 하나님의 임재를 나타내며, 이는 신앙생활에 있어 놀라운 성령의 역사를 체험하는 것을 말한다. 엘리야는 하나님이 함께하는 삶이 무엇이며, 무엇이 있어야 가나안 땅을 정복할 수 있는가를 엘리사에게 실물교육 시켰던 것이다.

마침내 요단강을 건넌 후, 엘리야는 엘리사에게 하나님이 자신을 취하기 전에 무엇을 구하겠느냐고 물었고, 그때 엘리사는 엘리야의 영감이 갑절이나 자신에게 있기를 구하였다. 이 말은 문자 그대로 갑절의 영감을 구하는 것이나 번역본에 따라서는 신명기 21장 17절에 있는 상속법에 따른 '두 몫' 으로 해석하여 후계자가 되기를 원한다는 의미로 생각할 수도 있다.[3)]

"건너매 엘리야가 엘리사에게 이르되 나를 네게서 취하시기 전에 내가 네게 어떻게 할 것을 구하라 엘리사가 가로되 **당신의 영감이 갑절이나 내게 있기를 구하나이다**"(왕하 2:9).

"When they had crossed, Elijah said to Elisha, 'Tell me, what can I do for you before I am taken from you?' '**Let me inherit a double portion of your spirit**', Elisha replied"(NIV).

"When they came to the other side, Elijah said to Elisha, 'What can I do for you before I am taken away?' And Elisha replied, '**Please let me become your rightful successor.**' "(NLT).

"가로되 네가 어려운 일을 구하는도다 그러나 **나를 네게서 취하시는 것을 네가 보면** 그 일이 네게 이루려니와 그렇지 않으면 이루지 아니하리라 하고"(왕하 2:10).

"And he said, Thou hast asked a hard thing: [nevertheless], **if thou see me [when I am] taken from thee**, it shall be so unto thee; but if not, it shall not be [so]"(KJV).

3) 후계자의 의미는 "반드시 그 미움을 받는 자의 아들을 장자로 인정하여 자기의 소유에서 그에게는 두 몫을 줄 것이니 그는 자기의 기력의 시작이라 장자의 권리가 그에게 있음이니라"(신 21:17)의 말씀을 통해서 알 수 있고, 또한 엘리야의 다른 생도들의 태도를 통해서도 유추할 수 있다. "맞은편 여리고에 있는 선지자의 생도들이 저를 보며 말하기를 엘리야의 영감이 엘리사의 위에 머물렀다 하고 가서 저를 영접하여 그 앞에서 땅에 엎드리고"(왕하 2:15).

“ ‘You have asked a difficult thing’, Elijah said, ‘**yet if you see me when I am taken from you**, it will be yours -- otherwise not.’ ”(NIV).

엘리사가 “당신의 갑절의 영감을 얻기를 원합니다”(혹은 엘리야의 후계자가 되기를 원합니다)라고 한 말은 ‘당신의 영을 가지기를 원한다’는 뜻이며, 그것도 두 배로 가지고 싶다는 것이다. 엘리야가 “네가 어려운 일을 구하는도다”라고 말한 것은 엘리야에게 어려운 것이 아니라, 엘리사에게 어려운 것이었다. 왜냐하면 그 의미는 자신을 버려야만(완전히 포기해야만), 엘리야의 영을 가질 수 있기 때문이다. 두 사람이 함께 걷는 동안에 홀연히 불수레와 불말들이 두 사람을 격하고 엘리야가 회리바람을 타고 승천하였다. 바로 이 순간에 엘리사는 그렇게도 갈망했던 그 광경을 목도하고 너무나 감정이 격한 나머지 승천하는 엘리야를 부르고, 이스라엘의 병거와 마병을 외쳤다. 그가 엘리야의 승천을 보았다는 것은 스스로 자신을 버렸다는 것이다. *자기를 포기하고 하나님의 것을 구하는 자에게는 하나님이 영적인 세계를 열어 주실 뿐만 아니라 그 빈 그릇에 하나님의 것으로 채워 주신다는 것을 의미한다.*

이것이 바로 기름부으심의 비밀이다. 앞서 야곱도 하늘문이 열린 것을 경험했다. 차이가 있다면 야곱은 하나님 임재의 놀라운 경험을 했지만 준비되지 않은 상태였다는 것이다. 하나님이 계시해 주셨지만 그는 여전히 자신의 자아로 본 것 뿐이며, 자의적으로 해석했을 뿐이다. 그러나 지금 엘리사는 어떤가? 그는 이미 길갈에서 벧엘로, 벧엘에서 여리고로, 여리고에서 요단을 건넜다. 그는 지금 하나님의 법궤와 함께하는 사람이며, 더 이상 땅의 것에 미련이 없었다. 오직 하늘의 것을 찾는 사람인 것이다.

“그러므로 너희가 그리스도와 함께 다시 살리심을 받았으면 위엣 것을 찾으라 거기는 그리스도께서 하나님 우편에 앉아 계시느니라 **위엣 것을 생각하고 땅엣 것을 생각지 말라**(**let heaven fill your thoughts. do not think only about things**

down here on earth) 이는 너희가 죽었고 너희 생명이 그리스도와 함께 하나님 안에 감취었음이니라"(골 3:1-3).

엘리사는 엘리야가 열린 하늘문으로 승천한 것을 보았지만, 선지자의 생도들은 회리바람으로 인하여 들려 올라갔다가 다른 곳에 떨어져 죽었다고 생각했다. 엘리사에게는 영적인 눈이 열려 있었지만, 그렇지 못했던 생도들은 육적인 관점으로만 볼 수밖에 없었던 것이다. 엘리사에게는 열린 하늘문이었지만,[4] 엘리야의 다른 생도들에게는 놋문이었다.[5]

엘리사는 엘리야의 언약대로 그 광경을 보았기 때문에 자신의 믿음을 행동으로 옮겼다. 즉 자신의 옷을 찢고 떨어진 엘리야의 겉옷을 취했다. 이것은 바로 믿음대로 행동하는 전형을 보여 주는 것이다. 자신의 옷을 찢고 엘리야의 겉옷을 취했다는 것은 이미 하늘나라에서 영적으로 계승된 것을 이 땅에서 공표하기 위해 치르는 공식적인 의식(ceremony)을 나타내는 것이다. *엘리사는 엘리야를 통하여 영적인 유산을 물려받는 조건이 무엇인지를 알았고, 그 조건을 달성했기 때문에 스스로 그 겉옷을 취한 것이다. 그는 담대히 엘리야의 아버지, 그의 아버지에게 요청했고, 그 믿음대로 행했다.*

열왕기하 2장의 엘리사의 여정을 성도의 신앙 여정에 비유해서 알아보았다. 엘리야가 승천하기 전 왜 이러한 여정을 택했는지는 알 수 없지만 이러한 지명이 포함하고 있는 영적인 의미는 성도가 출애굽에서부터 가나안 땅으로 들어가는 과정 동안의 내면의 변화 혹은 하나님과의 친밀함 정도의 변화를 나타내 준다고 볼 수 있다. 이것을 다시 요약해 보면 다음과 같을 것이다.

---

4) "여호와께서 너를 위하여 하늘의 아름다운 보고를 열으사 네 땅에 때를 따라 비를 내리시고 네 손으로 하는 모든 일에 복을 주시리니 네가 많은 민족에게 꾸어줄찌라도 너는 꾸지 아니할 것이요"(신 28:12).

5) "네 머리 위의 하늘은 놋이 되고 네 아래의 땅은 철이 될 것이며"(신 28:23).

길갈	홍해, 예수님의 십자가, 물세례, 구원의 확신
벧엘	광야(교회)생활, 자존자적인 신앙생활, 만나와 메추라기, 구름기둥과 불기둥의 경험
여리고	갈망하지만 고통하는 삶, 내면의 치유와 혁명, 지식에서 관계로의 전환
요단	성령체험, 보좌와 하나님 나라에 대한 사모, 자아의 죽음을 경험함, 오직 예수
겉옷을 취함	갑절의 영감을 얻음, 새로운 삶, 예수 그리스도가 사는 삶, 권세와 능력을 가지고 세상에서 영적 전쟁을 하는 삶

이러한 내면의 변화단계(혹은 하나님과의 친밀한 관계)를 생각해 볼 때, 지금 당신의 신앙 여정은 어디쯤인가? 만약 당신이 엘리사와 같은 능력으로 사도행전을 계속 써 나가기 원한다면 어떻게 해야 하는가? 아직도 사도행전을 묵상만 하고 있는 것은 아닌가? 아니면 사도들의 삶에 대해서 읽고 흥분만 하고 있는가? 당신도 엘리야의 겉옷을 휘둘러서 신약성경 238과 239페이지 사이에 새로운 페이지를 넣고 싶지 않은가? 그렇다면 더 이상 광야에 머무르지 말고 요단강으로 가라.

"여호와의 눈은 온 땅을 두루 감찰하사 **전심으로 자기에게 향하는 자를 위하여 능력을 베푸시나니**…"(대하 16:9).

"그 후에 내가 내 신을 만민에게 부어 주리니 너희 자녀들이 장래일을 말할 것이며 너희 늙은이는 꿈을 꾸며 너희 젊은이는 이상을 볼 것이며 **그 때에 내가 또 내 신으로 남종과 여종에게 부어 줄 것이며**"(욜 2:28-29).

"하나님이 가라사대 말세에 내가 내 영으로 모든 육체에게 부어 주리니 너희의 자녀들은 예언할 것이요 너희의 젊은이들은 환상을 보고 너희의 늙은이들은 꿈을 꾸리라 **그 때에 내가 내 영으로 내 남종과 여종들에게 부어 주리니 저희가 예언할 것이요**" (행 2:17-18).

"일어나라 빛을 발하라 이는 네 빛이 이르렀고 여호와의 영광이 네 위에 임하였음이니라 **보라 어두움이 땅을 덮을 것이며 캄캄함이 만민을 가리우려니와 오직 여호와께서 네 위에 임하실 것이며 그 영광이 네 위에 나타나리니** 열방은 네 빛으로, 열왕은 비취는 네 광명으로 나아오리라"(사 60:1-3).

2. 네 가지 회개

흔히 오늘날 교회를 '축복 클럽' 이라고 비유하기도 한다. 회개보다는 은혜를 강조하고, 저주보다는 축복을 강조하기 때문일 것이다. 우리는 흔히 회개나 저주는 부정적이라고 생각한다. 그래서 회개할 때만이 은혜를 누릴 수 있으며, 저주를 끊을 때만이 축복을 누릴 수 있다는 사실을 간과하고 있다. 회개나 저주끊기는 부정적으로 보거나 소홀히 다룰 문제가 아니라 가장 깊이 묵상하고 실천해야 할 신앙의 기본이다. 이 장에서는 회개에 대해서 알아보고, 저주는 제5부에서 살펴보고자 한다. 회개 자체는 나눌 수 있는 성질의 것이 아니지만, 우리가 흔히 간과해 왔던 부분들을 강조하기 위해서 네 가지 회개로 분리해서 생각해 보았다.

성경을 읽으면서 가장 놀라웠던 사실 중의 하나는 예수님의 초림과 재림 전 마지막 때에 선포하셨던 주 메시지가 "회개하라"는 말씀이었다는 것이다. 예수님이 공생애 사역을 하실 때 첫 메시지가 "회개하라 천국이 가까왔느니라"였고, 요한계시록 2장에서 다시 오실 예수님이 마지막 때에 소아시아 일곱 교회를 향해 말씀하신 편지 내용의 핵심이 회개에 관한 것이다. 복음의 시작과 끝이 회개에서 시작하여 회개로 끝난다 해도 과언이 아니다.

> "이 때부터 예수께서 비로소 전파하여 가라사대 회개하라 천국이 가까왔느니라 하시더라"(마 4:17).

기독교가 다른 모든 종교와 구별되는 가장 중요한 것이 있다면, 죄사함과 은혜일 것이다. 하나님께서 행하신 은혜 중에 가장 큰 은혜라면 우리에게 베푸신 죄사함일 것이다. 따라서 우리의 죄를 고백하고 회개하지 않는다면 우리는 가장 큰 은혜를 맛볼 수 없다. 사실 신앙생활에서 은혜 없이는 내면에서 솟아나는 기쁨이 있을 수 없고, 기쁨이 없다면 영적으로 자유함이 없다. 우리 스스로가 죄 없다고 한다면 하나님을 거짓말쟁이로 만들고 우리 속에 진리가 없다. 우리는 죄인이기 때문에 날마다 회개해야 한다. 죄가 있는 곳에 사단의 합법적인 권리가 있기 때문에 우리의 삶에 진정한 자유는 없을 것이다. 회개의 깊이는 은혜의 깊이와 동일하다. 동일한 태양이지만 얼음은 녹이고 진흙은 굳게 하듯이, 회개는 죄를 끄고 은혜의 불을 켜는 스위치인 것이다.

> "만일 우리가 죄 없다 하면 스스로 속이고 또 진리가 우리 속에 있지 아니할 것이요"(요일 1:8).

나는 한동안 예수님 공생애의 첫 메시지부터 이해하지 못하고 혼란에 빠진 적이 있었다. "회개하라 천국이 가까왔느니라"에 대한 것이었다. 천국, 즉 하나님 나라에 대한 메시지를 거의 접해보지 못했고, 진정한 회개의 의미를 알지 못했기 때문이었다. 회개하는 것과 천국이 가까이 온 것은 무슨 관계가 있는 것일까? 예수님은 이 땅에 하나님 나라를 도래케 하셨고, 그분이 선포한 주 메시지가 천국복음이었다는 것을 새롭게 알게 되었을 때야 비로소 회개한 자만이 이 땅에 존재하는 하나님 나라에 들어가 그 삶을 누릴 수 있다는 것을 깨닫게 되었다.

> "베드로가 가로되 너희가 **회개하여 각각 예수 그리스도의 이름으로 세례를 받고 죄 사함을 얻으라 그리하면 성령을 선물로 받으리니**"(행 2:38).
>
> "예수께서 대답하시되 진실로 진실로 네게 이르노니 사람이 **물과 성령으로 나지 아니하면 하나님 나라에 들어갈 수 없느니라**"(요 3:5).

위의 두 구절을 함께 생각해 보자, 하나님 나라로 들어가는 자격이 "물과 성령으로 나는 것"이라면 그 자격조건이 바로 '회개'인 것이다. 놀랍지 않은가? 성령 충만함을 받아 하나님 보좌 앞으로 나아가기를 원하는 성도들이 그토록 많지만 그 조건이 기독교 신앙의 초보단계인 '회개'라는 사실 말이다. 회개에는 우리가 알지 못하는 비밀이 있다. 단지 우리가 구원받을 때나 죄를 지었을 때 고백하는 것 이상의 놀라운 것이 있다는 말이다.

회개란 무엇인가

회개에 해당되는 헬라어 단어는 메타노에오(metanoeo)이며, 바꾸다(meta)와 마음(nous)의 합성어다. "회개는 마음을 바꾸다"라는 뜻으로 타락 전의 "본래 상태로 되돌아가다"라는 뜻을 지니고 있다. 따라서 '회개'를 제대로 이해하기 위해서는 타락 전 본래의 우리 형상뿐만 아니라 타락 후 변형된 형상을 제대로 알아야 한다.

"우리의 본성적 자아는 하나님으로부터의 분리와 죄의 영향력으로 인하여 심각하게 금이 갔다. 그 결과 아담의 후예들 안에 모든 죄들의 뿌리인 원죄가 죄의 근원으로 항존하게 되었다. 하나님과의 영적 관계가 끊어짐으로, 인간은 하나님과의 온전한 영적인 교제에서만 이루어질 수 있는 일들을 육과 혼적인 것에서 찾을 수밖에 없는 존재로 전락되었다. 즉 의존자에서 자존자로, 하나님에게 인정받는 자에서 세상에서 인정받는 자로, 영이 육을 지배하는 자에서(안에서 밖으로의 삶) 육이 영을 지배하는 자로(밖에서 안으로의 삶), 존재로서의 가치를 잃어버리고 행위로서 가치를 인정받는 자로, 사랑의 충족에서 갈망의 존재로, 영혼의 사랑을 육신의 사랑으로 대체하는 자로, 하나님 중심의 삶(하나님의 영광으로 보호를 받음)에서 자기중심의 삶(자아로 자기보호)을 사는 존재로 전락한 것이다."

"결국, 원죄를 가지고 있는 인간의 내면세계를 조사하면 마음속에 가려 있는 세 가지 요소를 발견할 수 있다. 즉 우리가 잃어버린 것을 갈망하고자 하는 욕구, 내면의 상처에서부터 올라오는 고통과 슬픔을 없애려는 노력 그리고 고집스러운 독립심으로 우리가 바라는 인생의 의미를 찾기 위하여 잘못된 방법을 사용하고 있다는 것이다. 회개란 바로 마음을 새롭게 하여 이 세 가지 요소를 본래 상태로 돌리는 것을 의미한다."

마틴 루터의 말에 따르면, 진실한 회개는 매일 우리 자신으로부터 벗어나 예수 그리스도에게 가는 것이다. 오직 우리 자신만을 추구하고 교만하여 정죄하는 것으로부터 돌이켜 우리가 그분에게 돌아갈 때 우리의 삶에 하나님의 지혜, 부요함, 능력의 역사가 일어나는 것이다. 회개하는 삶의 양식은 승리하는 그리스도인의 삶의 핵심이다. "회개하라"는 성령님의 부르심에 저항하는 사람은 참으로 비참해진다.

> **"모든 사람이 죄를 범하였으매** 하나님의 영광에 이르지 못하더니"(롬 3:23).
>
> "여호와는 **마음이 상한 자에게 가까이 하시고 중심에 통회하는 자를 구원하시는도다**"(시 34:18).
>
> **"만일 우리가 우리 죄를 자백하면 저는 미쁘시고 의로우사 우리 죄를 사하시며 모든 불의에서 우리를 깨끗케 하실 것이요** 만일 우리가 범죄하지 아니하였다 하면 하나님을 거짓말 하는 자로 만드는 것이니 또한 그의 말씀이 우리 속에 있지 아니하니라"

(요일 1:9-10).

회개의 참의미를 깨달아야 한다

자존자의 삶을 사는 많은 그리스도인이 회개는 구원을 얻을 때만 필요한 것으로 착각하고 있으며, 회개에 대한 부정적이고 비성경적인 견해를 가지고 있다. 실제로 감사와 찬양 드리기는 좋아하지만 진정한 회개는 등한시한다. 회개를 매우 어렵고, 우울하며, 부정적인 경험으로 이해하고 있기 때문에, 회개에 대한 어떤 대화도 피하려는 경향이 있다. 그러나 성경은 전혀 다른 관점에서 이야기하고 있음을 알아야 한다. 우울이나, 어깨의 무거운 짐이나, 삶의 활력이 줄어드는 것이나, 인격이나 자유가 제한받는 것은 회개로부터 오는 것이 아니라, 회개하지 않기 때문에 오는 것이다.

> "저희가 이 말을 듣고 잠잠하여 하나님께 영광을 돌려 가로되 그러면 **하나님께서 이방인에게도 생명 얻는 회개를 주셨도다 하니라**"(행 11:18).

성경은 회개가 우리를 자유, 진리, 생명이 있는 하나님 나라로 인도하는 하나님이 우리에게 주신 매우 귀중한 천국열쇠라는 것을 보여 주고 있다. 회개는 긍정적으로 하나님을 향하는 것이며, 진리의 근원, 생명, 즐거움으로 향하는 것이다. 물론 회개는 속임, 압박, 죽음으로부터 돌아서는 것도 포함한다. 최근 내적치유에서도 용서에 대한 기도는 많이 하지만 자신을 회개하는 기도는 많이 하지 않고 있는데, 이는 회개의 본질과 참 능력을 알지 못하는 데서 나온 것이다.

> "거역하는 자를 온유함으로 징계할지니 혹 하나님이 **저희에게 회개함을 주사 진리를 알게 하실까 하며**"(딤후 2:25).
>
> "**하나님의 뜻대로 하는 근심은 후회할 것이 없는 구원에 이르게 하는 회개를 이루는 것이요** 세상 근심은 사망을 이루는 것이니라"(고후 7:10).

구약에서 회개는 주로 죄의 행위에서 돌아서는 외향적인 것이었다. 그러나 예수님은 신약에 와서 내면적인 회개를 보여 주셨다. 즉 행위보다는 내면적인 마음의 상태에 대해서 언급하셨다. 이 말은 자존자로서 행위적인 죄로부터 회개하는 것뿐만 아니라 우리 중심적인 특성, 즉 하나님으로부터 독립하고자 하는 마음(자존자적 성향)으로부터 회개해야 한다는 것이다.[6]

또한 이상하게 들릴지 모르겠지만 우리는 사는 동안에 저지른 악행뿐 아니라 선행에 대해서도 돌아보고 회개하는 것을 배워야 한다. 즉 하나님의 뜻으로부터 벗어난 어떠한 일도 회개해야 한다는 것이다. 성경은 우리가 하나님을 위해서 한 어떤 일이라도 짝사랑으로 인한 일방적인 것이라면 '죽은 행실(dead work)'이라고 말한다.[7] 우리의 '살아 있는 행실(living work)'은 성령에 의지하며, 육체로 자랑하지 않으며 오직 예수 그리스도만이 나타나는 것이다.

> "나더러 주여 주여 하는 자마다 천국에 다 들어갈 것이 아니요 다만 **하늘에 계신 내 아버지의 뜻대로 행하는 자라야 들어가리라** 그 날에 많은 사람이 나더러 이르되 주여 주여 우리가 주의 이름으로 선지자 노릇하며 주의 이름으로 귀신을 쫓아내며 주의 이름으로 많은 권능을 행치 아니하였나이까 하리니"(마 7:21-22).
>
> "그러므로 우리가 그리스도 도의 초보를 버리고 **죽은 행실을 회개함과** 하나님께 대한 신앙과 세례들과 안수와 죽은 자의 부활과 영원한 심판에 관한 교훈의 터를 다시 닦지 말고 완전한 데 나아갈지니라"(히 6:1-2).
>
> **"하나님의 성령으로 봉사하며 그리스도 예수로 자랑하고 육체를 신뢰하지 아니하는** 우리가 곧 할례당이라"(빌 3:3).

---

6) 우리는 이러한 사실을 예수님이 말씀하신 산상수훈(마 5:2-10)에서 볼 수 있고, 간음에 대한 교훈(마 5:27-28)에서도 볼 수 있을 것이다.

7) 설령 우리가 하나님을 위해서 한 일이라 할지라도 그것이 하나님의 뜻이 아닐 때는 하나님과의 교제 없이 이루어진 짝사랑일 수밖에 없다. 마태복음 7장 21-23절을 묵상해 보자.

> **"그러나 무엇이든지 내게 유익하던 것을 내가 그리스도를 위하여 다 해로 여길뿐더러 또한 모든 것을 해로 여김은** 내 주 그리스도 예수를 아는 지식이 가장 고상함을 인함이라 내가 그를 위하여 모든 것을 잃어버리고 배설물로 여김은 그리스도를 얻고" (빌 3:7-8).

회개는 일회적인 사건이 아니라 계속적인 과정이다. 신앙이 성숙할수록 회개하는 일은 적어야 된다고 생각하며, 성숙한 신앙인이 회개하면 문제가 있는 것처럼 느낀다. 절대로 그렇지 않다. 실은 회개의 횟수가 많다는 것은 성숙하다는 것을 의미한다. 회개하는 삶의 양식은 승리하는 그리스도인의 삶의 핵심이다. 예수 그리스도 안에서는 회개할 필요가 없다. 왜냐하면 그분이 내 삶을 살고 계시기 때문이다. 그러나 예수 그리스도를 내 안에 모시기 위해서는 회개가 필요하다.

세상적인 의미에서 "미안하다"라고 말하는 것은 "너는 완전자이고 나는 불완전자이기 때문에 나는 너에게 굴복하며, 나의 잘못에 대해서 비판을 받고 책임을 져야 마땅하다"고 생각하는 것이다. 그러나 그리스도인들이 서로 "미안하다"는 말을 하는 것은, "내가 온전치 못합니다. 사실은 내가 독립적인 존재가 아니라 의존자적인 존재입니다. 당신과 내가 하나님의 의존자로 있기를 원합니다. 즉 당신과 내가 예수 안에서 만나기를 원합니다. 옳고 그름을 떠나 당신이 나를 용납해 주기를 원합니다"라고 말하는 것이다. 〈러브 스토리〉라는 영화의 대사 중에 "사랑하는 사람에게는 미안하다는 말을 하는 것이 아니다"라는 대사가 나온다. 나는 오랫동안 이 말이 명대사인 줄로 착각하고 살았다. 내적치유를 받은 후에야 이 대사가 내 인생을 망칠 뻔한 것임을 알게 되었다. 우리의 타락의 본성을 제대로 이해한다면, 사랑하는 사람에게 잘못을 하지 않으려고 노력하는 그 이상으로, "미안합니다"라고 말할 줄 아는 사람이 되어야 할 것이다.

네 종류의 회개가 있다

굳이 나누어 본다면 회개는 네 가지로 생각해 볼 수 있을 것 같다. 첫 번째는 구원을 얻기 위한 회개이고, 두 번째는 나의 죄와 죄악을 위한 회개(은혜를 구하는 회개)이며, 세 번째는 내면의 치유를 위한 회개(십자가 앞에서의 회개)이고, 네 번째는 영적 도약을 위한 회개(하나님 보좌 앞에서의 회개)일 것이다.

첫 번째 회개는 우리가 구원을 얻기 위한 전형적인 회개다. 구원을 위해 단으로 초청할 때 나와서 울며, "나는 죄인입니다. 예수님은 나를 구원하기 위해 십자가에 못 박히셨습니다. 예수님은 그리스도이시며, 살아계신 하나님의 아들이십니다"라고 회개하며 고백하는 것이다. 그야말로 일회적이고 그리스도인이 되기 위한 과정의 회개로서, 우리 모두가 이러한 경험을 했다.

두 번째 회개는 우리의 삶 속에서 스스로 저지른 죄와 죄악된 행실로부터 돌아서는 회개다. 바실레아 슐링크가 말한[8] "하나님과 같이 우리의 회개를 받아주는 신이 어디 있겠는가?"를 생각하면 할수록 감사와 찬양이 저절로 나온다. 죄의 깊이와 상관없이, 자주, 그것도 아주 많이…….

> "만일 우리가 우리 죄를 자백하면 저는 미쁘시고 의로우사 우리 죄를 사하시며 모든 불의에서 우리를 깨끗케 하실 것이요 만일 우리가 범죄하지 아니하였다 하면 하나님을 거짓말 하는 자로 만드는 것이니 또한 그의 말씀이 우리 속에 있지 아니하니라" (요일 1:9-10).
>
> "주와 같은 신이 어디 있으리이까 주께서는 죄악을 사유하시며 그 기업의 남은 자의 허물을 넘기시며 인애를 기뻐하심으로 노를 항상 품지 아니하시나이다"(미 7:18).

한편 우리가 잘 깨닫지 못하고 있는 **세 번째 회개**는, 이 세상의 법칙으로는 정당하지만 하나님 나라의 법칙으로는 불법에 해당되는 것에 대한 회개다. 우리의 내면을 치유 받고 자유함을 얻어 성령의 생수가 뱃속 깊은 곳에서 올라오도록 하기 위해 반드시 필요한 회개다. 우리 삶의 모든 경험(외부의 자극과 이에 대한 반

8) 바실레아 슐링크, 「회개, 이 시대를 향한 하나님의 명령」(생명의말씀사, 2004).

응)들을 돌이켜 보면 실제로 자기 잘못은 별로 없는 것처럼 느껴진다. 왜냐하면 대부분의 삶(경험)은 다양한 자극에 대한 자기로서는 어쩔 수 없는 정당한 반응이었기 때문이다. 예를 들어, 어릴 때 나를 가장 사랑해야 할 사람이 나를 거절하거나 학대했을 때 내가 그 사람(예, 부모)에 대해서 심한 미움과 분노를 느낀다고 하자. 이 땅의 삶으로 볼 때 그 사람에 대한 미움과 분노는 지극히 당연한 육신적 반응이지만, 하나님 나라의 법칙으로는 죄에 해당되는 것이다. 우리가 이 문제를 회개하지 않으면, 하나님의 사랑이 나에게 흘러들어올 수 없다. 왜냐하면 하나님 대신 그 대상이 나의 권위자로 나를 묶고 있기 때문이다. 우리는 '육신적 반응' 대신에 '영적 반응'을 배워야 한다.[9]

여기에서 영적 반응이란 우리의 미움과 분노를 하나님 앞에 토해내고 예수님을 통해서 주신 사랑을 받아 그 사람을 사랑하게 되는 것이다. 하나님은 우리가 육신적 반응 대신에 영적 반응을 하며 살도록 하기 위해서 예수님을 십자가에 못 박히게 하셨다. 이 회개는 십자가 앞에 자신을 포기하지 않고는 할 수 없다. *하나님은 우리의 삶을 우리가 행한 육신적 반응으로 평가하시는 것이 아니라 우리가 행한 영적 반응으로 평가하신다. 즉 우리 삶이 얼마나 비참했고 얼마나 고통 받고 괴로웠는지 보다, 그 모든 것을 극복할 수 있도록 주신 예수님의 권세와 능력을 어떻게 사용하였는지에 대해 더 많은 관심을 가지고 계신다는 것이다.* 예수님의 모든 삶을 면밀히 훑어보라. 그분은 육신적 반응의 삶이 아니라 영적 반응의 삶을 사셨다.

> "너희 자신을 종으로 드려 **누구에게 순종하든지 그 순종함을 받는 자의 종이 되는 줄을** 너희가 알지 못하느냐 혹은 죄의 종으로 사망에 이르고 혹은 순종의 종으로 의에 이르느니라"(롬 6:16).
>
> "너희가 육신대로 살면 반드시 죽을 것이로되 **영으로써 몸의 행실을 죽이면 살리**

9) 환경에 대한 태도에 있어, 육신적인 반응은 오감을 통해서 들어온 자극에 대한 자연스러운 반응을 의미하는 반면, 영적인 반응은 환경에 지배함을 받지 않고 영으로서 몸의 행실을 죽이는 반응(즉 말씀에 의지한 반응)을 의미한다. 2부 2장의 '믿음과 영적 반응'을 참고하라.

니"(롬 8:13).

"내가 지금 기뻐함은 너희로 근심하게 한 까닭이 아니요 도리어 **너희가 근심함으로 회개함에 이른 까닭이라** 너희가 하나님의 뜻대로 근심하게 된 것은 우리에게서 아무 해도 받지 않게 하려 함이라 **하나님의 뜻대로 하는 근심은 후회할 것이 없는 구원에 이르게 하는 회개를 이루는 것이요** 세상 근심은 사망을 이루는 것이니라"(고후 7:9-10).

마지막 **네 번째 회개**에 대해서 생각해 보자. 이 회개는 죄를 짓는 것을 돌이킨다는 의미에서의 회개가 아니라 진정으로 마음을 새롭게 한다는 의미에서의 회개다. 회개(repentance)는 높은 곳으로 다시 돌아간다는 뜻으로 해석하면 보다 깊은 의미를 깨닫게 된다. 즉 repent라는 말의 의미는 re(되돌아가는 것을 의미하며) + pent(빌딩의 최상층을 이르는 penthouse와 같은 말)의 합성어로서 아래층에서 빌딩의 최상층으로 다시 돌아간다는 의미다. 회개한다는 것은 현실에 대한 관점을 하나님의 관점으로 되돌아감을 의미하는 것이다. 회개를 이러한 관점에서 본다는 것은 우리의 마음과 생각이 땅에서 하늘을 바라보는 것이 아니라 하늘에서 땅으로 바라보는, 즉 "나라이 임하옵시며 뜻이 하늘에서 이룬 것 같이 땅에서도 이루어지이다"(마 6:10), "내가 세상에 속하지 아니함 같이 저희도 세상에 속하지 아니하였삽나이다 저희를 진리로 거룩하게 하옵소서…, 아버지께서 나를 세상에 보내신 것 같이 나도 저희를 세상에 보내었고"(요 17:16-18)의 관점이다. 곧 예수님의 관점이기도 하다.

내 안에 계신 예수 그리스도 없이는 가질 수 없는 관점이며, 하나님 나라를 바라보는 관점이 아니라 하나님의 나라를 이 땅에 도래케 하는 관점인 것이다. 킹덤 멘털리티를 가지기 위한, 하나님의 능력과 권세를 부여받기 위한 회개인 것이다. 이 회개는 하나님 보좌 앞으로 나가지 않고는 할 수 없는 회개다. 따라서 이 회개는 우리가 다시 시작할 수 있는 결단의 기회를 주는 것이 아니라 신부에게 마음을 빼앗긴(아 4:9) 신랑의 능력과 사랑이 임할 기회를 주는 것이다. 나는 사도행전 29장은 이 회개를 하는 자만이 쓸 수 있다고 믿는다. 할렐루야!

"진실로 진실로 네게 이르노니 **우리 아는 것을 말하고 본 것을 증거하노라** 그러나 너희가 우리 증거를 받지 아니하는도다"(요 3:11).

"하나님의 나라는 먹는 것과 마시는 것이 아니요 **오직 성령 안에서 의와 평강과 희락이라"**(롬 14:17).

"내가 아직도 너희에게 이를 것이 많으나 지금은 너희가 감당치 못하리라 **그러하나 진리의 성령이 오시면 그가 너희를 모든 진리 가운데로 인도하시리니** 그가 자의로 말하지 않고 오직 듣는 것을 말하시며 장래 일을 너희에게 알리시리라"(요 16:12-13).

우리가 육신의 일과 생각들에 묶인 삶을 살 때 우리는 죄에서 벗어날 수 없으며, 결국 율법 아래 놓이게 된다. 그러나 새언약은 우리에게 율법의 저주에서 벗어날 뿐만 아니라 율법을 온전히 이룰 수 있는 길을 제시하고 있다. 그것이 바로 내 안에 계신 그리스도 영의 인도함을 받을 때이다. 우리가 죄와 율법으로부터 진정한 자유함을 얻을 수 있는 것은 자신이 죄를 지었기 때문에 회개해야 하는 일보다 내 안에 계신 그리스도로 인한 하나님 나라의 삶을 살지 못한 것에 대한 회개가 커질 때 가능한 것이다.

눈에 보이지 않는 세계는 성령을 통해서 '회개와 믿음'으로만 볼 수 있다. 눈에 보이지 않고, 귀로 들을 수 없고, 마음으로 생각할 수 없다고 해서 하나님 나라를 부정했던 삶을 회개하자. 성령으로 거듭나지 않고 내 생각과 경험과 지식으로 하나님 나라를 추구했던 것을 회개하자. 결국 네 번째 회개는 자신의 세계관을 포기하고 성경적 세계관으로 자아를 새롭게 만들기 위한 회개이며, 이 회개는 리모델링이 아니라 재건축 작업이다. 이 회개에 필요한 요소들은 1부 6장 '킹덤 멘털리티(kingdom mentality : 천국백성으로서의 정신)'에 언급하였다.

"여호와께로부터 예레미야에게 임한 말씀에 가라사대 너는 일어나 토기장이의 집으로 내려가라 내가 거기서 내 말을 네게 들리리라 하시기로 내가 토기장이의 집으로 내려가서 본즉 그가 녹로로 일을 하는데 **진흙으로 만든 그릇이 토기장이의 손에서 파**

상하매 그가 그것으로 자기 의견에 선한대로 다른 그릇을 만들더라"(렘 18:1-4).

"생베 조각을 낡은 옷에 붙이는 자가 없나니 이는 기운 것이 그 옷을 당기어 해어짐이 더하게 됨이요 **새 포도주를 낡은 가죽 부대에 넣지 아니하나니 그렇게 하면 부대가 터져 포도주도 쏟아지고 부대도 버리게 됨이라** 새 포도주는 새 부대에 넣어야 둘이 다 보전되느니라"(마 9:16-17).

새로운 마음을 가진다는 것은 어떤 사람이 천국으로 가느냐 그렇지 않느냐의 문제가 아니다. 지금 그의 삶 속에서 얼마나 많이 천국의 삶이 나타나느냐의 문제인 것이다. 당신이 당신의 생각을 변화시키지 않는다면, 이 땅에 임한 천국과 왕의 능력을 이해할 수 없을 것이다.

"너희는 이 세대를 본받지 말고 **오직 마음을 새롭게 함으로 변화를 받아 하나님의 선하시고 기뻐하시고 온전하신 뜻이 무엇인지 분별하도록 하라**"(롬 12:2).

회개의 레벨과 횟수를 올리는 만큼, 하나님의 선하시고 기뻐하시고 온전한 뜻을 더 쉽게 분별할 수 있다. 우리의 마음을 명경(맑은 거울)처럼 깨끗하게 청소할 수 있는 최고의 도구는 '회개' 다.

3. 십자가의 도와 죄에서 해방

우리가 십자가를 묵상할 때, 그리스도의 죽음은 죄인들을 위한 대속의 죽음이었고, 십자가를 통해서 하나님은 원수 되었던 죄인들과 화목을 이루셨고, 그리스도가 십자가에서 죽고 부활하심으로 말미암아 인류의 구원을 이루셨다는 사실을 상기하게 된다.

한편 그리스도인이란 예수 그리스도를 믿는 자다. 여기서 예수를 믿는다는 것은, 십자가를 경험하는 것을 말하는데, 십자가의 경험은 곧 죽음의 경험이다. 죽음에 대한 경험 없이는 십자가의 도에 이를 수 없다. '십자가의 도'는 단순한 묵상의 주제가 아니고,[10] 실제적인 체험의 사건인 것이다. 이 죽음을 맛본 자만이 진정한 '부활의 삶'이 무엇인지를 또한 알 수 있게 된다.

10) '십자가의 도'가 기독교의 핵심임을 알고 있었기 때문에 신앙의 초창기부터 '로이드 존스'로부터 '제씨 펜 루이스'에 이르기까지 여러 책을 탐독했다. 놀라운 통찰력과 성경의 말씀을 통해서 그 도의 깊이와 넓이와 높이를 더해 갈 때마다 기쁨이 말할 수 없었다. 그러나 죽음을 경험하지 않고는 그 모든 지식이 단순히 '생각의 사치'로 머무를 수밖에 없다는 사실이 나를 괴롭히기 시작했다. 십자가의 도는 먼저 예수님과 죽는 체험을 하고 난 다음에 깨달아지는 것이지, 우리의 생각으로 추구하는 대상이 되어서는 안 된다고 생각한다.

예수를 믿는 많은 사람들이 십자가 사건은 믿지만 죽음을 통한 부활을 경험하지는 않는다. 우리는 겟세마네 동산에서 죽음에 직면하여 땀이 피가 되도록 기도하는 예수님의 진정한 아픔을 느낄 줄 알아야 한다. 그리고 자아 포기를 통하여 죽음을 맛보며, 십자가 앞에 선 자신이 아니라 십자가에서 세상을 바라보는 '예수님의 마음'을 엿보아야 한다. 그리고 성령을 통한 예수님의 부활을 경험해야 한다.

예수님을 알지 못하는 사람의 죽음은 영원한 어두움의 나라를 경험하는 것이지만, 그리스도인이 십자가의 죽음을 경험한다는 것은 '어둠의 나라(율법에 의해서 지배되는 나라)'와 '하나님 나라(은혜에 의해서 지배되는 나라)' 사이에 있는 강을 건너갔다는 것을 의미한다. 이 강에는 다리도 없고 돌아갈 수도 없다. 단지 뒤에서(옛날의 장소에서) 외치는 소리만 들을 수 있을 뿐이다. 그러나 많은 사람들이 강 건너 뒤에서 들리는 소리만으로도 두려워하거나 스스로 어둠의 나라에 있는 것으로 착각한다.

예수 그리스도께서 우리를 대신하신 죽음, 즉 그 대속이 우리에게 준 것은 인격의 억압이나 성숙이 아니라 인격의 재창조다. 자신을 통제함으로 겸손하게 되어 그리스도의 성품을 닮아가는 것이 아니라, 자신을 죽임으로써 '예수의 인격'이 나타나는 것이다. 결국 그리스도인의 삶은 '예수님을 닮아가는 삶'이 아니라 '예수님이 나타나는 삶'인 것이다. 이것이 바로 죄에 대하여 승리하는 삶이다.

십자가의 길이란

우리는 흔히들 예수의 십자가를 바라보는 삶을 살고자 한다.

그가 우리의 죄와 죄악을 위해 친히 십자가에 못 박혔다.

그가 우리를 위해 얼마나 고초를 당했는가?

우리가 십자가에 나아갈 때 그분과 함께 십자가에 못 박혔다.

그러나 예수님은 우리가 십자가에 못 박히는 것만 원하실까?

그분만을 바라보며 그분의 하신 일을 묵상하기만 원하실까?

그분이 십자가를 지신 진정한 이유가 무엇일까?
우리의 구원 그것만이 우리 삶의 최종 목적인가?
그 뒤는 도대체 어떻게 되는 것일까?
우리는 예수님이 갈보리 언덕으로 가는 십자가의 길만을 생각한다.
그러나 진정으로 예수님이 우리에게 원하시는 것은 무엇일까?

그분과 함께 우리가 가야 할 십자가의 길은 무엇일까?
우리는 예수님이 느끼셨던 처절한 외로움을 맛보아야 한다.
그 맛봄은 바로 십자가에서의 죽음의 경험이다.
그러나 우리가 온전히 십자가에 못 박혔다면 이제는 십자가에서 내려와야 한다.
왜냐하면 그분이 우리의 심령에 부활하셨기 때문이다.
이제는 그 죽음의 경험 뒤에 내 영혼에 임재하시는 예수의 영을 맛보아야 한다.
바로 새로운 피조물로서의 탄생이다. 예수님의 부활인 것이다.
그리고 십자가에서 예수님이 보셨던 대로 이 세상을 바라보아야 한다.

그리고 십자가에서 내려와야 한다. 이제는 혼자가 아닌 그분과 함께
예수께서 걸어 올라가셨던 그 길로 되돌아 내려가야 한다.
인생은 처절하고 고통이며, 행복도 한순간임을 알아야 한다.
그러나 혼자 지기에는 너무나 괴로운 십자가를 이제는 예수님과 함께 지는 것이다.
그리고 세상 속으로 나아가야 한다.
이 세상에서 예수의 삶을 사는 것이다.
예수의 마음으로 세상에 빛과 소금의 역할을 하는 것이며, 사랑을 나누는 것이다.
예수의 삶을 사는 것이다.
나의 능력과 행동으로 사는 것이 아니라, 내 안에 계신 그분이 사는 것이다.
구별되게 사는 것이다.

그분이 내 안에 계신다면 기사와 이적은 너무나도 당연한 것이 아닌가?

"만일 우리가 그의 죽으심을 본받아 연합한 자가 되었으면 또한 그의 부활을 본받아 연합한 자가 되리라 우리가 알거니와 우리 옛 사람이 예수와 함께 십자가에 못 박힌 것은 죄의 몸이 멸하여 다시는 우리가 죄에게 종노릇 하지 아니하려 함이니 **이는 죽은 자가 죄에서 벗어나 의롭다 하심을 얻었음이니라** 만일 우리가 그리스도와 함께 죽었으면 또한 그와 함께 살 줄을 믿노니 이는 그리스도께서 죽은 자 가운데서 사셨으매 다시 죽지 아니하시고 **사망이 다시 그를 주장하지 못할 줄을 앎이로라** 그의 죽으심은 죄에 대하여 단번에 죽으심이요 그의 살으심은 하나님께 대하여 살으심이니 이와 같이 너희도 너희 자신을 죄에 대하여는 죽은 자요 그리스도 예수 안에서 하나님을 대하여는 산 자로 여길지어다"(롬 6:5-11)**(죄에 대하여)**.

"그러나 내게는 우리 주 예수 그리스도의 십자가 외에 결코 자랑할 것이 없으니 **그리스도로 말미암아 세상이 나를 대하여 십자가에 못 박히고 내가 또한 세상을 대하여 그러하니라**"(갈 6:14)(My interest in this world died long ago, and the world's interest in me is also long dead).

"할례나 무할례가 아무 것도 아니로되 **오직 새로 지으심을 받은 자 뿐이니라**"(갈 6:15)**(세상에 대하여)**.

"그리스도 예수의 사람들은 **육체와 함께 그 정과 욕심을 십자가에 못 박았느니라**"(갈 5:24)**(육체에 대하여)**.

"우리를 거스리고 우리를 대적하는 의문에 쓴 증서를 도말하시고 제하여 버리사 십자가에 못 박으시고 **정사와 권세를 벗어버려 밝히 드러내시고 십자가로 승리하셨느니라**"(골 2:14-15).

"이제 이 세상의 심판이 이르렀으니 **이 세상 임금이 쫓겨나리라** 내가 땅에서 들리면 모든 사람을 내게로 이끌겠노라 하시니 **이렇게 말씀하심은 자기가 어떠한 죽음으로 죽을 것을 보이심이러라**"(요 12:31-33).

"심판에 대하여라 함은 **이 세상 임금이 심판을 받았음이니라**"(요 16:11)(**사단에 대하여**).

십자가의 도는 단순히 십자가만을 묵상해서 얻어질 수 있는 것이 아니다. '십자가-부활-성령체험' 사건은 서로 떨어진 이해의 대상이 아니라, 하나로 이해하고 믿고 체험해야 할 사건이다. 그러므로 십자가는 아는데 부활을 모른다고 말할 수 없으며, 부활 사건은 아는데 오순절 사건은 알지 못한다고 말할 수 없다.

많은 경우, 나를 놀라게 하는 것은 많은 사람들이 십자가를 경험하지 않은 채, 성령충만과 능력을 사모하고 있다는 것이다. 경험적으로 볼 때 진정한 죽음을 경험하지 못한 자에게는 그가 성령체험을 했다 할지라도 죽음을 경험한 자에 비해 악한 영들의 괴롭힘을 훨씬 더 많이 당하는 것을 볼 수 있다.[11] 진정한 성령충만함을 경험하기 위해서는 십자가와 부활의 과정을 지나야 한다. 십자가와 부활과 보혜사 성령님의 오심은 예수님이 약속하신 하나님 나라 복음의 기본 전제다. 이것 중의 어느 하나나 둘만이라도 지나치게 강조하면, 우리는 승리하는 삶을 살 수 없게 된다.

그렇다면 우리는 어떻게 '십자가-부활-오순절'을 경험하는가? 이 경험은 결코 혼자서 하는 것이 아니라, 십자가에 못 박혀 돌아가신 그리스도와 연합함으로, 부활하신 그리스도와 연합함으로, 이 땅에 오신 주님과 연합함으로 경험하게 되는 것이다.

십자가를 경험하지 못하면 한 성령으로 세례를 받았으나 서로 한 몸이 되지 못한다. 죽음 뒤에 오는 부활을 경험한 자라야만 한 성령 안에서 한 몸이 무엇인지를 알게 된다. 왜냐하면 성령세례의 경험을 했다 하더라도 그것은 일회적인 경험일 뿐, 자아가 죽기 전에는 모든 것이 여전히 나 중심이기 때문이다.

11) 십자가의 죽음을 경험하지 못한 자에게는 내면의 상처가 온전히 해결되지 못하고 여전히 많이 남아 있을 수 있기 때문이다. 빛이 들어가면 내면의 쓰레기 더미(상처)에 살던 쥐(악한 영)가 날뛰기 시작한다. 그들은 쓰레기가 있는 이상 나가기를 거부하며 저항한다. 보다 자세한 설명은 3부 '성령체험 후' 장을 참고하라.

"그 날에는 내가 아버지 안에 너희가 내 안에 내가 너희 안에 있는 것을 너희가 알리라"(요 14:20).

"이는 너희가 죽었고 너희 생명이 그리스도와 함께 하나님 안에 감취었음이니라"(골 3:3).

내가 죽음이 무엇인지를 처음 경험한 것은 '가위 눌린' 일을 통해서였다. 온몸이 뒤틀리고 두려운데 아무리 소리 지르고 발버둥쳐도 아무 소리도 나지 않았고 옆에 자고 있는 내 가족도 알지 못했다. 그 극단적인 두려움에서 나는 본능적으로 살기 위해서 할 수 있는 최선을 다해 보았다. 그런데도 늘 온몸이 땀으로 젖을 만큼 괴로움을 당한 후에야 겨우 헤어날 수 있었다. 그리스도인이 된 후에도 자주 잠자는 것이 두려운 날을 보냈었다. 어느 날 예수님의 죽음에 동참하는 것이 무엇인지를 알았고, 가위 눌린 한복판에서 나는 그들에게 나를 던져 주었고, 단지 예수 그리스도 이름만을 조용히 불렀다. 그때 처음으로 죄의 삯이 사망인 것을 알게 되었다(롬 6:23). 왜냐하면 내가 죽었을 때 악한 영은 더 이상 나를 괴롭히지 못했고, 예수의 이름으로 빛이 들어옴을 볼 수 있었기 때문이었다. 할렐루야!

지금 생각하면, 마치 늪 속에 빠져 살기 위해서 최선을 다해 발버둥치는 모습과 흡사하였다. 발버둥치면 칠수록 더 빨리 그리고 더 깊이 빠져 들어가는 늪 말이다. 나는 발버둥치는 것을 포기하고 위를 보았고, 그곳에 내려온 하나님의 밧줄을 본 것이다. 그 밧줄을 볼 수 있었던 것은 나 자신을 포기하고 위를 쳐다보았기 때문이었다.

"우리가 항상 예수 죽인 것을 몸에 짊어짐은 예수의 생명도 우리 몸에 나타나게 하려 함이라 **우리 산 자가 항상 예수를 위하여 죽음에 넘기움은 예수의 생명이 또한 우리 죽을 육체에 나타나게 하려 함이니라**"(고후 4:10-11).

다른 한 가지 예를 들어 설명해 보자. 우리나라도 근자에 들어 많은 정치적 스캔들이 발생한다. 대부분의 경우 문제가 불거진 처음부터 자신의 잘못이나 비리를 고백하는 경우는 거의 없다. 할 수 있는 데까지 모든 변명과 수단을 통하여 자신의 결백을 주장한다. 이때쯤 되면 신문은 대서특필로 지면을 도배하고, 방송의 온갖 매체는 시시각각 새로운 정보들을 폭로한다. 그러한 과정 중에 새로운 제보로 인하여 그 당사자가 더 이상 빠져나갈 구멍이 없으면, 자살로 그 인생을 끝맺고 만다. 마치 일본의 제국주의에서나 볼 수 있는 일들이 오늘날에도 심심찮게 일어난다. 그런데 참으로 놀라운 사실은 그가 어떠한 잘못을 저질렀다 할지라도 일단 그가 죽으면 모든 것이 끝난다는 것이다. 그가 살아 있을 때는 벌떼처럼 달려들어 그 죄상을 낱낱이 밝히고, 그가 얼마나 나쁜 사람인가를 폭로하려던 모든 시도가 한순간에 물거품처럼 사라지고 만다. 그 다음날 신문과 방송은 짧지만 애도의 표시를 한 후 그 이상은 말하지 않는다. 왜냐하면 죽은 자에게는 더 이상의 죄 값을 물을 수 없기 때문이다. 죄의 삯은 사망이라. 이것이 바로 죄의 본질이다. 우리가 죽으면 모든 죄 값을 물게 된다. 당신은 지금 어떤 죄로 고통 받고 있는가? 죽으라! 그러면 자유를 얻게 될 것이다.

> "**죄의 삯은 사망이요** 하나님의 은사는 그리스도 예수 우리 주 안에 있는 영생이니라"(롬 6:23).

그러나 이 세상에서 구원받지 못한 인간이 죽으면, 이 세상에서의 죄 값은 청산할지 모르지만 영원한 지옥불이 그를 기다리고 있다. 반면 성도가 이 세상에서 죽으면 죄에서 벗어나 이 세상에서도 의롭다 하심을 얻는다. *우리는 은혜로 구원받은 죄인이 아니라 성도다. 그러나 육신으로 사는 동안은 죄를 지을 수 있는(?) 성도인 것이다.* 따라서 성도가 되기 위해서 죄를 짓지 않으려고 노력하는 것이 아니라, 이미 성도가 되었기 때문에 칭의에 어떻게든 익숙해지는 연습을 해야 한다. 문제는 죄에서 벗어나 의롭다 하심을 받은 칭의를 누리기 위해서는 죽을 수밖에 없는 것이다. 그렇다고 해서 앞서 언급한 예에서처럼 육신이 죽어 버릴 수는 없다는 노릇 아닌가? 어떻게 살아 있는 동안 죽을 수 있을까? 어떻게 내 사망으로 내 죄의 삯을 지불할 수 있을까?

> "우리가 알거니와 우리 옛 사람이 예수와 함께 십자가에 못 박힌 것은 죄의 몸이 멸하여 다시는 우리가 죄에게 종노릇 하지 아니하려 함이니 이는 **죽은 자가 죄에서 벗어나** 의롭다 하심을 얻었음이니라"(롬 6:6-7).

이 일을 위해서 하나님이신 예수님이 이 땅에 오셔서 우리의 죄를 대속해 주셨다. 죄 없는 분이 우리를 대신해서 죄 값을 지불하신 것이다. 이 세상의 어떤 부모도 자식의 죄를, 어떤 정의로운 사람도 우리의 죄를 대신할 수 없다. 왜냐하면 이 세상에는 위대한 사람과 부모가 많을지라도 죄 없는 사람은 한 사람도 없기 때문이다. 우리의 죽음은 바로 우리를 대신한 예수님의 죽음을 믿음으로 받아들임으로 이루어진다. 이것이 바로 믿음의 신비이며, 십자가 교체의 비밀(나의 죽음과 예수님의 죽음의 교체)이다. 이것은 논리적으로 이해하는 것이 아니라 진리를 체험하는 것이다. 우리가 그리스도인이 될 때 바로 계시적인 믿음으로 이 사실을 받아들였기 때문에 우리의 구원이 보장된 것이다. 그러나 거의 대부분의 경우 구원은 이 믿음으로 얻었지만, 성화는 자신의 노력과 행위로 이루어가고 있다. 그래서 죄로부터 승리하지 못하고 있다. 슬픈 일이다!

실제적인 승리는 어떻게 이루어지는가

그렇다면 실제적으로 어떻게 내 죄와 좋지 않은 행실들을 끊을 수 있는가? 먼저 죄와 죄로 인하여 합법적인 권리를 누리고 있는 악한 영에게 당신이 죽었다고 당신 입으로 선포하라. 많은 사람들이 집회에서 내가 이런 이야기를 할 때마다 고개를 갸우뚱거린다. 죄가 엄연히 살아서 나를 괴롭히고 있는데 내가 그 죄에 대해서 죽었다고 선포한다고 해서 그 죄로부터 자유로워지는 것일까? 물론이다. 죄가 여전히 살아 날뛰기 때문에 그것으로부터 당신이 죽었다고 선포하라는 것이지, 죽었다면 무엇 때문에 선포하라고 말하겠는가? 다시 한 번 당신이 어떤 문제로 지금 묶여 있고 고통 받고 있다 할지라도 그것으로부터 죽었다고 선포하라. 당신의 영이, 하나님의 영이 그리고 사단의 영이 분명히 들을 수 있도록 선포하라. 동일한 죄를 짓더라도 죽었다고 선포하라. 이 선포가 바로 "우리 옛 사람을 예수와 함께 십자가에 못 박는"(롬 6:6) 명령이고 구체적 실천인 것이다. 악한 영이 절대 그렇지 않다고 당신에게 참소한다면 당신은 당당히 말하라. 내가 죽었기 때문에 나는 그 죄에 대해서 더 이상 책임이 없으며, 그 죄 값은 예수와 해결하라고 선포하라.[12]

그리스도께서 죽은 자 가운데서 다시 사신 것을 알고 있는가? 당신이 예수님과 함께 죽었기 때문에 그분과 함께 다시 살 줄을 믿는가? 우리가 죽지 못하는 이유는 죽었다고 선포하지 않기 때문이다. *승리의 비밀은 죽고 난 다음에 '난 죽었다'고 고백하는 것이 아니라, 죽기 전에 죽었다고 선포하는 것에 달려 있다.*

> "이는 선지자 이사야로 하신 말씀에 **(예수님이)** 우리 연약한 것을 친히 담당하시고 병을 짊어지셨도다 함을 이루려 하심이더라"(마 8:17).
>
> "만일 우리가 그의 죽으심을 본받아 연합한 자가 되었으면 또한 그의 부활을 본받아 연합한 자가 되리라 우리가 알거니와 우리 옛 사람이 예수와 함께 십자가에 못 박힌 것은 죄의 몸이 멸하여 다시는 우리가 죄에게 종노릇 하지 아니하려 함이니 **이는 죽은 자가 죄에서 벗어나 의롭다 하심을 얻었음이니라** 만일 우리가 그리스도와 함께 죽었으면 또한 그와 함께 살 줄을 믿노니 이는 그리스도께서 죽은 자 가운데서 사셨으매 다시 죽지 아니하시고 **사망이 다시 그를 주장하지 못할 줄을 앎이로라** 그의 죽으심은 죄에 대하여 단번에 죽으심이요 그의 살으심은 하나님께 대하여 살으심이니 이와 같이 너희도 너희 자신을 죄에 대하여는 죽은 자요 그리스도 예수 안에서 하나

12) 그렇다고 해서 모든 죄의 원인을 예수님께 전가하라는 뜻이 아닌 것을 독자들도 이해할 것이다. 모든 죄의 원인은 내 반응에 의한 것이니, 다른 사람에게 돌리지 말라. "이는 죄가 사망 안에서 왕 노릇한 것 같이 은혜도 또한 의로 말미암아 왕 노릇 하여 우리 주 예수 그리스도로 말미암아 영생에 이르게 하려 함이니라 그런즉 우리가 무슨 말 하리요 은혜를 더하게 하려고 죄에 거하겠느뇨 그럴 수 없느니라 죄에 대하여 죽은 우리가 어찌 그 가운데 더 살리요"(롬 5:21–6:2).

님을 대하여는 산 자로 여길지어다"(롬 6:5-11)(죄에 대하여).

"영적인 능력은 인간의 동의에 의해서 흐른다." 나는 실제적인 경험을 통해서 이 말의 능력을 너무나도 잘 알고 있다. 내적치유에 있어서도 이 말은 가히 절대적이다. 하나님이라 할지라도 그분은 인격이시기 때문에 우리 깊숙이 있는 죄나 잘못된 믿음에 대하여 죽음으로 동의하지 않으면 우리의 생각과 감정 그리고 육체적인 질병에 대해서 아무것도 하실 수 없다. 왜냐하면 인간의 동의가 사단에게 합법적인 권리를 주기 때문이다. 이것은 하나님이 만드신 법이다. 사단도 하나님의 사단이지만(하나님이 만드신, 하나님의 주권 아래 있는) 하나님은 스스로 만든 법을 어기지 않으신다. 단지 눈물만 흘리고 안타까워하실 뿐이다. 그분은 지금도 많은 고통 받는 자에게 "나에게 기회 한 번 주지 않겠니?" 하고 마음 아파하신다. '예수 그리스도의 이름'에는 놀라운 권세가 있지만, 기도 받는 자가 (사단이 합법적인 권리를 주장하는 그 부분에 대해서 죽었다고 선포함으로) 그동안 죄와 악한 영에게 동의했던 것을 포기하고 하나님의 임재와 역사의 흐름에 동의하지 않으면 아무런 일도 일어나지 않는다.

내적치유든 질병치유든 간에, 외면적으로 보이는 대부분의 문제가 치유되지 않은 것은(아무리 예수 그리스도의 이름으로 기도 해도) 내면에 회개하지 않음과 용서하지 않음이 사단에게 그 사람을 속박할 합법적인 권리를 주는 행위(즉 사단과 동의하는 것)이기 때문이다. 다시 한 번 말하지만, 당신이 죄나 문제에 대해서 먼저 죽었다고 선포하는 것은, 그동안 사단과 동의했던 계약을 포기하고(이에 따른 모든 위약금과 불이익은 예수님이 십자가에서 이미 지불하셨다. 그래서 은혜인 것이다), 하나님과 동의하겠다는 법적인 수속을 밟는 것이다. 그 수속이 끝나야 새로운 법이 효력을 발휘하는 것이다.

"너희 자신을 종으로 드려 **누구에게 순종하든지 그 순종함을 받는 자의 종이 되는 줄을 너희가 알지 못하느냐** 혹은 죄의 종으로 사망에 이르고 혹은 순종의 종으로 의에 이르느니라"(롬 6:16).

우리의 입술을 통한 선포는 하나님의 능력을 내 안에 풀어 놓는 스위치다. 죄에 대한 죽음의 선포야말로 내 안에 오셔서 법적인 효력이 발휘되는 순간만을 기다리시는 하나님의 영, 즉 성령님께서 나의 영과 연합하여 내 몸의 행실을 다스리게 되는 것이다. 참으로 안타까운 사실은 대부분 열심히 헌신하는 성도들이 자신을 쳐서(즉 몸의 행실을 죽임으로써) 영을 살리고자 한다. 성경은 그 반대가 진리라고 말한다. 거룩에 대한 열망은 이해되지만, 사단에 속고 사는 인생인 것이다.

> "너희가 육신대로 살면 반드시 죽을 것이로되 **영으로써 몸의 행실을 죽이면 살리니**"(롬 8:13).
>
> **"진리를 알지니 진리가 너희를 자유케 하리라"**(요 8:32).

마음의 결심으로 육신의 소욕을 이길 수 있다고 아직도 믿고 있는가? 그렇게 생각한다면, 다음 세 구절을 다시 묵상해 보라. 죄에 대하여 승리할 수 있다는 당신의 결심을 포기할 때 죽음의 선포가 무엇인지 체험하게 될 것이다.

> **"내 지체 속에서 한 다른 법이 내 마음의 법과 싸워** 내 지체 속에 있는 죄의 법 아래로 나를 사로잡아 오는 것을 보는도다"(롬 7:23).
>
> "이는 **그리스도 예수 안에 있는 생명의 성령의 법이 죄와 사망의 법에서 너를 해방하였음이라**"(롬 8:2).
>
> "예수를 죽은 자 가운데서 살리신 이의 영이 너희 안에 거하시면 그리스도 예수를 죽은 자 가운데서 살리신 이가 **너희 안에 거하시는 그의 영으로 말미암아 너희 죽을 몸도 살리시리라**"(롬 8:11).

언약은 불변하는 법이다. 그러나 그 언약의 효력은 지속적인 관계에서 나타난다. 영적 전쟁의 승리란, 한번 언약을 맺고 나면 항상 효력이 발생하는 그런 것이 아니다. 이는 혼인 신고서를 동사무소에 제출하면 결혼이 법적으로는 유효하지만 실제적으로 두 사람 사이의 좋고 나쁨과 함께 살고 살지 않음은 두 사람의 관계에 달려 있는 것과 마찬가지다. 승리하는 생활의 지속은 예수 그리스도와 나의 매순간 믿음을 통한 친밀한 관계에서 얻어지는 것이다. 결국 믿는 자에게 변함없는 승리는 분명히 있지만 그것은 그 사람이 그리스도를 온전히 신뢰하고 있는 동안에 한해서며, 더구나 그때뿐이다. 따라서 사도 바울의 "형제들아 내가 그리스도 예수 우리 주 안에서 가진바 너희에게 대한 나의 자랑을 두고 단언하노니 나는 날마다 죽노라"(고전 15:31)와 "우리가 항상 예수 죽인 것을 몸에 짊어짐은 예수의 생명도 우리 몸에 나타나게 하려 함이라 우리 산 자가 항상 예수를 위하여 죽음에 넘기움은 예수의 생명이 또한 우리 죽을 육체에 나타나게 하려 함이니라"(고후 4:10-11)라는 이 고백은 아무리 묵상해도 지나침이 없을 것 같다.

4. 율법의 완성과 새로운 삶

하나님은 아무도 지킬 수 없는 율법을 왜 주셨는가? 율법은 우리를 위해서 무엇을 하는가? 예수님께서는 어떻게 율법을 성취하셨는가? 나는 이 율법을 어떻게 대해야 하는가? 신앙생활을 하면서 가장 나를 괴롭힌 문제 중의 하나가 바로 이 율법에 대한 문제였다. 내가 성령체험을 하고 성령님의 이끌림을 받기 전에는 로마서 7장이 너무나도 실감났지만, 로마서 8장으로 넘어오면 막막하기만 했다. 차라리 로마서 8장이 없었더라면, 사도 바울과 좀 더 공감하는 삶을 살 수 있을 거라고 생각했었다. 성령님이 찾아오시고, 나이 들면서 그분에게 내 인생을 좀 더 많이 넘겨 드리면 드릴수록 로마서 8장은 가장 소중한 장이 되었고, 내 인생은 새롭게 쓰여지기 시작했다. 새로운 삶이 시작된 것이다.

> "내가 율법이나 선지자나 폐하러 온 줄로 생각지 말라 폐하러 온 것이 아니요 완전케 하려 함이로다"(마 5:17).

율법이란 하나님의 영광과 생명 그리고 법을 의미한다. 즉 하나님의 성품을 말한다. 우리가 이 하나님의 성품을 가장 잘 이해하려면 이 땅에 오신 예수 그리스도의 삶을 보면 된다.

"말씀이 육신이 되어 우리 가운데 거하시매 **우리가 그 영광을 보니 아버지의 독생자의 영광이요 은혜와 진리가 충만하더라**"(요 1:14).

"이는 **하나님의 영광의 광채시요 그 본체의 형상이시라** 그의 능력의 말씀으로 만물을 붙드시며 죄를 정결케 하는 일을 하시고 높은 곳에 계신 위엄의 우편에 앉으셨느니라"(히 1:3).

율법 자체는 선하지만, 그 율법을 통해서 우리의 실패와 죄를 깨닫게 하는 것이다. 결국 율법의 효과는 실패할 수밖에 없는 인간의 삶을 나타내 주는 것에 있다.

"그런즉 우리가 무슨 말 하리요 율법이 죄냐 그럴 수 없느니라 **율법으로 말미암지 않고는 내가 죄를 알지 못하였으니** 곧 율법이 탐내지 말라 하지 아니하였더면 내가 탐심을 알지 못하였으리라"(롬 7:7).

그렇다면 죄란 무엇을 의미하는가? 율법이 하나님의 영광과 생명 그리고 법을 의미하는 것이라면, 죄란 바로 이러한 법에서 벗어난 것을 의미한다. 죄의 본래적 의미도 "과녁에서 벗어난"이란 뜻이다. 따라서 율법의 일차적 목적은 하나님의 영광이 무엇인지를 알려 주지만, 죄 된 본성을 지닌 사람들에게는 죄가 무엇인지를 알려 주는 잣대가 되는 것이다. 한편 죄는 우리가 얼마나 나쁜가를 가늠하는 척도가 아니라 오히려 우리가 얼마나 선하지 않은가를 가늠하는 척도다.[13)]

일 초가 늦어서 버스를 타지 못하든 십 분이 늦어 버스를 타지 못하든 버스를 타지 못한 것은 동일하다. 죄의 문제도 이와 마찬가지다. 그러나 사람들은 죄의 적고

13) 찰스 프라이스, 「아, 내 안에 계신 예수 그리스도」(생명의말씀사, 2002), pp.115-122.

많음으로 자신의 정체성을 인정받으려 한다. 율법의 의미에서 볼 때 죄의 많고 적음을 떠나 죄는 죄일 뿐이며, 작은 죄를 지었다 할지라도 하나님의 영광에 이르지 못하는 것이다. 죄는 이 세상의 상대적 의미가 아니라 하나님의 절대적인 기준에 의해서 정해진 것으로, 예수 그리스도의 대속 없이는 누구도 하나님 영광에 이르지 못한다.

"모든 사람이 죄를 범하였으매 하나님의 영광에 이르지 못하더니"(롬 3:23).

복음이란 무엇인가? 바로 이 율법을 완성시키기 위해서 이 땅에 오신 예수님이신 것이다. 그분은 이 땅에 오셔서 율법을 완성시킬 수 있는 복음을 전하셨다. 그 복음이 바로 자신이라고 말씀하신 것이다. 자신을 통해서 율법을 완성시킬 수 있고, 아버지가 온전하신 것처럼 우리도 온전할 수 있다고 선포하셨다. 그러나 예수님께서 전하신 메시지는 인간적으로 볼 때 전혀 불가능한 것이다.

"내가 율법이나 선지자나 폐하러 온 줄로 생각지 말라 폐하러 온 것이 아니요 **완전케 하려 함이로다**"(마 5:17).

"진실로 너희에게 이르노니 천지가 없어지기 전에는 **율법의 일점 일획이라도 반드시 없어지지 아니하고 다 이루리라**"(마 5:18).

"가라사대 **때가 찼고 하나님 나라가 가까왔으니 회개하고 복음을 믿으라 하시더라**"(막 1:15).

"그러므로 하늘에 계신 너희 아버지의 온전하심과 같이 **너희도 온전하라**"(마 5:48).

그러나 사도 바울은 만세와 만대로부터 감춰져 있던 놀라운 비밀, 즉 우리가 율법을 완성할 수 있는 비밀이 이제는 계시되었다고 말했다.

"내가 교회 일군 된 것은 하나님이 너희를 위하여 내게 주신 경륜을 따라 하나님의 말씀을 이루려 함이니라 **이 비밀은 만세와 만대로부터 옴으로 감취었던 것인데 이제는 그의 성도들에게 나타났고**"(골 1:25-26).

"하나님이 그들로 하여금 이 비밀의 영광(하나님의 성품)이 이방인 가운데 어떻게 풍성한 것을 알게 하려 하심이라 **이 비밀은 너희 안에 계신 그리스도시니 곧 영광의 소망이니라**"(골 1:27).

"이같이 **율법이 우리를 그리스도에게로 인도하는 몽학선생이 되어** 우리로 하여금 믿음으로 말미암아 의롭다 함을 얻게 하려 함이니라"(갈 3:24).

율법은 어떻게 완성되어지는가?

그렇다면 이 율법이 어떻게 우리를 통해서 완성되어지는가? 이 율법의 완성은 두 가지 측면에서 이루어져야 한다. 즉 이미 지은 과거의 죄에 대한 율법과 지금부터 지을 수밖에 없는 현재와 미래의 죄에 대한 율법을 완성해야 한다는 것이다. **첫 번째로** 우리 인간의 과거의 죄는 죄 없는 인간으로 오신 예수님이 우리를 대신해서 죽으심으로 우리의 죄 값을 지불하셨다는 것이다. 우리는 과거에 지은 모든 죄를 언제든지 회개함으로 사함을 받고 그 결과로 율법을 완성시킬 수 있다.

"친히 나무에 달려 **그 몸으로 우리 죄를 담당하셨으니 이는 우리로 죄에 대하여 죽고** …"(벧전 2:24).

"그리스도께서 우리를 위하여 저주를 받은 바 되사 **율법의 저주에서 우리를 속량하셨으니** 기록된바 나무에 달린 자마다 저주 아래 있는 자라 하였음이라"(갈 3:13).

"만일 우리가 **우리 죄를 자백하면 저는 미쁘시고 의로우사 우리 죄를 사하시며** 모든 불의에서 우리를 깨끗게 하실 것이요"(요일 1:9).

두 번째로 현재와 미래의 있을 죄에 대해서는 어떻게 율법을 완성시킬 수 있을까에 대한 것이다. 이 율법의 완성에 대해서는 이미 여러 선지자들에 의해서 예언된 것이기도 하다. 그분이 율법 그 자체이시기 때문에 그분이 우리 가운데 임하시면 그분이 그분의 율법을 이루시게 되는 것이다. 결국 복음의 첫 번째 핵심은 우리의 죄를 사하기 위해서 십자가에서 저주를 받으신 것이고, 두 번째 핵심은 예수님께서 십자가에 못 박히신 후 성령님을 통하여 우리 가운데 부활하신 사건이다. 따라서 *우리에게 있어 우리의 삶을 십자가에 못 박는 것과 성령님이 우리 가운데 임하시도록 하는 것이 기독교 신앙의 핵심이다.* 둘 중 어느 하나만 있어도 완전한 복음을 이룰 수 없다.

다시 한 번 말하자면, 예수 그리스도께서 십자가에 못 박히시고 우리의 죄를 사해 주신 것과 그분이 부활하신 후 우리 안에 임하셔서 그분의 삶을 살아가시는 것이 바로 율법을 완성시키는 열쇠인 것이다. 예를 들어보자. 내가 어떤 죄를 지었을 때 그 사건은 과거가 된 것이다. 우리는 이 과거의 죄를 예수님께 가지고 나아가 고백하고 회개하며 용서를 구한다. 따라서 과거에 대한 것은 죄사함을 받음으로 율법을 이루는 것이 된다. 한편 우리는 현재 속에서 미래를 향해서 나아가고 있다. 우리는 어떤 일이나 관계에서 우리의 뜻보다는 예수님께 먼저 구하며 행동하게 된다. 따라서 우리가 우리 자신을 포기하고 그분께 드리는 만큼 율법은 이루어지게 될 것이다. 왜냐하면 내 안에 계시는 예수님이 율법을 완성시키시기 때문이다. 그러나 우리가 온전히 예수님께 드리지 못하고 내 마음의 뜻대로 행할 경우, 또 죄를 짓게 될 수도 있다. 그러나 이미 지은 죄는 다시 예수님께 가지고 나가 회개하고 죄사함을 받으면 된다. 따라서 *우리 삶은 내가 아니라 내 안에 계신 예수 그리스도로 인하여 날마다 율법을 이루는 삶이 되는 것이다.* 매일의 회개와 죽음이 내 안에 계신 예수 그리스도께서 좀 더 편하게 율법을 완성시킬 수 있도록 도와주는 것이다. 할렐루야!

> "나 여호와가 말하노라 그러나 그날 후에 내가 이스라엘 집에 세울 언약은 이러하니 곧 **내가 나의 법을 그들의 속에 두며 그 마음에 기록하여** 나는 그들의 하나님이 되고 그들은 내 백성이 될 것이라"(렘 31:33).
>
> "또 내 신을 너희 속에 두어 너희로 내 율례를 행하게 하리니 **너희가 내 규례를 지켜 행할지라**"(겔 36:27) (**I will put my Spirit in you so you will obey my law and do whatever I command**).

"내가 그리스도와 함께 십자가에 못 박혔나니 그런즉 이제는 내가 산 것이 아니요 **오직 내 안에 그리스도께서 사신 것이라** 이제 내가 육체 가운데 사는 것은 나를 사랑하사 나를 위하여 자기 몸을 버리신 하나님의 아들을 믿는 믿음 안에서 사는 것이라" (갈 2:20).

"**우리 산 자가 항상 예수를 위하여 죽음에 넘기움은** 예수의 생명이 또한 우리 죽을 육체에 나타나게 하려 함이니라"(고후 4:11).

그러나 불행하게도 많은 그리스도인들이 십자가에 못 박히는 경험 없이 성령충만을 추구하거나, 반대로 성령님을 외면한 채 십자가만 바라보는 신앙생활을 하고 있다. 이 두 사건을 함께 경험할 때 우리의 과거, 현재, 미래 전부의 삶에 있어 율법이 완성되며, 우리는 새로운 피조물이 되는 것이다. 이 두 가지 사건을 동시에 경험할 때에야 우리가 법 아래 있지 않고 은혜 아래 있게 되며, 죄가 우리를 주관하지 못하는 것이다.

"죄가 너희를 주관치 못하리니 이는 너희가 법 아래 있지 아니하고 은혜 아래 있음이니라"(롬 6:14).

복음의 핵심은 우리가 혼자 힘으로 결코 살 수 없기 때문에 우리 안에 예수 그리스도께서 오신다는 것이다. 그리고 오직 예수 그리스도만이 그리스도인의 삶을 살 수 있다는 것을 발견하는 것이다.[14]

새로운 삶을 산다는 것은 어떤 것일까?

우리는 흔히 성화되어가는 삶을 조각가가 돌을 쪼아 작품을 만드는 과정에 비유한다. 비록 아무것도 아닌 돌덩어리에 불과하지만 우리가 하나님을 믿고 예수

14) 이 부분에 대해서는 찰스 프라이스의 「예수님 위해 살려고 하지 말라」(생명의말씀사, 2003)와 스티브 멕베이의 「은혜 영성의 파워」(도서출판 NCD, 2002)를 읽어보면 좋을 것 같다.

그리스도를 닮는 삶을 살아가기 위해서 전심으로 인내, 겸손, 사랑을 베풀 때, 즉 아프지만 돌덩어리를 조금씩 다듬어 갈 때 돌덩어리가 아닌 아름다운 조각 작품으로 변화되어 간다고 말이다. 그러나 나는 이제 더 이상 그 말을 믿지 않는다. 우리는 돌덩어리지만, 우리가 예수 그리스도를 주님으로 영접하고, 그분 안에서 삶을 시작할 때 그 돌덩어리 안에는 신비스럽게 그리고 초자연적으로 예수님의 형상이 이미 빚어진 것이다. 정으로 쪼아 새로운 작품을 만들어 가는 것이 아니라 돌덩이를 떼어내면 낼수록 그 속에 이미 존재한 그러나 감춰진 예수님의 아름다운 형상이 조금씩 나타나는 것이다. 마치 유적탐사팀이 고대 유물을 발굴하는 것처럼 말이다. 이것이 바로 우리의 성화된 삶이다. 우리는 이미 거룩한 자가 되었고, 새로운 피조물이다. 거룩하기 위해서 변화된 삶을 사는 것이 아니라, 이미 거룩하기 때문에 삶을 변화시켜 가는 것이다. 우리는 그리스도를 닮아가는 삶을 살아서는 안 된다. 단지 그리스도가 나타나는 삶을 살아가야 하는 것이다.

그렇다면 그리스도를 닮아가기 위해서 행하는 노력과 그리스도가 나타나기 위해서 행하는 노력은 어떤 차이가 있는 것일까? 닮아가기 위해서는 자신의 생각뿐만 아니라 행동과 태도를 바꾸려는 의지와 노력이 필요하지만, 예수님이 나타나는 삶을 살기 위해서는 자신의 것을 포기하려는 의지와 노력과 그분이 자유롭게 나타나도록 순종하는 것이 필요하다. 이러한 삶의 태도를 *프란시스 쉐퍼는 적극적 수동성(active passivity)이라고 불렀다.*

이러한 적극적 수동성의 예는 드와이트 에드워드가 쓴 「내면의 혁명」에 나온다.[15] 그는 있을 수 없는 질문이지만, 내 옆에 예수님이 계시는 것과 내 안에 성령님이 들어오시는 것 중의 하나를 택하라면 어느 것을 택할 것인가를 질문했다. 그 답은 설령 내 옆에 예수님이 계신다 할지라도 예수님의 모든 가르침은 내가 땀 흘리고 수고하며 배워야 한다는 것이다. 반면에 성령님이 내 안에 계신다면 내 것을

15) 드와이트 에드워드, 「내면의 혁명」(좋은씨앗, 2005), pp. 241-254.

포기할 때 그분이 자연스럽게 나타나신다는 것이다. 우리가 순종한 뒤에는 그분의 나타남을 보고 즐거워하기만 하면 된다. 이는 마치 마이클 조던이 신비롭게도 내 안에 들어와 덩크슛을 할 때, 내 스스로가 점프하려고 애쓰지 않고 단지 힘을 빼고 그가 하는 대로 움직여 주기만 하면 되는 것과 같다.

궁극적으로 이러한 삶의 기본에는 하나님에 대한 진정한 믿음이 뿌리 박혀 있어야 한다. 즉 어떤 장소, 어떤 관계, 어떤 상황에서도 그 장소에 예수 그리스도께서 함께 계시며, 그곳의 주인이시며, 그분이 이끌어 가신다는 믿음을 가져야 한다.[16] 우리는 흔히 왜 하나님이 역사하시지 않는지에 대해 의문을 가진다. 그분에게 기회를 드리지 않았기 때문이라고 생각해 본 적은 없는가? 내가 하나님으로부터 무엇인가를 받아서 장소, 상황, 관계를 이끌어 나가는 데 있지 않고, 주인이 예수 그리스도이시며, 그분이 그것을 이끌어 간다는 믿음을 가지는 것이다. 내가 주님의 일을 하는 것이 아니라, 주님이 이끌어 가시는 일에 일부분이 되어야 한다. 내 의도대로 이끌어 가려는 마음을 주님에게 온전히 드리는 마음이 필요하다.

어떤 일에서든지 진정으로 주님의 일이 되게 하기 위해서, 동시에 주님의 역사를 목도하기 위해서는, 자신의 주도권과 의사권을 기꺼이 포기하려는 결단과 모험을 가져야 한다. 이러한 포기는 쉽게 할 수 있는 것도 있지만, 경우에 따라서는 자신의 인생이 달린 문제일 수도 있다. 그러나 하나님은 우리를 눈동자처럼 지키시며, 우리보다 우리의 미래에 대해서 더 많은 관심을 가지고 계신다는 사실을 믿어야 한다. *하나님에 대한 믿음과 그분과의 친밀함은 자신을 포기하고 하나님께 기회를 드리고자 하는 매우 위험스러운 모험과 동역을 통해서 깊어져 간다.*

> "오늘 있다가 내일 아궁이에 던지우는 들풀도 하나님이 이렇게 입히시거든 하물며 너희일까보냐 믿음이 적은 자들아"(마 6:30).

16) "교회는 그의 몸이니 만물 안에서 만물을 충만케 하시는 자의 충만이니라"(엡 1:23) (and the church is his body; it is filled by Christ, **who fills everything everywhere with his presence**).

철저히 하나님께 순종하는 예수님의 삶을 생각해 보라.

> "그러므로 예수께서 저희에게 이르시되 내가 진실로 진실로 너희에게 이르노니 **아들이 아버지의 하시는 일을 보지 않고는 아무것도 스스로 할 수 없나니** 아버지께서 행하시는 그것을 아들도 그와 같이 행하느니라"(요 5:19).
>
> "내가 너희를 대하여 말하고 판단할 것이 많으나 **나를 보내신 이가 참되시매 내가 그에게 들은 그것을 세상에게 말하노라 하시되**"(요 8:26).

인생에 있어 우리의 진정한 관심사는, '성공적인 인생을 위해서 우리가 하나님께 어떻게 순종해야 하는가?'가 아니다. *정말로 우리가 추구해야 할 삶은 '우리가 어떻게 순종해야 우리 삶의 현장에 하나님이 더 분명히 나타날 수 있을까?' 이다.* 정말이지 오는 세상에서는 이 일에 목숨을 건 성도들이 더 많이 나타나야 한다. 이 마음을 가진 자가 '이기는 자(overcomer)' 요 '앞서 가는 자(forerunner)' 요, 성령이 말씀하시는 것을 듣는 자다.

과거의 삶과 새로운 삶은 다음과 같이 비교될 수 있을 것이다. 우선 새로운 삶에 대한 자각은 법적인 것으로부터 경험적인 것으로 진행되는 과정에 대한 올바른 이해일 것이다. 하나님이 말씀하시는 삶은 이천 년 전에 예수님의 대속으로 모든 것이 법적으로 이미 끝이 난 상태이지만(법적인 측면에서는 It's done! 다음의 말씀들이 과거형인 것을 보라), 그러나 그것이 나에게 이루어지는 경험은 점진적인 것이다. 다음의 성경 구절은 과거에 이미 해 놓으신 일들을 우리가 취해야 하는 것으로 말씀하신다.

> "저가 한 제물로 **거룩하게 된 자들을** 영원히 **온전케 하셨느니라**"(히 10:14) (For by that one offering **he perfected forever all those** whom he is making holy).
>
> "내 종 모세가 죽었으니 이제 너는 이 모든 백성으로 더불어 일어나 이 요단을 건너 **내가 그들 곧 이스라엘 자손에게 주는 땅으로 가라** 내가 모세에게 말한 바와 같이

무릇 너희 발바닥으로 밟는 곳을 **내가 다 너희에게 주었노니**"(수 1:2-3) (Now that my servent Moses is dead, you must lead my people across the Jordan River into **the land I am giving them.** I promise you what I promised Moses, Everywhere you go, you will be **on land I have given you**).

"나의 하나님이 그리스도 예수 안에서 영광 가운데 그 풍성한 대로 너희 모든 쓸 것을 채우시리라"(빌 4:19) (And this same God who takes care of me will supply all your needs from his glorious riches, which have been given to us in Christ Jesus).

그러나 여기에서 중요한 사실은, 경험적으로 이루어 가는 것은 나지만 그 주체는 나의 자아가 아니라 내 안에 계신 예수 그리스도라는 사실이다. 또한 경험해 가는 것은 점진적이지만, 그것의 완성은 미래의 일이 아니라 예수 그리스도께서 내 안에 오셨을 때 이미 완성된 것이다. 점진적으로 이루어 간다는 것은 예수 그리스도께서 나를 통해서 나타나시도록 내 자신을 포기하는 만큼 그분이 나타나는 삶이 점진적인 과정이라는 것이다. 그런데 많은 그리스도인들이 스스로가 이것을 이루어 가려고(이미 완성된 것을 알지 못하고) 점진적으로 노력하고 있다. "구원은 믿음으로 성화는 자신의 노력으로"라는 잘못된 생각은 바로 이것을 두고 하는 말이다.

결국 옛 언약(율법) 아래서는 내가 지켜야 하는 계명이었던 것이 새 언약(은혜) 아래에서는 예수님이 이루시는 약속이 된 것이다. 그리스도인의 삶은 내가 하나님을 위해 하는 일의 결과가 아니라 그분께서 내 안에서 하시는 일의 결과인 것이다. 이 삶은 '그리스도를 닮는 삶'을 사는 것이 아니라 '그리스도가 사는 삶'을 사는 것이다. 성령의 열매는 그리스도의 성품을 나타내는 것이다. 그러나 우리가 그리스도를 본받음으로써 성령의 열매를 맺을 수 있는 것이 아니라, 오직 그리스도께서 우리 안에서 그리스도이시게 함으로써 자연스럽게 맺히는 것이다.

옛 언약에 기초한 삶
자존자의 삶(자신을 의존하려는 삶) 율법적인 삶 너는 … '하라'와 '하지 말라'의 삶 예수 그리스도를 닮아가는 삶 내 인생을 쌓아가는 삶 삶의 결과로 하나님의 영광을 증명하는 삶 거룩해지려고 노력하는 삶 방향성 : 좋은 성품을 배우고 익히려는 것(밖에서 내 안으로) 구조 : 나와 예수님(율법, 이해의 대상) 자존자로서 채워 넣는 삶 : 생수가 아닌 탄산음료를 마시는 삶(마셔도 목마른 삶)
새 언약에 기초한 삶
의존자의 삶(하나님께 맡기는 삶) 은혜의 삶 그리스도가 … '하겠다'는 삶 내 안에 계신 그리스도가 드러나는 삶 하나님이 내 삶에 드러나는 삶 삶 자체로 하나님의 영광을 증명하는 삶 거룩하기 때문에 변하는 삶 방향성 : 예수님이 나를 통해 드러나는 것(안에서 밖으로) 구조 : 내 안에 계신 예수 그리스도(관계, 경험의 대상) 의존자로서 갈망하는 존재 : 하나님의 충만한 사랑을 공급받는 존재

"내 백성이 두 가지 악을 행하였나니 **곧 생수의 근원되는 나를 버린 것과 스스로 웅덩이를 판 것인데** 그것은 물을 저축지 못할 터진 웅덩이니라"(렘 2:13).

"명절 끝날 곧 큰 날에 예수께서 서서 외쳐 가라사대 누구든지 목마르거든 내게로 와서 마시라 **나를 믿는 자는 성경에 이름과 같이 그 배에서 생수의 강이 흘러나리라 하시니**"(요 7:37-38).

"내가 그리스도와 함께 십자가에 못 박혔나니 그런즉 이제는 내가 산 것이 아니요 오직 내 안에 그리스도께서 사신 것이라 이제 내가 육체 가운데 사는 것은 나를 사랑하사 나를 위하여 자기 몸을 버리신 하나님의 아들을 믿는 믿음 안에서 사는 것이라" (갈 2:20).

그렇다면 새로운 삶에서는 다른 율법을 따르는 것인가? 다른 율법이 있는가? 다른 율법, 새 율법은 없다. 율법은 하나님의 말씀이며, 일점일획도 틀림이 없는 진리다. 단지 율법을 지키는 주체가 다를 뿐이다.

"진실로 너희에게 이르노니 천지가 없어지기 전에는 **율법의 일점일획이라도 반드시 없어지지 아니하고** 다 이루리라"(마 5:18).

옛 언약은 내가 지키는 것인 반면, 새 언약은 예수님이 이루어 가신다. 그래서 나는 예수 그리스도 안에서 죽는 연습을 하고, 예수님이 내 안에서 드러나도록 나를 포기하는 것을 배우라는 말이다. 그러면 예수님의 능력이 흘러나오는 삶, 바로 새 언약이 우리에게 말하는 삶이 살아진다. 율법의 주체를 나에서 예수로 바꾸는 것이다.

"그러므로 내 형제들아 **너희도 그리스도의 몸으로 말미암아 율법에 대하여 죽임을 당하였으니** 이는 다른 이 곧 죽은 자 가운데서 살아나신 이에게 가서 우리로 하나님을 위하여 열매를 맺히게 하려 함이니라"(롬 7:4).

다른 의미에서 새로운 삶이란 옛 언약의 기초 위에 성령충만함을 받는 것이 아니라, 우리의 마음을 변화시킨 후에 성령님을 초청하는 것이다. 마음을 변화시킨다는 것은 예수 그리스도와 함께 십자가에 못 박히는 것이며, 예수님과 함께 죽는다는 뜻이다. 그리고 새 포도주, 즉 성령충만함을 받는 것이다.

> "무릇 그리스도 예수와 합하여 세례를 받은 우리는 그의 죽으심과 합하여 세례 받은 줄을 알지 못하느뇨 그러므로 우리가 그의 죽으심과 합하여 세례를 받음으로 그와 함께 장사되었나니 이는 아버지의 영광으로 말미암아 그리스도를 죽은 자 가운데서 살리심과 같이 우리로 또한 새 생명 가운데서 행하게 하려 함이니라 **만일 우리가 그의 죽으심을 본받아 연합한 자가 되었으면 또한 그의 부활을 본받아 연합한 자가 되리라**"(롬 6:3-5).
>
> "생베 조각을 낡은 옷에 붙이는 자가 없나니 만일 그렇게 하면 기운 새것이 낡은 그것을 당기어 해어짐이 더하게 되느니라 새 포도주를 낡은 가죽 부대에 넣는 자가 없나니 만일 그렇게 하면 새 포도주가 부대를 터뜨려 포도주와 부대를 버리게 되리라 **오직 새 포도주는 새 부대에 넣느니라 하시니라**"(막 2:21-22).

그러면 우리가 혼동하는 것은 무엇인가? 율법이 구약의 것이라면, 은혜로 구원을 받은 신약을 살고 있는 지금은 율법이 중요하지 않다는 생각이 들기 쉽다. 또한 율법은 항상 우리에게 죄책감이나 느끼게 하고, 삶을 옭아매는 역할을 한다고 생각한다. 그러나 우리는 말씀을 균형잡힌 시각으로 보아야 한다. 아마 이런 생각은 기독교 신앙을 은혜에 의한 구원과 축복이라는 측면에서만 바라본 때문일 것이다. 하지만 한쪽에는 엄연히 율법의 완전성과 영원성, 저주가 존재한다는 사실을 간과하고 있다. 그리고 재미있는 사실은 전자의 사람도 율법을 지켜야 한다는 사실을 잘 알고 있다. 그래서 우스꽝스러운 일이지만 예수 그리스도의 도움으로 율법을 과거보다 더 잘 지키려고 노력한다(갈 5:4). 이렇게 되면 자기도 모르는 사이에 경건의 모양은 있으나 경건의 능력은 부인하는 자로 전락하고 만다(딤후 3:5).

"율법 안에서 의롭다 함을 얻으려 하는 너희는 그리스도에게서 끊어지고 은혜에서 떨어진 자로다"(갈 5:4).

"경건의 모양은 있으나 경건의 능력은 부인하는 자니 이 같은 자들에게서 네가 돌아서라"(딤후 3:5).

무엇보다 하나님의 법을 대하는 태도를 바꾸어야 한다. 하나님의 법은 항상 존재하며, 세상은 어두움의 법에 따라 움직이고 있다. 따라서 한순간이라도 예수 그리스도가 나와 함께하지 않는다면 나는 어두움 속에 있는 것이다. 왜냐하면 내 안에 계신 예수 그리스도만이 율법을 완성하실 수 있기 때문이다.

현재 우리의 신앙생활은 어떤가? *진정으로 교회에서 요구하는 헌신과 순종과 충성은 새 언약의 결과로 나타나는 성령의 열매여야지, 새 언약을 이루기 위한 조건이 되어서는 안 된다.* 그럼에도 아직도 많은 교회는 성숙한 그리스도인이 되도록 이러한 것들을 요구하고, 성도는 이에 부응하기 위해서 최선을 다하고 있다. 진정한 자유와 은혜를 상실한 채 말이다. 부활하신 예수 그리스도의 현시된 존재, 즉 성령을 철저히 의지하지 않는 기독교적 훈련이라면 이것은 단지 육체의 개선일 뿐이며, 성령의 열매처럼 보이는 모조품을 만드는 작업일 뿐이다. 하나님이 인정해 주지 않는 좋은 삶이란 설령 세계 최고의 삶이라 한들 무슨 소용이 있겠는가?

갈라디아서에서 율법과 성령이 주는 은혜에 대한 비유를 찾을 수 있다. 오늘날 우리의 삶에서도 율법적인 삶을 버릴 것을 강력히 촉구하고 있다. 4장 22-28절에 따르면 아브라함의 첫 아들 이스마엘은 계집종에게서 육체를 따라 났고, 이삭은 자유 하는 여자에게서 약속으로 났다. 이것은 두 언약을 가리키는 것으로, 예수를 믿는 우리는 계집종의 자녀가 아니고 자유 하는 여자의 자녀다. "형제들아 너희는 이삭과 같이 약속의 자녀라"(갈 4:28). 그러나 그때처럼 지금도 율법적인 삶이 성령이 주는 은혜의 삶을 핍박하고, 마치 율법적인 삶이 올바른 신앙생활인 것처럼 우리를 혼돈시키고 있다. "그러나 그 때에 육체를 따라 난 자가 성령을 따라 난 자를 핍박한 것 같이 이제도 그러하도다"(갈 4:29). 그렇지만 성경은 우리가 자유 하는 여자의 자녀이기 때문에 율법 아래 있지 않고 은혜 아래 있기 때문에 율법적인 삶을 단호히 배격해야 한다고 강조한다. "…계집종과 그 아들을 내어 쫓으라 계집종의 아들이 자유 하는 여자의 아들로 더불어 유업을 얻지 못하리라 하였느니라"(갈 4:30). 또한 육체의 욕심에 좌우되지 않도록 삶의 모든 일에 성령님의 인도하심을 따를 것을 촉구한다. "만일 우리가 성령으로 살면 또한 성령으로 행할지니"(갈 5:25) (If we are living now by the Holy Spirit, **let us follow the Holy Spirit's leading in every part of our lives**).

5. 하나님 나라와 법칙

한 가지 흥미로운 사실은 모든 그리스도인이 예수님을 그렇게도 사랑한다 하면서, 막상 예수님이 말씀하신 '하나님 나라'에 대해서는 잘 모르고 있다는 것이다. 예수를 사랑하고 그분과 깊이 교제하고 살지만 막상 현실의 삶 속에서는 여전히 믿지 않는 비그리스도인의 삶과 별반 차이가 나지 않는다. 어떤 장소든 우리 입을 통해 하나님 나라의 도래가 선포될 때 비로소 그곳에 하나님 영광이 임하시며, 하나님 영광이 임하시는 곳에 하나님 나라의 법칙이 적용된다.

신약에는 '하나님 나라' 또는 '천국'에 대한 말이 총 120여 회나 나온다.

천국과 하나님 나라는 동의어로서, 천국(Kingdom of heaven)은 히브적인 표현방식인 반면 하나님 나라(Kingdom of God)는 헬라적인 표현방식이다. 사복음서중 마가, 누가, 요한복음에서는 하나님 나라로 언급되어 있고, 마태복음에는 천국과 하나님 나라가 혼용되어 사용되고 있다. 유대인은 하나님의 이름인 '야훼'의 이름을 함부로 부르지 않는다. 따라서, 유대인들은 '하나님'을 '하늘'이라는 단어로 묘사하기 시작했다. 따라서, 유대인들에게 하늘은 하나님과 동일한 뜻이다. 그러나, 세월이 지남에 따라 하나님의 나라는 하늘나라(천국)로 불리워 졌고, 종국에는 본래의 의미인 "왕의 통치, 주권, 다스림" 대신에 "장소, 국가, 영토"라는 개념으로 국한되어지게 되었다. 특히 동양의 개념으로는 죽고 나서 가는 어느 장소라는 개념으로 변질되었다. 이러한 천국에 대한 잘못된 개념은 기독교를 종교화(삶과 분리되고, 내세적인 종교로, 이 세상은 천국을 준비하는 곳으로 변질됨), 윤리화(착하고 바르게 살면 천국 간다)시키는 계기가 되었다. 예수님이 이 땅에 오신 이유가 바로 하나님 나라의 복음을 전하기 위해서다. 이 하나님의 나라는 우리가 죽고 난 뒤에 가는 곳일 뿐만 아니라 현존하는 세상에 이미 도래한 곳이기도 하다. 그리스도인들은 이 땅에 하나님의 나라를 도래케 하는 통로 역할을 하는 사람들이다. 지금부터 예수님이 행하신 하나님 나라에 대한 선포에 대해서 알아보자. 특히, '하나님 나라'에 대해서는 누가복음에 31회로 가장 많이 언급되고 있다.

세례요한은 예수님이 공생애를 시작하기 전부터 하나님 나라의 도래에 대해서 전파하였다. 예수님은 사역 내내 하나님 나라에 대해서 가르치시고 증거하셨다. 그러한 가르침은 부활 후 이 땅에 계시는 40일 동안에도 계속되었으며, 사도들도 하나님의 나라와 예수님에 대해 가르쳤다. 다음 말씀은 예수님과 제자들이 하나님 나라를 얼마나 중요하게 생각했는지 잘 보여주고 있다.

> "그 때에 세례요한이 이르러 유대 광야에서 전파하여 가로되 **회개하라 천국이 가까왔느니라 하였으니**"(마 3:1-2).
>
> "이 때부터 예수께서 비로소 전파하여 가라사대 **회개하라 천국이 가까왔느니라 하시더라**"(마 4:17).
>
> "이 후에 **예수께서 각 성과 촌에 두루 다니시며 하나님의 나라를 반포하시며** 그 복음을 전하실 새 열 두 제자가 함께 하였고"(눅 8:1).

"예수께서 그 열두 제자를 부르사 더러운 귀신을 쫓아내며 모든 병과 모든 약한 것을 고치는 권능을 주시니라"(마 10:1).

"가면서 전파하여 말하되 **천국이 가까왔다 하고** 병든 자를 고치며 죽은 자를 살리며 문둥이를 깨끗하게 하며 귀신을 쫓아내되 너희가 거저 받았으니 거저 주어라"(마 10:7–8).

"예수께서 홀로 계실 때에 함께한 사람들이 열두 제자로 더불어 그 비유들을 묻자오니 이르시되 **하나님 나라의 비밀을 너희에게는 주었으나 외인에게는 모든 것을 비유로 하나니** 이는 저희로 보기는 보아도 알지 못하며 듣기는 들어도 깨닫지 못하게 하여 돌이켜 죄 사함을 얻지 못하게 하려 함이니라 하시고"(막 4:10–12).

"예수께서 열두 제자를 불러 모으사 모든 귀신을 제어하며 병을 고치는 능력과 권세를 주시고 **하나님의 나라를 전파하며** 앓는 자를 고치게 하려고 내어 보내시며"(눅 9:1–2).

"무리가 알고 따라왔거늘 예수께서 저희를 영접하사 **하나님 나라의 일을 이야기하시며 병 고칠 자들은 고치시더라**"(눅 9:11).

"이후에 주께서 달리 칠십 인을 세우사 친히 가시려는 각동 각처로 둘씩 앞서 보내시며"(눅 10:1).

"거기 있는 병자들을 고치고 **또 말하기를 하나님의 나라가 너희에게 가까이 왔다 하라**"(눅 10:9).

"그러므로 너희는 이렇게 기도하라 하늘에 계신 우리 아버지여 이름이 거룩히 여김을 받으시오며 **나라이 임하옵시며 뜻이 하늘에서 이룬 것같이 땅에서도 이루어지이다**"(마 6:9–10).

"또 저희에게 이르시되 내가 진실로 너희에게 이르노니 **여기 섰는 사람 중에 죽기 전에 하나님의 나라가 권능으로 임하는 것을 볼 자들도 있느니라** 하시니라"(막 9:1).

"그러나 내가 하나님의 성령을 힘입어 귀신을 쫓아내는 것이면 **하나님의 나라가 이미 너희에게 임하였느니라**"(마 12:28).

"그러나 내가 만일 하나님의 손을 힘입어 귀신을 쫓아내는 것이면 **하나님의 나라가 이미 너희에게 임하였느니라**"(눅 11:20).

"예수께서 이르시되 내가 다른 동네에서도 **하나님의 나라 복음을 전하여야 하리니 나는 이 일로 보내심을 입었노라 하시고** 갈릴리 여러 회당에서 전도하시더라"(눅 4:43-44).

"적은 무리여 무서워 말라 **너희 아버지께서 그 나라를 너희에게 주시기를 기뻐하느니라**"(눅 12:32).

"바리새인들이 하나님의 나라가 어느 때에 임하나이까 묻거늘 예수께서 대답하여 가라사대 하나님의 나라는 볼 수 있게 임하는 것이 아니요 또 여기 있다 저기 있다고도 못하리니 **하나님의 나라는 너희 안에 있느니라**"(눅 17:20-21).

"해 받으신 후에 또한 저희에게 확실한 많은 증거로 친히 사심을 나타내사 사십 일 동안 저희에게 보이시며 **하나님 나라의 일을 말씀하시니라**"(행 1:3).

"저희가 일자를 정하고 그의 우거하는 집에 많이 오니 바울이 아침부터 저녁까지 강론하여 **하나님 나라를 증거하고** 모세의 율법과 선지자의 말을 가지고 예수의 일로 권하더라"(행 28:23).

"담대히 **하나님 나라를 전파하며** 주 예수 그리스도께 관한 것을 가르치되 금하는 사람이 없었더라"(행 28:31).

우리는 하나님 나라에 대해 막연하고 단편적으로 알고 있지만, 성경은 지속적이고 구체적으로 하나님 나라에 대해 말씀하고 계신다. 그러나 대부분의 말씀이 비유로 되어 있어 이해하기가 쉽지 않다.

이런 관점에서 볼 때, 이 땅에서 승리할 수 없는 이유는, 첫 번째 이 땅을 하나님 나라로 만들지 못하기 때문이고, 두 번째는 하나님 나라의 법칙을 잘 알지 못한다는 것, 마지막으로 그 법칙을 제대로 활용하지 못하기 때문이다. 그러나 분명히 인식해야 할 사실은 천국 시민인 우리가 이 땅에 현존하는 하나님 나라를 만들어야 하며, 이 땅에서 세상의 법칙이 아니라 하나님 나라의 법칙을 적용하며 살아야 한다는 것이다.

먼저 하나님 나라와 이 세상을 비교함으로 하나님 나라의 특성을 알아보자. 두 나라는 서로 연관성이 있으며, 무엇보다도 보이지 않는 세계가 보이는 세계를 떠받치고 있으며, 보이는 세계는 보이지 않는 세계의 영향을 받고 있다.

> "믿음으로 모든 세계가 하나님의 말씀으로 지어진 줄을 우리가 아나니 **보이는 것은 나타난 것으로 말미암아 된 것이 아니니라**"(히 11:3) (By faith we understand that the entire universe was formed at God's command, that **what we now see did not come from anything that can be seen**).

예수님은 이 세상에 계신 공생애 동안 한 번도 물질세계에서의 부족함을 느끼지도 제한 받지도 않으셨다. 그리고 예수님은 하나님 나라의 원리를 가르쳤고, 그 원리에 따라 어떻게 하나님의 축복이 이 땅에 임하는지 말씀하셨고, 그 말씀이 실제라는 것을 보여 주셨다. 즉 하나님 나라에 속한 것(보이지 않는 세계)이 이 세상(보이는 세계)에 어떻게 나타나는지를 실제로 보여 주신 것이다. 우리는 이것을 기적이라고 부르지만 말이다.

> "연회장은 **물로 된 포도주를 맛보고 어디서 났는지 알지 못하되** 물 떠온 하인들은 알더라 연회장이 신랑을 불러"(요 2:9).
>
> "무리를 명하여 잔디 위에 앉히시고 떡 다섯 개와 물고기 두 마리를 가지사 하늘을 우러러 **축사하시고 떡을 떼어 제자들에게 주시매 제자들이 무리에게 주니 다 배불리 먹고 남은 조각을 열두 바구니에 차게 거두었으며** 먹은 사람은 여자와 아이 외에 오천 명이나 되었더라"(마 14:19-21).

또한 하나님 나라는 지금 우리가 사는 나라와 비교해 보면 쉽게 그 독특성을 이해할 수 있다. 하나님 나라는 우리가 살고 있는 나라, 민주주의 개념으로는 설명할 수 없는 측면이 많다. 현재 우리에게는 절대라는 단어보다는 상대, 명령보다는 합의, 일원보다는 다원이라는 개념이 훨씬 합리적이라는 생각이 든다. 그러나 하나님 나라는 말 그대로 'Kingdom of God' 이다. 즉 왕이 절대주권(sovereignty)을 가지고 통치하는 나라이기 때문에, 왕의 말 한마디가 곧 법이 되는 곳이다.

이 땅에서 승리하기 원한다면, 뜻이 하늘에서 이룬 것 같이(as it is in heaven) 하나님 나라가 이 땅에 도래하도록 해야 한다. 이것이 예수님이 우리에게 가르쳐 주신 놀라운 비밀이고, 바로 우리의 기도인 것이다. 그렇다면 어떻게 하나님 나라를 이 땅에 도래케 할 수 있을까? 그러기 위해서는 하나님 나라의 열쇠가 있어야 한다. 우리는 예수 그리스도로 인하여 그 열쇠를 가지고 있다. '천국열쇠'는 바로 예수 그리스도 그분 자체다.

> "내가 **천국열쇠를 네게 주리니** 네가 땅에서 무엇이든지 매면 하늘에서도 매일 것이요 네가 땅에서 무엇이든지 풀면 하늘에서도 풀리리라 하시고"(마 16:19).
>
> "예수께서 가라사대 내가 곧 길이요 진리요 생명이니 **나로 말미암지 않고는 아버지께로 올 자가 없느니라**"(요 14:6).
>
> "그러므로 형제들아 우리가 **예수의 피를 힘입어 성소에 들어갈 담력을 얻었나니** 그 길은 우리를 위하여 휘장 가운데로 열어 놓으신 새롭고 산 길이요 휘장은 곧 저의 육체니라 또 하나님의 집 다스리는 큰 제사장이 계시매 우리가 마음에 뿌림을 받아 양심의 악을 깨닫고 몸을 맑은 물로 씻었으니 **참마음과 온전한 믿음으로 하나님께 나아가자**"(히 10:19-22).

하나님 나라는 우리 입술의 선포로 이 땅에 이루어진다. 이상하게 들리는가? 예수 그리스도의 이름으로 하나님의 영광이 이 땅에 충돌하도록 선포하는 것이다. 하나님의 영광이 임재하는 곳이 바로 하나님 나라다. 하나님 영광의 임재가 무엇인가? 바로 성령님이 친히 우리 가운데 강림하신 바로 그 현장을 말한다.[17)] 다른 의미로 하나님이 계시는 곳, 하나님의 주권이 미치는 곳이 바로 하나님 나라다. 우리가 진정 하나님의 성전이 될 때(성령충만한 삶을 살 때), 우리가 거하는 장소와 밟는 땅이 바로 하나님 나라가 된다. 바로 그곳에 하나님 법칙이 비로소 적용된다.

"예수께서 대답하시되 진실로 진실로 네게 이르노니 사람이 **물과 성령으로 나지 아니하면 하나님 나라에 들어갈 수 없느니라**"(요 3:5).

"거기서 내가 너와 만나고 속죄소 위 곧 증거궤 위에 있는 두 그룹 사이에서 내가 이스라엘 자손을 위하여 네게 명할 모든 일을 네게 이르리라"(출 25:22).

"바리새인들이 하나님의 나라가 어느 때에 임하나이까 묻거늘 예수께서 대답하여 가라사대 하나님의 나라는 볼 수 있게 임하는 것이 아니요 또 여기 있다 저기 있다고도 못하리니 **하나님의 나라는 너희 안에 있느니라**"(눅 17:20-21).

"너희가 하나님의 성전인 것과 하나님의 성령이 너희 안에 거하시는 것을 알지 못하느뇨"(고전 3:16).

그리고 그곳에서 하나님을 뵙고 그분의 뜻을 알고 그 뜻대로 구해야 한다.

"너희는 **먼저 그의 나라와 그의 의를 구하라** 그리하면 이 모든 것을 너희에게 더하시리라"(마 6:33).

"그를 향하여 우리의 가진 바 담대한 것이 이것이니 **그의 뜻대로 무엇을 구하면 들으심이라** 우리가 무엇이든지 구하는 바를 들으시는 줄을 안즉 우리가 그에게 구한 그것을 얻은 줄을 또한 아느니라"(요일 5:14-15).

어떤 사람은 니고데모가 생각한 것처럼, 하나님을 뵙기 위해선 하늘나라에 가야만 되는 것이라고 생각할지도 모르겠다. 그러나 하나님은 하늘에도 계시지만, 우리 심령에도 찾아오시며, 그분이 계신 곳이 바로 그분의 나라다. 예수님도 하나

17) 성령님은 무소부재하시기 때문에 어디에도 존재하신다. 그럼에도 불구하고 성령님은 어떤 장소 어떤 시기에 강하게 임하시고 역사하신다. 그것이 바로 우리가 성경에서 보는 오순절 사건이다. 흔히 우리는 하나님이 우리와 함께하시며, 이 일에도 하나님이 함께하신다고 말한다. 맞는 말이다. 그러나 하나님이 직접 임하시는 것과는 다르다. 성령의 임재는 현시적이다. 토미 테니의 「하나님 당신을 갈망합니다」(두란노, 2002), pp.16-35를 참조하라.

님이 계신 이 땅에 하나님의 나라가 임했다고 선포하셨다.

> "그러나 내가 하나님의 **성령을 힘입어 귀신을 쫓아내는 것이면 하나님의 나라가 이미 너희에게 임하였느니라**"(마 12:28).
>
> "그러나 내가 만일 **하나님의 손을 힘입어 귀신을 쫓아내는 것이면 하나님의 나라가 이미 너희에게 임하였느니라**"(눅 11:20).

문제는 하나님 나라와 의를 구하지 않은 채 이 땅에 하나님 나라를 실현시키려는 데 있다. 먼저 하나님 나라에서 그분의 뜻을 구하지 않으면, 아무리 선하고 좋은 일이라 할지라도 그것은 단지 세상의 뜻일 뿐이다.

하나님 나라와 이 세상의 나라는 차원을 달리하지만 서로 별개의 나라가 아니라 서로에게 영향을 미친다. 이 땅은 하나님이 만드신 자연의 법칙에 의해서 운행되지만, 그 법칙은 태초에 하나님이 만드신 것이다. 그냥 방치한 것이 아니라 오늘도 말씀으로 그 법칙을 붙들고 계시기 때문에 운행되고 있다. 따라서 이 땅에서의 변화는 하나님 나라에서의 변화가 먼저 일어나야 생긴다. 이것이 바로 하나님이 스가랴에게 하신 말씀 "그가 내게 일러 가로되 여호와께서 스룹바벨에게 하신 말씀이 이러하니라 만군의 여호와께서 말씀하시되 이는 힘으로 되지 아니하며 능으로 되지 아니하고 오직 나의 신으로 되느니라"(슥 4:6)이고, 또한 예수님이 우리에게 하신 말씀 "너희는 먼저 그의 나라와 그의 의를 구하라 그리하면 이 모든 것을 너희에게 더하시리라"(마 6:33)이기도 하다. 차원적으로 설명하자면, 먼저 보이지 않는 영적인 차원에서 변화가 일어나야 그 결과로 보이는 물질적인 차원에서의 변화가 일어난다는 것이다.

하나님이 창조하신 현상세계는 하나님의 마음에 있는 것의 반영물일 뿐이다. 천지를 창조하실 때 이미 하나님의 마음속에는 천지에 대한 그림이 있었다. 그래서 그 마음에 품은 것을 입으로 말씀하셨고, 그 말씀대로 창조되었다. 하나님의 형상과 모양대로 지음을 받은 우리 인간들이 새로운 것을 만들어내는 것을 생각해 보라. 현재 우리가 이용하고 있는 비행기, 차, 우주선 무엇이든지 간에 그것이 만들어지기 전에 이미 고안자는 그 대상을 마음에 그렸고 그런 다음에 그것을 현실세계에 실현시킨 것이다.

따라서 창조는 단지 우리 눈에 보이는 것 이상의 것으로 이루어져 있다. 하나님이 창조하신 질서는 보이는 물질세계에서 뿐만 아니라 보이지 않는 영적세계에도 적용된다. 물질세계가 그분이 만드신 자연의 법칙에 의해서 운행되듯이, 영적세계도 마찬가지로 영적 법칙을 따른다.

> "만물이 그에게 창조되되 **하늘과 땅에서 보이는 것들과 보이지 않는 것들과 혹은 보좌들이나 주관들이나 정사들이나 권세들이나 만물이 다 그로 말미암고 그를 위하여 창조되었고**"(골 1:16).

이와 같은 상호반응 때문에 예수님은 물질세계(보이는 나라)의 예를 들어 영적세계(보이지 않는 하나님 나라)에 대해서 비유적으로 설명하셨다. 결국, 이 말은 자연계는 자연의 법칙을 이해하고 잘 응용하는 자에게 자연의 풍요로움을 주듯, 하나님 나라의 영적 법칙을 잘 이해하고 따르는 자에게 영의 풍요가 주어진다는 것이다. 예를 들면, 아무리 선한 그리스도인이라 할지라도 중력이나 작용 · 반작용 같은 자연의 법칙에서 예외일 수 없다. 마찬가지로 아무리 선한 그리스도인이라 할지라도 영적 법칙에 위배된다면 그 법에 저촉을 받게 마련이다.

> "**내 백성이 지식이 없으므로 망하는도다** 네가 지식을 버렸으니 나도 너를 버려 내 제사장이 되지 못하게 할 것이요 네가 네 하나님의 율법을 잊었으니 나도 네 자녀들을 잊어버리리라"(호 4:6).
>
> "너희가 서로 거짓말을 말라 옛 사람과 그 행위를 벗어버리고 새 사람을 입었으니 **이는 자기를 창조하신 자의 형상을 좇아 지식에까지 새롭게 하심을 받는 자니라**"(골

3:9-10).

그러므로 영적인 법칙을 무시하거나 모르고 사는 사람은 작용 · 반작용이나 위생의 법칙과 같은 자연의 법칙을 무시할 때 고통당하는 것처럼 동일하게 영적인 고통을 받으며 살 수밖에 없다. 대부분의 그리스도인들은 출생은 하나님 나라인데 삶은 세상의 법칙에 따라 살고 있으며, 영적인 법칙을 이해하려거나 지키려고 노력하지도 않는다. 심지어 영적 법칙의 존재 유무에 대해 관심조차 갖지 않는다.

"진실로 진실로 네게 이르노니 우리 아는 것을 말하고 본 것을 증거하노라 그러나 너희가 우리 증거를 받지 아니하는도다 **내가 땅의 일을 말하여도 너희가 믿지 아니하거든 하물며 하늘 일을 말하면 어떻게 믿겠느냐**"(요 3:11-12).

하나님의 법칙을 무시하는 세 종류의 그리스도인들이 있다. 첫 번째는 아예 하나님의 영적 법칙을 멸시하고 받아들이지 않는 성도들이고, 두 번째는 하나님 나라의 법칙을 따르지 않고 이 세상의 법을 좇아 하나님을 섬기는 성도들이고, 세 번째는 자신의 법에 맞지 않는다고 하나님을 원망하는 성도들이다.

"**도리어 나의 모든 교훈을 멸시하며 나의 책망을 받지 아니하였은즉** 너희가 재앙을 만날 때에 내가 웃을 것이며 너희에게 두려움이 임할 때에 내가 비웃으리라 너희의 두려움이 광풍같이 임하겠고 너희의 재앙이 폭풍같이 임하리니 **그 때에 너희가 나를 부르리라 그래도 내가 대답지 아니하겠고 부지런히 나를 찾으리라 그래도 나를 만나지 못하리니 대저 너희가 지식을 미워하며 여호와 경외하기를 즐거워하지 아니하며 나의 교훈을 받지 아니하고 나의 모든 책망을 업신여겼음이라** 그러므로 자기 행위의 열매를 먹으며 자기 꾀에 배부르리라 어리석은 자의 퇴보는 자기를 죽이며 미련한 자의 안일은 자기를 멸망시키려니와"(잠 1:25-32).

"경기하는 자가 **법대로 경기하지 아니하면 면류관을 얻지 못할 것이며**"(딤후 2:5).

"그러므로 내가 달음질하기를 향방 없는것 같이 아니하고 싸우기를 허공을 치는 것 같이 아니하여"(고전 9:26).

"나더러 주여 주여 하는 자마다 천국에 다 들어갈 것이 아니요 다만 하늘에 계신 **내 아버지의 뜻대로 행하는 자라야 들어가리라**"(마 7:21).

"나를 원망하는 이 악한 회중을 내가 어느 때까지 참으랴 이스라엘 자손이 나를 향하여 원망하는 바 그 원망하는 말을 내가 들었노라 그들에게 이르기를 여호와의 말씀에 나의 삶을 가리켜 맹세하노라 **너희 말이 내 귀에 들린 대로 내가 너희에게 행하리니**"(민 14:27-28).

하나님 나라의 특성

다음 질문에 대한 답을 성경을 통해서 알아보자.

어떻게 하나님 나라에 들어갈 수 있는가?

"예수께서 대답하여 가라사대 진실로 진실로 네게 이르노니 **사람이 거듭나지 아니하면 하나님 나라를 볼 수 없느니라**"(요 3:3).

"예수께서 대답하시되 진실로 진실로 네게 이르노니 사람이 **물과 성령으로 나지 아니하면 하나님 나라에 들어갈 수 없느니라**"(요 3:5).

이 땅에서 경험하는 하나님 나라는 어떤 곳인가?

"**하나님의 나라는** 먹는 것과 마시는 것이 아니요 **오직 성령 안에서 의와 평강과 희락이라**"(롬 14:17).

"하나님의 나라는 **말에 있지 아니하고 오직 능력에 있음이라**"(고전 4:20).

우리가 이 땅에서 하나님 나라를 어떻게 이루게 할 수 있는가?

"**내가 천국열쇠를 네게 주리니 네가 땅에서 무엇이든지 매면 하늘에서도 매일 것이요 네가 땅에서 무엇이든지 풀면 하늘에서도 풀리리라 하시고**"(마 16:19).

"너희는 **먼저 그의 나라와 그의 의를 구하라** 그리하면 이 모든 것을 너희에게 더하시리라"(마 6:33).

왕국의 법은 왕의 말, 명령, 칙령을 문서화한 것이며, 이러한 법은 왕국이 통치되기 위한 표준과 규범을 결정한다. 세상도 우리가 만든 법에 의해서 통치되듯 하나님 나라도 그분이 제정하신 법에 따라서 통치된다. 이 땅에서는 사람들에 의해 만들어진 서로의 약속과 규칙에 의거하여 모든 일들이 진행된다. 그러나 그리스도인들은 비록 이 땅에서 다른 사람들과 거래하고 관계하며 살지만 하나님 나라의 백성이기 때문에 모든 거래와 관계는 왕의 허락을 받아야 하며, 그에 대한 승인여부는 왕으로부터 주어진다는 것을 알아야 한다. 이 세상에서 법을 어기면 감옥에 가듯이 하나님 나라의 법을 어기면 어두움의 나라에 속하며 하나님의 저주 아래 놓이게 된다.

"우리가 그 명하신대로 이 모든 명령을 우리 하나님 여호와 앞에서 삼가 지키면 그것이 곧 우리의 의로움이니라 할지니라"(신 6:25).

"여호와의 율법은 완전하여 영혼을 소성케 하고 여호와의 증거는 확실하여 우둔한 자로 지혜롭게 하며 여호와의 교훈은 정직하여 마음을 기쁘게 하고 여호와의 계명은 순결하여 눈을 밝게 하도다"(시 19:7-8).

"주의 입의 법이 내게는 천천 금은보다 승하니이다"(시 119:72).

"여호와여 주의 말씀이 영원히 하늘에 굳게 섰사오며 주의 성실하심은 대대에 이르나이다 주께서 땅을 세우셨으므로 땅이 항상 있사오니 천지가 주의 규례대로 오늘까지 있음은 만물이 주의 종이 된 연고니이다 주의 법이 나의 즐거움이 되지 아니하였더면 내가 내 고난 중에 멸망하였으리이다 **내가 주의 법도를 영원히 잊지 아니하오니 주께서 이것들로 나를 살게 하심이니이다"**(시 119:89-93).

"예수께서 대답하여 가라사대 기록되었으되 사람이 떡으로만 살것이 아니요 **하나님의 입으로 나오는 모든 말씀으로 살 것이라 하였느니라 하시니"**(마 4:4).

"진실로 너희에게 이르노니 **천지가 없어지기 전에는 율법의 일점 일획이라도 반**

드시 없어지지 아니하고 다 이루리라"(마 5:18).

우리가 법을 어기면, 자연적으로 그 법을 어긴 결과(고통, 영적 분리, 사단에게 법적 발판의 제공)가 발생하며, 죄책감을 가지게 된다. 이것은 하나님이 우리를 살펴보고 있다가 법을 어기자 마자 벌을 주시는 것이 아니라, 하나님이 만들어 놓으신 법칙의 결과일 뿐이다. 뜨거운 난로에 손을 대면 손에 화상을 입듯, 우리가 다른 사람에게 악한 마음을 품고 화를 내면, 조만간 그 결과가 나타난다. 현재 우리가 겪고 있는 고통과 상처는 우리가 언젠가 심었던 씨앗의 열매일 뿐이다.

"스스로 속이지 말라 하나님은 만홀히 여김을 받지 아니하시나니 **사람이 무엇으로 심든지 그대로 거두리라**"(갈 6:7).

하나님이 선포하신 법은 하나님 당신 자신이라도 바꿀 수 없다. 하나님은 죄를 허용하지 않으시기 때문에 인간의 죄를 사하시기 위해서, 아들이신 예수까지도 십자가에 못 박게 하지 않았는가? (하나님 법의 준수에 앞서 인간에 대한 그분의 사랑과 은혜가 얼마나 큰지를 생각해 보라.)

하나님 나라의 법은 언제나 'always and is' 로 적용된다. 하나님의 법은 만세전에 제정되었으나 세상 끝날까지 함께하며, 항상 현재로 존재하며 적용되어진다.

"예수 그리스도는 어제나 오늘이나 영원토록 동일하시니라"(히 13:8).

"나는 알파와 오메가요 처음과 나중이요 시작과 끝이라"(계 22:13).

성경에 나온 하나님 나라의 법칙에 대해서 알아보자. 하나님 나라의 법칙은 이 세상의 법칙과 다르며, 우리의 세상적 관점에서 볼 때 불가능할 뿐만 아니라 비과학적이고 비합리적으로 보인다. 하나님 나라의 법칙은 인간의 힘과 능으로는 결코 지킬 수도 없을 뿐만 아니라 적용할 수도 없다. 오직 하나님 영광이 임할 때 그 백성이 주의 말씀을 붙듦으로써 이 땅에서 그 법을 지키고 적용할 수 있다.

1. 보호의 법칙

우리가 하나님 나라에 거할 때는 천국 시민권자로서 특권이 부여된다. 즉 그 나라 국민으로서 정당한 대우를 받으며 보호를 받는다. 우리는 대사의 자격으로 이 땅에 거하는 동안 자국(Kingdom of God)의 법의 보호를 받으며, 이 땅에 대해서는 치외법권적인 특혜를 누린다.

> "나의 하나님이 그리스도 예수 안에서 영광 가운데 **그 풍성한 대로 너희 모든 쓸 것을 채우시리라**"(빌 4:19).
>
> "**저가 너를 위하여 그 사자들을 명하사 네 모든 길에 너를 지키게 하심이라** 저희가 그 손으로 너를 붙들어 발이 돌에 부딪히지 않게 하리로다"(시 91:11-12).

2. 경제의 법칙

세상에서는 얼마나 많은 돈을 벌었는가가 주된 관심사이지만, 하나님 나라에서는 그 과정을 더 중요하게 여긴다. 하나님 나라에서는 하나님이 우리 각자에게 주신 달란트의 많고 적음을 따지지 않는다. 중요한 것은 주신 달란트를 얼마나 충성되게 활용했는가이다. 하나님은 우리에게 없는 것을 요구하시는 분이 아니다. 우리에게 심지 않은 것을 수확하게 하거나 경작하지 않은 작물을 모으는 것을 요구하시지 않는다. 하나님이 주신 달란트를 잘 활용하는 자에게는 더 많은 것을 주시고, 신실하게 활용하지 못하는 자에게는 그 주신 것도 빼앗아 버린다.

> "또 어떤 사람이 타국에 갈 제 그 종들을 불러 자기 소유를 맡김과 같으니 각각 그 재능대로 하나에게는 금 다섯 달란트를, 하나에게는 두 달란트를, 하나에게는 한 달란트를 주고 떠났더니 … 한 달란트 받았던 자도 와서 가로되 주여 당신은 굳은 사람이라 심지 않은 데서 거두고 헤치지 않은 데서 모으는 줄을 내가 알았으므로 두려워하여 나가서 당신의 달란트를 땅에 감추어 두었었나이다 보소서 당신의 것을 받으셨나이다 **그 주인이 대답하여 가로되 악하고 게으른 종아 나는 심지 않은 데서 거두고**

헤치지 않은 데서 모으는 줄로 네가 알았느냐 그러면 네가 마땅히 내 돈을 취리하는 자들에게나 두었다가 나로 돌아와서 내 본전과 변리를 받게 할 것이니라 하고 그에게서 그 한 달란트를 빼앗아 열 달란트 가진 자에게 주어라 **무릇 있는 자는 받아 풍족하게 되고 없는 자는 그 있는 것까지 빼앗기리라**"(마 25:14-29).

3. 거래의 법칙

이 세상에서는 일한 만큼의 보수를 받아야 한다. 노동을 한 만큼 삯을 받는 것은 당연하다. 이것이 거래의 법칙이다. 그러나 하나님 나라에서는 일이나 노동의 대가로 지불하는 돈은 그 양이나 질에 기준하는 것이 아니라 주인의 은혜에 기준한다. 하나님이 우리에게 베풀어 주시는 은혜의 정도는 그분을 향한 일이나 노동이나 헌신의 정도와는 하등 상관이 없다. 하나님은 예수 그리스도의 피 값을 믿는 만큼 베풀어 주신다.

"천국은 마치 품군을 얻어 포도원에 들여보내려고 이른 아침에 나간 집 주인과 같으니 저가 하루 한 데나리온씩 품군들과 약속하여 포도원에 들여보내고 또 제 삼시에 나가 보니 장터에 놀고 섰는 사람들이 또 있는지라 저희에게 이르되 너희도 포도원에 들어가라 내가 너희에게 상당하게 주리라 하니 저희가 가고 제 육시와 제 구시에 또 나가 그와 같이 하고 제 십 일시에도 나가 보니 섰는 사람들이 또 있는지라… 받은 후 집 주인을 원망하여 가로되 나중 온 이 사람들은 한 시간만 일하였거늘 저희를 종일 수고와 더위를 견딘 우리와 같게 하였나이다 **주인이 그 중의 한 사람에게 대답하여 가로되 친구여 내가 네게 잘못한 것이 없노라 네가 나와 한 데나리온의 약속을 하지 아니하였느냐 네 것이나 가지고 가라 나중 온 이 사람에게 너와 같이 주는 것이 내 뜻이니라 내 것을 가지고 내 뜻대로 할 것이 아니냐 내가 선하므로 네가 악하게 보느냐** 이와 같이 나중 된 자로서 먼저 되고 먼저 된 자로서 나중 되리라"(마 20:1-16).

"여호와께서 가라사대 내가 나의 모든 선한 형상을 네 앞으로 지나게 하고 여호와의 이름을 네 앞에 반포하리라 **나는 은혜 줄 자에게 은혜를 주고 긍휼히 여길 자에게**

긍휼을 베푸느니라"(출 33:19).

4. 자선의 법칙

다른 사람을 위해 선행을 할 때 자신의 것을 줌으로 기쁨이 있고 감사하지만 어떤 보답을 받지는 않는다. 그러나 하나님 나라에서는 하나님의 뜻에 따라 다른 사람에게 선행을 할 때 반드시 보상이 뒤따른다. 그것도 선행의 30배, 60배, 100배로 되돌려 받는다.

"주라 그리하면 너희에게 줄 것이니 **곧 후히 되어 누르고 흔들어 넘치도록 하여 너희에게 안겨 주리라** 너희의 헤아리는 그 헤아림으로 너희도 헤아림을 도로 받을 것이니라"(눅 6:38).

5. 과세의 법칙

뜻이 하늘에서 이룬 것처럼 이 땅에서도 이루어지기 위해서는 과세가 필요하다. 하나님 나라에서는 그분이 주신 것의 십분의 일을 하나님 창고에 다시 넣기를 원하신다. 이 땅에서도 과세를 제대로 하면 연말에 세금의 일부를 돌려받듯이, 하나님 나라에서도 과세를 잘하면 엄청난 포상을 받게 된다.

"사람이 어찌 하나님의 것을 도적질하겠느냐 그러나 **너희는 나의 것을 도적질하고도 말하기를 우리가 어떻게 주의 것을 도적질 하였나이까 하도다 이는 곧 십일조와 헌물이라** 너희 곧 온 나라가 나의 것을 도적질하였으므로 너희가 저주를 받았느니라 **만군의 여호와가 이르노라 너희의 온전한 십일조를 창고에 들여 나의 집에 양식이 있게 하고 그것으로 나를 시험하여 내가 하늘 문을 열고 너희에게 복을 쌓을 곳이 없도록 붓지 아니하나 보라** 만군의 여호와가 이르노라 내가 너희를 위하여 황충을 금하여 너희 토지 소산을 멸하지 않게 하며 너희 밭에 포도나무의 과실로 기한 전에 떨어지지 않게 하리니 너희 땅이 아름다와지므로 열방이 너희를 복되다 하리라 만군의 여호와의 말이니라"(말 3:8-12).

6. 교육의 법칙

이 땅에서의 교육은 학교나 학원이라는 곳에서 선생님이 가르치는 것이지만, 하나님 나라에서의 교육은 삶 그 자체이며 선생님은 바로 성령님이시다. 전 인생이 의무교육 기간이다.

"너희가 나를 사랑하면 나의 계명을 지키리라 내가 아버지께 구하겠으니 **그가 또 다른 보혜사를 너희에게 주사 영원토록 너희와 함께 있게 하시리니** 저는 진리의 영이라 세상은 능히 저를 받지 못하나니 이는 저를 보지도 못하고 알지도 못함이라 그러나 너희는 저를 아나니 저는 너희와 함께 거하심이요 또 너희 속에 계시겠음이라"(요 14:15-17).

"내가 아직 너희와 함께 있어서 이 말을 너희에게 하였거니와 보혜사 곧 아버지께서 내 이름으로 보내실 **성령 그가 너희에게 모든 것을 가르치시고 내가 너희에게 말한 모든 것을 생각나게 하시리라**"(요 14:25-26).

7. 믿음의 법칙

하나님 나라에 대한 믿음은 자기경험적 믿음이 아니라 계시적인 믿음이고, 눈에 보이는 것에 대한 믿음보다는 보이지 않는 것(영원하신 하나님 말씀)에 대한 믿음이 더 확실하다. 왜냐하면 믿음은 바라는 것들의 실상이기 때문이다.

"믿음은 바라는 것들의 실상이요 보지 못하는 것들의 증거니"(히 11:1).

"내가 진실로 너희에게 이르노니 누구든지 이 산더러 들리어 바다에 던지우라 하며 **그 말하는 것이 이룰 줄 믿고 마음에 의심치 아니하면 그대로 되리라** 그러므로 내가 너희에게 말하노니 무엇이든지 기도하고 구하는 것은 받은 줄로 믿으라 그리하면 너희에게 그대로 되리라"(막 11:23-24).

8. 용서의 법칙

하나님이 우리의 빚을 먼저 갚아 주셨기 때문에 우리는 우리에게 죄진 자를 먼저 용서해 주어야 한다. 세상에서는 잘못한 자가 용서를 구해야 마땅하지만, 하나님 나라에서는 잘한 자가 잘못한 자를 먼저 용서해 주어야 한다. 그래야만 하늘에 계신 천부께서도 우리의 죄를 용서해 주신다. 만약 우리가 우리에게 죄지은 자를 용서하지 못하면 천부께서도 우리를 용서해 주신 것을 취소하신다.

> **"이러므로 천국은 그 종들과 회계하려 하던 어떤 임금과 같으니** 회계할 때에 일만 달란트 빚진 자 하나를 데려오매 갚을 것이 없는지라 주인이 명하여 그 몸과 처와 자식들과 모든 소유를 다 팔아 갚게 하라 한대 그 종이 엎드리어 절하며 가로되 내게 참으소서 다 갚으리이다 하거늘 그 종의 주인이 불쌍히 여겨 놓아 보내며 그 빚을 탕감하여 주었더니 그 종이 나가서 제게 백 데나리온 빚진 동관 하나를 만나 붙들어 목을 잡고 가로되 빚을 갚으라 하매 그 동관이 엎드리어 간구하여 가로되 나를 참아 주소서 갚으리이다 하되 허락하지 아니하고 이에 가서 저가 빚을 갚도록 옥에 가두거늘 그 동관들이 그것을 보고 심히 민망하여 주인에게 가서 그 일을 다 고하니 이에 주인이 저를 불러다가 말하되 악한 종아 네가 빌기에 내가 네 빚을 전부 탕감하여 주었거늘 내가 너를 불쌍히 여김과 같이 너도 네 동관을 불쌍히 여김이 마땅치 아니하냐 하고 주인이 노하여 그 빚을 다 갚도록 저를 옥졸들에게 붙이니라 **너희가 각각 중심으로 형제를 용서하지 아니하면 내 천부께서도 너희에게 이와 같이 하시리라"**(마 18:23-35).

9. 대체의 법칙(무진공의 법칙)

세상과 마찬가지로 하나님 나라에도 진공(공백)지대란 없다. 이것은 공간적인 개념뿐만 아니라 영적인 개념도 포함하고 있다. 자연스러운 진공은 존재하지 않는다. 아무것도 없다는 것은 공기로 가득 차 있다는 것을 의미한다. 영적인 부분도 마찬가지로 성령 아니면 사단이지 진공이란 없다.

"더러운 귀신이 사람에게서 나갔을 때에 물 없는 곳으로 다니며 쉬기를 구하되 얻지 못하고 이에 가로되 내가 나온 내 집으로 돌아가리라 하고 와 보니 **그 집이 비고 소제되고 수리 되었거늘 이에 가서 저보다 더 악한 귀신 일곱을 데리고 들어가서 거하니** 그 사람의 나중 형편이 전보다 더욱 심하게 되느니라 이 악한 세대가 또한 이렇게 되리라"(마 12:43–45).

"너희는 세상의 빛이라 산 위에 있는 동네가 숨기우지 못할 것이요"(마 5:14).

10. 닮아감의 법칙

이 법칙은 이 땅이나 하나님 나라에서도 늘 존속해 온 법칙임에도 불구하고, 이 땅에는 없는 법칙으로 생각해 왔다. 우리는 자신이 다른 사람과 같지 않으며 우월하다는 것을 나타내기 위해서 다른 사람을 판단하고 정죄한다. 그러나 다른 사람을 판단하면 자신도 판단을 받을 뿐만 아니라 더욱이 자신도 동일한 일을 행하게 된다.

"그러므로 남을 판단하는 사람아 무론 누구든지 네가 핑계치 못할 것은 **남을 판단하는 것으로 네가 너를 정죄함이니 판단하는 네가 같은 일을 행함이니라** 이런 일을 행하는 자에게 하나님의 판단이 진리대로 되는 줄 우리가 아노라 이런 일을 행하는 자를 판단하고도 같은 일을 행하는 사람아 네가 하나님의 판단을 피할 줄로 생각하느냐"(롬 2:1–3).

11. 심고 거두는 법칙

'심고 거두는 법칙'은 이 땅에서도 가장 잘 알려진 '농사의 법칙'이다. 이 땅에서나 하나님 나라에 가장 잘 알려진 법칙임에도 불구하고, 이 법칙을 적용하여 풍성한 삶을 누리지 못하는 경우가 얼마나 많은가? 예수님께서는 천국의 비유를 들 때 심고 거두는 일에 대해서 여러 번 언급하셨다. 예수님이 언급하신 이 법칙은 단순히 농업과 생물학에만 국한되는 것이 아니라 우리 삶의 모든 측면에 적용된다.

"또 가라사대 하나님의 나라는 사람이 씨를 땅에 뿌림과 같으니"(막 4:26).

1) 심고 거둘 때 각기 종류대로 지으시고 생산한다. 즉 콩 심은 데 콩이 나며, 팥 심은 데 팥이 난다. 이것은 농학, 화학, 물리학에서 뿐만 아니라 영적 질서에서도 똑같이 적용된다.

"하나님이 가라사대 땅은 풀과 씨 맺는 채소와 **각기 종류대로** 씨 가진 열매 맺는 과목을 내라 하시매 그대로 되어"(창 1:11).

"너희 아버지의 자비하심 같이 너희도 자비하라 **비판치 말라 그리하면 너희가 비판을 받지 않을 것이요 정죄하지 말라 그리하면 너희가 정죄를 받지 않을 것이요 용서하라 그리하면 너희가 용서를 받을 것이요**"(눅 6:36-37).

"스스로 속이지 말라 하나님은 만홀히 여김을 받지 아니하시나니 **사람이 무엇으로 심든지 그대로 거두리라 자기의 육체를 위하여 심는 자는 육체로부터 썩어진 것을 거두고 성령을 위하여 심는 자는 성령으로부터 영생을 거두리라**"(갈 6:7-8).

"또 가라사대 너희가 무엇을 듣는가 스스로 삼가라 **너희의 헤아리는 그 헤아림으로 너희가 헤아림을 받을 것이요 또 더 받으리니**"(막 4:24).

a. 악이 악을 낳는다는 사실을 모르는 것처럼 행동한다. 마치 이러한 진리는 사실이 아니라는 것을 증명하기 위해서 노력하면서 스스로 파멸해 가는 것 같다.

b. 심은 씨앗의 종류나 토양을 생각하기보다는 현재 처한 환경이나 다른 사람들에게 탓을 돌리는 경우가 많다. 환경과 다른 사람을 탓하기에 앞서 우리는 어떤 토양에 무엇을 심었는가를 살펴보아야 한다(갈 6:7). 오늘 처한 상황(추수)은 단지 우리가 우리의 심령에 심은 씨(말씀, 생각, 태도)의 정확한 반영일 뿐이다.

2) 심는 계절과 수확하는 계절은 서로 다르다(기다림의 법칙). 수확을 기대한다면 반드시 미리 심고 기다려야 한다. 특히, 새싹이 우리 눈에 보일 때까지는 씨앗

이 눈에 보이지 않는 지하부에서 일정 기간 물을 먹고 발아하여 자라야 한다. 생장이 일어나고 있다는 것을 어떻게 알 수 있는가? 오직 믿음뿐이다. 우리가 믿을 수 없어 땅을 파본다면 확인은 할 수 있겠지만 수확은 없을 것이다. 우리의 현실에 있어서도 아무것도 보이지 않고 가능성이 없어 보일지라도 그분이 생장시키고 있음을 믿어야 하며, 인내해야 한다.

"우리가 선을 행하되 **낙심하지 말지니 피곤하지 아니하면 때가 이르매 거두리라**"(갈 6:9).

"너희에게 인내가 필요함은 너희가 하나님의 뜻을 행한 후에 약속을 받기 위함이라"(히 10:36).

"게으르지 아니하고 **믿음과 오래 참음으로 말미암아 약속들을 기업으로 받는 자들을 본받는 자 되게 하려는 것이니라**"(히 6:12).

3) 각기 종류대로 거둘지라도, 생장 초기에는 기대했던 것을 보기 힘들다. 생각하고 소망했던 것과 다른 것을 얻을 때 실망하거나 기도에 대한 응답이 아니라고 생각한다. 그러나 진리는 분명히 처음은 싹이요, 다음은 이삭이요, 마지막은 충실한 곡식이라고 말씀하신다. 하나님의 음성에 민감하지 못하거나 믿음이 부족한 사람은 싹을 잡초나 가라지로 생각하고 뽑아 버리는 우를 범하기 쉽다.

"또 가라사대 하나님의 나라는 사람이 씨를 땅에 뿌림과 같으니 저가 밤낮 자고 깨고 하는 중에 **씨가 나서 자라되 그 어떻게 된 것을 알지 못하느니라** 땅이 스스로 열매를 맺되 처음에는 싹이요 다음에는 이삭이요 그 다음에는 이삭에 충실한 곡식이라 열매가 익으면 곧 낫을 대나니 이는 추수 때가 이르렀음이니라"(막 4:26-29).

4) 수확은 배가의 법칙에 따른다. 한 알의 씨앗이라도 좋은 씨앗을 심었다면 수확 때는 삼십 배, 육십 배, 백 배를 수확하게 된다(고후 9:10).

"심는 자에게 씨와 먹을 양식을 주시는 이가 너희 심을 것을 주사 풍성하게 하시고

너희 의의 열매를 더하게 하시리니"(고후 9:10).

"또 비유를 베풀어 가라사대 천국은 마치 사람이 자기 밭에 갖다 심은 겨자씨 한 알 같으니 **이는 모든 씨보다 작은 것이로되 자란 후에는 나물보다 커서 나무가 되매 공중의 새들이 와서 그 가지에 깃들이느니라** 또 비유로 말씀하시되 천국은 마치 여자가 가루 서 말 속에 갖다 넣어 전부 부풀게 한 누룩과 같으니라"(마 13:31-33).

"**저희가 바람을 심고 광풍을 거둘 것이라** 심은 것이 줄기가 없으며 이삭은 열매를 맺히지 못할 것이요 설혹 맺힐지라도 이방 사람이 삼키리라"(호 8:7).

"욕심이 잉태한즉 죄를 낳고 **죄가 장성한즉 사망을 낳느니라**"(약 1:15).

5) 옥토의 법칙이 있다. 씨앗이 잘 생육하고 열매를 맺기 위해서는 땅이 좋아야 한다. 땅이 좋지 않은 때는 일반적으로 갈아엎는다. 갈아엎는 이유는 햇볕을 쪼이고, 굳은 땅을 부드럽게 하고, 신선한 공기가 들어가게 하고, 유기물을 섞어 기름지게 하기 위해서다. 마음이 옥토와 같을 때 하나님 말씀의 씨앗이 자라게 된다.

"그런즉 씨 뿌리는 비유를 들으라 아무나 천국 말씀을 듣고 깨닫지 못할 때는 악한 자가 와서 그 마음에 뿌리운 것을 빼앗나니 이는 곧 길가에 뿌리운 자요 돌밭에 뿌리웠다는 것은 말씀을 듣고 즉시 기쁨으로 받되 그 속에 뿌리가 없어 잠시 견디다가 말씀을 인하여 환난이나 핍박이 일어나는 때에는 곧 넘어지는 자요 가시떨기에 뿌리웠다는 것은 말씀을 들으나 세상의 염려와 재리의 유혹에 말씀이 막혀 결실치 못하는 자요 **좋은 땅에 뿌리웠다는 것은 말씀을 듣고 깨닫는 자니** 결실하여 혹 백 배, 혹 육십 배, 혹 삼십 배가 되느니라 하시더라"(마 13:18-23).

지금까지 언급한 하나님 나라의 법칙을 살펴보면, 생활 속에서 익숙한 것이 일부 있는 반면 또 다른 일부는 이 땅에서는 도저히 적용할 수 없을 것 같은 법칙도 있다. 어떤 면에서 볼 때 그리스도인이 이 세상을 변화시키지 못하는 이유는 바로 이 적용되지 못할 것 같은 법칙들을 우리 스스로 포기하기 때문이다. 그러나 반드시 기억해야 할 것은 하나님 나라(영광)가 먼저 임재할 때 그 법칙들도 이루어진다는 사실이다. 우리가 하나님의 영광이 임하는 통로로 쓰임받기 위해서는 마음을 새롭게 하여 하나님의 선하시고 기뻐하시고 온전하신 뜻이 무엇인지를 분별해야 한다. 바로 '킹덤 멘털리티'를 가지는 것이다.

6. 킹덤 멘털리티
(Kingdom mentality: 천국백성으로서의 정신)

마지막 때를 살고 있는 우리는 이 시대에 성령님이 계시해 주시는 진리를 새롭게 조명할 필요가 있다.[18] 비록 이 땅에 거하고 있지만, 이 세대를 본받지 말고 마음을 새롭게 함으로 변화를 받아 하나님의 선하시고 기뻐하시고 온전한 뜻이 무엇인지를 분별해야 한다(롬 12:2). 많은 그리스도인들이 이 세대를 본받지 않기 위해서 몸부림치고 있다. 그러나 마음을 새롭게 하지 않으면, 그러한 몸부림은 향방없는 달음질과 허공을 치는 싸움(고전 9:26)과 다를 바 없다. 나는 "마음을 새롭게 하라"는 성경의 말씀은 모든 세대마다 독특하게 형성된 시대정신(예를 들면, 민주주의, 종교다원주의, 과학주의, 포스트모더니즘 등)에서부터 '킹덤 멘털리티'로 회복시키는 것이라고 확신한다.

18) "이기는 그에게는 내가 내 보좌에 함께 앉게 하여 주기를 내가 이기고 아버지 보좌에 함께 앉은 것과 같이 하리라 귀 있는 자는 성령이 교회들에게 하시는 말씀을 들을지어다"(계 3:21-22). 라오디게아 교회에 주시는 말씀을 다시 읽어 보자.

모든 생각과 감정은 마음에서 나온다. 그래서 사람들은 마음은 자기 것이라고 여기며 자기 마음대로 할 수 있다고 생각한다. 사실은 그렇지 않다. 마음은 영적 전쟁터일 뿐이다. 마음은 어떤 영향을 받는 곳이며, 그 영향에 의해서 어떤 성향을 지니게 된다. 그리고 그 성향에 기초하여 '나는 혹은 내 마음은 어떻다' 라고 말한다. 그러나 사실은 내 마음이 아니라 초자연적으로 어떤 영향을 받고 있느냐에 따라 그 마음이 변화된다(처음에 자아가 어떻게 형성되는지를 한번 생각해 보라). 그렇게 생각하면 마음은 마치 스크린과 같다. 어떤 영적 존재로부터(예를 들면, 성령, 사단의 영, 자기의 영) 영향을 받느냐에 따라 마음의 생각과 감정이 달라진다.

육체의 소욕과 성령의 소욕이 싸우는 곳이 어디인가?(갈 5:16-17) 한 입으로 찬송과 저주가 나오는 그 근원은 어디인가?(약 3:10-12) 이 세상을 살아가는 동안 생명의 근원이 나오는 곳이 어디인가?(잠 4:23) 바로 마음이다.

마음이 이렇게 중요함에도 불구하고, 성령님과 우리의 영을 지나치게 강조할 경우 마음의 역할을 간과하기가 쉽다. 삼위일체이신 성부, 성자, 성령 하나님을 온전히 경험하고 이해할 때 올바른 하나님의 자녀가 되는 것처럼 우리의 영혼육을 동일하게 중요시할 때 이 땅에서 온전한 삶을 살 수 있다. 우리의 영이 하나님의 계시를 받지만, 그 계시가 이해되고 그 계시를 이 땅에 이루게 하는 출발점이 되는 것은 바로 마음인 것이다.

즉 마음은 하나님의 뜻이 이 땅에 이루어지도록 하는 자궁(마치 씨앗이 뿌려지고 생명이 자라나 인격체를 방출하는 산모의 자궁과 같은)의 역할을 한다. 그리스도인의 마음이란 우리가 주체가 되어 하나님을 추구하는 통로인 동시에 하나님이 주체가 되어 그분의 뜻을 이 땅에 이루는 통로이기도 하다.

마음에는 초자연적 존재를 받아들이는 문들이 있다(다른 의미로 초자연계로부터 영향을 받는다). 자연계를 지배하고 있는 세상(사단)(엡 2:2)의 특성을 받아들이는 문, 자신의 영으로부터 나오는 특성을 받아들이는 문 그리고 위에서 오시는 성령님의 특성을 받아들이는 문이다. 우리가 예수 그리스도를 믿음으로 성령님께서 우리 가운데 찾아오시고, 그분은 우리의 심령에 함께하시어 마음문을 열어 주셔서 하나님이 우리를 부르신 부름의 소망이 무엇인지를 알려 주신다(엡 1:16–17). 그럼에도 우리는 여전히 자신의 마음을 자신이 지키려고 노력한다.[19] 자신의 마음을 자신이 지킨다는 것은 자존자의 삶이며, 결국은 성령님이 자신의 마음에 계시하는 문을 닫아 놓고 있는 것이나 마찬가지이다. 이것 때문에 성경에서는 "마음을 새롭게 하여"라고 말씀하신다(롬 12:2).

새롭게 한다는 것은 '육신의 소욕'이란 문을 닫고 '성령의 소욕'의 문을 연다는 뜻이다. 마치 예수 그리스도가 사람들의 요구에 지배되지 않고 하나님의 요구에 순종하셨던 것처럼 말이다. 우리의 마음은 하나님 말씀의 기초 위에 지금 이 시간 이 사건에 주시는 계시로 가득 차야 한다. 그것이 바로 예수님이 우리에게 보여 주신 그분의 마음이고, 우리에게 말씀하신 새로운 마음이며, 이 마음을 가질 때라야만 정상적인 그리스도인의 삶을 살 수 있다. 하나님의 계시가 없는 인생은 자기가 자신을 지키고자 하는 헛된 몸부림일 뿐이다.

그러나 현실은 어떠한가? 마음에 아직도 세상적인 것을 가득 집어넣고선 하나님의 뜻이 무엇인지를 알기 위해서 따로 기도한다. 세상(사단)의 문을 열어 놓아 온갖 잡동사니가 가득 차 있는 곳에서 하나님의 뜻을 알기란 불가능하다.

"볼지어다 내가 문 밖에 서서 두드리노니 누구든지 내 음성을 듣고 문을 열면 내가

---

19) 우리는 흔히 하나님의 말씀을 공부해서 그것으로 자신의 마음을 지켜야 된다고 생각한다. 언뜻 옳게 느껴질지 모르지만, 그것도 결국은 자존자적인 삶일 뿐이다. 오직 우리의 마음을 성령님께 지속적으로 열어 놓을 때 말씀이 살아 움직여 능력이 되고(히 4:12–13), 성령님이 우리 몸의 행실을 죽임으로(롬 8:13) 우리가 의존자적인 그리스도인의 삶을 영위할 수 있게 된다.

그에게로 들어가 그로 더불어 먹고 그는 나로 더불어 먹으리라"(계 3:20).

"죽고 나서 가는 천국과 이 땅에 도래한 하나님 나라의 삶", "육신의 생각과 영의 생각", 그리고 "위엣 것과 땅의 것"에 대한 비교와 묵상은 내 인식의 패턴을 완전히 뒤집었고, 새로운 패러다임으로 세상을 볼 수 있는 길을 제시하였다. 이것은 지금까지 이 땅에서(kingdom of this world) 하늘(kingdom of God)을 쳐다보는 관점이 아니라(죄인이 의인이 되려고 애쓰는) 하나님 나라에서 이 땅을 내려다보는 관점(의인이 주의 뜻을 이루려는 관점)이다. 나는 이 관점을 "킹덤 멘탈리티(kingdom mentality: 하나님 나라 백성의 사고방식)"라고 부른다. 킹덤 멘탈리티를 가지고 말씀을 읽고 묵상할 때마다 성령님에 의한 진리의 재조명으로 말미암아 새로운 세상으로 들어가는 희열을 맛보게 된다.

> "그러므로 너희가 그리스도와 함께 다시 살리심을 받았으면 위엣 것을 찾으라 거기는 그리스도께서 하나님 우편에 앉아 계시느니라 위엣 것을 생각하고 땅엣 것을 생각지 말라 이는 너희가 죽었고 너희 생명이 그리스도와 함께 하나님 안에 감취었음이니라 우리 생명이신 그리스도께서 나타나실 그 때에 너희도 그와 함께 영광 중에 나타나리라"(골 3:1-4)(**Since you have been raised to new life with Christ, set your sihgts on the realities of heaven,** where Christ sits at God's right hand in the place of honor and power. **Let heaven fill your thoughts**, Do not think only about things down here on earth. For you died when Christ died, **and your real life is hidden with Christ in God**. And when Christ, who is your real life is revealed to the whole world, you will share in all his glory).

우선 하나님 나라 백성의 신분에 대해서 알아보자. 사실 성경을 자세히 살펴보면, 놀랍게도 구원받은 우리의 정체성이 땅에 기초한 것이 아니라 하나님 나라에 기초한 것임을 볼 수 있다.

"이는 혈통으로나 육정으로나 사람의 뜻으로 나지 아니하고 **오직 하나님께로서 난 자들이니라**"(요 1:13).

"너희는 하나님께로부터 나서 그리스도 예수 안에 있고 예수는 하나님께로서 나와서 우리에게 지혜와 의로움과 거룩함과 구속함이 되셨으니"(고전 1:30).

"또 함께 일으키사 **그리스도 예수 안에서 함께 하늘에 앉히시니**"(엡 2:6).

"오직 **우리의 시민권은 하늘에 있는지라** 거기로서 구원하는 자 곧 주 예수 그리스도를 기다리노니"(빌 3:20).

"그런즉 누구든지 **그리스도 안에 있으면 새로운 피조물이라** 이전 것은 지나갔으니 보라 새것이 되었도다"(고후 5:17).

"하나님과 우리 주 예수를 앎으로 은혜와 평강이 너희에게 더욱 많을지어다 **그의 신기한 능력으로 생명과 경건에 속한 모든 것을 우리에게 주셨으니** 이는 자기의 영광과 덕으로써 우리를 부르신 자를 앎으로 말미암음이라 이로써 그 보배롭고 지극히 큰 약속을 우리에게 주사 이 약속으로 말미암아 너희로 정욕을 인하여 세상에서 썩어질 것을 피하여 **신의 성품에 참예하는 자**가 되게 하려 하셨으니"(벧후 1:2–4).

"너희도 그 안에서 충만하여졌으니 그는 모든 정사와 권세의 머리시라"(골 2:10).

"우리는 구원 얻는 자들에게나 망하는 자들에게나 하나님 앞에서 **그리스도의 향기니**"(고후 2:15).

"우리는 그의 만드신 바라 **그리스도 예수 안에서 선한 일을 위하여 지으심을 받은 자니** 이 일은 하나님이 전에 예비하사 우리로 그 가운데서 행하게 하려 하심이니라"(엡 2:10).

"성령이 친히 우리 영으로 더불어 우리가 **하나님의 자녀**인 것을 증거하시나니 자녀이면 또한 후사 곧 **하나님의 후사**요 그리스도와 함께한 후사니 우리가 그와 함께 영광을 받기 위하여 고난도 함께 받아야 될 것이니라"(롬 8:16–17).

"내가 세상에 속하지 아니함 같이 저희도 세상에 속하지 아니하였삽나이다 저희를 진리로 거룩하게 하옵소서 아버지의 말씀은 진리니이다 **아버지께서 나를 세상에**

보내신 것 같이 나도 저희를 세상에 보내었고"(요 17:16-18).

"이러므로 **우리가 그리스도를 대신하여 사신이 되어** 하나님이 우리로 너희를 권면하시는 것 같이 그리스도를 대신하여 간구하노니 너희는 하나님과 화목하라"(고후 5:20).

세계관, 자아 정체성, 성화의 과정, 교회, 영적 전쟁에 대한 '킹덤 멘털리티'를 생각해 보았다. 이 개념은 새로운 것이 아니라 이미 흩어진 진리의 편린들을 다시 모아 하나님의 선하시고 기뻐하시고 온전한 뜻이 무엇인지를 분별하는 것이다. 그렇다면, '전통적 그리스도인의 생각들'로 분류된 정신은 잘못된 것이냐고 반문할 수 있을 것이다. 절대 그렇지 않으며, 그것 또한 분명한 진리이다. 그러나 성경의 진리는 다면성을 띠고 있다. 진리 위에 또 다른 진리가 존재하는 것이 성경이다. 새로운 진리는 옛날의 진리 토대 위에 새롭게 세워질 수 있다. 예를 들어, 옛날에는 우리 자신을 하나님의 종의 개념으로 주로 이해해 왔다. 옛날 교회 장로님들의 기도를 기억하는가? 지금은 종의 개념보다 자녀의 개념을 더 많이 생각하고 받아들이고 있다. 또 과거에는 우리를 제자의 개념으로 생각해 왔지만, 지금은 신부의 개념으로 받아들인다.[20)]

어느 것이 옳은가? 둘 다 옳다. 그러나 종의 개념을 알지 못하는 자는 아들의 개념을 이해하지 못하며, 제자의 개념을 알지 못하는 자는 신부의 개념을 이해하지 못한다. 진리 위에 새로운 진리인 것이다. 이것은 성경에 없던 것을 새롭게 만들어 낸 것이 아니라 과거에 가리워 있던 진리가 성령님에 의해서 시대에 따라 새롭게 계시된 것이다.

20) "이제부터는 너희를 종이라 하지 아니하리니 종은 주인의 하는 것을 알지 못함이라 너희를 친구라 하였노니 내가 내 아버지께 들은 것을 다 너희에게 알게 하였음이니라"(요 15:15). 미국 체류 시 교회나 집회(대표적인 예가 IHOP, 마이크 바이클(Mike Bikle) 목사)에서는 성도 혹은 교회를 예수님의 신부(bride)로 재조명하고 있었다. 물론 이러한 개념이 과거에 없었던 것이 아니라 강조되지 못했던 차이일 것이다.

이 개념은 이렇게도 생각해 볼 수 있다. 어느 날 하나님은 아브라함에게 나타나셔서 친히 약속하여 주신 아들 이삭을 모리아 산에 데리고 가 번제로 드리라고 한다(창 22:2). 아브라함은 순종하여 그 말대로 번제에 쓸 나무를 쪼개어 가지고 하나님이 지시한 땅으로 간다. 그리고 아들을 결박하고 손을 내밀어 칼을 집고 그 아들을 잡으려 할 때(창 22:2–10), 여호와 하나님의 사자가 그를 불러 멈추게 하고(창 22:12), 독생자도 아끼지 아니하며 하나님을 경외하는 아브라함의 마음을 확인하고 축복에 축복을 더하셨다(창 22:17–18). 아브라함을 불러 자식 이삭을 번제로 드리라고 한 것도 하나님의 말씀(진리)이고, 아들을 잡으려 할 때 여호와의 사자를 통해서 멈추게 한 것도 하나님의 말씀(진리)이다. 전자의 진리 없이는 후자의 진리는 있을 수 없다. 만약 먼저의 진리만 듣고 뒤의 진리를 듣지 못했다면 어떤 일이 벌어졌겠는가? 하나님은 처음부터 지금까지 전 역사를 통해서 말씀하고 계신다. 성경에 없는 새로운 것을 말씀하시는 것이 아니라, 가리워 있던 것을 보게 하신다. 16세기 마틴 루터의 종교개혁도, 19세기의 성결운동도, 20세기의 오순절과 은사주의 운동도, 바로 '항존하는 진리의 새로운 조명'인 것이다.[21)]

21) 성경을 통해서 하나님이 주신 진리는 전 역사를 통해서 항상 현재적으로 존재한다. 단지 시대에 따라 성령님께서 새롭게 조명해 주심으로 말미암아, 그동안 가리웠던 것이 나타날 뿐이다. 이러한 개념을 '항존하는 진리의 새로운 조명'이라고 했다.

전통적 개념들	킹덤 멘털리티의 개념
세계관	
헬라적 세계관[22)] (영적세계가 실재이며, 영적 생활만이 중요하다) 땅에서 하늘나라로 죽음 후의 하나님 나라 종말론적 세계관[23)]	히브리적 세계관 (물질과 영적세계 모두 실재이며, 서로 영향을 미친다) 하늘나라에서 땅으로 현재의 하나님 나라 전쟁의 세계관
성화의 과정	
기록된 말씀을 적용하는 삶 예수 그리스도를 닮아가는 삶 예수를 어떻게 영화롭게 하는가? 구원은 이 세상을 탈출하는 것 십자가를 바라보는 삶 하나님 능력을 주시옵소서	성령이 깨우쳐 주는 말씀을 듣는 삶 예수 그리스도가 드러나는 삶 예수의 능력이 어떻게 드러나도록 하는가? 구원은 이 세상에 하나님 나라를 가져오는 것 보좌에서 이 세상을 바라보는 삶 주신 능력을 제대로 사용하게 하옵소서

22) 헬라적 세계관은 아리스토텔레스의 영향을 받아 인간을 몸(body)과 영혼(soul/spirit)으로 분리한다. 보이는 것과 보이지 않는 것으로 나누며, 보이지 않는 것이 실체며 훨씬 고차원적인 것으로 본다. 반면에 히브리적 개념은 영혼육을 분리해서 보는 것이 아니라 전체로 보며 서로 유기적인 관계를 가진 것으로 본다.

23) 종말론적 세계관은 성경의 말씀대로 세상이 종말을 향해 가고 있기 때문에 세상의 문제들을 해결하려고 시도하는 것은 쓸데없는 짓이며, 최후의 심판으로 역사가 끝나기 전에 하나님의 영원한 구원의 구명정(예, 교회)에 들어가 사는 것이 제일이라고 생각하는 관점이다.

전통적 개념들	킹덤 멘털리티의 개념
성화의 과정	
거룩하기 위해서 삶을 변화시킴	거룩하기 때문에 변화된 삶을 살아감
칭의를 이루기 위해 헌신하는 삶	칭의에 점차 익숙해지는 과정
자신의 정체성	
하나님의 종(하나님을 사랑하는 존재)	하나님의 자녀(하나님이 사랑하는 존재)
예수님의 제자	예수님의 신부
사단으로부터 해방되어야 할 귀한 존재	하나님의 섭리를 완성해 나가야 할 존재
영적 경험을 하는 인간	인간의 경험을 하는 영적 존재[24]
사랑받기 위해 태어난 존재	사랑하기 위해 거듭난 존재
시민권(땅)	시민권(하늘)
교회 대사적 삶	하늘나라 대사적 삶
교회의 특징	
뿌리(전통)를 찾는 교회[25]	비전(계시)을 추구하는 교회
공관복음적 성도의 양육[26]	사도행전적 성도의 양육

24) 드와이트 에드워드는 「내면의 혁명」에서 "우리는 영적 경험을 한 인간이 아니라, 인간의 경험을 한 영적 존재이다"라고 했다.

25) 교파마다 그 교파의 근본 취지와 전통을 이어가려 노력한다. 한편, 포스트모더니즘 시대를 선도해 나가는 교회는 성령님으로부터 현존하는 진리를 재조명 받으려 한다.

26) 베드로는 공생애 전부를 예수님과 함께 동행했지만, 결국 예수님이 십자가에 못 박히시던 날 밤 세 번이나 예수님을 부인하고 만다. 그의 진정한 변화는 예수님의 부활 후 갈릴리 해변에서 내적치유를 받고 오순절 날 성령체험을 한 뒤부터다. 결국 예수를 닮아가는 삶이 아닌 성령님이 임하셔서 예수가 드러나는 삶으로 변할 때이다. 이것을 공관복음적 성도와 사도행전적 성도로 비교했다.

전통적 개념들	킹덤 멘털리티의 개념
삼위일체 하나님을 믿는 교회	삼위일체 하나님을 경험하는 교회
땅에서 하늘을 바라보는 교회	하늘에서 땅을 바라보는 교회
제사장적 교회[27)]	선지자적 교회
교세를 확장하는 교회	하나님 나라를 확장하는 교회
세상의 문화를 배격하는 교회[28)]	세상의 문화를 이끌어가는 교회
[illegible]	
사람들을 교회로 데리고 오는 것	세상 속으로 나아가는 것을 도와주는 것
양의 들판은 교회	양의 들판은 세상
그리스도인의 활동 영역은 교회 (교회적 삶)	그리스도인의 활동 영역은 세상 (세상적 삶)
세상을 떠나 교회로 (세상은 피해야 할 장소)	교회를 떠나 세상으로 (세상은 정복해야 할 장소)
제사장의 회복(성직자)	왕같은 제사장의 회복(평신도)
죄로부터 벗어나기 위해서 구원을 받음	죄를 공격하여 없애기 위해서 구원을 받음
예수의 능력과 권한을 교회 영역에 제한	예수의 능력과 권한은 만물 안에 있음

27) 백성들을 모아 하나님 앞으로 인도하는 역할이 제사장 직분이라면, 하나님의 말씀을 백성들에게 전하는 역할은 선지자다.

28) 이것은 교회가 세상을 어떻게 정의하는가에 달려 있다. 두 구절을 비교해 보라. **"이 세상이나 세상에 있는 것들을 사랑치 말라** 누구든지 세상을 사랑하면 아버지의 사랑이 그 속에 있지 아니하니 이는 세상에 있는 모든 것이 육신의 정욕과 안목의 정욕과 이생의 자랑이니 다 아버지께로 좇아 온 것이 아니요 세상으로 좇아 온 것이라 이 세상도 그 정욕도 지나가되 오직 하나님의 뜻을 행하는 이는 영원히 거하느니라"(요일 2:15-17) (**타락한 세상**), **"하나님이 세상을 이처럼 사랑하사 독생자를 주셨으니** 이는 저를 믿는 자마다 멸망치 않고 영생을 얻게 하려 하심이니라 하나님이 그 아들을 세상에 보내신 것은 세상을 심판하려 하심이 아니요 저로 말미암아 세상이 구원을 받게 하려 하심이라"(요 3:16-17) (**회복되어야 할 세상**).

전통적 교회에서는 성도들이 세상의 풍속이나 공중권세 잡은 자의 영향을 받지 않도록 교회로 이끌었고, 삶의 기초도 교회생활에서 모든 활동도 교회 내에서 이루어지도록 유도했다. 성도들이 이 세상에서는 승리하며 살아갈 능력도 권세도 없는 무능한(특히, 영적으로) 평신도이기 때문이다. 기존의 개신교에서는 신자들에게 개교회에 속해 있어야 한다고 강조해 왔다. 또한 성도들도 개교회가 자신의 양육과 돌봄을 받고, 봉사하고 책임을 다해야 하는 곳으로 알아 왔다.

그러나 '킹덤 멘털리티'를 가진 교회의 목적은 예수 그리스도의 반석 위에서 사단으로부터 다시 찾아 온 '천국열쇠'를 가지고 잃어버린 백성을 구하고 이 땅에서 하나님 나라를 찾고 회복시키는 것이다. *따라서 교회는 하나님의 백성을 하나님 나라 가기 전까지 안전하게 보호하는 장소뿐만 아니라 하나님 나라를 탈환하는 전초기지가 되어야 한다.* 그래서 주의 백성이 땅을 디디고 있는 그곳에(교회 밖 세상에) 하나님 나라의 깃발이 꽂히도록 하고, 교회는 그 땅을 정복하는 데 물질적, 인적, 영적 자원을 지원하는 기지로 삼아야 한다고 생각한다.

새롭게 조명받은 교회에서는 전쟁의 용사는 소위 우리가 말하는 평신도(성직자의 반대적 개념의)들이며, 성직자들은 코치이다.[29] 그러나 현재 대부분의 전통교회는 안타깝게도 성직자들이 나가 싸우고, 평신도는 그들이 싸움을 잘할 수 있도록 지원하는 역할을 하고 있다. 세상에서 하나님 나라를 이루는 것은 평신도의 역할이지 성직자의 역할이 아니다. 이 전쟁에 있어 하나님의 기름부으심은 지상 최고의 능력이고 무기이다. '킹덤 멘털리티'를 가진 교회에서는 특별한 은사자나 목사님뿐만 아니라 전쟁의 용사(평신도) 모두가 기름부음을 받아야 하며, 나가서 싸워야 한다.

이제 '킹덤 멘털리티'를 가진 교회는 '노아의 방주적 개념'의 교회가 아니라 '가

29) 교역자를 코치로 비유하는 것은 수년 전 온누리교회 하용조 목사로부터 처음 들었다.

나안 땅 정복적 개념' 의 교회로 바뀌어야 한다. 양떼들에게는 양의 우리가 필요하다. 그러나 풀을 뜯어 먹고 마음껏 자라는 곳은 우리가 아니라 들판이다. 목자는 양의 우리만 지키시는 분이 아니라 들판에서도 양떼를 눈동자처럼 지키신다. 우리에만 가두어 놓은 양들은 병들기 쉬운 반면, 초지에서 자란 양들은 더 건강하고 목자의 음성을 더 잘 듣는다.

교회의 사명이 단순히 하나님의 백성을 보호하고 꼴을 먹이는 데 그치지 않고, 나아가 이 땅에 하나님 나라를 확장시키는 것에 있다면 개교회의 연합은 필수적이다. 사단은 그들의 나라(세상 속의 정사와 권세들, 어두움의 세상 주관자, 하늘에 있는 악한 영들)가 그리스도인의 공격목표가 되지 않도록 갖가지 전략을 구사한다. 따라서 우리는 공격목표를 새롭게 정해야 한다. 그리고 이제는 각개전투가 아니라 연합작전을 펼쳐야 한다.[30)]

기독교 초기에 비하여 오늘날 개교회는 인적, 물질적, 사회적 자원을 훨씬 많이 가지고 있음에도 불구하고 그 영향력은 과거에 비해 보잘 것 없다. 이러한 이유는 사회와 문화의 엄청난 변화 때문이기도 하지만, 교회가 올바른 공격목표를 잃어버려 아군과 적군을 구분하지 못하고(안타깝게도 공격목표가 사단이 아니라 같은 지역에 있는 다른 교회인 경우를 본다), 세상 지향적 전략보다는 교회 지향적 전략에 치중하기 때문이다. 또한, 하나님의 개입, 즉 성령님의 인도함이 없이도 잘되는 교회로 변질되어 불가능에 도전하지 않는 교회, 단지 인간적인 목표를 달성하는 교회로 전락했기 때문이기도 하다.

---

30) 전략적 영적 전쟁과 지역 탈환에 대해서는, 존 도우슨의 「사단과의 영적 전쟁, 하나님을 위하여 도시를 점령하라」(예수전도단, 2004), 밥 베킷의 「지역을 바꾸는 기도」(예수전도단, 2002), 마틴 스코트의 「부흥의 씨」(은혜출판사, 2004)를 읽어 보라. 형상화와 예언적 행동, 영적 도해, 동일시 회개, 그리고 영적 전쟁에 대한 성경적, 경험적, 구체적 사례들이 많이 나와 있다. 한편, 평신도 신학이나 새로운 교회상에 대해서 관심이 있는 분은 송인규 목사의 「예배당 중심의 기독교를 탈피하라」(IVP, 2001)를 참고하라.

개교회가 중요하지 않다거나 많은 일들을 하는 것이 옳지 않다는 것이 아니라, 하나님이 우리에게 주신 사명을 다시 깨달아야 하며, 하나님의 권세와 능력을 회복시켜야 하며, 우리의 공격목표를 정확하게 재조준해야 한다는 뜻이다. 우리는 미래가 아니라 현재 이 땅에 하나님의 나라를 충돌시켜야 한다. 그래서 사단의 나라를 파괴시켜야 하며, 사단이 예수님의 발등상이 될 때까지 힘껏 싸워야 한다. 이 일을 위해서는 개교회의 연합을 통한 지역(땅과 공간의 개념)탈환의 영적 전쟁이 필수적이다.

이것을 달성하기 위해서 교회는 이제 개교회의 개념에서 벗어나 하나님의 나라를 이 땅에 도래케 하는 의미에서의 지역교회 개념으로 전환되어야 한다. 개교회를 인정하지 않는 것이 아니라, 1) 교회의 목적이 '구원'에서 머무는 것이 아니라, 구원받은 자가 이 땅에 하나님 나라를 건설하는 용사로 전환되도록 하고자 함에 있으며 2) 서로의 자원을 효율적으로 사용할 수 있는 지원체계와 연합체제를 구축해서 3) 하나님이 우리에게 맡기신 땅과 하늘(지역과 권세잡은 자 그리고 공중의 권세)을 탈환하는 데 있다.[31] 이 일에 하나님의 권세와 능력을 가지고 부름받은 평신도들을 "킹덤 빌더(Kingdom builder)"로 부를 수 있을 것이다.

영적 전쟁은 후퇴 아니면 공격뿐이다. 물론 전쟁에는 잠시의 소강상태가 있지만, 물밑으로는 다음 전쟁의 승리를 위한 전략적 중단일 뿐이다. 영적 전쟁에는 절대로 휴전상태가 없다. 그러나 많은 교회들이 지쳐서 휴전을 원하고 있다. 휴전은 곧 패전이며, 이내 사단의 엄청나고 조직적인 반격으로 타격받을 수밖에 없다. 교

31) 이 땅에 건설하는 하나님 나라는 추상적인 개념이 아니라 매우 현실적인 개념이다. 우리의 직업과 머무는 그곳이 바로 하나님 나라를 이룰 터인 것이다. 교회는 하나님의 백성을 일컫는 말이며, 그 백성의 모든 삶까지도 포함된 것이기 때문에, 킹덤 멘털리티를 가진 교회의 교회 개념은 이원론적인 지역적 개념의 교회가 아니라 세상 정복적 개념의 교회이다. 온누리교회(하용조 목사)가 추구하는 2000/10,000비전(이천 명의 선교사와 만 명의 전문 사역자), 비전교회와 인터넷 및 위성방송은 바로 이러한 교회개념을 이루기 위한 시도이다.

회는 쉬지 말고 싸워야 한다. 전진속도가 늦든지 빠르든지 말이다. 이것이 승리의 비결이다. 반대로 지나치게 빨리 독단적으로 전진하다가 보급로가 끊기거나 지원부대가 뒤따라주지 못해도 곧바로 습격을 받게 된다. 왜냐하면 우리의 전쟁은 세상의 전쟁이 아니라 영적 전쟁이기 때문이다. 적들은 우리보다 우리의 상황을 더 잘 알고 있다.

우리 각자가 하나님 나라에서 얼마나 귀중한 존재인가를 깨달으면 깨달을수록 우리의 삶은 급격히 변화될 것이다. 내 심령에 '킹덤 멘털리티'의 씨앗이 심겨진 것은 일 년 정도의 내적치유 기간 동안, 마태복음 3장 16-17절의 "예수께서 세례를 받으시고 곧 물에서 올라오실 새 하늘이 열리고 하나님의 성령이 비둘기 같이 내려 자기 위에 임하심을 보시더니 하늘로서 소리가 있어 말씀하시되 이는 내 사랑하는 아들이요 내 기뻐하는 자라 하시니라"의 말씀이 성령의 감동으로 내 심령에 임할 때였다. 수도 없이 들었던 이 말씀이 아버지가 바로 나에게 주시는 말씀임을 알게 되는 순간이었다

'킹덤 멘털리티'는 마음을 새롭게 할 때 가질 수 있는 새로운 성경적 세계관(worldwide view)이요 패러다임(paradigm)이다. *마음을 새롭게 하는 데 초석이 되는 두 가지는 '죄의 문제'와 '자아의 정체성'이다.* 이 문제를 제대로 해결하지 않고는 '킹덤 멘털리티'를 가지기 위해 한 걸음도 앞으로 나갈 수가 없다. 문제의 핵심은 우리가 그것을 하나님의 관점에서 이해하느냐 아니면 인간의 관점에서 이해하느냐에 달려 있다.

이미 앞 장에서 언급한 바와 같이, 죄는 '과녁에서 벗어난' 것을 나타낸다고 말한 바 있다. 따라서 하나님의 법으로 볼 때 죄의 많고 적음을 떠나 죄는 죄일 뿐이며, 어떤 적은 죄라도 지으면 하나님의 영광에 이르지 못한다. 즉 이것은 세상의 상대적 기준이 아니라 하나님의 기준에 의해서 정해진 것이다. "기록한 바 의인은 없

나니 하나도 없으며(롬 3:10)"라고 성경은 말하고 있다. 우리 모두는 죄인이다. 자신의 의로 예수님의 십자가를 대신하지 말아야 한다.

한편 '우리의 정체성'에 대한 새로운 마음가짐은 위와 정반대로 모순적으로 들릴지 모르지만, 하나님 관점에서는 동일한 이야기이다. 즉 예수 그리스도의 믿음 안에서 우리에게 주어진 '새로운 정체성'은 우리의 현재 위치나 생각이나 삶의 방식에 상관없이 '하나님의 자녀'라는 것이다. 많은 사람들은 하나님을 향한 자신의 열정, 교회에서의 섬김과 봉사, 삶의 정결함, 다른 사람과의 관계, 성경지식 그리고 사회에서 복음전파의 정도에 따라 자신의 정체성을 결정하려고 한다. 이러한 태도는 그럴듯하게 느껴질 수 있으나 옳지 않다. 예를 들어, 만약 우리가 만 원짜리 지폐를 가지고 있다고 생각해 보자. 그 만 원짜리가 구겨진 것이든 빳빳한 새 지폐이든 만 원짜리 지폐는 변함이 없다. 지폐의 낡은 정도와 그 값어치는 비례하지 않는다. 만약, 물건을 구입하기 위하여 주머니에서 구겨진 만 원짜리 지폐를 건네주었을 때 점원이 지폐가 구겨졌기 때문에 구천 원어치만 살 수 있다고 말한다고 가정해 보라. 화가 나지 않겠는가?

우리 정체성의 문제도 마찬가지이다. 우리의 상태나 환경에 따라 다른 사람이 혹은 우리 스스로가 당신을 죄인이나 하나님 앞에 고개를 들 수 없는 자로 규정한다면, 그 사람이나 우리는 스스로에게 불법을 행하는 자가 된다. 우리는 하나님의 자녀이며, 성도(Saint)이다. 은혜로 말미암아 구원받았지만 그럼에도 불구하고 죄를 지을 수 있는(?) 성도다. 이 믿음이 있을 때라야 하나님 나라의 관점에서 땅을 바라볼 수 있다.

결론적으로, 마음을 새롭게 하는 것은 결심으로 되는 것이 아니라 회개로 이루어진다. 이것이 바로 핵심이다. 많은 그리스도인들이 이 점에 관심을 가지지 않는 것 같다. 성령님으로부터 '항존하는 진리의 재조명'을 받을 때 독수리의 눈을 가지게 되는 것이다. 회개하자.

7. 뿌리와 열매 그리고 생수

성령세례를 받고 열심히 하나님을 섬기려고 노력하지만 자신의 삶에 성령의 열매가 자연스럽게 맺히지 않는다면, 우선 자신이 처한 환경과 현재의 삶과의 관계를 살펴보아야 한다. 그럼에도 별다른 문제가 보이지 않는다면, 자신의 내면을 살펴보는 게 좋다. 왜냐하면 우리도 식물과 마찬가지 원리가 적용되기 때문이다. 뿌리가 튼튼해야 식물체가 건강하게 자라고 그 결과로 좋은 열매를 맺듯이, 우리의 내면의 뿌리가 생수에 온전히 접해야 우리의 삶이 하나님 보시기에 아름답고 그 결과로 풍성한 성령의 열매를 맺을 수 있다. 사실 치유는 내적치유이든 질병치유이든 뿌리와 열매의 이야기이다.

원예전문가들은 식물의 질병이나 문제를 진단할 때 우선 지상부의 상태(잎과 줄기, 꽃과 열매들)를 먼저 파악한다. 이것으로도 문제의 원인을 정확하게 밝혀낼 수 없을 때는 지하부의 흙 속에 있는 뿌리를 보고 보다 근원적인 문제를 진단한다.

대개 물이 오염되었거나 양분이 지나치거나 부족하거나 혹은 토양에 존재하는 병충해 때문에 뿌리의 색깔이 밝지 못하거나 썩어 냄새가 난다.

> "오직 성령의 열매는 사랑과 희락과 화평과 오래 참음과 자비와 양선과 충성과 온유와 절제니 **이 같은 것을 금지할 법이 없느니라**"(갈 5:22-23).
>
> "이와 같이 좋은 나무마다 아름다운 열매를 맺고 못된 나무가 나쁜 열매를 맺나니 좋은 나무가 나쁜 열매를 맺을 수 없고 못된 나무가 아름다운 열매를 맺을 수 없느니라"(마 7:17-18).

무엇보다도 성령의 열매에 대해 알아야 할 것은, 1) 우리가 만들 수 없다는 것, 즉 우리가 생산하는 것이 아니고 맺히는 것(not producing but bearing)이며 2) 나를 위한 것이 아니라 남을 위한 것이라는 사실이다. 흔히들, 성령의 열매를 자신을 위한 것이라고 착각하지만, 사실은 생명나무의 과실과 같이 남을 위한 것이다.

만약 우리의 삶에서 성령의 열매가 자연스럽게 나타나지 않는다면, 지상부를 손질하거나(갖가지 방어기제로 자신을 누르며 꾸미는 삶), 엽면살포제(단기간에 활력을 주기 위해서 처리하는 액제, 마치 링겔주사와도 같은 것)를 주거나(성령집회에 참석해서 성령세례를 받고자 하거나), 햇빛이 있는 좋은 장소(스쿨이나 세미나에 참석하거나)로 옮기는 것보다 뿌리를 파 보아야 한다(예수님과 함께 자신의 내면세계를 들여다보아야 한다는 것).

뿌리가 여러 가지 이유 때문에 건강하지 않으면 결코 좋은 열매를 맺을 수 없다. 이때 가장 중요한 것이 좋은 물이다. 물은 생명체의 가장 중요한 부분을 이루며, 수많은 반응이 일어나는 용매로도 사용되지만 그 자체가 용질로도 사용된다. 좋은 물이 건강한 식물체를 만드는 데 가장 필수적이고 중요한 요소이기 때문에, 대부분의 재배자들은 물이 좋은 곳에서 농사를 짓는다. 이와 마찬가지로 우리도 좋은 열매를 맺고자 할 때는 우리의 내면의 뿌리가 좋은 생수가 있는 땅에 심겨져야 한다. 즉 믿음이라는 도구를 사용하여 예수 그리스도라는 생수가 있는 곳에 뿌리를 박고, 성령님의 도움으로 그분의 영적인 양분을 온몸으로 공급해야 한다.

> "그 영광의 풍성을 따라 그의 성령으로 말미암아 너희 속사람을 능력으로 강건하게 하옵시며 믿음으로 말미암아 그리스도께서 너희 마음에 계시게 하옵시고 **너희가 사랑 가운데서 뿌리가 박히고 터가 굳어져서 능히 모든 성도와 함께 지식에 넘치는 그리스도의 사랑을 알아 그 넓이와 길이와 높이와 깊이가 어떠함을 깨달아 하나님의 모든 충만하신 것으로 너희에게 충만하게 하시기를 구하노라** 우리 가운데서 역사하시는 능력대로 우리의 온갖 구하는 것이나 생각하는 것에 더 넘치도록 능히 하실 이에게"(엡 3:16-20).
>
> "그러므로 너희가 그리스도 예수를 주로 받았으니 그 안에서 행하되 **그 안에 뿌리를 박으며** 세움을 입어 교훈을 받은 대로 믿음에 굳게 서서 감사함을 넘치게 하라 누가 철학과 헛된 속임수로 너희를 노략할까 주의하라 이것이 사람의 유전과 세상의 초등 학문을 좇음이요 그리스도를 좇음이 아니니라 그 안에는 신성의 모든 충만이 육체로 거하시고 너희도 그 안에서 충만하여졌으니 그는 모든 정사와 권세의 머리시라"(골 2:6-10).

진정한 그리스도인의 삶은 성령님이 내 안에 계셔서 그분을 통하여 예수 그리스도를 아는 지식이 온전히 조명되는가에 달려 있다.

> "만일 너희 속에 하나님의 영이 거하시면 너희가 육신에 있지 아니하고 영에 있나니 **누구든지 그리스도의 영이 없으면 그리스도의 사람이 아니라**"(롬 8:9).
>
> **"또 내 신을 너희 속에 두어 너희로 내 율례를 행하게 하리니 너희가 내 규례를 지켜 행할지라"**(겔 36:27).

결국 성령님이 우리 심령에 함께하심으로, 뿌리를 예수님께 깊이 박고 생수의 근원인 그분으로부터 사랑과 능력을 빨아올리는 것이다. 이것은 밖에서 안으로 채워 넣는 세상적인 방법이 아니라, 안에서 빨아올려 내 안에 가득 채우고 흘러넘치는 것을 밖으로 내보내는 것이다.

뿌리가 생수에 닿아 있으면,

"그는 물가에 심기운 나무가 그 뿌리를 강변에 뻗치고 **더위가 올지라도 두려워 아니하며 그 잎이 청청하며 가무는 해에도 걱정이 없고 결실이 그치지 아니함 같으리라**"(렘 17:8).

"강 좌우 가에는 각종 먹을 실과나무가 자라서 **그 잎이 시들지 아니하며 실과가 끊이지 아니하고 달마다 새 실과를 맺으리니** 그 물이 성소로 말미암아 나옴이라 **그 실과는 먹을 만하고 그 잎사귀는 약 재료가 되리라**"(겔 47:12).

만약 뿌리가 생수에 닿아 있지 않으면,

쓴 뿌리(bitter roots)는 자신을 괴롭게 할 뿐만 아니라 다른 사람까지도 더럽힌다.

"너희는 돌아보아 하나님 은혜에 이르지 못하는 자가 있는가 두려워하고 **또 쓴 뿌리가 나서 괴롭게 하고 많은 사람이 이로 말미암아 더러움을 입을까 두려워하고**"(히 12:15).

그렇다면 생수는 무엇인가

"내가 주는 물을 먹는 자는 영원히 목마르지 아니하리니 나의 주는 물은 그 속에서(inner most being) **영생하도록 솟아나는 샘물이 되리라**"(요 4:14).

"명절 끝날 곧 큰 날에 예수께서 서서 외쳐 가라사대 누구든지 목마르거든 **내게로**

와서 마시라 나를 믿는 자는 성경에 이름과 같이 **그 배에서 생수의 강이 흘러나리라** 하시니 **이는 그를 믿는 자의 받을 성령을 가리켜 말씀하신 것이라**(예수께서 아직 영광을 받지 못하신 고로 성령이 아직 저희에게 계시지 아니하시더라)"(요 7:37-39).

사마리아 여인이 원하는 물과 예수님이 주시기를 원하시는 생수는 다르다.

"예수께서 대답하여 가라사대 네가 만일 하나님의 선물과 또 네게 물 좀 달라 하는 이가 누구인줄 알았더면 네가 그에게 구하였을 것이요 그가 생수를 네게 주었으리라 여자가 가로되 주여 물 길을 그릇도 없고 이 우물은 깊은데 어디서 이 생수를 얻겠삽나이까 우리 조상 야곱이 이 우물을 우리에게 주었고 또 여기서 자기와 자기 아들들과 짐승이 다 먹었으니 당신이 야곱보다 더 크니이까 **예수께서 대답하여 가라사대 이 물을 먹는 자마다 다시 목마르려니와 내가 주는 물을 먹는 자는 영원히 목마르지 아니하리니 나의 주는 물은 그 속에서 영생하도록 솟아나는 샘물이 되리라** 여자가 가로되 주여 이런 물을 내게 주사 목마르지도 않고 또 여기 물 길러 오지도 않게 하옵소서"(요 4:10-15).

예수님이 주시는 물은 안에서 밖으로 솟아나는 샘물이며, 영원히 목 마르지 않게 하는 영생하는 물, 즉 생수(living water)다. 반면에 사마리아 여인이 찾는 물은 길어야 하는 물이며, 이 물은 밖에서 몸 안으로 집어넣는 물이며, 먹으면 먹을수록 목이 마르는 탄산음료와 같은 것이다. 예수님께서는 우리에게 주시는 생수가 바로 성령님이라고 말씀하신다.

우리는 왜 생수를 알지도 못하고 마실 수도 없는가? 창세기를 보라. 우리 스스로가 생수의 근원이 되는 하나님을 거절하고 사단의 말에 동의했으며, 그 결과로 의존자의 삶에서 자존자의 삶으로 전락했다. 예레미야 선지자는 우리의 악을 너무나도 분명하고 정확하게 지적하고 있다.

"내 백성이 두 가지 악을 행하였나니 **곧 생수의 근원되는 나를 버린 것과 스스로**

> **웅덩이를 판 것인데 그것은 물을 저축지 못할 터진 웅덩이니라**"(렘 2:13).
>
> "이스라엘의 소망이신 여호와여 무릇 주를 버리는 자는 다 수치를 당할 것이라 무릇 여호와를 떠나는 자는 흙에 기록이 되오리니 **이는 생수의 근원이신 여호와를 버림이니이다**"(렘 17:13).

우리가 먼저 하나님을 거절했고, 하나님의 것이 아닌 세상적인 것을 갈망하는 존재로 전락했다.

그러므로 성령님이 아니고서는 예수를 주님으로 시인할 수 없다. 따라서 우리가 그리스도인이라는 말은 우리 안에 성령님이 계심을 뜻한다. 그럼에도 불구하고, 우리는 왜 이 생수가 무엇인지도 모르고, 생수를 어떻게 마시는지도 알지 못하는가?

> "그러므로 내가 너희에게 알게 하노니 하나님의 영으로 말하는 자는 누구든지 예수를 저주할 자라 하지 않고 **또 성령으로 아니하고는 누구든지 예수를 주시라 할 수 없느니라**"(고전 12:3).
>
> "**너희가 하나님의 성전인 것과 하나님의 성령이 너희 안에 거하시는** 것을 알지 못하느뇨"(고전 3:16).

옛날 마당에 있는 펌프를 생각해 보라. 파이프를 땅속 깊숙이 관정(tube well)에 박고, 물을 한 바가지 부은 다음 펌프질을 하면, 땅속 깊숙한 곳에 있는 생수가 끊임없이 올라온다.

만약 그리스도인이 아니라면, 그 사람은 생명의 근원(생수의 근원인 하나님)에 파이프를 박은 것이 아니라 다른 곳에 파이프를 박아 둔 사람일 것이다. 반면에 그리스도인의 삶은 어떤가? 왜 대부분의 사람은 열심히 신앙생활을 하지만(펌프질에 해당되는 기도와 말씀을 계속적으로 함에도 불구하고) 뱃속 깊은 곳에서 올라오는 생수를 느낄 수 없으며(성령님의 임재와 기름부으심 말이다), 마음이 건조하며 답답하다고 하는 걸까?

세 가지 이유를 생각해 볼 수 있을 것이다. 첫 번째는 물 한 바가지를 먼저 붓지 않고 펌프질을 하기 때문이다. 즉 성령세례(성령충만)의 경험없이 자신의 노력과 행위로 신앙생활을 하기 때문이다. 아무리 펌프질을 해도 압력이 걸리지 않으면 그냥 헛손질만 하게 된다. 두 번째는 파이프의 중간이 막혀 있기 때문이다. 이 경우는 설령 위에서 물을 한 바가지 붓는다 하더라도 깊숙이 박힌 파이프를 통해서 관정의 생수가 올라오지 못하게 된다. 즉 내면의 상처, 고통, 쓴 뿌리가 자신의 마음을 막고 있기 때문이다. 세 번째는 관정으로부터 올라오는 생수 대신에 위에서 붓는 물 한 바가지에 의존하는 삶을 살고 있기 때문이다. 이런 사람은 항상 기름부은 자를 찾아다니거나, 또 다른 집회를 찾아다니며 자신이 길어 올린 물 대신 다른 사람이 부어주는 물만 먹고 살려고 한다.

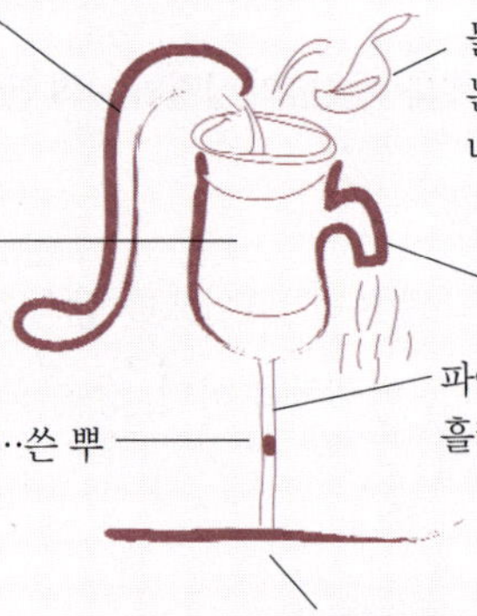

세 가지 이유 모두 내적치유가 필요하다. 흔히들 내적치유는 내면의 문제를 찾아내어 치유하는 것으로 생각하지만, 그것은 반쪽짜리 치유일 뿐이다. *온전한 내*

적치유는 내면의 막힌 쓰레기를 치우는 것뿐만 아니라(겉사람 죽이기) 생수의 근원으로부터 생수가 흘러나오는 것이 무엇인지를 체험케 해 주는 것이다(속사람 새롭게 하기). 내적치유가 생활화되면 어두운 내면의 쓰레기가 갈수록 적어지고, 영원히 목마르지 않는 생수를 깊은 곳에서부터 퍼 올려 온 몸을 씻고, 넘치는 물을 동산의 다른 식물에게 나누어 주는 일이 많아진다. *진정한 내적치유는 치유, 회복 그리고 영적 성숙을 포함한다.*

성령님에 의존하지 않고 스스로의 노력과 행위로 신앙생활을 한다는 것은 파이프 내에 쌓인 쓰레기가 밖으로 나오지 못하도록 스스로 더 꾹꾹 눌러 놓는다는 것을 의미한다. 항상 윗부분은 깨끗한 것처럼 보이지만 늘 건조하고, 하나님의 깊은 비밀을 알지 못한다. 또한, 자신을 통제하는 의지나 노력이 지칠 때쯤이면 눌려 있던 쓰레기가 언제나 밖으로 분출된다. 겉으로 보기엔 성숙한 것처럼 보이지만 늘 한계에 부딪히는 삶일 뿐이다.

쓰레기를 들어내는 작업은 펌프의 막힌 파이프를 뚫는 작업과 같다. 마음 깊숙이 쌓여 있는 쓰레기를 들어내는 삶은 스스로도 고통스럽고 보기에도 민망하고 더디어 보이지만, 들어내면 낼수록 자유로워진다. 상처를 들어내면 낼수록 저 깊은 수원에서 생수가 흘러나온다. 더 놀라운 사실은 일단 막힌 것이 뚫리고 생수가 계속 흐르도록 하면 파이프 안쪽에 남아 있는 녹이나 오염물질들은 자연스럽게 지속적으로 씻겨 없어진다는 것이다. 위대한 하나님의 사람들이 왜 늘 하나님의 임재 안에 거하기를 원하는지 그 이유를 생각해 보라. 보좌 앞에 거하는 삶! 깊은 은혜 가운데 탁월함을 추구하며 하나님과 친밀함을 누리는 삶 때문이다.

생수를 흘려보내며 산다는 것은 무엇을 의미하는가?

> "나 여호와가 너를 항상 인도하여 **마른 곳에서도 네 영혼을 만족케 하며 네 뼈를 견고케 하리니 너는 물댄 동산 같겠고 물이 끊어지지 아니하는 샘 같을 것이라**"(사 58:11).

"이는 보좌 가운데 계신 **어린 양이 저희의 목자가 되사 생명수 샘으로 인도하시고** 하나님께서 저희 눈에서 모든 눈물을 씻어 주실 것임이러라"(계 7:17).

생수를 흘려보내는 사람은 어떤 삶을 사는 것일까? 풍성한 열매와 은사가 맺히는 삶이다. 자신을 치유할 뿐만 아니라 다른 사람도 치유해 주는 삶을 산다.

"강 좌우 가에는 각종 먹을 실과나무가 자라서 그 잎이 시들지 아니하며 실과가 끊이지 아니하고 달마다 새 실과를 맺으리니 **그 물이 성소로 말미암아 나옴이라 그 실과는 먹을 만하고 그 잎사귀는 약 재료가 되리라**"(겔 47:12).

"이 강물이 이르는 곳마다 번성하는 모든 생물이 살고 또 고기가 심히 많으리니 이 물이 흘러들어 가므로 바닷물이 소성함을 얻겠고 **이 강이 이르는 각처에 모든 것이 살 것이며**"(겔 47:9).

"또 저가 수정같이 맑은 생명수의 강을 내게 보이니 **하나님과 및 어린 양의 보좌로부터 나서 길 가운데로 흐르더라** 강 좌우에 생명나무가 있어 열두 가지 실과를 맺히되 달마다 그 실과를 맺히고 그 나무 잎사귀들은 만국을 소성하기 위하여 있더라"(계 22:1-2).

이런 삶을 살고 싶다면 지금 당장 내적치유(inner healing: 치유, 회복, 영적 도약의 과정)를 시작하라. 내적치유는 그 이름을 어떻게 부르든 간에 상관없이 성령님과 깊은 교제를 위해서는 반드시 거쳐 가야 할 성화의 한 단계이다. 나의 과거를 회상해 보면 교회의 수많은 모임 중에 가장 가기 싫어했던 곳이 바로 내적치유위원회였다. 그 당시 나는 다른 성도들처럼, "내 모든 더러움이 다 밝혀지는 것이 아닌가?" "나는 내적치유를 받을 만큼 심각한 상태는 아니잖아?" "기도하며 조용히 혼자 해결할 수 있는 일을 왜 굳이 드러내야 할까?" 하며 애써 피하려 했다. 하나님이 강제적으로 끌어넣기 전까지는 말이다. 하나님을 위해 행한 업적이 아무리 많다 하더라도 또는 그 열심과 헌신이 하늘을 찌른다 할지라도 자신의 내면의 쓰레기를 건어내지 않으면 생수가 흐르지 않는다. 그뿐만 아니라 당신 내면의 상처는 오늘도 사단의 저녁 만찬거리로 올라간다는 사실을 기억하라.

"사람의 영혼은 여호와의 등불이라 사람의 깊은 속을 살피느니라(**The Lord' s searchlight penetrates the human spirit, exposing every hidden motive**)"(잠 20:27).

"하나님이여 **나를 살피사 내 마음을 아시며** 나를 시험하사 내 뜻을 아옵소서 내게 무슨 악한 행위가 있나 보시고 나를 영원한 길로 인도하소서"(시 139:23-24).

8. 변화되지 않는 이유

좀 더 나은 신앙생활을 위해서 열심히 노력하는 사람들이 너무나 많다. 그럼에도 불구하고 집회 후나 개인적으로 만나면 상당수 사람들이 "나는 왜 변화되지 않는가?"라고 안타까운 마음으로 도움을 청한다. 도대체 무엇이 문제일까?

믿음으로 화합하지 않기 때문이다

상당수 성도들이 하나님의 말씀을 그대로 받지 않고 자신의 세계관에 합당한 것만을 받아들인다. 즉 하나님 말씀이 기준이 되어 자신을 변화시키고자 하는 것이 아니라, 자신의 지식과 경험에 비추어 필요하다고 판단되는 말씀만을 섭취하여 자신의 영혼을 살찌우고자 한다. 따라서 자신의 생각에 맞지 않는 것은 다 버린다. "저 말은 그런 것이겠지", "좋은 말이지만 안 될걸", "한두 번 해 봤나", "이론과 실제는 다른 거야, 지난 번에도 그렇게 해 봤잖아" 하면서 스스로를 정당화한다.

"저희와 같이 우리도 복음 전함을 받은 자이나 그러나 그 들은 바 말씀이 저희에게 유익되지 못한 것은 **듣는 자가 믿음을 화합지 아니함이라**"(히 4:2).

이는 마치 하나님 대신에 자신이 다림줄을 내려서 그 라인에 일치하는 하나님 말씀만을 취하겠다는 생각과 동일한 것이다.

"또 내게 보이신 것이 이러하니라 **다림줄을 띄우고** 쌓은 담 곁에 주께서 손에 다림줄을 잡고 서셨더니 내게 이르시되 아모스야 네가 무엇을 보느냐 내가 대답하되 **다림줄을 내 백성 이스라엘 가운데 베풀고** 다시는 용서치 아니하리니"(암 7:7-8).

진정한 배움이 아닌 공허한 배움을 갈망하기 때문이다

교회에서 흔히 "배우든지 가르치든지 둘 중에 하나를 하라"는 말을 한다. 배움은 성장을 위해서 꼭 필요한 것이지만 그 마음의 태도에 따라 배움이 오히려 문제를 일으킬 수도 있다. 실제로 가르치기를 귀찮아하거나, 두려워하는 사람들은 주로 배우러 다닌다. 또한, 항상 무엇인가를(교리든, 성경말씀이든, 봉사이든) 자신의 배(심령)속에 집어넣어야만 영적수준이 유지되거나 만족감이 느껴진다고 생각하는 사람들도 배우러 다닌다. 더욱이 남에게 뒤쳐지기 싫은 마음에 그럴 수도 있다. 그래서 많은 프로그램이나 스쿨에 등록하거나 집회에 참석한다. 여기서 말하고자 하는 것은 배우는 것 그 자체를 부정하는 것이 아니라 배움에 대한 집착이 어디에서 나오는 것인지를 점검해야 한다는 말이다.

나는 내가 '깔대기 인생'이라고 이름 붙인 많은 성도들을 보곤 한다. 깔대기를 보면, 위쪽은 넓고 아래쪽은 매우 좁다. 위에서 물을 부으면 내려가는 물이 적기 때문에 깔대기에는 일정한 물이 늘 남아 있게 된다. 그러나 위에서 붓는 일을 조금이라도 멈추면 곧 물이 흘러내려 깔대기 내에는 아무것도 남아 있지 않게 된다. 예레미야 2장 13절의 말씀을 다시 생각해 보라. "내 백성이 두 가지 악을 행하였나니 곧 생수의 근원되는 나를 버린 것과 스스로 웅덩이를 판 것인데 그것은 물을 저축지 못할 터진 웅덩이니라." 깔대기를 우리의 마음에 비유하면 이 말씀의 뜻이 무엇인지 쉽게 이해할 수 있다. 인간은 갈망하는 인격체이다. 늘 무엇인가를 집어넣지 않으면 그 배(마음)의 허전함으로 견딜 수가 없게 된다. 즉 깔대기에 무엇인가 남아 있는 것을 느끼기 위해서 '쉼도 없이, 더 많이, 더 빨리, 더 좋게' 라는 슬로건으로 자신의 뱃속에다가 끊임없이 채워 넣는다(우리의 육적인, 혼적인 삶을 잠시 생각해 보라). 잠시라도 쉬면 공허해지기 때문에 멈출 수가 없다. 이것이 오늘날 모든 인간의 비극이며, 심지어 교회 내 성도의 비극이기도 하다.

그러나 성경이 말하는 진정한 충족감은 무엇인가를 집어넣는 데 있지 않고 내면에서 흘러나오는 것에 있다(앞장의 '뿌리와 열매 그리고 생수' 이야기를 생각해 보라). 진정한 충족감을 얻을 수 있는 배움은 밖에서 안으로 채워 넣는 것이 아니라, 성령님에 의해서 밑에서 위로 차오르는 것이다. 우리에게 진리를 가르쳐 주시는 분은 '진리의 영', 성령님이시다.

> "**저는 진리의 영이라** 세상은 능히 저를 받지 못하나니 이는 저를 보지도 못하고 알지도 못함이라 그러나 **너희는 저를 아나니 저는 너희와 함께 거하심이요 또 너희 속에 계시겠음이라**"(요 14:17).
>
> "보혜사 곧 아버지께서 내 이름으로 보내실 **성령 그가 너희에게 모든 것을 가르치시고 내가 너희에게 말한 모든 것을 생각나게 하시리라**"(요 14:26).
>
> "그러하나 진리의 성령이 오시면 그가 너희를 모든 진리 가운데로 인도하시리니 **그가 자의로 말하지 않고 오직 듣는 것을 말하시며 장래 일을 너희에게 알리시리라** 그가 내 영광을 나타내리니 내 것을 가지고 너희에게 알리겠음이니라"(요 16:13-14).

무엇인가를 쉬지 않고 배워 내 마음에 집어넣는 것이 반드시 신앙생활(영적 성숙)에 도움이 되는 것은 아니다. 혼을 가득히 채우는 수많은 이론들과 방법들은 오히려 모순과 혼돈만 가져온다. 공허한 배를 충족시키기 위한 배움보다는 골방에서 하나님의 음성에 귀 기울이는 '거룩한 낭비'[32]가 필요하다.

배우기만 하고 익히지 않기 때문이다

변화되지 않는 또 다른 이유는 배우기만 하고 익히지(self-study & practice) 않기 때문이다. 실제로 자신을 변화시키는 데 가장 중요한 단계는 배우는 것이 아니라 익히는 단계이다. 골프 교습을 한 번 받았다고 해서 그대로 칠 수 있다면 얼마나 좋겠는가? 몸에 밸 때까지 수도 없는 반복연습을 해야 자신의 것이 되는 것 아닌가? 이와 마찬가지로 얼마나 많은 말씀을 암기하고 이해하고 있느냐가 중요한 것이 아니고, 그 말씀이 어떻게 나를 사로잡고 있는가가 훨씬 더 중요하다. 흔히 자랑삼아 일 년에 성경을 몇 번 통독했다고들 말한다. 그러나 성경을 몇 번 통독했느냐가 중요한 것이 아니라 성경이 그 사람을 몇 번 통독했느냐가 훨씬 중요하다. 즉 내가 그 말씀에 어떻게 순종하며 사는가에 달려 있다는 것이다. 우리는 이렇게 되기 위해서 시간을 투자하고 고통을 인내하는 것을 몹시도 두려워한다. 우리는 삶이 변화되고 성화되기를 기대한다. 그러나 그것은 절대로 배움만으로는 안 되며, 배운 다음에 익혀야 한다. '거룩한 낭비'의 시간이 필요하다.

재미있게도 '익히다'라는 말을 영어사전에서 찾아보면, self-study & practice 라는 뜻도 있지만 '과실이 익다(ripening)'라는 뜻도 있다. 하나님이 예레미야에게 행한 재미있는 말씀이 생각난다.[33]

---

32) 오늘날 삶의 질적 평가는 주로 '시간 대비 효율성'으로 따진다. 내 경우도 오랫동안 이러한 삶을 살아 왔다(지금도 그 잔재가 여전히 남아 있지만). 그러나 하나님을 체험한 후 하나님과의 교제에는 그러한 룰이 적용되지 않는다는 것을 알게 되었다. 잡생각에서 헤어나지 못하면서도 그래도 믿음으로 하나님 앞에 그분의 말씀을 기대하며 꿇어 앉아 있는 수많은 시간들을 생각해 보면, 진짜 낭비였다. 그러나 나는 그것을 '거룩한 낭비'라고 부른다.

33) 예레미야 1장 11-12절의 말씀을 보면 하나님이 매우 유머러스하신 분임을 알 수 있다. "여호와의 말씀이 또 내게 임하니라 이르시되 예레미야야 네가 무엇을 보느냐 대답하되 내가 살구나무 가지(almond tree)를 보나이다 여호와께서 내게 이르시되 네가 잘 보았도다 이는 내가 내 말을 지켜(I am watching) 그대로 이루려 함이니라"(렘 1:11-12). 번역된 우리나라 말로는 그 뜻하는 바를 생생하게 전달할 수 없지만, 히브리어로 볼 때 '살구나무'의 발음은 '지켜보는'과 똑같다. 즉 하나님은 지켜보시겠다는 것을 살구나무로 형상화시켜 비유적으로 말씀하셨다.

과실이 익는(숙성하는) 것은 내적인 변화이다. 예를 들어 사과를 생각해 보라. 가을이 되어 때가 차면 사과의 크기는 최고조에 달한다. 그 다음에는 그 크기는 변하지 않지만 내적으로는 많은 변화가 일어난다. 무엇보다도, 식물 호르몬 중의 하나인 에틸렌(ethylene)이라는 눈에 보이지 않고 냄새도 없는 가스상 물질에 의해서 향기가 나고, 색이 보기 좋게 변하고, 당도(달게 느껴지는 정도)가 높아지며, 조직이 아삭아삭하게 변한다. 풋사과일 때는 맛도 향기도 달콤함도 없고, 이가 아파 먹을 수 없을 정도로 딱딱한 과실이, 익으면(숙성하면) 그런 상태로 변화된다. 때가 된 과실이 에틸렌에 의해서 숙성되는 것처럼, 배운 것은 성령님에 의해서 익혀지는 것이다. 풋사과는 아무리 커도 먹을 수 없지만 익으면 아름답게 보이고 먹기 좋게 되듯이, 배우기만 하면 아무리 많이 들어 있어도 이용할 수 없지만 익으면 보기에 아름답고 다른 사람이 활용하기에 좋게 된다. 지식이 아니라 열매와 은사로 변화되기 때문이다.

그러나 대부분 사람들은 더 많이 듣거나 배우면, 더 많이 변할 것이라고 자신을 속이고 있다. 실제로 이런 사람은 자신을 변화시키기가 몹시 어렵다. 자신도 모르게 교만한 사람이 되어가는 것이다. 간혹 상담할 때 상담 받으러 온 사람이 내 머리 꼭대기에 앉아 있는 것을 본다. 지식적으로는 모든 것을 알고 있으면서도 자신을 변화시키지 못하는 전형적인 예다. 흔히 이런 사람은 자신이 분별과 판단의 은사를 가지고 있다고 생각한다.

> "너희는 도를 행하는 자가 되고 듣기만 하여 자신을 속이는 자가 되지 말라 누구든지 도를 듣고 행하지 아니하면 **그는 거울로 자기의 생긴 얼굴을 보는 사람과 같으니 제 자신을 보고 가서 그 모양이 어떠한 것을 곧 잊어버리거니와** (it is like looking at your face in a mirror **but doing nothing to improve your appearance**) 자유하게 하는 온전한 율법을 들여다보고 있는 자는 **듣고 잊어버리는 자가 아니요 실행**

하는 자니 이 사람이 그 행하는 일에 복을 받으리라"(약 1:22-25).

"이 율법 책을 네 입에서 떠나지 말게 하며 **주야로 그것을 묵상하여 그 가운데 기록한대로 다 지켜 행하라 그리하면 네 길이 평탄하게 될 것이라 네가 형통하리라"** (수 1:8).

다른 예를 들어 보자. 음식물을 먹었다고 해서, 그 음식이 다 자기 것이라고는 말할 수 없다. 단지 입으로 들어갈 때 기분이 좋았고 내 위장에 들어가 있을 뿐이다. 음식물이 완전히 소화가 되어 혈관을 타고 모든 에너지가 온 몸으로 흘러갈 때 비로소 내 것이라고 말할 수 있다. 즉 음식물은 이미 없어졌지만, 그것은 내 안에서 완전한 에너지로 변한 것이다.

마찬가지로 말씀을 듣거나 읽고 그것을 암기하고 내 머릿속에 저장한다고 해서 그것이 내 것이 된 것은 아니다. 단지 내 머리의 저장고에 들어가 필요할 때 입출력을 할 수 있을 뿐이다. 말씀이 성령의 검이 되어 내 심령으로 들어가 나를 사로잡아야 하며, 말씀에 의해 내 마음이 지배될 때라야만 비로소 내 것이 된다. 마치 소금을 물에 집어넣은 것처럼 말이다. 소금물이 된 후에는 소금을 찾을 수 없지만 물은 짜게 되는 것이다.

익히지 않고 가르치려고 하기 때문이다

또한 지식 수준이 높은 사람일수록 새롭고 남이 미처 알지 못하는 것을 배우고 가르치기 위해서 참으로 열심을 낸다. 그러나 꼭 알아야 하는 것은 신앙은 지식이 아니고 관계이기 때문에 배우고 난 다음 곧바로 가르칠 수 없다. 세상적인 지식을 가르치는 것은 하나님 말씀을 가르치는 것과는 다르며 실제로 엄청난 차이가 있다. 배운 것을 가르칠 때 이 가르침 속에는 세 가지를 포함하고 있다. 1) 익힌 것을 2) 전하고 3) 보여 주어야 한다.

진리의 말씀은 체험 없이는 가르칠 수 없다. 왜냐하면 자신이 얻은 것(지식적으로 습득한 것)을 가르치는 것이 아니라 자신이 포기한 것을 가르치며, 성령님이 자신 안에 오셔서 자신을 변화시킨 것을 가르치기 때문이다. 익힌다는 것(self-study and practice)은 자신이 먹은 것에 대한 것(위 안에 있는 것)이 아니라 자신이 소화시킨 것(피로 전달된 것)에 대한 것이다. 진정한 가르침은 프로그램이나 지식의 전달이 아니라 이론과 실제를 모두 보여 주어야 한다.

기독교적 가르침은 전하는 것이다. 가르침은 내 경험과 지식을 이야기하는 것이 아니라, 하나님 나라와 예수 그리스도가 누구신지에 대해서 전하는 것이다. 그래서 나를 통해서 하나님께 나아가는 것이 아니라, 그 사람이 직접 예수 그리스도를 보게 하는 것이다. 하나님 나라를 경험하게 하는 것이다.

> "담대히 **하나님 나라를 전파하며 주 예수 그리스도께 관한 것을 가르치되** 금하는 사람이 없었더라"(행 28:31).

기독교적 가르침은 보여주는 것을 포함하고 있다. 익히고 전한 것이 사실인지를 보여주지 않으면 진정한 가르침이라 볼 수 없다. 진정한 가르침에는 이론과 실습이 병행되어야 한다. 실행없는 이론은 단지 탁상공론이며, 지식의 유희일 뿐이다. 상당수 그리스도인들은 공부를 많이 하고 사람들을 가르치는데도 왜 자신은 변화되지 않는지 잘 모르겠다고 고백하곤 한다. 익히지 않고 가르치기 때문이다. 그러한 가르침은 자신의 변화를 방해하는 장애물일 뿐이다.

생각과 감정의 입출력을 점검해 보아야 한다

선한 것을 듣고 선한 대로 헤아리면 더 많은 선한 헤아림을 받고, 악한 것을 듣고도 선한 대로 헤아리면 더 많은 선한 헤아림을 받는다. 반대로 선한 것을 듣고도 악한 대로 헤아리면 더 악한 것으로 헤아림을 받고, 악한 것을 듣고 악한 대로 헤아리면 더 악한 것으로 헤아림을 받는다. 이것이 하나님 나라의 법칙이다.

"또 가라사대 너희가 무엇을 듣는가 스스로 삼가라 **너희의 헤아리는 그 헤아림으로 너희가 헤아림을 받을 것이요 또 더 받으리니**"(막 4:24).

우리는 인생의 대부분뿐만 아니라 하루의 삶에 대해서도 무엇을 생각하며 살고 있는지 검토해 보지 않는다. 지금 생각해 보라. 오늘 내 삶을 정직하게 들여다 볼 때, 환경이나 관계 속에서 어떤 반응(육신적 반응인지 영적 반응인지)들을 보이며 살고 있는가? 부정적인 생각이 많았는가 아니면 긍정적인 생각이 많았는가? 비판적인 생각이 많았는가 아니면 축복과 칭찬의 생각이 많았는가? 우울하고 묶여 있는 것이 많았는가 아니면 소망과 새로운 결단의 생각을 많이 했는가? 하나님의 사랑과 축복을 많이 생각했는가 아니면 되는 일이 없고, 너무 피곤하다는 등 부정적인 생각이 많았는가? 우리의 머릿속에 들어오는 정보나 마음 깊숙이에서 솟아나는 생각들을 여과하지 않고 그대로 반응한 적이 얼마나 많았는가 생각해보라.

"전에는 우리도 다 그 가운데서 우리 육체의 욕심을 따라 지내며 **육체와 마음의 원하는 것을 하여** 다른 이들과 같이 본질상 진노의 자녀이었더니"(엡 2:3).

이미 우리는 새로운 심령(new heart)을 가졌음에도 불구하고 옛날 생각(old thinking)으로 살고 있는 경우가 많다. 자기 생각을 통제하는 법을 적극적으로 배우고, 익혀라. 하나님의 말씀을 읽고 그것으로 자기 생각을 통제하는 방법을 익혀라. 마음을 새롭게 한다는 것은 하나님이 어떻게 생각하시는가를 아는 것이다.

"종말로 형제들아 무엇에든지 참되며 무엇에든지 경건하며 무엇에든지 옳으며 무엇에든지 정결하며 무엇에든지 사랑할 만하며 무엇에든지 칭찬할 만하며 무슨 덕이 있든지 무슨 기림이 있든지 이것들을 생각하라"(빌 4:8).

많은 사람들이 자신에 대해서 피해의식을 가지고 "내가 이렇게 다르게 반응한다고 해서 환경이나 다른 사람이 변하겠는가?"라고 의문을 제기한다. 그러나 진리는 우리의 삶을 움직이는 실체는 내가 아니라 하나님이시며, 하나님이 역사하시기 위해서는 그분과의 관계가 있어야 한다는 것이다. 만약 당신이 성령 안에서 행한다면 절대로 당신 혼자 사는 것이 아니다. 당신의 손과 생각에 하나님의 권능이 함께 한다는 사실을 잊지 말라. 실제로 일상생활 속에서 하나님께서 가끔씩 당신의 기도를 들어 주실 때마다, 그것이 전부가 아니라 모든 일에 그렇게 하시기를 원하신다는 사실을 기억하라.

> "두려워 말라 내가 너와 함께 함이니라 놀라지 말라 나는 네 하나님이 됨이니라 **내가 너를 굳세게 하리라 참으로 너를 도와주리라 참으로 나의 의로운 오른손으로 너를 붙들리라**"(사 41:10).

사단은 사람들에게 자신이 불행한 이유를 밖(환경)에서 찾으라고 속삭인다. 그러나 실제로 불행의 대부분 원인은 자기 안(생각)에 있다. 생각이 하나님의 말씀에 일치되지 않는다면 과감히 포기하라. 무엇보다도 자신의 생각 속에 또아리를 틀고 있는 거짓말들을 찾아내야 한다.[34] 아프더라도 살에 들어붙어 있는 거짓말들을 핀셋으로 뜯어내라. 그냥 두면 결국 암으로 커질 것이다. 다음을 읽어 보고 어느 부분에서 사단에게 속고 있는지 찾아내라. 그리고 '육신적인 반응'을 '영적인 반응'으로 바꾸라.[35]

1) 자기 자신에 관한 거짓말

"나는 완전해야 한다." "나는 모든 사람의 사랑과 인정을 받아야 한다." "문제에 직면하는 것보다 회피하는 것이 낫다." "일이 내 뜻대로 되지 않으면 나는 결코 행복할 수 없다." "나의 불행은 다른 사람의 잘못 때문이다."

---

34) 우리가 속고 있는 거짓말은 크리스 터만이 쓴 「우리가 진리라고 믿고 있는 거짓말들」(도서출판 나침반, 2001)을 참고했다.

35) 경험은 환경을 대하는 우리의 태도다. 본문의 거짓말들은 말씀이 없었던 때(믿지 않을 때)에 혹은 말씀이 있다하더라도 상한 심령 때문에 나오는 반응이다. 이러한 태도를 '육신적인 반응'이라 하고, 말씀이 성령의 검이 되어 우리를 변화시킴으로 하나님의 말씀에 반응하는 것을 '영적인 반응'이라 부른다. 2부, '믿음과 영적 반응'을 참고하라.

2) 세속적인 거짓말

“당신은 모든 것을 가질 수 있다.” “당신의 업적이 당신의 가치를 나타낸다.” “인생은 편하게 살아야만 한다.” “인생은 공평해야 한다.” “원하는 것이 있을 땐 기다리지 말라.” “인간은 근본적으로 선하다.”

3) 결혼생활과 관련된 거짓말

“결혼생활이 순탄하지 못한 이유는 배우자를 잘못 만났기 때문이다.” “만일 결혼생활이 힘들고 어렵다면 우리 부부는 서로 맞지 않는 짝이다.” “배우자가 나의 모든 필요를 충족시켜 주어야만 한다.” “나의 배우자는 내가 그를 위해서 해온 모든 수고에 대해 신세지고 있다.” “더 행복한 결혼생활을 위해서 나의 인격을 변화시킬 필요는 없다.” “배우자는 나와 비슷해야 한다.”

4) 사실을 왜곡하는 거짓말

모든 일을 과장하는 습관을 가지고 있으면서도 “나는 약간 허풍을 떨뿐이다”라고 생각한다. 항상 사물을 주관적으로 보면서도 스스로는 “나는 가끔 어떤 일들을 주관적으로 생각할 뿐이다”라고 생각한다. 모든 일을 흑백논리로 보면서도 “나는 가끔씩 모든 것들이 검지 않으면 희게 본다”라고 말한다. 항상 관계나 사물의 일부분만을 보고 평가하면서도 “나는 가끔 나무들을 보고 숲을 보지 못한다”라고 생각한다. 자신의 경험에 입각해서 늘 모든 일을 판단분석하면서도 “나는 가끔씩 과거에 비추어서 미래를 생각한다”라고 말한다. 현재적이고 이성적으로 판단하기보다는 늘 감정에 치우쳐 생각하면서도 “어떤 일들을 분석하는데 사실보다 감정을 앞세우는 경우가 가끔 있다”고 생각한다.

5) 종교적 거짓말

“우리는 하나님의 사랑을 노력으로 얻어낼 수 있다.” “하나님은 죄와 죄인을 미워하신다." "나는 그리스도인이기 때문에 하나님께서는 내가 아픔과 고난을 당하지 않도록 해 주실 것이다." "나의 모든 문제들은 내 죄 때문에 일어난 것이다(요 9:1-3, 롬 8:28)." "다른 사람들의 모든 필요를 채우는 것은 그리스도인인 나의 의무이다(마 11:28-30, 눅 10:38-42)." "분노, 우울 그리고 걱정과 같은 고통스러운 감정들은 하나님에 대한 믿음이 약하다는 표시이다. 따라서 훌륭한 그리스도인은 분노나 걱정 혹은 우울증을 느끼지 않아야 한다." "만일 내가 영적으로 강하지 않으면 하나님께서 나를 사용할 수가 없다."

내게 임한 저주가 있는지 확인해 보라

내 경험과 책과 다른 사역자들의 경험을 비추어 볼 때, 열심히 신앙생활을 함에도 불구하고 변화되지 않는다면 자신이 알지 못하는 저주들이 환경으로부터, 다른 사람으로부터 그리고 내가 거하는 장소에 임했을 수 있다. 이 부분에 대해서 확인해 보는 것이 필요하다. 그러나 많은 그리스도인들이 이 부분에 대해서 중요하지 않게 생각하거나 심지어는 미신적이라고 치부해 버리는 경향이 있다. 그러나 성경에는 분명히 저주에 대해서 언급하고 있으며, 그 저주가 어떤 영향을 미치는지에 대해서도 자세히 말씀하고 있다. 개인적으로도 기도를 통해서 저주로 묶여 있는 많은 사람들을 회복시킨 바 있다. 이 부분에 대해서는 마지막 단원에서 구체적으로 설명할 것이다.

2부

믿는 자에게는…

(막 9:23)

1. 그리스도인의 믿음

그리스도인의 신앙은 믿음에 기초한다. 기독교의 핵심은 예수 그리스도의 십자가 사건이지만, 믿음이 없으면 이것을 받아들일 수 없다. 또한, 말씀과 성령의 역사가 우리의 신앙생활에 중요하지만 믿음이 없으면 우리와 아무런 관련이 없게 된다. 이 관계를 자동차에 비유해 본다면, 핸들은 말씀이고 엔진은 성령에 해당된다. 말씀은 목적지까지의 방향을 잡아주는 반면, 엔진은 자동차를 움직여 줄 것이다. 그러나 내가 아무리 운전을 잘한다 할지라도 동력과 바퀴의 움직임을 연결해 주는 클러치의 작동 없이는 자동차를 움직일 수 없다. 믿음 없는 신앙생활이란 마치 어린아이가 부모 없는 자동차에 올라 핸들을 이리저리 돌리며 운전 시늉만 내는 것과 동일하다. 보기는 그럴듯하지만 한 치도 움직이지 못한다. 믿음은 불가능한 것을 가능하게, 보이지 않는 것을 보이게, 비실제적인 것을 실제적인 것으로 바꾸어 주는 역할을 한다.

"**경건의 모양은 있으나 경건의 능력은 부인하는 자니** 이 같은 자들에게서 네가 돌아서라"(딤후 3:5).

세상에서 가장 중요한 통용수단은 신용카드 혹은 돈일 것이다. 왜냐하면, 돈은 무엇이라도 가능하게 해 줄 수 있다고 생각되기 때문이다. 한편, 이와 마찬가지로 초자연 세계의 것을 현실세계로 가져 올 수 있는 통용수단이 되는 것이 바로 믿음이다.[1] 이 세상에서 카드를 쓸 수 있는 한도는 은행통장에 들어 있는 예금잔고에 달려 있다. 이처럼 이 땅에서 믿음을 쓸 수 있는 한도는 아버지와의 친밀함의 정도에 달려 있다.

이 장은 주의해서 읽어야 한다. 왜냐하면, 저자가 말하고자 하는 믿음과 독자들이 생각하는 믿음이 서로 일치되지 않은 상태에서 읽게 되면 마치 쌍안경의 대안렌즈를 일치시키지 않아 사물이 뒤틀려 보이듯이, 우리가 보고자 하는 것을 동일하게 볼 수 없기 때문이다. 만약 성도들이 단지 '자기경험적인 믿음' 의 눈으로만 이 단원을 읽으면, '비합리적이고 맹신적인 믿음' 혹은 '극단적인 신앙공식적인 믿음' 에 대한 기술로 오해받을 수 있다. 그러나 '계시적인 믿음' 으로 이 단원을 읽게 되면, 하나님이 우리에게 주시고자 하는 진정한 믿음이 무엇인지 그리고 그 믿음이 주 안에서 어떻게 작동되는지를 경험하게 될 것이다. 정말이지, 계시적 믿음은 '긍정적 사고방식' 이나 '적극적 사고' 또는 '긍정의 힘' 과는 다르다는 것을 알아야 한다.

또 한 가지 믿음에 대해서 말하기 전에 언급하고 싶은 것은, 원리와 법칙에 대한 이해이다. 믿음은 신앙에서 가장 핵심적인 역할을 하지만, 그것은 원리(principle)

1) 프레데릭 프라이스, 「살아 역사하는 믿음」(베다니출판사, 1999), pp.260-261. 믿음의 중요성을 설명하기 위한 비유일 뿐이지 하나님의 주권없이 믿음만 있으면 모든 것을 이룰 수 있다는 말은 아니다. 또한, 돈이 많은 것을 해결해 주지만 잘못 쓰면 자신을 망치게 하듯이, 비록 믿음이 초자연 세계의 것을 이 땅으로 끌어 당길 수는 있지만 믿음을 잘못 사용하면 자신을 망치게 된다.

이지 법칙(law)으로 생각하면 안 된다는 것이다. 예를 들면, 믿음(자기경험적인 믿음)을 지나치게 강조하면 하나님의 주권이 들어설 자리가 없어진다. 어려움이 생긴 많은 경우 "성경말씀에 이렇게 적혀 있고, 나는 하나님의 말씀을 믿고 그대로 행했는데 왜 이런 일이 일어났느냐" 식이다. 하나님이 성경에 제시한 말씀을 지켰으니 하나님이 그 말씀대로 예외 없이 자기의 기도에 응답해야 한다는 것이다.[2] 이런 관점에서 보게 되면, 그 사람은 하나님이 옳지 않든지 아니면 자신의 믿음이 잘못되었든지 둘 중의 하나로 자신의 생각을 몰고 가게 된다. 4부의 5장을 보면 예수님은 믿음을 그렇게도 중요하게 여기셨지만, 믿음의 분량에 상관없이 그 앞에 나오는 자 모두를 치유하셨다. 예수님이 다시 오기 전 우리의 믿음과 하나님의 주권 사이에는 여전히 신비의 강이 흐르고 있다는 사실을 인정해야 한다. 2부의 믿음에 대한 대부분의 이야기는 '우리의 생각으로는 불가능한 표적과 기사들' 혹은 '신유의 경험' 이라는 관점에서 본 것이다.

믿음은 크게 두 가지다

믿음을 크게 두 가지로 나누어 볼 수 있는데, 하나는 자기경험적인 믿음(자신의 이성과 경험을 통해서 수긍하는 믿음)과 또 다른 하나는 계시적인 믿음(심령으로 믿어지는 믿음)이다. 자기경험적인 믿음은 자기의 이성의 작용으로 경험과 지식에 부합되는 것에 대한 동의의 결과로 나타나는 생각을 말한다. 이것은 반드시 내가 배운 경험과 지식에 부합되어야 하며, 또한 그것들에 제한될 수밖에 없다. 이 경우 믿음의 주체는 자신이며, 이것의 반대는 의심이다.

자기경험적 믿음을 예로 보자. 하나님이 이 자리에 우리와 함께하심을 내가 어떻게 알 수 있는가? 사람들은 그분의 존재를 증명하기 위해 최선을 다하고 있으나

2) 이런 극단적인 믿음을 흔히 '신앙공식적인 믿음' 이라고 부른다.

그것을 증명한 예는 없다.[3] 하나님의 존재는 그분이 스스로 나타나실 때 그 역사의 결과를 우리가 보고 느낄 수 있는 것이지, 우리가 느끼는 것을 통하여 그분의 존재를 알 수는 없다. 왜냐하면 우리가 인지하는 것은 그분 자체가 아니라 그분의 존재를 증명하는 자기의 생각이기 때문이다. 하나님과 나를 구분하는 생각은 하나님과 나를 서로 다른 존재로 보는 것이며, 이것이야말로 우리를 자아중심적 인간으로 만드는 사단의 책략이 아닌가? 하나님과 내가 분리된 존재일 때 우리는 사실을 사실대로 믿지 못하게 되고 나의 인식 능력 내에 들어오는 것만을 믿을 수밖에 없게 된다.

한편 계시적인 믿음은 믿음의 주체가 내가 아니라 하나님이시며, 성령에 의해서 말씀이 믿어지는 것이다. 그분의 성품이나 뜻이 나에게 계시되어지고, 성령에 의해서 믿어지는 것이다. 따라서 이 믿음의 주체는 내가 아니라 하나님이시며, 이 믿음의 반대는 불신이다.

결국 자기경험적 믿음은 보이는 세계에서 보이지 않는 세계로 나아가려는 인간의 노력이지만(한계에 부닥치며, 결코 보이지 않는 세계를 볼 수 없음), 계시적인 믿음은 보이지 않는 세계로부터 시작하여 보이는 세계로 향해 나아가게 하는 하나님의 은혜인 것이다. 초자연적인 세계는 우리의 타락된 감각으로 인식되어지지 않을 뿐 자연세계보다 더 분명하다. 이것은 히브리서 11장 3절의 말씀과 예수님의 말씀을 통해서도 알 수 있다.

> "믿음으로 모든 세계가 하나님의 말씀으로 지어진 줄을 우리가 아나니 **보이는 것은 나타난 것으로 말미암아 된 것이 아니니라**"(히 11:3).

---

3) 하나님의 존재는 신성과 능력으로 만물에 나타난다. "창세로부터 그의 보이지 아니하는 것들 곧 그의 영원하신 능력과 신성이 그 만드신 만물에 분명히 보여 알게 되나니 그러므로 저희가 핑계치 못할지니라"(롬 1:20).

"진실로 진실로 네게 이르노니 **우리 아는 것을 말하고 본 것을 증거하노라** 그러나 너희가 우리 증거를 받지 아니하는도다 내가 땅의 일을 말하여도 너희가 믿지 아니하거든 **하물며 하늘 일을 말하면 어떻게 믿겠느냐**"(요 3:11-12).

계시적인 믿음은 바로 초자연적인 세계에 속해 있다. 한편, 불신은 자연세계가 영적 세계보다 우월하다고 여긴다. 따라서 *불신은 열등한 세계에 대한 믿음이다.*

계시적인 믿음과 자기경험적 믿음

계시적인 믿음: 영에서 나오는 것

- 우리가 구한 것을 이미 받았다는 것을 믿는 것
- 오직 하나님의 언약에 기초를 두는 것
- 하나님의 말씀이 기준임/ 영의 지배를 받음

자기경험적 믿음: 경험과 지성에서 나오는 것

- 오감으로 확신할 때 믿는 것
- 일어난 사실 위에 기초를 두는 것
- 우리의 이성이 기준임/오감의 지배를 받음

따라서 하나님의 말씀에 대한 믿음과 감각에 의한 이성은 끊임없이 투쟁하고 있다. 믿음으로 행한다는 것은 하나님의 권위에 순종한다는 것이고, 보이는 것을 좇아간다는 것은 감각에 의한 이성의 권위에 순종한다는 말이다.

많은 경우 사람들은 자신의 능력(믿음을 진리를 믿는 자기의 능력으로 생각하거나 자기확신이나 자기결단으로부터 나오는 혼적인 시도)을 하나님이 주시는 믿

음이라고 착각하고 있다. 그러나 *성경이 말하는 믿음은 내가 취하는 마음(mind)의 어떤 상태가 아니라, 하나님께서 우리 심령(heart)에 나누어주시는 은혜이다.* 또한, 우리의 간절한 감정이나 원함(지성이면 감천이다)이 믿음이라고 잘못 생각하는 경우도 있다. 이 경우도 스스로 끊임없이 확인하는 과정을 통해서 의심과 불신을 몰아내는 자신의 분투와 능력에 바탕을 두고 있을 뿐이다.

다시 말해 심령으로부터 주어진 것이 아니고 단지 우리의 생각에 속해 있는 것으로부터는 아무런 초자연적인 열매를 맺지 못한다. 결국 이 세상에서 배운 믿음은 아무리 훈련해 봐야 예수님이 말씀하신 형태의 믿음으로 성장하지 않는다. 두 믿음은 차원과 세계를 달리하는 완전히 서로 다른 믿음이기 때문이다.

구원은 어떤 믿음에 기초한 것일까

성경은 우리의 구원이 은혜로 인한 믿음으로 말미암는다고 했다. 우리가 구원을 얻기 위해서는 믿음이라는 은혜의 선물이 있어야 한다는 것이다.

> "너희가 **그 은혜를 인하여 믿음으로 말미암아 구원을 얻었나니** 이것이 너희에게서 난 것이 아니요 하나님의 선물이라"(엡 2:8) (God saved you by his special favor when you believed. and you can't take credit for this, it is a gift from God).
>
> "그러므로 내가 너희에게 알게 하노니 하나님의 영으로 말하는 자는 누구든지 예수를 저주할 자라 하지 않고 **또 성령으로 아니하고는 누구든지 예수를 주시라 할 수 없느니라**"(고전 12:3).

만약 자신이 구원을 받았다고 생각한다면 믿음이 있는 것이고(엡 2:8), 예수를 주라고 고백하는 구원의 믿음은 스스로 취한 것이 아니라 성령님에 의해서 주어진 계시적인 믿음이다(고전 12:3).

이때 계시적인 믿음은 하나님의 믿음, 하나님 안에 있는 믿음, 하나님과 같은 믿음을 의미한다. 많은 그리스도인이 흔히 신앙생활을 하면서 믿음이 없다고 말한다. 어떤 면에서는 '나는 구원을 받지 못했다' 는 것과 같은 말이다. 우리는 하나님이 주신 믿음을 가지고 있다. 예수님께서 하신 말씀을 생각해 보라. "예수께서 대답하여 저희에게 이르시되 하나님을 믿으라"(막 11:22). 이것을 영어로 보면, have faith of God, have faith in God이다. 즉 하나님 안에 있는 믿음이다.

그런데 가장 큰 문제는 많은 그리스도인이 자신은 하나님 안에 있는 믿음을 가지고 있지 않다고 굳게 믿고 있다는 것이다. 단지 감각적인 믿음이 자신이 가진 믿음의 전부라고 생각한다. 그렇지 않다. 우리는 모두 하나님이 소유하신 그 믿음을 가지고 있다. 왜냐하면 우리가 그분의 자녀가 될 때 아버지께서는 우리 각 사람에게 믿음을 나누어 주셨기 때문이다. 결국 문제는 믿음의 분량이지 믿음이 없는 것이 아니다. 하나님과의 관계에 따라 성도 간에는 분명히 믿음의 차이가 있다. 따라서 우리가 지금부터 지속적으로 해야 할 일은 우리의 믿음의 분량을 키워 나가는 것이다.

> "내게 주신 은혜로 말미암아 너희 중 각 사람에게 말하노니 마땅히 생각할 그 이상의 생각을 품지 말고 오직 **하나님께서 각 사람에게 나눠주신 믿음의 분량대로 지혜롭게 생각하라**"(롬 12:3).

하나님을 믿지 않는 사람은 이러한 계시적인 믿음 대신 단지 자기경험적 믿음만을 가지고 있다. 그들은 이해가 될 때 믿는다고 말한다. 그러나 계시적인 믿음이 작동하기 위해서 반드시 이해가 전제되어야 하는 것은 아니다. 오히려 계시와 체험의 과정을 통해 우리의 지성이 참된 이해를 가지게 되는 것이다. 영이 지성을 지도하는 것이 성경적이다. 그러나 하나님을 믿지 않는 사람은 지성이 영을 훈련시키도록 애를 쓴다.

믿음의 중요성은 아무리 강조해도 지나치지 않다. 믿음은 예수님을 만날 수 있는 천국의 열쇠이자 예수님이 이 세상에 다시 오실 때 가장 먼저 보고 싶어 하는 것이기도 하다. 우리는 믿음을 통해서 은혜로 거듭나게 된다. 물과 성령으로 난 자만이 하나님 나라(kingdom of God)에 들어간다(요 3:5). 하나님 나라에 들어간 자만이 이 땅을 새롭게 볼 수 있다. 이 땅을 새롭게 볼 수 있는 자만이 "뜻이 하늘에서 이룬 것 같이 땅에서도 이루어지이다"라는 예수님의 기도를 이해하며, 천국시민 혹은 대사의 삶을 살 수 있다. 즉 하나님의 나라를 이 땅에 충돌시키는 도구가 바로 믿음인 것이다. 그래서 예수님이 다시 오실 때도 믿음을 찾으시는 것이다.

> "내가 너희에게 이르노니 속히 그 원한을 풀어 주시리라 **그러나 인자가 올 때에 세상에서 믿음을 보겠느냐 하시니라**"(눅 18:8).

2. 믿음과 영적 반응

"믿음이란 '외부자극'에 대한 '영적 반응'이다."

인생을 살아가다 보면 누구나 어려움과 장애를 경험하게 마련이다. 이것은 그리스도인이 되었다고 해서 예외는 아니다. 중요한 것은 이러한 어려움이 닥쳐올 때 그것을 하나님 앞으로 더 나아가는 디딤돌로 사용하는가 혹은 하나님으로부터 멀어지는 걸림돌로 사용하느냐이다. 실제로 우리의 인생이 어떻게 이루어지는 것인가에 대한 연구결과를 보면, 단지 10%만이 우리에게 닥친 외부적인 일들이고 나머지 90%는 그 일들에 대해서 우리가 어떻게 반응했느냐로 구성되어 있다고 한다. 한번 생각해 보라. 누가 지나가는 말로 던진 한마디가 얼마나 오랫동안 나를 괴롭혔는지를 말이다.[4)]

사람들은 환경이나 다른 사람의 행위(이것을 '외부자극'이라고 하자)에 의해서 자신의 반응, 즉 태도가 결정되어진다고 믿고 있다. 사실이다. 그러나 그러한 반응

4) "남의 말 하기를 좋아하는 자의 말은 별식과 같아서 뱃속 깊은 데로 내려가느니라"(잠 18:8) (What dainty morsels rumors are – but they sink deep into one's heart).

은 우리가 그리스도인이 아닐 때의 반응일 뿐이다. 우리는 이미 새로운 피조물이 되었기 때문에 더 이상 우리 안에 일어나는 반응이 외부자극에 좌지우지 되어선 안 된다. 내 심령 안에 계신 성령님의 인도하심에 따라 반응해야 한다. 비록 우리의 심령은 새로워졌지만, 우리의 생각은 아직 구습의 틀에서 벗어나지 못하고 있기 때문에 이런 반응의 전환이 쉽지는 않다. 그러나 바로 이런 반응을 믿음으로 훈련하는 것이 영적 성숙의 지름길이다. 그리스도인의 반응은 '작용에 대한 반작용'과 같이 외부에 대한 자연스러운 반응이 아니라 심령 안에 박혀 있는 하나님 말씀에 대한 반응이어야 한다. 이는 마치 목에 건 아로마 십자가(나무로 만든 십자가 안에 향을 넣은 것)에 비유될 수 있다. 좋은 향을 내는 십자가 목걸이를 목에 걸면 어떤 상황에 처하더라도, 어떤 장소에 가더라도, 누구를 만나더라도 좋은 향기가 날 것이다. 한편, 내 목걸이 향의 냄새가 좋지 않다면 어디에 있든, 누구를 만나든 항상 좋지 않은 냄새가 날 것이다.

믿음이란 외부자극에 대한 감각적인 반응이 아니라, 성령님의 인도하심에 따른 반응이다. 전자의 반응을 '육신적 반응', 후자의 반응을 전자의 반응과 구별하기 위해서 '영적 반응'이라고 부르고자 한다. 결국, *계시적 믿음의 표현은 외부자극에 대한 영적 반응이다.*

인생의 반응은 마치 드넓은 하늘을 향해 날아오르는 연과 같다. 연이 높이 날아가는 것을 생각해 보라. 바람이 없으면 연은 날 수 없다. 그러나 그 바람에 대한 반응에 따라 연은 높이 날 수도 있고, 바닥으로 곤두박질칠 수도 있다. 인생의 폭풍이 언제나 지속되는 것은 아니다. 그러나 그러한 폭풍이 올 때 우리의 반응이 '영적 반응'이냐 '육신적 반응'이냐에 따라 높이 날 수도 있고 소망 없이 바닥에 떨어질 수도 있다. 배에서 폭풍우를 만났을 때 제자들의 '육신적 반응'과 예수님의 '영적 반응'을 말씀에서 비교해 보자.

> "배에 오르시매 제자들이 좇았더니 바다에 큰 놀이 일어나 물결이 배에 덮이게 되

었으되 예수는 주무시는지라 그 제자들이 나아와 깨우며 가로되 주여 구원하소서 우리가 죽겠나이다 예수께서 이르시되 **어찌하여 무서워하느냐 믿음이 적은 자들아 하시고 곧 일어나사 바람과 바다를 꾸짖으신대 아주 잔잔하게 되거늘**"(마 8:23-26).

바다에 큰 놀이 일어 제자들이 탄 배가 물에 잠길 지경이 되었다. 제자들은 무섭고 놀라서 주무시고 있는 예수님을 깨워 어떻게 해 달라고 조른다. 이러한 상황이면 누구든 제자들과 같이 반응할 수밖에 없을 것이다. 그러나 예수님의 반응을 보라. 그분은 환경에 따라 반응하지 않고, 믿음에 따라 반응하신다. 예수님 안에 계시는 성령님의 인도하심에 따라 환경에 반응하신다. 제자들의 반응은 자극에 따른 자연스러운 '육신적 반응'이었지만, 예수님의 반응은 하나님의 말씀에 일치하는 '영적인 반응'이었다.

예수님은 환경을 부정하지 않고 올바른 믿음(하나님의 말씀에 순종하는 믿음)을 허물어뜨리는, 눈앞에 보이는 것에 육신적으로 반응하게 하는 그 묶임을 부정하셨다. 여러 번 말하지만, 오감에 의한 자연스러운 인식(과거의 부정적인 경험과 연합하여)이 우리의 마음에 뿌리는 생각들을 부정해야 하며, 동시에 우리의 심령에 거하시는 성령님에 의해서 주어지는 하나님의 말씀이 우리의 마음에 가득 차도록 해야 한다.

우리에게 닥친 환경의 존재를 부정하는 것이 아니라, 우리 삶의 조건들을 지시하고 명령하며 속박하려는 환경의 권세(환경을 타고 들어와 역사하는 권세)를 부정해야 한다.[5] 우리는 하나님의 말씀에 의해서 존재하는 것이지 환경에 의해서 존재하는 것이 아니기 때문이다. 창세기 때의 아담을 다시 한 번 생각해 보자. 본래 우리는 이 세상에 영향을 받는 존재가 아니라, 하나님의 능력으로 이 세상을 관리

5) 프레데릭 프라이스, 「살아 역사하는 믿음」(베다니출판사, 1999), pp.197-209.

하고 정복하는 존재였다. 그런데 우리가 환경에 영향을 받게 된 것(환경의 권세에 지배받게 된 것)은 죄를 짓고 나서부터이다. 우리가 그리스도인이 되었다는 것은 태초에 하나님이 우리를 창조하신 본래의 삶으로 되돌아간다는 것을 의미한다. 아직 완성되지는 않았지만(예수님이 재림하실 때 완성될 것이다), 우리는 매일의 삶 속에서 믿음으로 선포해가며 승리를 취해야 한다.

'육신적 반응'은 '외부자극'이 가지고 있는 권세에 지배될 때 일어나는 반응이다. 육신적 반응에 항상 뒤따르는 것이 두려움과 무서움이다. 세상적인 권세에 지배된다는 것은 그 권세에 동의한다는 것을 의미하며, 그 권세에 동의할 때 나타나는 마음의 반응이 바로 두려움이다. 따라서 두려움은 마귀를 믿은 믿음이며, 불신이다. *영적인 어떤 실체도 우리의 동의 없이는 우리에게 아무런 영향력도 끼치지 못한다.* 결과적으로 두려움은 육신이 우리에게 억지로 짐 지우는 것이다. 그렇다면 어떻게 이 두려움에서 벗어날 수 있을까? 바로 하나님의 임재하심과 그것에 대한 체험적 확신이다.

"**하나님이 우리에게 주신 것은 두려워하는 마음이 아니요** 오직 능력과 사랑과 근신하는 마음이니"(딤후 1:7).

한편 '영적 반응'은 반드시 선포의 형식을 취한다. 외부자극이 가지고 있는 권세를 부정하는 것은 하나님의 능력이고 하나님의 능력은 말로 선포될 때 이루어지는 것이기 때문이다.

"이 때에 제자들이 종용히 예수께 나아와 가로되 우리는 어찌하여 쫓아내지 못하였나이까 가라사대 **너희 믿음이 적은 연고니라** 진실로 너희에게 이르노니 **너희가 만일 믿음이 한 겨자씨만큼만 있으면 이 산을 명하여 여기서 저기로 옮기라 하여도 옮길 것이요 또 너희가 못할 것이 없으리라**"(마 17:19-20).

"사도들이 주께 여짜오되 우리에게 **믿음을 더하소서** 하니 주께서 가라사대 너희에게 **겨자씨 한 알 만한 믿음이 있었더면** 이 뽕나무더러 뿌리가 뽑혀 바다에 심기우라 **하였을 것이요** 그것이 너희에게 순종하였으리라"(눅 17:5-6).

제자들도 권세와 능력이 있어 많은 귀신을 쫓아내었음에도 불구하고, 이번에는 그러한 일이 일어나지 않았다. 예수님은 제자들에게 너희에게 능력과 권세가 없기 때문이라고 말씀하시지 않고, 믿음이 적은 연고라고 말씀하셨다. 그러고나서 예수님은 제자들에게 믿음이 겨자씨만큼만 있더라도 귀신을 쫓아낼 뿐만 아니라 그것보다 더 큰 일도 할 수 있다고 말씀하셨다. 그렇다면, 예수님은 제자들이 가지고 있는 믿음이 겨자씨만큼도 되지 못한다고 말씀하신 것일까? 말씀의 핵심은 거기에 있지 않다. 예수님께서 여기서 말씀하시고자 하는 진의는 그 정도의 적은 믿음이라 할지라도 있다면, 믿는 대로 선포해야 기적이 일어난다고 말씀하신 것이다. 결국 능력과 권세가 있다 할지라도, 믿음으로 선포되지 않으면 기적이 일어나지 않는다. 진정한 믿음은 믿는 대로 선포하는 데 있다.

그리고 제자들도 믿음을 어떻게 얻느냐고 묻지 않고 있음에 주의해 보라. 그들은 믿음의 분량을 증가시키는 방법에 대해서 예수님께 의뢰하였고, 예수님은 마음의 두려움을 떨쳐버리고 선포하는 것이 무엇인지를 가르쳤다. 진정한 믿음의 역사는 믿음에 근거하여 선포하며, 그 선포한 대로 행하는 데 있다. 하나님은 우리의 생각에 따라 역사하시지 않고 우리 입술로 선포되는 대로 역사하신다. 우리의 생각이 하나님 말씀으로 변화되었다면 항상 선포하는 것을 익혀야 한다.

3. 믿음과 행동

“진정한 믿음은 믿는 대로 행동하는 것이다.”

집회 시 흔히 “하나님께서 고칠 수 있다는 것을 믿습니다”라고 고백하는 것을 종종 듣는다. 그런데 왜 많은 사람들이 고통받으며 살고 있는가? 이유는 자신이 믿은 바에 따라 행동하지 않기 때문이다. 만일 믿는 대로 행동하지 않는다면 당신이 믿는 바가 사실이라 할지라도 당신의 환경을 바꾸지 못한다. 지금도 하나님이 자신을 고쳐 주실 것으로 믿는 많은 그리스도인들이 하나님의 개입 없이 죽어가고 있다(내가 여기서 강조하고자 하는 것은 원리적으로 믿음의 중요성을 강조하는 것이지 모든 일이 우리의 믿음에만 달려있다고 주장하는 것은 아니다). 진정한 믿음은 당신이 믿는 바에 근거하여 행동하는 것이다.

행동이 뒤따르지 않는 믿음은 마치 사막을 걷다가 오아시스를 발견한 사람이 그 앞에서 “이 물을 먹으면 죽지 않을 것임을 믿습니다”라고 외치는 것과 같다. 나이아가라 폭포에 외줄을 걸쳐 놓고 기다란 장대로 균형을 잡으며 건너가는 아주 유명한 곡예사가 있었다. 밑에는 보호장치가 없어 떨어지면 죽을 수밖에 없는 상황이다. 많은 사람들이 구름같이 몰려 있을 때, 곡예사가 모인 구경꾼들에게 "내가 이 장대 하나로 균형을 잡고 이쪽에서 저쪽으로 걸어갈 수 있다고 믿습니까?" 라고 소리질렀다. 그러자 그 주위에 모인 모든 사람들이 박수를 치며, "물론입니다. 당신은 건널 수 있습니다. 이미 전에도 그렇게 했고요" 라고 맞장구를 쳤다. 그 때 곡예사가 "그러시면 이번에 누가 내 목에 목마를 타고 함께 갈 수 있겠습니까?" 라고 물었다. 이 경우 당신은 어떻게 대답하겠는가? 이것이 바로 믿음과 행동하는 믿음의 차이다. 우리가 믿는 대상은 곡예사가 아니라 예수 그리스도이시다. 우리의 모든 것을 그분에게 실제로 맡기는 것이 바로 믿는 대로 행한다는 의미이다.

성경의 믿음은 모두 행동이 동반되었음을 알 수 있다.

> "너희는 도를 행하는 자가 되고 **듣기만 하여 자신을 속이는 자가 되지 말라**"(약 1:22).
>
> "이와 같이 **행함이 없는 믿음은 그 자체가 죽은 것이라** 혹이 가로되 너는 믿음이 있고 나는 행함이 있으니 행함이 없는 네 믿음을 내게 보이라 **나는 행함으로 내 믿음을 네게 보이리라**"(약 2:17-18).
>
> "수일 후에 예수께서 다시 가버나움에 들어가시니 집에 계신 소문이 들린지라 많은 사람이 모여서 문 앞에라도 용신할 수 없게 되었는데 예수께서 저희에게 도를 말씀하시더니 **사람들이 한 중풍병자를 네 사람에게 메워 가지고 예수께로 올새 무리를 인하여 예수께 데려갈 수 없으므로 그 계신 곳의 지붕을 뜯어 구멍을 내고 중풍병자의 누운 상을 달아내리니 예수께서 저희의 믿음을 보시고** 중풍병자에게 이르시되 소자야 네 죄 사함을 받았느니라 하시니…"(막 2:1-12).

예수님은 중풍병자와 네 사람의 행동을 보시고 난 다음, '저희의 믿음을 보시고' 라고 말씀하셨다. 즉 진정한 믿음은 믿는 바에 따라 행동하는 것이다.

"저희가 여리고에 이르렀더니 예수께서 제자들과 허다한 무리와 함께 여리고에서 나가실 때에 디매오의 아들인 소경 거지 바디매오가 길 가에 앉았다가 나사렛 예수시란 말을 듣고 소리 질러 가로되 다윗의 자손 예수여 나를 불쌍히 여기소서 하거늘 **많은 사람이 꾸짖어 잠잠하라 하되 그가 더욱 심히 소리질러 가로되 다윗의 자손이여 나를 불쌍히 여기소서 하는지라** 예수께서 머물러 서서 저를 부르라 하시니 저희가 그 소경을 부르며 이르되 안심하고 일어나라 너를 부르신다 하매 **소경이 겉옷을 내어버리고 뛰어 일어나 예수께 나아오거늘** 예수께서 일러 가라사대 네게 무엇을 하여 주기를 원하느냐 소경이 가로되 선생님이여 보기를 원하나이다 예수께서 이르시되 가라 **네 믿음이 너를 구원하였느니라** 하시니 저가 곧 보게 되어 예수를 길에서 좇으니라" (막 10:46–52).

소경 바디메오는 어떤 믿음에 대한 이야기도 하지 않았다. 그는 믿음에 따라 행동을 취했을 뿐이다. 그러나 예수님은 그것을 믿음으로 보셨다. 믿음은 행동이다. 행동 없는 믿음은 한 면이 지워져 그 가치를 잃어버린 동전과 같다.

"열두 해를 혈루증으로 앓는 여자가 예수의 뒤로 와서 그 겉옷 가를 만지니 이는 **제 마음에 그 겉옷만 만져도 구원을 받겠다 함이라** 예수께서 돌이켜 그를 보시며 가라사대 **딸아 안심하라 네 믿음이 너를 구원하였다 하시니**여자가 그 시로 구원을 받으니라"(마 9:20–22).

혈루증을 앓는 여자는 마음에 믿었고, 그 믿음대로 행했다. 이때 예수님은 그녀의 믿음에 따른 행동을 보시고, "네 믿음이 너를 구원하였다"라고 말씀하셨다.

"예수께서 예루살렘으로 가실 때에 사마리아와 갈릴리 사이로 지나가시다가 한 촌에 들어가시니 문둥병자 열 명이 예수를 만나 멀리 서서 소리를 높여 가로되 예수 선생님이여 우리를 긍휼히 여기소서 하거늘 보시고 가라사대 **가서 제사장들에게 너희 몸을 보이라 하셨더니 저희가 가다가 깨끗함을 받은지라** 그 중에 하나가 자기의 나은 것을 보고 큰 소리로 하나님께 영광을 돌리며 돌아와 예수의 발아래 엎드리어 사례하니 저는 사마리아인이라 예수께서 대답하여 가라사대 열 사람이 다 깨끗함을 받지 아니하였느냐 그 아홉은 어디 있느냐 이 이방인 외에는 하나님께 영광을 돌리러 돌아온 자가 없느냐 하시고 그에게 이르시되 일어나 **가라 네 믿음이 너를 구원하였느니라** 하시더라"(눅 17:11-19).

예수님은 문둥병자에게 특별한 행동이나 기도를 하지 않았다. 단지 "제사장들에게 너희 몸을 보이라" 고만 하셨다. 문둥병자들은 치유함을 받고 제사장에게 간 것이 아니라 말씀대로 가다가 치유함을 받은 것이다. 이것이 바로 우리가 깨달아야 할 믿음이다. 기적이 믿음에 앞서가는 것이 아니라, 믿음이 기적을 이끌어 낸다.

매일의 삶 속에서 보는 것으로 판단하고 그에 따라 행하지 않아야 한다. 우리는 믿음으로, 즉 하나님의 말씀에 의거하여 행동하는 것을 연습해야 한다. 왜냐하면 믿음은 바라는 것들의 실상이요, 보지 못하는 것들의 증거이기 때문이다. *결국 하나님의 능력을 활성화시키는 것은 우리의 믿음이다.*

"네가 보거니와 **믿음이 그의 행함과 함께 일하고 행함으로 믿음이 온전케 되었느니라**"(약 2:22).

"믿음이 없이는 기쁘시게 못하나니 하나님께 나아가는 자는 반드시 그가 계신 것과 또한 그가 자기를 찾는 자들에게 상 주시는 이심을 믿어야 할지니라"(히 11:6).

"이는 **우리가 믿음으로 행하고** 보는 것으로 하지 아니함이로라"(고후 5:7).

4. 믿음의 현재성

"믿음은 언제나 현재에 작동한다."

우리와 하나님과의 접촉은 언제나 현재이기 때문에 믿음은 언제나 현재시제이다. 따라서 하나님의 모든 약속을 취할 때 우리는 현재라는 시간에서 믿음이라는 행동을 취해야 한다. 어제나 오늘이나 영원히 동일하신 하나님을 기억해 보라.

"예수 그리스도는 어제나 오늘이나 영원토록 동일하시니라"(히 13:8).

레일 위를 달리는 전철을 생각해 보라. 전철은 시간을 따라 달려간다. 그러나 전철이 움직이기 위해서는 항상 현재의 시간으로 위에 있는 전선과 닿아 있어야 한다. 그 접촉점이 바로 전철을 달리게 하는 원동력이다. 하나님에 대한 믿음도 똑같다. 과거에 이미 이루어 놓으신 역사가 현재의 믿음을 통해서 들어온다. 또한, 장래의 일들도(things to come) 현재의 믿음을 통해서 들어온다. 따라서 현재 믿음의 접촉점을 통한 능력과 친교의 흐름이 바로 자신의 믿음 수준이다. 믿음은 항상 현재다.

같은 의미로 우리의 신앙도 현재다. 지금 이 순간 하나님과의 관계(친밀함)가 바로 그 사람의 신앙수준이다. 어제 죽은 사람을 살렸다 할지라도 오늘 믿음을 잃어버렸다면, 그 사람의 신앙은 현재 바닥이다. 신앙은 관계이지 업적이나 행위가 아니기 때문이다. 흔히 우리는 "하나님이 할 수 있다는 것을 알아", "하나님이 하실 것을 알아"라고 말한다. 그러나 이 말은 하나님이 무엇인가를 하실 것은 믿지만 현재는 그렇지 않으며, 앞으로 언젠가 그렇게 될 것이라는 말이다. 이러한 믿음은 나와는 아무런 상관이 없는 객관적 사실에 대한 긍정일 뿐이다. 그러한 사실은 마귀도 알고 있다. 이러한 고백은 단지 그랬으면 좋겠다는 소망의 표현일 뿐이지 믿음은 아니다.

또한 "하나님이 무엇인가를 하실 거야", "글쎄, 하나님께서 나를 고쳐 주시길 바랄 뿐이야", "나는 하나님이 그렇게 하실 줄 바라고 있어요"라고 말할 때도 하나님은 역사하시지 않는다. 왜냐하면, 그 말 속에는 하나님이 이미 그것을 해 놓으셨다는 것을 부인한 것이 되기 때문이다.

위의 말들에는 믿음의 현재적 접촉점이 없다. 하나님과 우리는 현재적 믿음이라는 접촉점을 통해서 만나게 되고, 그 만남을 통해서 하나님은 역사하신다. *표적과 기사는 과거에 우리를 위해서 이미 행하신 일로서 오늘 지금 현재 여기(now and here)라는 시공간에서 믿음이라는 도구로 청구할 때 미래에 일어나는 것이다.* 그러나 위에 언급된 잘못된 고백은 현재적 믿음이라는 접촉점 없이 미래 하나님이 원하시는 때에 하나님이 하실 것이라는 막연한 소망만을 표현하고 있다.

전기는 눈에 보이지 않지만 발전소에서 우리 집 콘센트까지 항상 들어와 있다. 불을 켜기 위해서는 단지 스위치만 켜면 된다. 우리는 스위치를 켜고 불이 들어온 것을 보고서야 비로소 전기가 흘렀다는 사실을 인식한다. 하나님의 역사도 마찬가지다. 하나님의 능력은 초자연계에서 오는 것이기 때문에 보이지 않는다. 스위치를 켜는 것과 같은 믿음을 보일 때 이 땅에서 기사와 이적이 일어나고, 그것을 목도할 때 비로소 하나님이 역사하셨다는 것을 안다. 하나님은 예수 그리스도를 통해 이천년 전에 이미 다 이루셨다. 지금 우리는 은혜로 구원을 받았기 때문에 믿음으로 그것을 청구하기만 하면 된다.

> "나의 하나님이 **그리스도 예수 안에서 영광 가운데 그 풍성한대로** 너희 모든 쓸 것을 채우시리라"(빌 4:19).
>
> "친히 나무에 달려 그 몸으로 우리 죄를 담당하셨으니 이는 우리로 죄에 대하여 죽고 의에 대하여 살게 하려 하심이라 저가 채찍에 맞음으로 너희는 **나음을 얻었나니**"(벧전 2:24).
>
> "이는 선지자 이사야로 하신 말씀에 우리 연약한 것을 친히 담당하시고 병을 짊어지셨도다 함을 이루려 하심이더라"(마 8:17).
>
> "그러므로 **믿음은 들음에서 나며** 들음은 그리스도의 말씀으로 말미암았느니라"(롬 10:17).

결국 진정한 기도는 과거에 예수님이 이루신 일들을 현재의 믿음으로 받아들이고 선포하는 것이다.

> "그러므로 내가 너희에게 말하노니 **무엇이든지 기도하고 구하는 것은 받은 줄로 믿으라 그리하면 너희에게 그대로 되리라**"(막 11:24) (Therefore I tell you, whatever you ask for in prayer, **believe that you have received it, and it will be yours**(NIV)).

기도하는 것은 현재이나, 일어난 것은 과거이다. 즉 믿음이란 과거에 이미 일어난 것을 현재로 취할 때, 그 가시적인 결과가 미래에 나타난다는 것이다. 그러나 중요한 사실은 과거에 행하신 것을 현재의 믿음으로 선포할 때까지는 우리는 아무것

도 느낄 수 없다는 것이다.

다시 한 번 음미해 보자. 예를 들어, 자신의 아픈 곳을 보며 "치유하실 것을 믿습니다. 믿습니다"라고 외치는 것은 자신에게 최면을 거는 것이나 다름없다. "내가 치유받았음을 믿습니다"라고 말해야 한다. 어떤 사람들은 그 반대가 아니냐고 항변하며 여전히 아픈데도 불구하고 "치유받았음을 믿습니다"라고 말할 수 있느냐고 말한다. 너무 극단적인 태도라고 생각하는가? 절대로 그렇지 않다. 우리는 하나님의 말씀을 믿는 것이지 감각을 믿는 것이 아니기 때문이다. 위의 예를 생각해 보면, 통증은 증후에 속한다. 즉 통증은 결과이지 원인이 아니라는 것이다. 통증을 제거하기 위해 해야 할 일은 그 원인을 제거하는 것이다. 믿음의 선포는 그 원인에 역사한다.

5. 믿음의 삶

지금까지 믿음이란 무엇을 의미하며, 그 특성이 무엇인지에 대해서 알아보았다. 이제는 우리의 실제 삶에서 믿음이 어떠한 역할을 하며, 이러한 믿음을 삶에 어떻게 적용시킬 수 있는지 몇 가지 알아보려 한다.

우리가 듣고 말하는 것이 믿음에 영향을 미친다

믿음은 들음에서 난다(롬 10:17). 따라서 계시적인 믿음은 그리스도의 말씀을 들음으로써 얻을 수 있다. 우리 모두는 하나님의 말씀에 대해서 듣는다. 그러나 하나님에 대해서는 듣지만, 하나님의 말씀에 근거하여 실제로 하나님으로부터는 듣지 못하고 있다. 더욱이 잘못되거나 거짓된 믿음도 들음에서 난다. 이때 들음은 그리스도의 말씀이 아니라 자신의 소리나 사단의 소리일 확률이 높다. 사람이 어떤 생각을 가진다는 것은 바로 그 사람이 들은 것 때문이다.

"그러므로 믿음은 들음에서 나며 들음은 그리스도의 말씀으로 말미암았느니라" (롬 10:17).

말은 심령의 상상으로 나오기 때문에 설령, 아무런 의미 없는 말이라 할지라도 마음을 반영한다. 따라서 우리의 믿음의 분량은 그것에 제한을 받을 수밖에 없다. 이러한 이유 때문에 우리의 말에 의해서 우리가 판단받는다. 동시에 어떤 것을 말할 때 자신도 그것을 듣고 있으며, 자신도 모르는 사이에 그 말에 대한 자신의 믿음을 강화시키게 된다. 말에 따라 무의식적으로 부정적인 믿음을 발전시킬 수도 있다는 것이다. 따라서 항상 말하거나 듣는 것을 조심해야 한다.

"독사의 자식들아 너희는 악하니 어떻게 선한 말을 할 수 있느냐 **이는 마음에 가득한 것을 입으로 말함이라** 선한 사람은 그 쌓은 선에서 선한 것을 내고 악한 사람은 그 쌓은 악에서 악한 것을 내느니라 내가 너희에게 이르노니 **사람이 무슨 무익한 말을 하든지 심판 날에 이에 대하여 심문을 받으리니**"(마 12:34-36).

"무엇이든지 밖에서 사람에게로 들어가는 것은 능히 사람을 더럽게 하지 못하되 **사람 안에서 나오는 것이 사람을 더럽게 하는 것이니라 하시고**"(막 7:15-16).

사실 듣고 말하는 것으로 우리의 믿음은 점점 더 확고해진다. 옳은 믿음이든 옳지 않는 믿음이든 상관없이 말이다. 설령 우리가 그리스도인이 되었다 할지라도 말씀과 성령님에 의해서 마음을 새롭게 하지 않으면, 여전히 구원 전의 자기경험적 믿음에 갇혀 살 수밖에 없다. 우리의 심령에는 오염을 걸러내는 여과장치(말씀과 성령님에 의한 인도하심)가 없기 때문에 외부에서 들리는 말도 타락한 마음에 합당한 것만 받아들인다. 또한 이미 더러워진 마음에서 상상된 것을 말로 뱉어 내기 때문에 점점 더 강퍅한 믿음으로 굳어지게 된다. 따라서 이것을 회복시키기 위해서는 항상 하나님의 말씀을 듣고 믿음의 말씀만을 선포해야 한다.

사단은 우리의 믿음을 노린다

모든 사람은 자신이 원하든 원하지 않든 간에 영적 전쟁의 한가운데 서 있다. 이것은 신자이든 불신자이든 차이가 없으며, 모두들 열심히 싸우고 있다. 불신자도 싸움을 한다. 그러나 그들의 싸움은 현세의 승리만을 목표로 한다는 것이 믿는 우리와 다르다.

> "경기하는 자가 **법대로 경기하지 아니하면 면류관을 얻지 못할 것이며**"(딤후 2:5).
>
> "그러므로 내가 **달음질하기를 향방 없는 것 같이 아니하고 싸우기를 허공을 치는 것 같이 아니하여**"(고전 9:26).

반면에 그리스도인의 싸움은 믿음의 선한 싸움이며, 싸움에 승리하면 영생을 얻는다.

> "**믿음의 선한 싸움을 싸우라**(**fight the good fight for what we believe**) 영생을 취하라 이를 위하여 네가 부르심을 입었고 많은 증인 앞에서 선한 증거를 증거하였도다"(딤전 6:12).

믿음의 선한 싸움, 즉 영적 전쟁의 대상은 정사와 권세와 이 어두움의 세상 주관자들과 하늘에 있는 악한 영들이다(엡 6:12). 우리는 이 전쟁의 본질을 잘 이해해야 한다. 어두움의 세력이 노리는 것은 우리의 능력이나, 업적이나, 직업이나, 가족이나, 우리의 육체라기보다 우리의 믿음이다. 실제 사단은 그러한 것들을 공격하지만 그것은 일종의 연막작전일 뿐이다. 그들의 핵심 공격작전은 우리를 계시적인 믿음에서 멀어지게 하려는 데 있다. 왜냐하면 이 장의 처음에 언급한 것처럼 믿음이 없으면 십자가도, 말씀도, 기름부으심도 아무것도 얻을 수 없기 때문이다. 반대로 이야기하자면 믿음만이 마귀를 이길 수 있는 유일한 도구이기 때문에 그렇다. 디모데전서 6장 12절의 "믿음의 선한 싸움"의 시작은 바로 자신의 믿음을 빼앗기지 않고 지키는 일임을 명심해야 한다.

"대저 하나님께로서 난 자마다 세상을 이기느니라 **세상을 이긴 이김은 이것이니 우리의 믿음이니라**"(요일 5:4).

"내 형제들아 너희가 여러 가지 시험을 만나거든 온전히 기쁘게 여기라 이는 너희 **믿음의 시련이** 인내를 만들어 내는 줄 너희가 앎이라 인내를 온전히 이루라 이는 너희로 온전하고 구비하여 조금도 부족함이 없게 하려 함이라"(약 1:2-4).

믿음은 폭탄의 뇌관과 같다. 영화에서 폭탄을 제거할 때 보면 전체를 없애는 것이 아니고 뇌관만 제거한다. 아무리 복잡하고 위력이 큰 폭탄이라 할지라도 뇌관만 없애면 아무짝에도 쓸모없는 고철덩이가 된다. 사단이 우리를 보는 관점도 이렇다. 사단은 우리가 어떤 지위, 권세, 능력을 가졌는가를 보지 않고, 그 심령에 믿음이 있는지 없는지만을 살핀다. 하나님의 계시적인 믿음으로 장착되어 있지 않으면, 이 세상에서 아무리 위대한 사람이라 불릴지라도 별 볼일 없는 존재로 취급한다. 그러나 아무리 형편없는 사람이라 할지라도 그 사람이 계시적인 믿음을 가지고 있으면 사단은 바짝 긴장하며, 예의주시한다. 그리고 그때부터 사단은 우리에게서 믿음을 앗아가려고 모든 수단과 방법을 동원한다.

다시 한 번 말하지만, 마귀는 우리를 원하지 않고, 우리의 믿음을 원한다. 믿음은 마음에서 나온다. "무릇 지킬 만한 것보다 더욱 네 마음을 지키라 생명의 근원이 이에서 남이니라"(잠 4:23)를 기억해야 할 것이다. 마음을 지켜야 하는 이유는 마음 한복판에 믿음이 서 있기 때문이다. 어떤 일이 일어난다 할지라도 문제들에 마음이 빼앗겨 믿음이 홀로 남게 하지 말라. 말씀 없이 홀로 남은 믿음은 자기경험적 믿음으로 전락하게 된다.

매일 피나도록 싸워야 할 '믿음의 선한 싸움'은 자신의 무능력에 대한 확신과 믿음보다는 하나님의 위대한 능력에 대해 더 큰 믿음을 가지는 것이다. 우리 자신의 처지에 대한 믿음은 자기경험적 믿음인 반면 하나님의 위대한 능력에 대한 믿음은 계시적 믿음이다. 많은 그리스도인의 실제적 문제는 하나님이 얼마나 위대하시며 우리를 얼마나 사랑하시는가에 대한 믿음보다는 자기 자신이 얼마나 무가치

한 존재인가에 대한 믿음이 훨씬 크다는데 있다. 즉 하나님의 능력보다는 우리들의 무능력에 더 초점을 맞추며 살고 있다는 말이다.

우리가 진정으로 믿는 것은 무엇인가?

'하나님의 말씀을 믿습니다. 내가 이해하지는 못하지만 믿음으로 받아들입니다.' 그러나 이러한 믿음은 문제가 없을 때(골방에서 기도할 때만, 연습게임 때만)는 의심 없이 받아들여지나, 실전상황 하에서는 항상 의심을 동반한다. 믿음의 출발점이 자신이기 때문이다.

계시적인 믿음은 자기 안에 계신 예수 그리스도를 알 때 그분에 의해서 주어지는 것으로 내가 믿는 것이 아니라 믿어지는 것이다. 내가 기도하면 이루어진다는 믿음이 아니라 나의 기도를 하나님이 들으시고, 그분의 신실하심으로 역사하신다는 사실에 대한 믿음이다. 즉 이 믿음은 내가 그 일을 이루는 것이 아니라, 하나님이 그 일을 이루실 것에 대한 믿음이다.

그럼에도 자신의 경험적 믿음을 회개하고 하나님 말씀을 계시적 믿음의 수준에서 이해하려고 하기보다는 오히려 계시적 믿음 수준에서 주어진 하나님의 말씀을 자신의 경험적 믿음의 차원으로 끌어내려 이해하려고 한다. 하나님께 쓰임받기를 원하는 성도라면 하루 속히 이러한 태도를 회개해야 한다. 하나님과 그분의 말씀을 우리의 이성과 경험 수준으로 끌어내리려는 모든 시도를 포기해야 하며, 교회 안에 들어온 그러한 시도에도 과감히 맞서야 한다.

나에게는 계시적인 믿음이 있는가?

누구나 믿음으로 하나님의 일을 행할 때마다 자신에게 어떤 믿음이 있는지를 확인해 보려고 한다. 그러나 사실 누구든지 자신에게 얼마의 믿음이 있는지 스스로를 확인할 때마다 믿음이 부족하거나 없음으로 인하여 괴로워하게 된다. 그러나 이것이 사단의 책략인 것을 아는 사람이 별로 없는 것 같다. 자신에게 믿음이 있는지 없는지를 확인하는 것 자체가 자기 경험적 믿음을 따르고 있다는 증거다. 하나님의 일을 하기 위한 계시적인 믿음은 스스로가 측정할 수 없다. 이것을 측정할 수 있는 유일한 길은 믿음의 적고 많음에 상관없이 곧바로 순종하는 것이다. 순종이야말로 계시적인 믿음에서 나오는 것이다. 우리는 순종의 결과로 나타난 것을 보고 자신의 믿음의 분량을 확인할 수 있을 뿐이다. 다음 구절을 위의 내용에 기초하여 묵상해 보라.

> "너희가 믿음에 있는가 **너희 자신을 시험하고 너희 자신을 확증하라** 예수 그리스도께서 너희 안에 계신 줄을 너희가 스스로 알지 못하느냐 그렇지 않으면 너희가 버리운 자니라"(고후 13:5).
>
> "가라사대 너희 믿음이 적은 연고니라 진실로 너희에게 이르노니 너희가 만일 믿음이 한 겨자씨만큼만 있으면 **이 산을 명하여 여기서 저기로 옮기라 하여도 옮길 것이요** 또 너희가 못할 것이 없으리라"(마 17:20).
>
> **"너희가 내 안에 거하고 내 말이 너희 안에 거하면 무엇이든지 원하는 대로 구하라** 그리하면 이루리라"(요 15:7).

구원과 치유에 있어서의 믿음은 동일하다.[6] 예수 그리스도의 십자가 대속으로 인하여 우리는 구원받았을 뿐만 아니라 우리의 육신도 치유함을 받게 되었다. 구원과 치유는 동전의 양면과 같다(이것에 대해서 확신이 없는 사람은 사 53:4–5과 벧전 2:24을 묵상해 보라). 그럼에도 구원과 치유를 받아들이는 우리 믿음의 반응이

6) 치유사역에 있어 많은 분들이 동의하는 것이 '대속에 의한 치유'이다. 말씀에 근거하여 대속에 의한 구원과 치유는 동일선상에서 이해하고 적용해야 한다는 것이다. 이러한 견해는 전통적 신유복음 사역자들로부터도, 최근에는 온누리교회 하용조 목사의 설교에서도 들을 수 있다. 성경말씀에 기초하여 구원과 치유는 십자가의 앞뒤 사건으로 비유될 수 있다. 즉 십자가상에서 예수님이 흘리신 피로 인하여 구원받고, 등 뒤에 채찍으로 맞음으로 인하여 치유가 일어난다. '대속에 의한 치유'의 선포로 실제 수많은 성도들이 치유되고 있다.

서로 다른 것을 보게 된다. 예를 들어 보자.

먼저 구원에 대한 믿음의 반응을 보면, 다음과 같을 것이다.

당신은 구원받았습니까? 예

당신이 구원받았음을 어떻게 아십니까? 내가 믿음으로 예수 그리스도를 영접했고, 영접하는 자는 하나님의 자녀가 된다고 성경에 나와 있기 때문입니다.

구원을 받은 것은 어떤 느낌이 아니라 하나님의 말씀을 믿었기 때문이며, 믿는 그 순간부터 당신은 구원을 얻게 된 것이다.

그렇다면 치유에 대한 두 가지 반응을 보자. 어느 것이 옳은 반응인가?

1) 당신은 치유함을 받았습니까? 아니오

어떻게 아십니까? 기도했지만, 여전히 아프기 때문입니다.

2) 당신은 치유함을 받았습니까? 예

어떻게 아십니까? 내 몸의 통증과 상관없이 성경이 그렇게 말씀하기 때문입니다.

구원을 받은 것과 마찬가지로, 치유도 느낌이 아니라 하나님이 말씀하신 대로 믿기 때문이다. *구원도 계시적인 믿음에 의해서 받는 것처럼(고전 12:3), 치유도 계시적인 믿음에 의해서 일어난다.*

6. 믿음의 기도란?

우리는 하나님의 자녀로서 하나님이 주시는 것을 풍성하게 누려야 하며 또한 그분에게 우리의 필요를 구해야 한다. 이때 우리는 기도를 통하여 하나님의 것을 공급받는다. 모든 성도들이 기도하지만 그럼에도 여전히 어떻게 기도해야 하나님을 기쁘시게 할까 생각한다.

믿음에 바탕을 둔 기도는 무엇일까?

1. 그분의 뜻대로 구하는 기도

왜 원하는 일이 응답되지 않을까? 그분의 뜻이 아니기 때문이다. 그렇다면 어떻게 그분의 뜻을 알 수 있는가?

"그를 향하여 우리의 가진 바 담대한 것이 이것이니 **그의 뜻대로 무엇을 구하면 들**

으심이라 우리가 무엇이든지 구하는 바를 들으시는 줄을 안즉 **우리가 그에게 구한 그 것을 얻은 줄을 또한 아느니라"**(요일 5:14-15).

기도의 열쇠는 하나님의 뜻대로(하나님의 법칙대로) 구하는 것에 있다. 하나님의 뜻이면 이루어주시고 그렇지 않으면 안 이루어져도 괜찮다고 생각하는 것은 올바른 기도의 태도가 아니다. 하나님의 뜻인지 아닌지도 모르면서 기도하는 것은 일종의 책임회피이며 이미 믿음 없이 기도하는 것과 다를 바 없다. 그렇다면 하나님의 뜻을 어떻게 알 수 있는가? 일차적으로 하나님의 말씀이다. 상황을 해결해 줄 하나님의 말씀을 찾아라. 그 약속의 말씀에 의거해서 확신을 가지고 기도하라. 이차적으로는 하나님의 음성을 들어라.

2. 믿음의 말을 선포하는 기도

선포는 내가 하지만 이루시는 분은 하나님이시다. 예수의 이름으로 구하라, 명령하라 그리고 꾸짖어라. 물론 간구하는 기도가 필요할 때도 있지만, 믿음의 기도는 말씀대로 이루어졌음을 선포하는 기도이다.[7]

예수 그리스도의 이름으로 말이다. 현실이 그렇지 않더라도 믿음대로 선포하라. 권세를 가지고 선포함으로 환경이 당신의 믿음의 말씀을 따라오도록 하라.

"그 날에는 내가 아버지 안에 너희가 내 안에 내가 너희 안에 있는 것을 너희가 알리라"(요 14:20).

"너희가 내 이름으로 무엇을 구하든지 내가 시행하리니 이는 아버지로 하여금 아들을 인하여 영광을 얻으시게 하려 함이라"(요 14:13).

7) 선포기도에 대해서는 5부 2장, '신유를 위한 선포기도'를 참고하라.

3. 이루어지기 전에 말하는 것이 이루어질 줄 믿는 기도

말하는 것은 우리이지만 이루시는 분은 성령님이시다. 말씀과 성령은 하나이다. 내가 선포할 때 성령님이 이루신다는 사실을 믿어라. 무언가를 얻기 위해서는 기도하고 구한 것을 먼저 믿어야 한다. 이것이 기도응답의 원리이다.

> "그 말하는 것이…이룰 줄 믿고…마음에 의심치 아니하면 그대로 되리라"(막 11:23b) (All that's required is that you really believe and **do not doubt in your heart**).
>
> "그러므로 내가 너희에게 말하노니 무엇이든지 기도하고 구하는 것은 받은 줄로 믿으라 그리하면 너희에게 그대로 되리라"(막 11: 24) (Listen to me! You can pray for anything, and **if you believe**, you will have it).

4. 용서 후에 하는 기도

믿음의 기도를 할 때 대부분의 경우는 마가복음 11장 23-24절의 말씀만을 강조한다. 그러나 한글성경에는 없지만 영어성경에는 25절이 분명히 'but' 으로 시작된다. 즉 24절의 응답은 25절의 조건에 달려 있다. 당신에게 잘못한 사람이라 할지라도 먼저 용서해야 기도가 응답된다.

> "서서 기도할 때에 아무에게나 혐의가 있거든 용서하라 그리하여야 하늘에 계신 너희 아버지도 너희 허물을 사하여 주시리라 하셨더라"(마 11:25) (**But** when you are praying, first forgive anyone you are holding a grudge against, so that your Father in heaven will forgive your sins, too).

5. 아주 구체적인 기도

문제를 기도하지 말고, 소망을 기도하라. 당신이 문제를 붙들고 있는 한 하나님의 손은 묶여 있다. 그러나 당신이 문제를 놓아버릴 때, 비로소 하나님은 그 문제에 대해 어떤 일이든 하실 수 있다. 기도할 때 현재의 문제가 아니라 갈망한 내용을 분명히 믿음의 눈으로 그려야 한다. 이것은 부정적인 마음에서 일어난 인간적인 상이 아니라, 십자가의 보혈의 피를 거친 성령님이 주시는 믿음의 상이어야 한다. 아주 구체적으로 그려라. 당신이 믿음의 눈으로 본 그대로 이루어주실 것이다.

"악인에게는 그의 두려워하는 것이 임하거니와 **의인은 그 원하는 것이 이루어지느니라**"(잠 10:24).

"또 여호와를 기뻐하라 **저가 네 마음의 소원을 이루어 주시리로다**"(시 37:4).

"너는 **내게 부르짖으라 그리하면 응답하겠고** 네가 알지 못하는 크고 비밀한 일을 네게 보이리라"(렘 33:3).

6. 끈질긴 기도

성령에 의한 확신, 즉 내적 평안이 올 때까지 기도하라. 많은 성도들이 그게 언제까지인지에 대해서 질문할 때가 많다. 기도가 하나님의 뜻 가운데 있다면 성령님을 통하여 자연계시적 발생으로 무거운 짐 혹은 억압감이 없어진 느낌이나 평안함이 주어지며, 그것을 응답으로 생각할 수 있다. 이러한 응답을 위해서는 이방 여인처럼 끈질기게 간구해야 한다.

"예수께서 거기서 나가사 두로와 시돈 지방으로 들어가시니 가나안 여자 하나가 그 지경에서 나와서 소리 질러 가로되 주 다윗의 자손이여 나를 불쌍히 여기소서 내 딸이 흉악히 귀신들렸나이다 하되 예수는 한 말씀도 대답지 아니하시니 제자들이 와서 청하여 말하되 그 여자가 우리 뒤에서 소리를 지르오니 보내소서 예수께서 대답하여 가라사대 나는 이스라엘 집의 잃어버린 양 외에는 다른 데로 보내심을 받지 아니하였노라 하신대 여자가 와서 예수께 절하며 가로되 주여 저를 도우소서 대답하여 가라사대 자녀의 떡을 취하여 개들에게 던짐이 마땅치 아니하니라 여자가 가로되 주여 옳소이다마는 개들도 제 주인의 상에서 떨어지는 부스러기를 먹나이다 하니 **이에 예수께서 대답하여 가라사대 여자야 네 믿음이 크도다 네 소원대로 되리라 하시니** 그 시로부터 그의 딸이 나으니라" (마 15:21–28).

우리의 마음은 하나님이 예수의 피 값으로 사신 밭이다.
그 밭에 믿음으로 씨를 뿌리고,
기도로 가꾸며,
성령으로 물을 주고,
행함으로 가지치기를 하면,
때가 이르러 열매를 맺을 것이다.

3부

오직 성령이 **너희에게 임하시면…**

(행 1:8)

1. 하나님의 이해 VS 경험

우리는 하나님을 이해하는가, 경험하는가? 기독교는 하나님을 삼위일체 성부, 성자, 성령 하나님으로 고백한다. 사실 삼위일체 개념은 기독교리 중 가장 중요한 개념이지만 지금까지도 이해하기 어려운 신학주제다. 그러나 정상적인 그리스도인이라면 너무도 자연스럽게 경험할 수 있는 진리이기도 하다. 모든 편견과 아집을 버릴 때 성부, 성자, 성령 하나님을 온전히 경험할 수 있다.

역사적으로 볼 때 자신을 삼중적인 방법으로 계시하시는 하나님에 대한 이해의 부족은 영적성숙에 커다란 걸림돌이 되었을 뿐만 아니라 교파분리의 결정적 원인이 되기도 했다. 신앙은 하나님을 이해하는 것에 있는 것이 아니라 하나님을 경험함으로써 그분이 우리를 지으신 목적대로 사는 데 있다. 이러한 목적은 특히 창세기와 요한계시록, 예수님이 보여주신 삶 그리고 제자들이 전하는 복음 등을 통해서 확실히 알 수 있다. 제자들이 전하는 복음의 메시지는 *"진정한 영적성장은 삼위*

*일체의 신학적 고찰이나 교리에 대한 지적이해가 아니라, 실제 삶에서 경험되어지는 하나님과의 직접적이고 올바른 관계를 인식, 체험 그리고 적용해야 한다"*는 것*이다.*[1] 결국, 옛 사람을 벗어 버리고 새로운 피조물이 되는 것은 삼위일체 하나님에 대한 사변적(경험에 의하지 않고 순수한 사유만을 통하여 인식에 도달하는 일)인 이해에서 벗어나 삼위로 오시는 성부, 성자, 성령을 직접 경험할 때이다.

> "너희는 유혹의 욕심을 따라 썩어져 가는 구습을 좇는 옛 사람을 벗어 버리고 **오직 심령으로 새롭게 되어 하나님을 따라 의와 진리의 거룩함으로 지으심을 받은** 새 사람을 입으라"(엡 4:22-24).
>
> "너희가 서로 거짓말을 말라 옛 사람과 그 행위를 벗어버리고 새 사람을 입었으니 **이는 자기를 창조하신 자의 형상을 좇아 지식에까지 새롭게 하심을 받는 자니라**"(골 3:9-10).

하나님은 추상적인 개념이 아니라 오늘도 살아 계시는 실체며, 인격이시다. 따라서 기독 신앙의 중심은 사람이나 교회가 아니라 삼위일체이신 하나님이다. 하나님은 자신을 창조, 구원, 인격 세 가지로 계시하셨다.[2]

창조 계시 : 창조주를 통해서

> "이는 하나님을 알 만한 것이 저희 속에 보임이라 하나님께서 이를 저희에게 보이셨느니라 창세로부터 그의 보이지 아니하는 것들 곧 그의 영원하신 능력과 신성이 그 만드신 만물에 분명히 보여 알게 되나니 그러므로 저희가 핑계치 못할지니라"(롬 1:19-20).

1) 크리스티안 슈바르츠, 「하나님을 경험하는 세 가지 예술」(도서출판 NCD, 2000), pp.6-7.
2) 앞의 책, pp.8-9.

구원 계시 : 예수님을 통해서

"하나님이 세상을 이처럼 사랑하사 독생자를 주셨으니 이는 저를 믿는 자마다 멸망치 않고 영생을 얻게 하려 하심이니라"(요 3:16).

"영접하는 자 곧 그 이름을 믿는 자들에게는 하나님의 자녀가 되는 권세를 주셨으니 이는 혈통으로나 육정으로나 사람의 뜻으로 나지 아니하고 오직 하나님께로서 난 자들이니라 말씀이 육신이 되어 우리 가운데 거하시매 우리가 그 영광을 보니 아버지의 독생자의 영광이요 은혜와 진리가 충만하더라"(요 1:12–14).

인격적 계시 : 성령님을 통해서

"내가 아직도 너희에게 이를 것이 많으나 지금은 너희가 감당치 못하리라 그러하나 진리의 성령이 오시면 그가 너희를 모든 진리 가운데로 인도하시리니 그가 자의로 말하지 않고 오직 듣는 것을 말하시며 장래 일을 너희에게 알리시리라 그가 내 영광을 나타내리니 내 것을 가지고 너희에게 알리겠음이니라 무릇 아버지께 있는 것은 다 내 것이라 그러므로 내가 말하기를 그가 내 것을 가지고 너희에게 알리리라 하였노라"(요 16:12–15).

"너희 몸은 너희가 하나님께로부터 받은 바 너희 가운데 계신 성령의 전인 줄을 알지 못하느냐 너희는 너희의 것이 아니라"(고전 6:19).

하나님에 대하여 아는 것은(knowing about Him) 지적 사유를 통해서이지만, 하나님을 아는 것은(knowing Him) 인격적 만남에 의해서이다. 그분과의 친교를 통해서 그분의 마음과 하나님 나라를 더 깊이 알 수 있다. 하나님은 우리의 생각과 이성 안에 존재하거나 우리가 추구함으로 붙들 수 있는 어떤 개념이 아니라 그분의 계시로만 경험되어질 수 있는 실제 존재이다. 따라서 기독교 신앙에 대해 올바른 평가를 할 때 경험적인 차원을 배제할 수가 없다. 신앙의 가장 중요한 핵심은 '삼위일체를 믿는다' 는 사실이 아니라 '하나님을 삼위로 경험하며, 관계한다' 는 사실이다.

현재 나는 하나님을 어떻게 경험하는가

오늘날 그리스도인이 직면하고 있는 가장 큰 문제는, 삼위일체 하나님의 계시 중 일부분으로만 하나님을 경험하고 있다는 것이다. 삼 위 중 단 한 위라도 무시될 때 우리는 하나님을 불완전하게 경험하게 된다. 어느 한 위도 다른 위를 대신할 수 없고, 우리 관점이나 경험을 어느 한 위로 줄이거나 제한하면 진정한 하나님을 경험할 가능성도 그만큼 줄어든다. 이것이 바로 오늘날 많은 그리스도인들이 직면하고 있는 비극이다.

실제 신앙은 우리가 다니는 교회와 교회에서 가르치는 교육에 절대적인 영향을 받게 마련이다. 현재 많은 교파들은 복음에 대한 접근방식과 이해가 조금씩 다르다. 대부분의 성도들은 이에 대한 진정한 이해나 판단 없이 지금 출석하고 있는 교회에서의 복음에 대한 믿음과 이해로 신앙기준이나 표준을 삼고 있다. 신학생이나 목회자도 마찬가지이다. 나온 신학교가 어떤 복음을 제시하며 어떻게 가르치냐에 따라 그 졸업생의 신앙이 결정된다. 예를 들면, 신학교에서 '기적종식론'에 대해서 배우고 나면, 실제 사역현장에서 기적과 이사를 체험하면서도 속으로는 갈등과 의심을 가진다. 왜냐하면, 그리스도인들은 복음에 대해서 어떤 가르침을 받을 때마다 의식화와 일체화 과정을 통해서 종교적 믿음을 굳게 하기 때문이다.

현재 기독교는 자유와 해방을 말하는 자유주의, 복음과 구원을 말하는 복음주의, 은혜와 능력을 말하는 은사주의로 나눌 수 있다. 사실 어느 하나도 뺄 수 없는 기독교의 핵심요소다. 그럼에도 불구하고 각 집단에 속하는 사람들은 하나님이 자신을 계시하는 세 가지 방법 가운데 어느 하나를 더 옹호하며 옳다고 생각하는 것처럼 보인다. 물론, 삼위 중 어느 한 분도 부정하는 것은 아니지만, 동일한 삼 위로 대하는 것이 아니라 삼위 중 한 위만을 자신도 모르게 선호하고 있다.

나는 개인적으로 하나님의 인도하심으로 삼위일체 하나님을 폭넓게 경험할 수 있었던 점에 감사한다. 말씀에 기초한 교회에서 QT와 강해설교로 말씀 중심의 신앙을 가질 수 있었고, 한국창조과학회를 섬기면서 '창조주 하나님'을 폭넓게 이해하게 되었다. 특히 성경적 세계관을 통해서 '과학과 신앙', '일과 예배'를 한 가지로 볼 수 있게 되었다. 뿐만 아니라 하나님께서 강제적으로 인도하신 내적치유 사역을 통해 성령님을 다시 만나고, 성령님과 동행하는 삶을 배울 수 있었던 것은 오늘의 나를 있게 하신 하나님의 계획적인 은혜이다.

당신은 지금 하나님을 어떻게 경험하고 관계하고 있는가? 성부, 성자, 성령 삼위의 하나님을 경험하는가? 깊이 묵상해 보아야 할 문제다. 다음 장부터 성령님에 대해 알아보려 한다. 말씀 중심의 교회에서 신앙생활을 할 경우, 오순절이나 은사주의 교파보다 성령님에 대한 이해와 경험이 적기 때문에 성령님에 대해 잘 알지 못하는 경우가 많다. 성령님을 공부하는 이유가 삼위 중 성령만을 강조하기 위함은 아니다.

2. 성령님은 누구신가?

성령님은 삼위일체의 한 분으로 하나님이시다.

그러나 참으로 안타까운 것은 성도들이 성령님을 하나님으로 바로 알지 못하고 있다는 것이다. 예를 들어 성령님을 인격이 아닌 어떤 알 수 없는 기묘한 능력이나 에너지로 취급한다든지, 하나님을 돕는 분 정도로 생각하는 경우다. 또한 성령체험을 하나님과의 만남으로 생각하지 않고 일회적인 경험으로 취급한다. 그러나 우리는 결코 성령님을 근심시키거나 소멸시켜서는 안 된다. 성령님을 올바로 알고 친밀한 교제를 나눌 때 진정한 그리스도인이라 할 수 있다.

성령님은 어떤 일을 하시는가

성경을 보면 성령님은 하나님이시며, 처음부터 하나님과 함께 계셨고, 하나님과 함께 일하셨음을 알 수 있다. 이 땅에 말씀이 선포되기 전에 하나님의 신이 운행하고 계셨으며, 하나님이 인간을 지으셨을 때도 성부, 성자, 성령님이 협력하셨다.

"땅이 혼돈하고 공허하며 흑암이 깊음 위에 있고 **하나님의 신은 수면에 운행하시니라**"(창 1:2).

"하나님이 가라사대 **우리의 형상을 따라 우리의 모양대로 우리가** 사람을 만들고 그로 바다의 고기와 공중의 새와 육축과 온 땅과 땅에 기는 모든 것을 다스리게 하자 하시고"(창 1:26).

"그러므로 너희는 가서 모든 족속으로 제자를 삼아 **아버지와 아들과 성령의 이름으로** 세례를 주고 내가 너희에게 분부한 모든 것을 가르쳐 지키게 하라 볼지어다 내가 세상 끝 날까지 너희와 항상 함께 있으리라 하시니라"(마 28:19-20).

"주 예수 그리스도의 은혜와 하나님의 사랑과 **성령의 교통하심이** 너희 무리와 함께 있을지어다"(고후 13:13).

또한 성령님은 인격이시기 때문에 인간처럼 지정의를 가지고 계시며, 우리와 교제하시는 분이다. 그분은 진리의 영이시며 하나님의 뜻을 우리에게 말씀하시며, 우리로 인해 근심하기도 하신다.

"내가 아버지께로서 너희에게 보낼 보혜사 곧 아버지께로서 나오시는 진리의 성령이 오실 때에 그가 나를 증거하실 것이요"(요 15:26).

"그러하나 진리의 성령이 오시면 **그가** 너희를 모든 진리 가운데로 인도하시리니 그가 자의로 말하지 않고 오직 듣는 것을 말하시며 장래 일을 너희에게 알리시리라"(요 16:13).

"귀 있는 자는 **성령이 교회들에게 하시는 말씀을 들을지어다** 이기는 그에게는 내가 하나님의 낙원에 있는 생명나무의 과실을 주어 먹게 하리라"(계 2:7).

"오직 하나님이 성령으로 이것을 우리에게 보이셨으니 **성령은 모든 것 곧 하나님의 깊은 것이라도 통달하시느니라**"(고전 2:10) (성령님은 지식을 가지신 분이십니다).

"하나님의 성령을 근심하게 하지 말라 그 안에서 너희가 구속의 날까지 인치심을 받았느니라"(엡 4:30) (성령님은 감정을 지니신 분이십니다).

예수님은 성령님을 보혜사(헬라어: 파라클레토스)라고 부르셨다. 보혜사는 은혜를 보존하고 가르치시는 분 혹은 구원받은 성도를 온전히 지켜주시는 분이라는 뜻으로, 돕는 자(helper), 교사(teacher), 위로자(comforter), 옹호자(advocator), 인도자(counselor), 책망자(rebuker)라고도 한다.

> "내가 아버지께 구하겠으니 **그가 또 다른 보혜사를** 너희에게 주사 영원토록 너희와 함께 있게 하시리니"(요 14:16).

한편 이사야서는 성령님이 7가지의 특성(여호와의 신, 여호와를 경외하는 신, 지식의 신, 지혜의 신, 총명의 신, 모략의 신, 재능의 신)을 지니고 계시다고 기록하고 있다.

> "이새의 줄기에서 한 싹이 나며 그 뿌리에서 한 가지가 나서 결실할 것이요 여호와의 신 곧 지혜와 총명의 신이요 모략과 재능의 신이요 지식과 여호와를 경외하는 신이 그 위에 강림하시리니 그(예수님)가 여호와를 경외함으로 즐거움을 삼을 것이며 그 눈에 보이는 대로 심판치 아니하며 귀에 들리는 대로 판단치 아니하며 공의로 빈핍한 자를 심판하며 정직으로 세상의 겸손한 자를 판단할 것이며 그 입의 막대기로 세상을 치며 입술의 기운으로 악인을 죽일 것이며 공의로 그 허리띠를 삼으며 성실로 몸의 띠를 삼으리라"(사 11:1-5).

성령님의 또 다른 특성과 직분을 살펴보면 다음과 같다. 성령님은 하나님의 신성을 가지신 인격체다. 성령님은 어디에나 계신다. 성령님은 모든 것을 아신다. 성령님은 전능하시다. 성령님은 사랑이시다. 성령님은 우리 안에 들어와 내주하신다. 성령님은 진리의 영이시다. 성령님은 영원하시다. 성령님은 말씀과 함께하신다. 성령님은 우리에게 영적 은사를 주신다. 성령님은 우리에게 권능을 주신다. 성령님은 모욕을 당하실 수 있다. 성령님은 거절을 당하실 수 있다. 성령님은 소멸될 수 있다.

성령님의 임재에 관련된 말들을 어떻게 이해해야 되나

성경에 보면 성령에 대한 다양한 표현들이 나온다. 우선 성령님의 임재를 내주, 세례, 충만으로 나누어 볼 수 있다. 성령님의 내주(dwelling: 거하심)는 자신의 죄를 회개하고 예수 그리스도를 주님으로 믿고 입술로 고백할 때 성령님이 우리 속에 거하심을 말한다. 성령님이 내주하신다고 해서 온전히 우리를 인도하시는 것은 아니다. 이것은 우리가 주님을 믿고 세례를 받았을지라도 우리의 삶을 온전히 주님께 드리지 못하는 것과 동일하다. 성령님은 인격이시기 때문에 우리의 의지와 생각을 항상 존중하신다. 즉 우리가 의지와 생각으로 성령님께 우리를 내어드린 만큼 인도하신다는 말이다. 결국 우리 자아를 의지적으로 그분께 내어드리지 않는 한 우리는 여전히 자기중심적이고 자아충만한 삶을 살 수밖에 없다.

> "만일 너희 속에 하나님의 영이 거하시면 너희가 육신에 있지 아니하고 영에 있나니 **누구든지 그리스도의 영이 없으면 그리스도의 사람이 아니라**"(롬 8:9).
>
> "그러므로 내가 너희에게 알게 하노니 하나님의 영으로 말하는 자는 누구든지 예수를 저주할 자라 하지 않고 **또 성령으로 아니하고는 누구든지 예수를 주시라 할 수 없느니라**"(고전 12:3).

한편 성령님은 무소부재(편재하심)하시지만(with us) 특정 장소, 특정 시간에 강력하게 우리를 찾아오실 때(임재하심)(upon us) 우리는 성령세례(baptism by the Holy Spirit)를[3] 받게 된다(in us). 성령님은 그분의 뜻에 따라 다양하게 임하신다. 예를 들면 경배와 찬양을 드릴 때, 말씀을 보거나 들을 때, 기도할 때, 안수를 받을 때 임하신다. 성령님의 내재는 본인이 의식하지 못하는 경우가 대부분이지만(대부분의 경우 믿음으로 취함), 성령세례가 임할 때는 일반적으로 다양한 현상이 나타난다. 이러한 성령세례의 결과로 성령님이 삶을 온전히 주도할 때를 성령충만

3) 성령체험이라고도 하며, 예수를 믿고 성령이 임한 사람이 성령을 사실적으로 경험하는 사건을 말한다.

한 상태라고 한다. 성령충만함은 일회적인 사건이 아니라 지속적인 충만함이다. 성령충만한 상태는 성령님이 인도하시는 삶을 말하며, 이런 삶 가운데 기름부으심이 임하면 비로소 사역의 길이 열리게 되는 것이다.

경험적으로 볼 때 성령세례 후 성령님은 지속적으로 내면에 있는 죄와 상처를 씻어내 주시고, 성령님과 동행하는 삶을 통하여 친밀함(intimacy)을 알게 하시며, 순종을 시험하신다. 자신을 주님께 온전히 내어드리고 성령님과 동행하며, 이러한 과정을 거칠 때 하나님은 마침내 기름부으심을 주셔서 사역하게 하신다.[4]

> "주 여호와의 신이 내게 임하였으니 이는 여호와께서 내게 기름을 부으사 가난한 자에게 아름다운 소식을 전하게 하려 하심이라 나를 보내사 마음이 상한 자를 고치며 포로 된 자에게 자유를, 갇힌 자에게 놓임을 전파하며"(사 61:1).

구원은 믿지 않는 죄인에 대한 것이지만 성령세례는 성도에게 주어지는 것이다. 사도행전을 보면 성령세례는 구원 뒤에 주어질 수도 있지만, 경우에 따라서 구원과 동시 혹은 먼저 받을 수도 있다. 또한 성령세례는 성령충만의 상태에 들어가는 시작, 출발점으로 이해될 수도 있다.[5]

> "예루살렘에 있는 사도들이 사마리아도 하나님의 말씀을 받았다 함을 듣고 베드로와 요한을 보내매 그들이 내려가서 저희를 위하여 성령 받기를 기도하니 이는 아직 한 사람에게도 성령 내리신 일이 없고 **오직 주 예수의 이름으로 세례만 받을 뿐이러라 이에 두 사도가 저희에게 안수하매 성령을 받는지라**"(행 8:14-17).

> "**이 말 할 때에 성령이 말씀 듣는 모든 사람에게 내려오시니** 베드로와 함께 온 할

4) 구체적인 내용은 5부의 '기름부으심과 능력전이' 장을 보라.
5) 보다 구체적인 내용은 박영돈의 「성령충만, 실패한 이들을 위한 은혜」(SFC, 2008)을 참고하라.

례 받은 신자들이 이방인들에게도 성령 부어 주심을 인하여 놀라니 이는 방언을 말하며 하나님 높임을 들음이러라 **이에 베드로가 가로되 이 사람들이 우리와 같이 성령을 받았으니 누가 능히 물로 세례 줌을 금하리요 하고 명하여 예수 그리스도의 이름으로 세례를 주라 하니라** 저희가 베드로에게 수일 더 유하기를 청하니라"(행 10:44-48).

성령충만의 핵심은 자신에 대한 소유권의 문제로 귀결된다. 즉 충만함의 기준은 내가 성령을 소유하고 있는지, 아니면 성령이 나를 소유하고 있는지에 달렸다. 어떤 사람이 성령의 지배를 받고 있다면 그는 성령충만한 상태다. 그러나 아무리 여러 번 성령세례의 경험을 가졌다 하더라도 성령님이 삶 전체를 지배하고 있지 못하다면 성령충만하지 못한 것이다.

만약 어떤 사람이 성령님에 의해서 온전히 인도함을 받는 삶을 살 때, 여러 가지 성령의 은사(gifts)와 열매(fruits)들이 자연스럽게 나타난다. 은사는 외적인 능력으로, 열매는 내적인 인격의 성숙으로 나타난다. 온전한 사역을 위해서는 은사와 열매가 모두 필요하다. 하지만 상당수의 경우 은사는 있지만 열매가 없어 사단의 공격에 쉽게 무너지기도 하고, 반대로 열매는 있으나 은사가 없어 하나님의 일을 온전히 감당하지 못하는 경우도 많다.

따라서 예수님의 보혈의 피를 힘입고, 성령충만한 가운데 지성소의 예배가 날마다 드려지는 삶을 살 때 우리는 성령님과 친교(communion: 성령님과의 친밀한 영적 교제)를 나눈다고 말할 수 있다. 즉 성령의 소욕에 온전히 사로잡혀 날마다 하나님의 성전인 마음을 지키고 심령으로 하나님과 대화하며 그분의 음성에 순종하는 삶을 말한다.

세례에 대한 성경의 말씀[6]

성경은 '세례'를 단수가 아닌 복수로 표현하고 있어 다른 세례도 있음을 알 수 있다.

"그러므로 우리가 그리스도 도의 초보를 버리고 죽은 행실을 회개함과 하나님께 대한 신앙과 **세례들과** 안수와 죽은 자의 부활과 영원한 심판에 관한 교훈의 터를 다시 닦지 말고 완전한 데 나아갈지니라"(히 6:1-2).

1) 거듭남(중생)

죄를 회개하고 예수를 구주로 영접하는 자에게 하나님의 자녀가 되는 권세가 주어진다. 세상의 삶에서 그리스도와 교회에 연합하는 회심을 의미한다. 학자에 따라서는 거듭남의 경험을 중생세례(baptism into the body of Christ)라고도 한다.

"그러므로 내가 너희에게 알게 하노니 하나님의 영으로 말하는 자는 누구든지 예수를 저주할 자라 하지 않고 또 성령으로 아니하고는 **누구든지 예수를 주시라** 할 수 없느니라"(고전 12:3).

"**영접하는 자 곧 그 이름을 믿는 자들에게는** 하나님의 자녀가 되는 권세를 주셨으니"(요 1:12).

2) 물세례

그리스도를 살아계신 하나님의 아들이라고 시인하고 주님으로 모시는 중생한 자가 하나님과 사람 앞에서 구원받았음을 선포하는 세례를 말한다.

"무릇 **그리스도 예수와 합하여 세례를 받은 우리는 그의 죽으심과 합하여 세례 받은 줄을 알지 못하느뇨** 그러므로 우리가 그의 죽으심과 합하여 세례를 받음으로 그와 함께 장사되었나니 이는 아버지의 영광으로 말미암아 그리스도를 죽은 자 가운데서 살리심과 같이 우리로 또한 새 생명 가운데서 행하게 하려 함이니라"(롬 6:3-4).

6) 명성훈, 「성령과 함께」(크레도, 2002).

"나는 너희로 회개케 하기 위하여 물로 세례를 주거니와 내 뒤에 오시는 이는 나보다 능력이 많으시니 나는 그의 신을 들기도 감당치 못하겠노라 **그는 성령과 불로 너희에게 세례를 주 실 것이요**"(마 3:11).

3) **성령세례**(baptism in the Holy Spirit)

중생할 때 성령님이 내주하시고, 교회에서 목사님의 물세례를 받아 그리스도인이 되었음을 알린다. 한편 성령세례는 다양한 경로로 주어지지만(안수를 통해서, 기도 중에, 말씀을 듣는 중에, 경배와 찬양 중에), 성령세례를 주시는 분은 예수 그리스도시다.

"예수께서 대답하시되 진실로 진실로 네게 이르노니 **사람이 물과 성령으로 나지 아니하면 하나님 나라에 들어갈 수 없느니라**"(요 3:5).

"나는 너희에게 물로 세례를 주었거니와 **그는 성령으로 너희에게 세례를 주시리라**"(막 1:8).

중생이 하나님의 자녀가 되는 법적 기능을 가졌다면, 물세례는 그것을 선포하는 의식이며, 성령세례는 실제적인 능력을 소유하는 단계다.

3. 왜 성령체험을 원하는가?

우리가 성령체험을 소원하는 것은 하나님을 체험하기 위해서일 것이다. 우리나라 사람이 성령체험을 갈망하는 수준은 가히 세계적이다.[7] 과거 참석했던 집회를 회상해 보면 지금도 얼굴이 화끈거린다. 외국 유명한 사역자를 초청한 집회에 참석해 보면 서로 먼저 기도를 받기 위해 새치기를 하고, 다른 사람을 배려하지 않는 모습에 참으로 부끄러웠다. 성령체험에 대한 갈급한 마음은 이해하지만, 신앙인격이 사라져 버린 현장을 너무나 많이 목격했다. 하나님은 우리의 일거수일투족을 다 보고 계시는데, 저렇게 기도를 받으면 하나님이 좋아하실까 하는 생각이 들 때도 많았다.

7) 미국에서 참석한 유명 사역자 집회 때 한국 성도의 성령체험에 대한 갈망과 저돌성에 대해 들었다. 물론 하나님은 에서보다 당신의 사랑을 갈구한 야곱을 사랑하셨지만, 한국 성도에 대한 말은 듣기에 불편했다. 성령님을 능력이라는 면보다 진정한 하나님 그리고 보다 인격적인 하나님으로 만나야 되지 않을까?

왜 성령체험을 하려는 것인가

우리의 문제를 해결받기 위해서 하나님 앞으로 나아간다는 자체는 잘못된 것이 아니다. 그러나 우리 자신을 좀 더 깊숙이 살펴보면(하나님의 입장에서 우리의 마음을 살펴보면) 대개의 경우 그 동기가 너무나 이기적이고 부끄러운 경우가 많다. 왜냐하면 성령님에 의해서 사용되어지기보다는 성령님을 이용하는 경우가 너무나 많기 때문이다. 우리의 죄로 생긴 문제라 하더라도, 하나님은 그것을 그분 앞으로 오는 수단으로 사용하시며, 그분 앞에 나아올 때 그 문제를 해결해 주신다. 그러나 문제를 하나님이 우리의 버릇을 고치려고 일부러 주시는 것으로 생각하거나, 혹은 우리가 죄인으로서 그분 앞에 가기 위해서 우리가 당연히 받아야 할 고통으로 생각하는 것은 잘못이다.

> "그런즉 너희가 어떻게 행할 것을 자세히 주의하여 지혜 없는 자 같이 말고 오직 지혜 있는 자 같이 하여 세월을 아끼라 때가 악하니라 그러므로 어리석은 자가 되지 말고 오직 주의 뜻이 무엇인가 이해하라 **술 취하지 말라 이는 방탕한 것이니 오직 성령의 충만을 받으라** 시와 찬미와 신령한 노래들로 서로 화답하며 너희의 마음으로 주께 노래하며 찬송하며 범사에 우리 주 예수 그리스도의 이름으로 항상 아버지 하나님께 감사하며 그리스도를 경외함으로 피차 복종하라"(엡 5:15-21).

무엇보다 말씀을 깨닫고 말씀대로 살기 위해서다. 말씀은 우리가 해석하고 판단하는 것이 아니라 성령님이 계시하셔야 한다.

> "보혜사 곧 아버지께서 내 이름으로 보내실 성령 그가 너희에게 모든 것을 가르치시고 내가 너희에게 말한 모든 것을 생각나게 하시리라"(요 14:26).
>
> "우리가 세상의 영을 받지 아니하고 오직 하나님께로 온 영을 받았으니 이는 우리로 하여금 하나님께서 우리에게 은혜로 주신 것들을 알게 하려 하심이라 우리가 이것을 말하거니와 사람의 지혜의 가르친 말로 아니하고 오직 성령의 가르치신 것으로 하니 신령한 일은 신령한 것으로 분별하느니라"(고전 2:12-13).

"너희는 거룩하신 자에게서 기름 부음을 받고 모든 것을 아느니라"(요일 2:20) (진리가 무엇인지를 안다는 뜻임).

"너희는 주께 받은 바 기름 부음이 너희 안에 거하나니 아무도 너희를 가르칠 필요가 없고 오직 그의 기름 부음이 모든 것을 너희에게 가르치며 또 참되고 거짓이 없으니 너희를 가르치신 그대로 주 안에 거하라"(요일 2:27).

하나님이 마지막 때에 부어주시기로 약속하셨기 때문이다. 지금은 마지막 때이다. 오늘날처럼 성령님이 강력하게 임하신 적은 본 적이 없다.[8]

"시온의 자녀들아 너희는 너희 하나님 여호와로 인하여 기뻐하며 즐거워할지어다 그가 너희를 위하여 비를 내리시되 **이른 비와 늦은 비가** 전과 같을 것이라"(욜 2:23).

"후에 내가 내 신을 만민에게 부어 주리니 너희 자녀들이 장래 일을 말할 것이며 너희 늙은이는 꿈을 꾸며 너희 젊은이는 이상을 볼 것이며 그 때에 내가 또 내 신으로 남종과 여종에게 부어 줄 것이며"(욜 2:28-29).

"볼지어다 내가 내 아버지의 약속하신 것을 너희에게 보내리니 너희는 위로부터 능력을 입히울 때까지 이 성에 유하라 하시니라"(눅 24:49).

살아계신 하나님을 만나기 위해서다. 하나님은 영이시기에 우리의 오감이나 생각으로는 만날 수 없고 오직 성령님을 통해서만 경험할 수 있다. 세상의 어떤 학식이나 경험을 가진 자라도 성령의 체험 없이는 하나님을 온전히 알지 못한다. 성령세례와 성령충만함을 경험하게 되면, 하나님의 존재와 하나님의 역사와 구원을 확신할 수 있게 된다. *특히 구원을 받았음에도 자기가 구원을 받았는지 혹은 성령님이 자기 안에 계신지 확신이 없는 성도들은 성령세례를 체험하면 여러 가지 현상(manifestation)을 경험하며 마음에 말할 수 없는 평온함을 갖게 되고 내면이 치*

8) 전 세계적으로 일어나고 있는 성령의 역사가 입증하고 있으며, 많은 복음전도 사역자들이나 성경연구자들도 동의하고 있다. 빈슨 사이난, 「세계 오순절 성경운동의 역사」(서울말씀사, 2000)를 참고하라.

유됨으로 구원에 대한 진정한 확신을 가지게 된다.

"우리 주 예수 그리스도의 하나님, 영광의 아버지께서 **지혜와 계시의 정신을 너희에게 주사 하나님을 알게 하시고**"(엡 1:17).

"기록된 바 하나님이 자기를 사랑하는 자들을 위하여 예비하신 모든 것은 눈으로 보지 못하고 귀로도 듣지 못하고 사람의 마음으로도 생각지 못하였다 함과 같으니라 **오직 하나님이 성령으로 이것을 우리에게 보이셨으니** 성령은 모든 것 곧 하나님의 깊은 것이라도 통달하시느니라"(고전 2:9-10).

예수 그리스도가 드러나는 삶을 살기 위해서다. 많은 성도들이 성령님과 동행하지 않고 자신의 헌신과 노력으로 예수님을 닮아가는 삶을 살려고 한다. 그러나 그리스도인의 삶은 예수를 닮아가는 삶이 아니고 성령님이 내 안에 오셔서, 자신을 포기하는 만큼 예수님이 드러나는 삶을 살아가는 데 있다.

"**내가 그리스도와 함께 십자가에 못 박혔나니 그런즉 이제는 내가 산 것이 아니요 오직 내 안에 그리스도께서 사신 것이라** 이제 내가 육체 가운데 사는 것은 나를 사랑하사 나를 위하여 자기 몸을 버리신 하나님의 아들을 믿는 믿음 안에서 사는 것이라"(갈 2:20).

"우리 산 자가 항상 예수를 위하여 죽음에 넘기움은 **예수의 생명이 또한 우리 죽을 육체에 나타나게 하려 함이니라**"(고후 4:11).

이 땅에서 승리하기 위해서다. 그리스도인이 되었음에도 불구하고 우리는 마음의 결심으로 육신의 소욕을 이기고 하나님의 법을 준수하려고 한다. 그러나 자신의 힘이나 능력으로 육신의 소욕을 이길 수 없다는 것을 철저히 깨닫고 회개하지 않으면 진정한 은혜의 삶을 이해할 수도 없고 살 수도 없다.

"너희가 육신대로 살면 반드시 죽을 것이로되 **영으로써 몸의 행실을 죽이면 살리니**"(롬 8:13).

"내가 이르노니 너희는 성령을 좇아 행하라 그리하면 육체의 욕심을 이루지 아니하리라 육체의 소욕은 성령을 거스리고 성령의 소욕은 육체를 거스리나니 이 둘이 서로 대적함으로 너희의 원하는 것을 하지 못하게 하려 함이니라 너희가 만일 성령의 인도하시는 바가 되면 율법 아래 있지 아니하리라"(갈 5:16–18) (and your choices are never free from this conflict. but when you are directed by the Holy Spirit, you are no longer subject to the law).

능력과 열매를 가지고 선교하기 위해서다. 사도행전 때의 전도는 분명히 능력전도(power evangelism)' 였다. 베드로가 성전 미문에 앉아 있는 한 앉은뱅이를 일으킴으로 오천 명을 믿게 한 사건을 보라.

"주의 성령이 내게 임하셨으니 이는 가난한 자에게 복음을 전하게 하시려고 **내게 기름을 부으시고 나를 보내사 포로 된 자에게 자유를 눈먼 자에게 다시 보게 함을 전파하며 눌린 자를 자유케 하고** 주의 은혜의 해를 전파하게 하려 하심이라 하였더라"(눅 4:18–19).

"내 말과 내 전도함이 지혜의 권하는 말로 하지 아니하고 **다만 성령의 나타남과 능력으로 하여**"(고전 2:4).

한편 집회 때 단(alter)으로 초청하여 안수하면 성령세례가 임하는 것을 흔히 볼 수 있다. 이때도 보면 모두 성령세례를 받는 것은 아니다. 하나님께 자신을 온전히 맡기지 못하고 고집하거나, 너무 긴장하거나, 하나님보다 은사자의 행동에 관심을 두거나, 안수하는 것을 부정적으로 보거나, 성령세례 때 일어나는 현상을 자신의 논리로 해석하려 하거나, 주변을 너무 의식해서 자신에게 일어나고 있는 현상을 거부하거나 억제하려는 사람들은 성령체험을 잘 못하는 것 같다.

성경에 따르면, 성령세례는 다음의 다섯 가지 중 하나로 주어진다.

1) 안수기도를 통해

"바울이 그들에게 안수하매 성령이 그들에게 임하시므로 방언도 하고 예언도 하니"(행 19:6).

"네 속에 있는 은사 곧 장로의 회에서 안수 받을 때에 예언으로 말미암아 받은 것을 조심 없이 말며"(딤전 4:14).

2) 성령집회를 통해

"그런즉 형제들아 어찌할꼬 너희가 모일 때에 각각 찬송시도 있으며 가르치는 말씀도 있으며 계시도 있으며 방언도 있으며 통역함도 있나니 모든 것을 덕을 세우기 위하여 하라"(고전 14:26).

3) 말씀이 선포될 때

"베드로가 이 말 할 때에 성령이 말씀 듣는 모든 사람에게 내려오시니"(행 10:44).

4) 함께 모이거나 개인적으로 사모해서 간구할 때

"오순절 날이 이미 이르매 저희가 다 같이 한 곳에 모였더니 홀연히 하늘로부터 급하고 강한 바람 같은 소리가 있어 저희 앉은 온 집에 가득하며 불의 혀같이 갈라지는 것이 저희에게 보여 각 사람 위에 임하여 있더니 저희가 다 성령의 충만함을 받고 성령이 말하게 하심을 따라 다른 방언으로 말하기를 시작하니라"(행 2:1-4).

5) 본인의 의사와 관계없이 하나님의 강권으로

"아나니아가 떠나 그 집에 들어가서 그에게 안수하여 가로되 형제 사울아 주 곧 네가 오는 길에서 나타나시던 예수께서 나를 보내어 너로 다시 보게 하시고 성령으로 충만하게 하신다 하니"(행 9:17).

사도행전에 나타난 성령세례

장소	성경	사건	방언	물세례
예루살렘	행 2:4	모인 사람 모두	나타남	언급 없음
사마리아	행 8:17	베드로와 요한의 안수	언급 없음	빌립에 의해 받음
다메섹(바울)	행 9:17	아나니아의 안수	언급 없음	후에 물세례를 받음
가이사랴(고넬로)	행 10:44	베드로의 설교 도중	나타남	즉시 물세례를 받음
에베소 교회	행 19:27	바울의 안수	나타남	이미 물세례를 받음

그러면 성령체험을 하기 위해 어떤 마음자세를 가져야 할까? 무엇보다 왜 성령세례를 받아야 하는지 동기가 분명해야 한다. 성령님은 능력이나 에너지가 아니라 삼위일체 하나님이심을 고백해야 한다. 성령님은 볼 수도 없고 느낄 수도 없지만, 내 안에 항상 함께 계심을 믿어야 한다. 성령님은 영이시기 때문에 나의 감정이나 육체로 임하시지 않고 나의 영으로 임하신다. 따라서 성령세례 때 일어나는 심신의 반응은 단지 성령님이 내 영으로 오신 후에 따른 육신적인 반응일 뿐이다. 또한 성령님이 오시도록 간절히 갈망해야 한다. 성령님이 나에게 온전히 임하시도록 자신의 죄와 더러움을 비우는 기도를 해야 한다. 마지막으로 성령님이 나의 삶을 온전히 인도하시기를 간절히 소망해야 한다.

4. 왜 성령체험을 두려워하는가?

처음 성령님이 임재하시는 집회에 참석하거나 기도를 받을 기회가 있을 때면 의심하거나 두려워하고 긴장하기가 쉽다. 이 집회가 하나님이 친히 주관하시는 건지, 하나님이 주관하신다면 어떻게 이렇게 어수선할 수 있는지, 집회 인도자는 자격이 있는 사람인지, 혹 성령 대신 악령을 받지는 않을지, 사람들에게 나타나는 여러 가지 현상이나 행동을 어떻게 받아들여야 할지 등 한순간 수많은 생각들이 교차한다.

성령체험을 두려워하는 이유는 크게 인간 내면의 생각과 외부적인 것으로 나눌 수 있다. 세상에는 세 가지 영, 즉 성령, 사단, 인간의 영이 있다. 그런데 영은 차원이 다르기 때문에 눈으로 볼 수도 귀로 들을 수도 없고, 마음으로 생각할 수도 없다. 다시 말해 우리의 혼적인 수준(지식, 감정, 의지)으로는 영을 인식하거나 느낄 수 없다.

인간은 본래 영혼육의 상호 유기적인 관계를 지닌, 육 안에 혼이 있는 영적인 존재다. 하지만 죄로 인해 하나님과 영적으로 관계가 끊어진 후에는 마치 육 안에 혼만 있는 존재처럼 살고 있다. 타락하기 전에는 영이 혼과 육을 통제하며, 온전한 삶을 살도록 지음 받았다. 그러나 타락한 후에는 영의 존재를 제대로 알 수가 없었기 때문에, 자아(혼적인 수준)가 자신을 온전히 통제하는 자존적 존재로 전락하고 말았다. 이것은 구원받은 그리스도인일지라도 마찬가지다. 구원받은 후 성령님이 그 영에 함께 계시지만 여전히 자신이 어떤 영적인 존재라는 것을 알지 못한 채 신앙생활을 하고 있다. 따라서 인간은 태어나면서부터의 경험과 이성의 폐쇄적인 합리화 작용으로 만들어진 각자의 주관적이고 제한적인 자아로 세상의 모든 것을 판단할 수밖에 없게 된 것이다. 자신의 자아가 유한하며 제한적이라는 것을 알면서도 말이다. 자아는 단지 삼차원적인 세계만을 인식하고 이해할 수 있을 뿐, 영의 세계에 대해서는 어떤 기능도 할 수 없다.

이와 같은 전제 하에, 성령체험을 두려워하는 몇 가지 생각들을 고려해 보자.

첫 번째로 인간은 자신을 납득시키기 위해서, 자신이 경험하거나 받아들이기 전에 반드시 스스로 완전히 이해해야 한다는 편견을 가지고 있다. 왜냐하면 그렇지 못할 경우, 즉 자신이 자신을 통제하지 못할 경우 엄청난 불안감과 두려움에 휩싸이게 되기 때문이다(일반적으로 이런 상태를 곧 죽음을 의미하는 것으로 받아들이는 것 같다). 이것이 바로 초자연 세계에 존재하시는 성령님이 각자에게 들어오시는 것을 두려워하는 첫 번째 이유이다. 성령님은 영이시기 때문에 혼적인 수준으로 전혀 이해할 수 없는 존재이고, 실제로 그 영역 밖에 존재하신다. 인간이 혼적인 수준에서 추구하고 있는 것은 우리의 이성 영역 밖에 실존하는 실체가 아니라 우리의 경험이나 이성 영역 안에서 이해되어지는 대상을 찾고 있을 뿐이다. 만약 인간의 이성 영역에서 다 이해되어지는 하나님이라면 그것은 분명히 가짜 하나님일 것이다.

이해되지 않는다고 하여 무작정 옳지 않다고 생각하거나 거부하는 것은 합리적이지 못하다. 예를 들어, 누가 전기의 실체를 규명한 적이 있는가? 아직도 파동설과 입자설 등 이론만 있을 뿐이다. 그럼에도 또한 누가 전기를 의심하며 사용하기를 꺼리는가? 우리는 전기를 활용해서 빨래에서 밥을 짓는 일까지 모든 혜택을 누리고 있다. 성령님은 실체를 규명해야 할 대상이 아니다. 성령님은 내 안에 오셔서 본래 하나님이 목적하신 삶으로 인도하시는 분이다.

두 번째는 진정으로 말씀을 믿지 못하기 때문이다. 먼저 세 질문에 답해 보라. "당신은 하나님의 자녀임을 믿습니까?", "하나님 아버지는 당신을 얼마만큼 사랑하십니까?", "당신의 몸은 하나님의 성령이 거하시는 성전인 줄 아십니까?" 성경은 무엇이라고 답하는가?

> **"성령이 친히 우리 영으로 더불어 우리가 하나님의 자녀인 것을 증거하시나니"** (롬 8:16).
>
> "무릇 **하나님의 영으로 인도함을 받는 그들은 곧 하나님의 아들이라**"(롬 8:14).
>
> "곧 내가 저희 안에 아버지께서 내 안에 계셔 저희로 온전함을 이루어 하나가 되게 하려 함은 아버지께서 나를 보내신 것과 **또 나를 사랑하심 같이 저희도 사랑하신 것을** 세상으로 알게 하려 함이로소이다"(요 17:23).
>
> "너희가 하나님의 성전인 것과 **하나님의 성령이 너희 안에 거하시는 것을** 알지 못하느뇨"(고전 3:16).

또 한 가지 중요한 질문은 만약 내가 예수 그리스도의 이름으로 성령을 구할 때 악령이 임할 수 있는가에 대한 것이다.[9]

만약 그럴 수도 있다고 한다면 우리가 어떻게 그리스도인의 삶을 살아갈 수 있는가? 예수 그리스도의 이름보다 더 큰 권세가 있다면 우리가 왜 굳이 예수님을 믿

9) 구체적인 고찰을 위해서는 이 단원의 '성령님의 임재에 따른 현상'과 '성령체험 후' 장을 참고하라.

고 살아야 하는가? 마땅히 더 큰 권세를 의지하는 게 지혜롭지 않은가?

"너희 중에 아비 된 자 누가 아들이 생선을 달라 하면 생선 대신에 뱀을 주며 알을 달라 하면 전갈을 주겠느냐 너희가 악할지라도 좋은 것을 자식에게 줄 줄 알거든 하물며 **너희 천부께서 구하는 자에게 성령을 주시지 않겠느냐 하시니라**"(눅 11:11–13).

"**하늘에 있는 자들과 땅에 있는 자들과 땅 아래 있는 자들로 모든 무릎을 예수의 이름에 꿇게 하시고** 모든 입으로 예수 그리스도를 주라 시인하여 하나님 아버지께 영광을 돌리게 하셨느니라"(빌 2:10–11).

"믿음이 없이는 기쁘시게 못하나니 **하나님께 나아가는 자는 반드시 그가 계신 것과 또한 그가 자기를 찾는 자들에게 상 주시는 이심을 믿어야 할지니라**"(히 11:6).

세 번째는 사단이 우리를 두렵게 만들기 때문이다. 마귀가 우리보다 더 잘 알고 있는 것은, 예수님이 이천년 전에 우리의 모든 죄 값을 이미 지불했다는 것과 아버지가 자녀인 우리를 예수님만큼 사랑하고 있다는 것과, 이 세상에서 살 동안 당신에게 능력과 권세를 주었다는 것에 대한 것이다. 마귀가 가장 두려워하는 것은 인간이 이러한 사실을 알게 되는 것이고, 더 두려워하는 것은 이것에 근거하여 잃어버린 권리를 마귀에게 청구하는 것이다. 따라서 마귀는 할 수 있는 모든 능력과 책략을 동원해서 우리가 성령충만한 그리스도인이 되지 못하게 속인다. 주로 두려움과 속임과 참소 그리고 인간적인 이성과 감정을 통제해서 영의 눈을 가려 버린다. 그것도 합리적이고 과학적이며 윤리적이라는 미명 아래 말이다.

"여호와의 말씀에 **내 생각은 너희 생각과 다르며 내 길은 너희 길과 달라서** 하늘이 땅보다 높음 같이 내 길은 너희 길보다 높으며 내 생각은 너희 생각보다 높으니라"(사 55:8–9).

"그 중에 **이 세상 신이 믿지 아니하는 자들의 마음을 혼미케하여 그리스도의 영광의 복음의 광채가 비취지 못하게 함이니** 그리스도는 하나님의 형상이니라"(고후 4:4).

마지막으로 위의 세 가지를 극복했더라도 잘못된 믿음 때문에 여전히 성령을 체험하지 못하는 경우다. '성령님은 열심히 부르짖는 자에게 임하지, 나 같이 기도도 하지 않고 열심히 신앙생활을 하지 않는 자에게는 임하지 않을 거야.', '성령님은 하나님이 예정하신 특별한 사람들에게만 임하지 나 같은 자에게는 오시지 않을 거야.', '성령님은 모든 죄를 회개해야 오시지 나 같이 회개도 잘 하지 않는 사람에게는 오시지 않을 거야.' 라고 생각한다. 그렇지 않다. 다시 한 번 말하지만 성령님의 역사는 은혜다.

지금도 하나님의 자비는 부드러운 봄비와 같이 내리고 있다. 우리의 머리로는 하나님을 절대로 찾을 수 없으며, 오직 심령으로만 만날 수 있다. 성령님이 우리를 찾아오시는 것은 은혜 중의 은혜다. 통제하지 말고, 저항하지 말고, 분석하려고 애쓰지 말고, 믿음으로 그냥 하나님의 사랑을 받으라. 그런 후에 당신이 가졌던 체험이 무엇인지를 분석하고 확인해 보라.

간혹 외부의 영향 때문에 성령체험을 부정적으로 생각할 수 있다. 우선은 자신이 속해 있는 교회나 신학, 교단의 전통과 다르기 때문일 것이다. 사실 이 문제가 의외로 심각하다. 대부분의 교인들은 성령님에 대해 구체적으로 알아보거나 공부해 본 적이 없이, 소속된 교회나 교파의 전통이 마치 진리인 것처럼 그대로 받아들이고 있다. 더욱이 이것이 종교적인 믿음으로 자리잡게 되면 그 생각에서 벗어나기가 너무나도 어렵다. 이런 경우에는 하나님의 강제적인 역사만이 그 사람을 변화시킬 수 있다. 사도 바울이 이에 해당한다. 만약 나를 처음 교회로 인도하신 분이 다른 교단에 속한 분이었다면 지금의 나는 어땠을지 생각해 본 적 있는가? 이외에도 은사자에 대한 부정적인 시각이나 경험, 성령체험에 따른 여러 현상에 대한 이해가 부족하기 때문일 것이다.

> "**사울이 주의 제자들을 대하여 여전히 위협과 살기가 등등하여** 대제사장에게 가서 다메섹 여러 회당에 갈 공문을 청하니 이는 **만일 그 도를 좇는 사람을 만나면 무론**

남녀하고 결박하여 예루살렘으로 잡아 오려 함이라 사울이 행하여 **다메섹에 가까이 가더니 홀연히 하늘로서 빛이 저를 둘러 비추는지라** 땅에 엎드러져 들으매 소리 있어 가라사대 **사울아 사울아 네가 어찌하여 나를 핍박하느냐** 하시거늘 대답하되 주여 뉘시오니이까 가라사대 **나는 네가 핍박하는 예수라** 네가 일어나 성으로 들어가라 행할 것을 네게 이를 자가 있느니라 하시니"(행 9:1-6).

5. 성령님이 임재하면 나타나는 현상

20세기 들어 성령의 역사가 세계도처에서 다시 일어나기 시작했다. 이후 지금까지 성령집회의 큰 논쟁거리 중의 하나는, 바로 안수기도를 받거나 혹은 사역자가 회중을 향해 성령님을 초청할 때 나타나는 다양한 육체적 반응과 사람들이 갑자기 쓰러지는 현상이다.[10)]

초기에는 오순절 계통이 아닌 전통 말씀 중심의 복음주의 개혁교회에서는 성령사역 시 일어나는 이러한 현상을 사단의 역사로 규정지은 적도 있었다. 그러나 이제는 이해의 차이는 있을지라도 성령님의 강한 임재에 따른 있을 수 있는 현상들로 받아들이고 있다. 개혁주의자인 조나단 에드워즈가 설교할 때도 성령님의 임재로 인한 다양한 육체적 반응들이 있었다. 성령님이 찾아오시면 왜 이런 일들이 일어날까?

10) 성령님의 임재에 따른 현상에 대해서는 프란시스 맥너트의 「성령의 권능이 임할 때」(예루살렘, 1999)를 참고하라.

안수기도 중에 쓰러지는 현상을 사역자마다 조금 다르게 표현한다. 예를 들면 성령의 권능 아래 넘어지다(falling under the power), 기절하다(fainting), 성령 안에서 죽음을 당하다(slain in the Spirit), 성령으로 압도되다(being overcome by the Spirit), 넘어지는 현상이 나타나다, 성령 안에서 안식하다 등으로 다양하게 표현된다.

왜 이런 현상들이 일어날까?

성령의 권능 안에서 안식하는(쓰러지는) 모습은 그동안 인간이 행사해 온 자신에 대한 통치권을 본래 주인이신 하나님께서 가져가신다는 일종의 사인이라고 여겨진다. 또는 하나님의 권능이 임할 때 육체적인 죽음을 경험함으로(즉 우리 자신의 자아가 하나님에 의해서 성령의 지배를 받을 수 있음을 체험함으로 혹은 주님의 성전을 주님께 돌려드림으로) 닫아 놓았던 마음의 문이 열리는 경험을 하는 것이라고 볼 수도 있다. 그러나 그동안 일부 사역자는 이러한 현상을 자신의 능력(?)을 나타내는 징표로 오용하였거나, 기도 받는 사람은 성령님의 무례한 행동(?)에 대한 의구심으로 인해 오해가 있었던 것도 사실이다.

> "또 어떤 이들은 조롱하여 가로되 **저희가 새 술이 취하였다 하더라**"(행 2:13).
>
> "그러나 하나님께서 세상의 미련한 것들을 택하사 지혜 있는 자들을 부끄럽게 하려 하시고 세상의 약한 것들을 택하사 강한 것들을 부끄럽게 하려 하시며 하나님께서 세상의 천한 것들과 멸시 받는 것들과 없는 것들을 택하사 있는 것들을 폐하려 하시나니 **이는 아무 육체라도 하나님 앞에서 자랑하지 못하게 하려 하심이라**"(고전 1:27-29).

한편 개인적으로 다양하게 나타나는 현상은 성령님의 주권적인 역사와 더불어 개인적인 성향에 따른 생리적인 반응의 차가 아닐까도 생각해 본다. 이러한 생각은 첫 번째로 성령님이 우리 모두를 사랑하시고 그분의 영광을 나눠 주시기를 원하시기 때문이고, 두 번째는 성령 안에서의 안식 없이도 얼마든지 다양한 은사나

치유를 받는 것을 볼 수 있기 때문이다.

성령 안의 안식은 어떻게 일어나는가?

기도하는 동안 대부분 사람들은 하나님의 사랑이 넘치도록 가득 차오르는 듯한 모습을 보이다가 그 사랑이 너무 충만해서 뒤로 부드럽게 넘어지거나 조용히 안식 상태로 들어간다. 그러나 어떤 경우에는 마치 수천볼트의 전기에 감전된 것과 같은 반응을 보이기도 한다. 갑자기 쓰러져 제대로 잡아 주기가 힘들 때도 있다. 일단 안식에 들어간 뒤에도 어떤 이들은 금방 일어나고 또 어떤 이들은 몇 분 혹은 몇 시간씩 안식한다. 나중에 안식에 들어간 사람들의 체험을 물어보면, 온몸에 힘이 빠졌다거나, 온몸에 전기와 같은 어떤 힘이 들어왔다거나, 마치 부드러운 솜 같은 것이 전신을 둘러싼다거나, 갑자기 두 다리에 힘이 빠지고 후들거려 설 수가 없었다거나, 갑자기 공기의 밀도가 달라지고 온몸이 무거워졌다거나, 쓰러질 때 자신이 깃털처럼 가벼워졌다거나, 기도 받는 순간 정신이 몽롱해지는 것처럼 의식이 사라졌다고 말한다. 대개 의식은 있으되 단순히 외부상황에 대해 평소만큼 의식할 수 없었다고 한다.

성령 안에서 안식하는 동안 일어나는 일들 가운데 가장 일반적인 것이 회개와 하나님을 향한 더 큰 사랑을 깨닫는 것과 치유(내면치유 및 육체적 질병 그리고 영적인 치유들)다. 성령의 권능에 압도된 상태에서 하나님의 치유의 손길이 깊은 상처를 건드려서 운다거나 혹은 하나님의 권능으로 인하여 악한 영이 드러날 때를 제외하고는 대부분 치유는 평화롭게 진행된다.

성령님이 사랑과 빛으로 우리의 내면에 임하시면, 어떤 이들은 묻어 두었던 슬픔이 표면 위로 떠오르면서 울부짖기도 한다. 그러한 감정들은 억누르지 말고 표출해 버려야 한다. 유교 문화권에서는 "자신을 통제하지 못하면 수치스럽다"는 잘못된 생각 때문에 성령님의 역사를 방해하거나 제한하는 경우가 너무나 많다. 기껏 성령님을 초청하고서 자신의 생각이나 감정, 관습에 맞지 않는다고 거부하는 것은 너무나 어리석지 않은가? 자신을 온전히 내어드려야 한다.

그러나 성령 안에서 안식하는 일이 반드시 필요하다거나 어떤 하나님의 역사를 일으키는 요인이 되는 것은 아니다. 또, 쓰러지는 사람은 성령체험을 한 것이고, 그렇지 않은 사람은 성령체험을 하지 못한 것이라는 생각은 절대적으로 잘못이다. 성령님은 우리 육체의 반응과 상관없이 믿음으로 받아들일 때 임하신다. 그러나 안타까운 것은 여전히 많은 사람들이 이러한 신체적 현상을 가지고 성령체험의 여부나 성숙함의 기준으로 간주하려 한다는 사실이다. 실제로 세계적인 성령사역자 중에는 자신이 다른 사람으로부터 안수를 받을 때 쓰러지지 않았다고 고백하는 분이 꽤나 있다. 또 어떤 사람들은 매우 극적인 신체 반응을 보였지만, 나중에 조사해 보면 아무런 역사도 체험하지 않았다고 고백하는 경우도 많다. 결론적으로 쓰러짐의 유무는 성령체험과 아무런 상관관계가 없다. 쓰러진다고 특별한 일이 일어나고 쓰러지지 않는다고 아무런 일이 일어나지 않는 것이 아니다. 단지 하나님의 임재에 따른 각기 다른 개인의 반응 차이일 뿐이다. 쓰러지지 않은 자신을 이상하게 여기거나 쓰러진 옆 사람을 보고 부러워하거나 판단하는 것은 임하신 성령님의 역사를 스스로 제한하는 것이다.

물론 쓰러짐은 긴장을 풀고 주님 안에서 평안히 안식하는 데 도움이 되는 일종의 조건일 수는 있다. 또한 성령의 임재와 권능을 알리는 보여지는 하나의 신호임에는 틀림이 없다. 그러나 다시 한 번 말하지만, 대부분의 치유는 안식 상태 없이도 이루어진다는 것과 하나님은 안식과 상관없이 역사하신다는 것을 알아야 한다.

마지막으로 강조하고 싶은 것은, 성령 안에서 안식하는 현상을 갖기 위해 어떤 인위적인 방법도 시도하지 말라는 것이다. 그런 태도는 자신을 속이는 것이며, 하나님과 깊은 교제에 전혀 도움이 되지 못한다. 반대로 성령님이 강하게 임하여 자신을 지탱할 수 없게 되면 쓰러지지 않으려고 저항하지도 말라. 저항하려는 의식이 성령님에 대한 초점을 흐트러뜨리고 안식을 방해하기 때문이다. 또한 기도 받은 후 아무런 현상이나 느낌을 갖지 못했다고 실망하거나 좌절하지 말라. 어쩌면 현상이 아닌 하나님 그 자신만을 원하는지와 내가 아닌 다른 사람에 임한 현상만으로도 정말로 기뻐할 수 있는지를[11] 보고자 하는 하나님의 사인일 수도 있다.

안수나 공중기도를 통해 성령님이 강력하게 임하실 때, 기도 받는 사람들에게 나타날 수 있는 육체적, 심리적, 감정적, 영적, 신앙적 체험들을 보자.

육체적 반응은 매우 다양하다. 대표적인 예를 들면, 눈꺼풀이 가볍게 떨리는 렘(REM)현상이나 눈동자가 움직이거나, 호흡이 깊어지거나 빨라지고, 손가락이 움직이거나 손을 떨기도 하고, 양손이 위로 올라가기도 한다. 또 몸이 심하게 떨린다든지, 껑충껑충 뛰고, 몸의 균형을 잃어 뒤로 넘어지거나, 상체가 반복적으로 앞으로 꺾이거나, 큰 소리로 웃거나 울거나, 넘어진 상태로 가만히 있기도 하고, 넘어진 상태에서 물결이 일듯 심하게 진동하거나 심한 경련을 일으키거나, 악을 쓰듯 큰 소리를 지르는 현상이 나타난다.

심리적, 감정적 체험으로는 마음에 기쁨과 평화가 마치 물결처럼 밀려온다. 이 외에도 마음이 무언가에서 해방 받는 느낌, 병이 나았다는 느낌, 몸이 공중에 떠 있는 느낌, 강한 전류에 감전된 듯한 느낌, 바람이 불어오는 느낌, 몸이 뜨거워짐, 매우 어지러움(경우에 따라 구토증도 동반함), 술 취한 것 같은 현상 등이 나타난다.

한편 영적, 신앙적 체험으로는 몸에서 무언가 떠나가는 체험(악한 영이 쫓겨나가는 현상), 하나님의 임재하심과 사랑을 체험, 방언을 말하거나 은사가 임함, 성

11) 하나님이 나에게 임하셨기 때문에 기뻐하고 즐거워할 것이 아니라 임하신 하나님 그 자체를 기뻐하고 즐거워할 줄 알아야 한다. 우리의 생각이 나에게서 하나님으로 옮겨 가야 한다. 하나님은 그것을 원하신다.

령께서 몸 안으로 들어오심을 체험, 강한 빛을 봄, 자신이 죄인임을 깨달음, 하나님의 음성을 듣는 일이 나타난다.

또 성령님이 치유하실 때도 특별한 현상이 있다. 특히 내적치유 사역 때 기도받은 사람이 가슴이 답답함을 느낀다거나, 기침을 하거나, 헛구역질을 하거나, 가래를 뱉어 내기도 한다. 또한 스스로 억압하거나 지워버렸던 내면의 상처가 성령님의 임재로 인해 드러나기 때문에 큰 소리로 고함을 지르거나 울부짖기도 한다. 이러한 현상은 분별이 필요하지만 대부분 성령님에 의해 치유가 진행될 때 일어나는 현상이다.

마지막으로 언급하고 싶은 것은, 숨어 있던 악한 영이 드러날 때 나타나는 현상이다. *"성령이 역사하는 곳에는 반드시 악한 영도 정체를 드러낸다"*는 말을 들어본 적이 있는가? 이 문제에 대해서는 '성령체험 후' 장에서 상세히 다루겠지만, 그리스도인도 악한 영에게 묶여 있을 수 있다.[12)]

평상시 자신의 내면이 어떤 상태인지를 잘 모르지만, 성령님이 강력히 임하시면 내면에 숨어 있던 악한 영이 그 정체를 드러내게 된다. 즉 빛이 임함으로써 어두움 속에 있던 것들의 정체가 드러나는 것이다. 흔히 일어나는 이상한 현상들은(예를 들면, 기도를 받는 동안 얼굴이 일그러진다거나, 음성이 변조되어 이상한 말을 하거나, 몸을 기괴하게 움직이는 행동을 하거나, 몸을 떨며 두려움에 사로잡혀 있다거나, 기도 사역자를 저주하거나, 갑자기 눈의 검은 동자가 사라지고 흰 동자만 보인다거나, 갑자기 심한 악취가 나는 등) 자신의 죄를 회개하지 않거나 다른 사람

---

12) 그 동안 그리스도인들은 귀신의 억압을 받을 수 없다는 견해가 실제적인 검증없이 기독교 내에 막연히 자리잡아 왔다. 우리가 그리스도인이 될 때 우리의 영은 성령님으로 인하여 새롭게 되었지만, 육신과 혼은 세례받기 전에 이미 들어왔거나 세례받은 후에 지속적으로 짓는 죄와 죄악으로 인하여 귀신들의 억압하에 놓일 수가 있다. 이러한 견해는 전세계적으로 실제 사역자들의 공통된 의견이다. 이 문제에 대해서 보다 자세히 알기를 원하면, Peter Horrobin의 *Healing through deliverance* (Vol. 1, 2) (Chosen Books, 2003), 프란시스 멕너트의 「악한 영으로부터의 자유」(은혜출판사, 2000)를 참고하라.

을 용서하지 않음으로 인해서 악한 영과 동의하고 있을 때, 그 악한 영은 법적인 권리를 가지고 우리를 떠나려 하지 않는다. 이때 악한 영들은 우리에게 두려움을 주거나 육체적으로 마비시키거나 환청을 듣게 하거나 다양한 방법을 동원해서 이러한 현상이 마치 잘못된 것인 양 혼돈을 일으킨다. 그러나 이것은 모든 거짓을 동원해서 그 사람을 떠나지 않으려는 악한 영의 술책이다.

이런 현상을 보고 성령님이 아니라 악령이 역사한다고 비난하는 일도 있다. 이런 비난은 옳지 않다. 앞서도 말한 것처럼, 성령님이 빛으로 임함으로써 인간의 몸속에 들어 있는 악한 영이 정체가 탄로나자 나가지 않으려고 발악을 하는 것이지, 악한 영이 주도권을 잡고 어떤 역사를 하는 것이 아니다. 성령님의 역사와 영적세계에 대해 잘 알지 못하는 그리스도인들이 성령사역 현장을 보고나서 악한 영들이 역사하는 집회라고 비난하는 것을 보면 참 안타까울 때가 많다. 우리는 그러한 현상이 성령님에 의한 현상인지 아니면 성령님이 임하여 악한 영이 드러나는 현상인지, 악한 영이 직접 역사하는 것인지 분별해야 한다. 그 동안의 사역을 돌아보면, 악한 영이 직접 역사한 것이라고 판단된 적은 한 번도 없었다.

성령 안의 안식이 가져오는 효과

성령 안에서의 안식을 체험한 많은 사람들은 삶 전체를 변화시킬 만큼 예수님과 획기적인 만남을 가진다. 어떤 사람은 쓰러짐을 통해 회개하고, 어떤 사람들은 하나님을 향한 더 큰 사랑을 깨닫거나, 치유함 특히 영적인 치유를 받거나, 악한 영에서 해방되기도 한다.

요컨대 안식 체험 그 자체가 중요한 것이 아니라, 그것이 하나님의 임재하심과 무한하신 사랑과 은혜의 표시라는 사실을 인식하고 받아들인다는 사실이 중요하다. 하나님의 권능을 체험함으로 그분의 내재하심에 대한 확고한 믿음을 가지는 것이다.

그러나 많은 경우는, 체험 후 하나님과 교제를 소홀히 하거나, 그러한 경험이 있었지만 그것이 자기의 삶에 무엇을 의미하는지 알지 못하거나, 그러한 경험이 있다는 사실로 자신의 신앙을 자위하거나, 그것만이 하나님과의 교제로 착각하여 현재의 삶이 변화되지 않은 채 집회나 부흥회만을 좇아다니거나(체험만을 갈구하는 신앙), 그것을 개인적인 신앙의 성숙(영적인 파워)으로 생각하여 부흥회나 집회 때 스스로 넘어짐으로써 자신의 신앙성숙을 나타내 보이려는 표시로 사용하기도 한다. 이 경우 자기최면도 있을 것이다. 그것이 무엇이었는지는 본인만이 알 수 있으며, 그들의 열매로 판단할 수 있다.

"이러므로 그의 열매로 그들을 알리라"(마 7:20).

6. 성령사역의 편견

교파나 교회에 따라 다르겠지만, 지금도 성령사역으로 나타나는 다양한 현상에 대해 오해와 무지, 편견이 난무하고 있다. 동시에 교회에 들어와 교묘하게 자리 잡은 '종교의 영'은 인간에 의한 부흥은 지지하지만 성령님에 의한 부흥은 절대적으로 반대한다.[13] 역사를 통해 볼 때 하나님은 상식이나 규범으로 이해되는 패턴 안에서만 역사하시지는 않는다. 우리는 이런 관점에서 성령님의 방문(visitation)을 새롭게 보아야 한다.

상식으로 이해가 되지 않으면 하나님이 하신 일이 아닌가? 때로는 우리가 이해하기 어려운 일을 하시는 분이 하나님이시다. 역사적으로 볼 때 새로운 부흥운동이 일어나는 때는 항상 우리가 이해하기 힘든 현상들이 일어났다. 가장 극명한 예로, 오순절 날 어떤 일이 일어났는지 생각해 보라. 또한, 현재 우리가 이해하고 있는 대부분의 성령님에 의한 역사도 처음에는 이단시비로 끊임없는 갈등을 거쳐 왔

13) 성령의 역사를 반대하는 자들에 대해서는 윌리엄 데알테가의 「성령을 소멸하는 자들」(예루살렘, 2003)을 보라.

다는 사실을 기억해 보라.

> **"육에 속한 사람은 하나님의 성령의 일을 받지 아니하나니** 저희에게는 미련하게 보임이요 또 깨닫지도 못하나니 이런 일은 영적으로라야 분변함이니라"(고전 2:14).
>
> "그러나 하나님께서 세상의 미련한 것들을 택하사 지혜 있는 자들을 부끄럽게 하려 하시고 세상의 약한 것들을 택하사 강한 것들을 부끄럽게 하려 하시며 **이는 아무 육체라도 하나님 앞에서 자랑하지 못하게 하려 하심이라**"(고전 1:27-31).

성령님은 인간의 생각이나 의지에 반하는 일은 결코 시키지 않는다고 생각한다. 우리는 "하나님께서 원하시는 것은 무엇이든지 하겠습니다"라고 말하지만 막상 실제로 닥칠 때는 하나님의 뜻에 반대되는 일을 주장하거나 고집한다. 베드로가 이방인에게 복음을 전하는 일이 어떻게 일어났는지 살펴보라.

> "이튿날 저희가 행하여 성에 가까이 갔을 그 때에 베드로가 기도하려고 지붕에 올라가니 시간은 제 육시더라 시장하여 먹고자 하매 사람이 준비할 때에 비몽사몽간에 하늘이 열리며 한 그릇이 내려오는 것을 보니 큰 보자기 같고 네 귀를 매어 땅에 드리웠더라 그 안에는 땅에 있는 각색 네 발 가진 짐승과 기는 것과 공중에 나는 것들이 있는데 또 소리가 있으되 베드로야 일어나 잡아먹으라 하거늘 베드로가 가로되 주여 그럴 수 없나이다 속되고 깨끗지 아니한 물건을 내가 언제든지 먹지 아니하였삽나이다 한대 또 두 번째 소리 있으되 하나님께서 깨끗케 하신 것을 네가 속되다 하지 말라 하더라"(행 10:9-15).
>
> "저가 또 엘리야의 심령과 능력으로 주 앞에 앞서 가서 아비의 마음을 자식에게 거스리는 자를 의인의 슬기에 돌아오게 하고 주를 위하여 세운 백성을 예비하리라 사가랴가 천사에게 이르되 내가 이것을 어떻게 알리요 내가 늙고 아내도 나이 많으니이다 천사가 대답하여 가로되 나는 하나님 앞에 섰는 가브리엘이라 이 좋은 소식을 전하여 네게 말하라고 보내심을 입었노라 보라 이 일의 되는 날까지 네가 벙어리가 되어 능히 말을 못하리니 이는 내 말을 네가 믿지 아니함이어니와 때가 이르면 내 말이 이루리라 하더라"(눅 1:17-20).

"곧 베드로의 발 앞에 엎드러져 혼이 떠나는지라 젊은 사람들이 들어와 죽은 것을 보고 메어다가 그 남편 곁에 장사하니 온 교회와 이 일을 듣는 사람들이 다 크게 두려워하니라"(행 5:10-11).

만약 이러한 현상들이 하나님에게서 온 것이라면 우리는 두렵지 않아야 한다. 성경에서 하나님은 나타나실 때마다 사람들에게 두려워하지 말라고 하셨다. 하나님께서 친히 나타나실 때 사람들이 두려워하기 때문이다. 한편으로 성령님의 역사가 임할 때 사단은 주위를 돌며 믿음 약한 사람이 두려워하게 만들기도 한다.

"여호와께서 가라사대 내가 나의 모든 선한 형상을 네 앞으로 지나게 하고 여호와의 이름을 네 앞에 반포하리라 나는 은혜 줄 자에게 은혜를 주고 긍휼히 여길 자에게 긍휼을 베푸느니라 **또 가라사대 네가 내 얼굴을 보지 못하리니 나를 보고 살 자가 없음이니라** 여호와께서 가라사대 보라 내 곁에 한 곳이 있으니 너는 그 반석 위에 섰으라 내 영광이 지날 때에 내가 너를 반석 틈에 두고 내가 지나도록 내 손으로 너를 덮었다가 손을 거두리니 네가 내 등을 볼 것이요 얼굴은 보지 못하리라"(출 33:19-23).

"나 다니엘이 이 이상을 보고 그 뜻을 알고자 할 때에 사람 모양 같은 것이 내 앞에 섰고 내가 들은즉 을래 강 두 언덕 사이에서 사람의 목소리가 있어 외쳐 이르되 가브리엘아 이 이상을 이 사람에게 깨닫게 하라 하더니 그가 나의 선 곳으로 나아왔는데 그 나아올 때에 **내가 두려워서 얼굴을 땅에 대고 엎드리매** 그가 내게 이르되 인자야 깨달아 알라 이 이상은 정한 때 끝에 관한 것이니라"(단 8:15-17).

하나님이 하시는 일이라면 불쾌하지 않고 시끄럽지 않고 예의바르게 진행되어야 한다고 생각한다. 예수님의 사역 장면을 살펴보면 절대로 깨끗하고 예의바르고 조용하지 않았다. 제자들의 사역도 마찬가지였다. 지금도 성령님이 임하셔서 사람들을 치유하실 때 가래가 나오거나 기침이 나오거나 혹은 울기도 해서 옆에서 보기에 편안하지 않을 때가 많다.

"또 예수께서 건너편 가다라 지방에 가시매 귀신 들린 자 둘이 무덤 사이에서 나와 예수를만나니 **저희는 심히 사나와 아무도 그 길로 지나갈 수 없을만하더라 이에 저희가 소리 질러 가로되 하나님의 아들이여 우리와 당신과 무슨 상관이 있나이까** 때가 이르기 전에 우리를 괴롭게 하려고 여기 오셨나이까 하더니 마침 멀리서 많은 돼지 떼가 먹고 있는지라 귀신들이 예수께 간구하여 가로되 만일 우리를 쫓아내실진대 돼지 떼에 들여보내소서 한대"(마 8:28-31).

성령사역의 위험성으로, 일부 신학자들이나 성직자들은 사람들이 하나님을 찾기보다는 체험만을 추구할 수 있다고 우려한다. 그럴 가능성은 충분히 있다고 본다. *그렇지만 성경에 나오는 인물이나 오늘날 하나님의 사람들은 통상 체험을 통해서 쓰임 받았다는 사실을 기억하는가? 하나님께 쓰임 받기 전에, 먼저 성령체험을 통해 하나님을 경험하게 하는 것이 하나님의 통상적인 방식이다.* 야곱은 하늘문이 열리는 환상을 보았고, 모세는 불타는 떨기나무 덤불을 보면서 하나님의 음성을 들었다. 바울은 땅바닥에 내던져지자 하늘에서 빛이 내려와 그를 에워싸는 경험을 했다. 그리고 사도시대 때 성령충만함을 경험하지 않고 하나님께 쓰임 받은 사람은 없다.

성령 사역에 대하여 프란시스 멕너트의 다음과 같은 주장은 매우 설득력이 있다. "또 어떤 신학자들은 그런 체험이 우리의 삶에 지속적인 효과를 주는 것인지에 대한 질문을 제기한다. 물론 그렇지 않을 때도 있다. 그러나 어차피 그런 정도의 모순은 우리 인간의 삶에 흔한 일이 아닌가? 영감에 넘치는 설교를 들었다고 해서 누구나 그 순간부터 완전히 변화된 삶을 살아가는가? 그럼에도 불구하고 많은 사람들이 성령 안에서 안식하는 체험을 함으로써 그들의 삶이 영구적으로 영향을 받는 것을 너무나 많이 보았다."[14)]

14) 프란시스 멕너트, 「성령의 권능이 임할 때」(예루살렘, 1999).

7. 성령충만은 어떻게 알 수 있는가?

오순절 날 성령님이 임하셔서 제자들이 충만함을 받았을 때, 천하 각국에서 온 유대인들은 제자들의 행동을 이해하지 못해서 저희가 술에 취했다고 조롱했다. 우리가 그렇게 간구하는 성령충만함을 받으면 어떤 일이 일어날까? 성령충만함을 받았다는 것을 어떻게 알 수 있을까?

성령충만한 삶을 말하기에 앞서, 먼저 성령세례와 성령충만을 구별해야겠다. 앞서 언급한 것처럼 성령세례를 받았다고 해서 반드시 성령충만한 것은 아니다. 성령세례는 성령님이 강력하게 임함으로 우리의 인격과 행동을 일시적으로 지배하심을 뜻하는 반면, 성령충만은 성령님이 임하실 때 나타나는 어떤 현상을 말하는 것이 아니라 성령세례의 결과로 생긴 은사와 열매가 지속적으로 나타나는 삶을 말한다. 그래서 사도들이 일을 맡기기 위해 사람을 뽑을 때 성령세례를 받은 사람을 선택한 것이 아니라 성령충만한 사람을 선택했던 것이다.

"형제들아 너희 가운데서 **성령과 지혜가 충만하여** 칭찬 듣는 사람 일곱을 택하라 우리가 이 일을 저희에게 맡기고"(행 6:3).

오순절 날에 성령충만함을 보고 술 취한 것이라고 말한 것처럼 에베소서에서는 술 취하는 것과 성령충만한 것을 비유하여, "술 취하지 말라 이는 방탕한 것이니 오직 성령의 충만을 받으라"라고 말했다. 이 말의 뜻은, 우선 둘 다 취하면 자신이 스스로를 통제하지 못하고, 술 혹은 성령이 자신을 통제하기 시작한다는 것을 의미한다. 또한 정신이 말짱할 때라면 결코 할 수 없는 행동들을 하기 때문에, 성령충만한 사람의 행동이 술 취한 사람의 그것과 비슷한 점이 많다는 뜻에서 비교된 것이라고 생각된다.

"또 어떤 이들은 조롱하여 가로되 저희가 새 술이 취하였다 하더라"(행 2:13).

"그러므로 어리석은 자가 되지 말고 오직 주의 뜻이 무엇인가 이해하라 술 취하지 말라 이는 방탕한 것이니 **오직 성령의 충만을 받으라**"(엡 5:17-18) (don't be drunk with wine, because that will ruin your life. Instead, **let the Holy Spirit fill and control you**).

술 취한 사람은 자신이 아무리 술 취하지 않았다고 주장해도 다른 이들이 보면 알 수 있다. 이와 마찬가지로 성령충만한 사람은 자신이 아무리 부인해도 그 사람의 행동과 삶의 태도를 보면 금방 알 수 있다. 왜냐하면 두 경우 모두 독특한 특징이 있기 때문이다.

우선 술 취한 사람의 특징을 살펴보면,

1) 몸을 제대로 가누지 못하고 비틀거린다.

2) 횡설수설하거나 지나치게 말을 많이 한다.

3) 몸에서 심한 술 냄새가 난다.

4) 그럼에도 불구하고 술을 많이 마시지 않았다고 부인한다.

성령충만한 사람의 특징도 위와 비슷하다. 술 취한 사람은 술의 능력에 사로잡혀 비틀거리며 걷는 반면, 강력한 성령세례를 받으면 그 인격에 하나님의 영이 임함으로 스스로를 통제하지 못해 비틀거리거나 쓰러진다. 더욱이 성령충만한 사람은 성령에 취하여 성령이 인도하시는 대로 계속 걷는다. 성령을 좇아 걸으며, 사랑 가운데로 걸으며, 빛 가운데로 걷는다.

> "내가 이르노니 **너희는 성령을 좇아 행하라 그리하면 육체의 욕심을 이루지 아니하리라**"(갈 5:16).
>
> "그리스도께서 너희를 사랑하신 것 같이 **너희도 사랑 가운데서 행하라** 그는 우리를 위하여 자신을 버리사 향기로운 제물과 생축으로 하나님께 드리셨느니라"(엡 5:2).
>
> "저가 빛 가운데 계신 것 같이 **우리도 빛 가운데 행하면** 우리가 서로 사귐이 있고 그 아들 예수의 피가 우리를 모든 죄에서 깨끗하게 하실 것이요"(요일 1:7).

술 취한 사람은 횡설수설하거나 말을 많이 한다. 술에 많이 취하면 평소와 달리 너무 기분이 좋아서 아니면 슬퍼서 큰 소리로 이야기하거나 심지어는 욕을 하기도 한다. 또한 자신의 내면의 문제를 드러내거나 다른 사람에 대해서도 많이 이야기한다. 결국 술에 취하면 심중에 있는 이야기를 꺼내 놓기 마련이다. *성령충만한 사람도 성령에 취하면 성령이 시키는 대로 말한다.* 주로 시간만 나면 알아들을 수 없는 영의 소리를 중얼거리며, 모이기만 하면 시와 찬미와 신령한 노래를 부르고, 자신이 속한 나라(하나님 나라)와 가족(아버지, 예수님과 성령님)에 대해 이야기하기를 즐긴다. 이것을 설명한 에베소서 5장 18-20절의 영어 성경에는 "오직 성령의 충만을 받으라" 그리고 "그리하면"으로 시작하고 있다.

> "독사의 자식들아 너희는 악하니 어떻게 선한 말을 할 수 있느냐 이는 마음에 가득한 것을 입으로 말함이라"(마 12:34).
>
> "저희가 다 성령의 충만함을 받고 성령이 말하게 하심을 따라 다른 방언으로 말하기를 시작하니라"(행 2:4).

> "…오직 성령의 충만을 받으라 (**then** you will sing…) 시와 찬미와 신령한 노래들로 서로 화답하며 너희의 마음으로 주께 노래하며 찬송하며 범사에 우리 주 예수 그리스도의 이름으로 항상 아버지 하나님께 감사하며"(엡 5:18-20).

술 취한 사람 근처에만 가도 술 냄새가 진동한다. 마시지 않았다고 아무리 부인해도 냄새는 사라지지 않는다. *마찬가지로 성령충만한 사람은 그 사람에게서는 향기가 난다.* 그 사람 때문이 아니라 그 안에 계신 예수님의 향기다. 이 향기는 사람의 외모나 지식이나 권력이나 몸에 바른 향수와는 질적으로 다르다. 예수님의 성품이 우러나는 향기로서 사랑, 겸손과 온유, 기쁨, 긍휼이다. 술 냄새는 맡을수록 역겹지만 성령의 향기는 맡을수록 주위를 맴돌고 계속 함께하고 싶은 향기다.

> "항상 우리를 그리스도 안에서 이기게 하시고 우리로 말미암아 각처에서 **그리스도를 아는 냄새를 나타내시는** 하나님께 감사하노라 우리는 구원 얻는 자들에게나 망하는 자들에게나 하나님 앞에서 **그리스도의 향기니** 이 사람에게는 사망으로 좇아 사망에 이르는 냄새요 저 사람에게는 생명으로 좇아 생명에 이르는 냄새라 누가 이것을 감당하리요"(고후 2:14-16).

술 취한 사람은 자신이 술을 많이 마시지 않았다고 말한다. *마찬가지로 성령충만한 사람도 자신이 많이 취하지 않았다고 말한다.* 술 취한 사람은 자신이 스스로 통제할 수 있다는 의미에서 많이 마시지 않았다고 말하지만, 성령충만한 사람은 자신이 아직도 스스로를 너무 통제한다는 의미에서 많이 취하지 않았다고 말한다.

> "내가 이르노니 너희는 성령을 좇아 행하라 그리하면 육체의 욕심을 이루지 아니하리라 **육체의 소욕은 성령을 거스리고 성령의 소욕은 육체를 거스리나니** 이 둘이 서로 대적함으로 너희의 원하는 것을 하지 못하게 하려 함이니라"(갈 5:16-17).

마지막으로 강조하고 싶은 것은 *성령님이 임했을 때 일시적으로 나타나는 이상*

한 행동과 태도는 단지 성령세례의 결과일 뿐이지 성령충만한 삶은 아니라는 사실이다. 성령세례를 경험할 수는 있지만, 성령충만한 삶을 살기란 쉽지 않다. 일시적인 삶(예배나 집회와 같은 종교적인 행위)은 의도적으로 꾸밀 수 있지만, 진행되고 있는 현재의 삶은 그 사람의 인격을 그대로 드러낸다. 왜냐하면 생각, 감정, 태도가 지속적으로 여러 대상(자신, 다른 사람, 하나님, 환경 등)과 관계를 맺고 있기 때문이다. 매일의 삶 속에서 성령에 취한 흔적이 나타날 때라야만 진짜 성령충만한 것이다.

8. 성령체험 후

현재 많은 성도들이 성령충만함에 관심을 가지고 또한 사모하고 있다. 성령 집회가 개교회에서 부쩍 늘어나고 있으며, 타 교회 목사님 혹은 기름부으심이 넘치는 사역자를 초빙해서 성령집회를 가지고 있다. 그러나 대부분 성령집회에서는 성령세례를 받거나 은사를 구하는 것에만 초점을 두고 있지, 성령세례를 받은 후에 나타나는 자연스럽고 당연한(?) 부작용과 그에 대한 적절한 대처 그리고 성령체험의 지속적인 유지에 대해서는 잘 알지 못하고 있는 실정이어서 매우 안타깝다.

세상이 점점 더 악해지고 있음을 피부로 느낄 수 있다. 이러한 경향은 불신자들이 무당이나 사교 등에 관심을 가지는 정도와 영화와 TV 그리고 다양한 매체를 통해 악한 영들이 날뛰는 것을 보아도 알 수 있다. 이에 대항이라도 하듯 그리스도인들도 교파나 목회자의 신앙과는 상관없이 점점 더 영적인 세계와 성령체험에 더 많은 관심을 가지는 것이 세계적인 추세다. 아마 마지막 때에 성령님이 그렇게 인도하시는 것처럼 보인다. 이제는 성령님이나 은사적 사역이 더 이상 전통적인 오순절 계통에 속하는 교회의 전유물이 아니라 모든 교회에서 폭넓게 받아들이고 적극적으로 수용되는 추세다.

한편 성령사역의 적극적인 수용에 따른 부작용이 생각 이상으로 큰 것도 사실이다. 예를 들면, 성령 집회 후 성도 간에 이상한 계층이 생기기도 하고,[15] 성숙하지 못하거나 잘못된 은사 사용으로 인해 혼란이 초래되거나, 교회가 이단 시비에 휘말리거나, 급기야 분열되기도 한다. 이러한 현상들은 목회자, 사역자 그리고 성도 모두의 이해 부족에서 비롯된다고 생각한다.

우선 목회자 자신이 성령과 은사에 대해서 잘 모르기 때문이다. 성령 집회를 마친 후 뒷감당을 못해 어려움을 겪기도 한다. 성도들이 받은 은사나 이에 대한 적절한 사용과 절제, 그리고 영적 성숙을 위한 훈련과 조언, 악한 영의 노출에 대한 영적인 분별이 교회 내에 절대적으로 필요하다. 그런데 이런 일들을 목회자가 잘 알지 못하면, 성령의 역사를 부정하거나 제한하는 어리석음을 낳을 수 있다. 게다가 악한 영의 침입에 무방비 상태가 되어 결국 교회가 어렵게 되는 지경에 이르기도 한다.

두 번째는 성령체험을 하거나 안수만 받으면 모든 것이 다 해결되는 것처럼 본의 아니게 성령의 역사를 과장하는 사역자 때문에 성령사역이 부작용을 가져올 수도 있다. 실제로 성령님이 임하시면 놀라운 기사와 이적이 일어난다. 12년 동안 혈루증으로 고생한 여인이 한순간에 치유함을 받는 것처럼, 단 한 번의 역사와 기도로 인생이 바뀌는 일들이 자주 일어난다. 그러나 모든 사람이 그렇게 되는 것은 아니다. 사역자는 그 집회의 특성상 믿음과 성령님의 역사에 초점을 맞추기 때문에 본의 아니게 말씀이 한쪽으로 치우칠 수 있다. 그러다 보니 자연적으로 성령님이

15) 집회 후에 방언이나 다른 은사를 받으면 일류성도가 되고, 그렇지 못하면 이류성도가 되는 이상한 흐름 말이다. 이는 방언이나 은사를 받은 사람뿐만 아니라 받지 못한 사람 스스로도 그렇게 생각하는 경향이 있다.

임하시면 모든 것이 잘 될 것이라는 식으로 유도하기 십상이다. 이럴 경우 하나님의 놀라운 역사를 체험한 성도는 이루 말할 수 없이 기쁘겠지만, 그렇지 못한 사람은 심한 실망과 좌절을 경험하기도 한다.

언제부터인지는 몰라도 많은 성도들이 성령세례만 받고 나면(혹은 방언을 하게 되면) 신앙생활의 모든 문제가 해결되고 모든 것이 잘 풀릴 것이라는 한탕주의 믿음을 소망하는 것 같다. 성령세례는 영적 신앙생활의 시작이며 가나안 땅에서 있을 전쟁을 준비하는 단계에 불과한데, 마치 전쟁도 하지 않고 모든 땅을 정복한 것처럼 생각한다.

현재 말씀 중심의 교회 내에는 성령체험 후 일어나는 다양한 현상과 은사들을 파악하고 대처하며, 악한 영을 분별하고, 나아가 성도들의 영적 성숙을 체계적으로 이끌어 줄 사역팀이나 멘토가 많지 않다. 그런데 문제의 심각성은 이런 사역자나 멘토는 기존의 성경공부나 훈련사역으로는 단시간에 양육시킬 수 없다는 데 있다. 현재는 교회 내 혹은 교회 간 영적 권위를 인정해 주는 제도나 시스템도 부족한 실정이다.

교회 내의 영적인 문제는 날이 갈수록 더 많이 생길 것이지만, 이러한 일들을 목회자가 혼자 다 감당할 수는 없다. 따라서 교회 내에 이러한 영적 문제를 도와 줄 사역팀이나 영적 리더가 절대적으로 필요하다. 또한 이런 지도자를 양성할 '가나안 사역자 스쿨(성령체험 후부터 기름부으심까지의 훈련과정을 비유한 말임)' 이 많은 곳에서 열리고 서로 그 권위를 인정해 주는 분위기가 형성되어야 한다.

다시 성령체험 후 일어나는 일들로 돌아가 보자. *우선 반드시 기억해야 할 사실은 성령님이 임하는 곳에는 숨어 있던 마귀나 귀신들도 정체를 드러낸다는 것이다.* 이는 어떤 장소뿐만 아니라, 각 사람의 육체에서도 일어난다. 그래서 사역할 때는 항상 사역장소에 대해 회개하고 주님의 보혈로 깨끗이 씻어야 한다. 또 성도들의 마음속에 상처가 있고 그것으로 인하여 죄를 지을 경우, 스스로 알지 못해서 하나님 앞에 온전히 드러내 놓지 않거나 혹은 알면서도 그것을 돌이킬 생각이 없을 경우, 귀신은 법적인 권리를 가지고 그 사람에게서 떠나가지 않는 것을 흔히 볼 수 있다. 사역 시 성령님이 임하시면, 내면에 숨어 있던 것들이 표면으로 떠올라 다양한 반응을 보인다. 이때 성령님이 역사하시는 것을 분별하지 못하는 경우, 멀쩡하던 사람이 이상한 행동을 한다고 생각하기 쉽다.

세상에 상처 없는 사람이 어디 있겠는가? 적거나 많은 상처로 인하여 힘들어하며 산다. 그러나 동시에 갖가지 방어기제를 동원해서 외면적으로는 전혀 그렇지 않은 것처럼 숨기고 산다. 사실 상처가 많은 사람일수록 내면을 더 잘 포장하여 겉으로는 다른 사람에게는 좋게 보일 수도 있다. 그리스도인도 마찬가지이다. 성령님과의 교제 없이(내 안에 계신 예수 그리스도 없이) 신앙생활하는 성도는 일반적으로 내면에서 쓴 뿌리가 올라오면 그 근원(root cause)을 찾아 예수님의 십자가에서 해결하기보다는, 오히려 예수 그리스도의 이름으로 혹은 말씀과 기도로 눌러 버리는 경우가 허다하다. 속에는 쓰레기(상처나 고통)가 썩어 악취가 나고 가스가 발생해서 틈만 보이면 분출하려고 하는데도, 들어가서 해결하기보다는 더 무거운 철문을 달거나 더 큰 자물쇠로 채우는 일만을 한다. 마치 이것이 성화되어가는 삶이라고 믿으며 말이다. 성경에 나오는 '자기부인'을 잘못 해석하여 내면에서 올라오는 상처와 쓴 뿌리들을 부인하는 것을 자기부인이라고 착각한다.

> "또 무리에게 이르시되 아무든지 나를 따라오려거든 **자기를 부인하고** 날마다 제 십자가를 지고 나를 좇을 것이니라"(눅 9:23).

이런 쓰레기들은 일주일에 몇 시간을 지내는 교회생활에서는 숨길 수 있을지 모르지만, 24시간 모든 삶에서는 결코 숨길 수 없다. 그래서 가까운 사람들에게 상처를 토해내는 경우가 얼마나 많은가? 결국은 교회를 다녀도 변한 게 없다는 말을 듣게 된다.

> “너희는 돌아보아 하나님 은혜에 이르지 못하는 자가 있는가 두려워하고 **또 쓴 뿌리가 나서 괴롭게 하고 많은 사람이 이로 말미암아 더러움을 입을까 두려워하고**” (히 12:15).

우리의 내면에 빛이 비치면 어두움 때문에 볼 수 없었던 쓰레기들이 드러나고, 동시에 그 쓰레기 더미에 살고 있던 쥐들이 갈팡질팡하는 모습도 보게 된다(엡 5:13). 내면의 쓰레기에 숨어 있는 쥐(악한 영)들은 그곳을 그냥 떠나려고 하지 않는다.[16] 성도에게 갖가지 속임수나 위협, 두려움을 심어 주어 성도가 빛 가운데로 나아가지 못하게 만든다. 그동안 육신의 정욕대로 마음대로 살게 해 주었고, 율법적으로도 괜찮은 성도로 포장해 주었던 귀신들이 그냥 나갈 리 만무한 것이다.

> “그러나 책망을 받는 모든 것이 빛으로 나타나나니 나타나지는 것마다 빛이니라” (엡 5:13) (but when the light shines on them, it becomes clear how evil these things are).

결국 영적전쟁은 성령세례를 받아 성령님이 내 안으로 들어오시는 그때부터가 진짜 전쟁이다. 왜냐하면 그때부터 하나님 아버지가 심지 않은 것들을 뽑아내는 수술이 시작되기 때문이다(마 15:13). 그런데도 대부분의 성도들은 성령세례를 받으면 모든 것을 다 이루고 끝이 난 것처럼 생각하고, 이제부터는 자신의 삶이 기적적으로 바뀔 것이라고 생각한다. 사실은 그때부터 최악, 최대의 전투가 시작되는데 말이다. 성령님과 악한 영이 내 마음, 즉 영적 전쟁터에서 싸움을 벌인다. 싸움에서 이기기 위해서는 계시된 말씀과 믿음 그리고 하나님께만 순종하려는 의지가

---

16) 내적치유 사역자인 찰스 H. 크래프트 박사는 「사악한 영을 대적하라」(은성, 2006), pp.185-210에서 내면의 상처 및 쓴 뿌리와 그곳에 기생하는 악한 영을 쓰레기와 쥐에 비유하고 있다. 쥐를 쫓아내려고 노력하지만, 쓰레기를 치우지 않는 한 쥐는 언제든지 다시 올 수 있다. 그러나 쓰레기를 치우면 쥐는 자연스럽게 사라진다. 마태복음 12장 43-45절에서도 알 수 있다.

절대적으로 필요하다. 왜냐하면, 성령님이든 사단이든 우리의 동의에 의해서만 능력을 행할 수 있기 때문이다.

> "예수께서 대답하여 가라사대 **심은 것마다 내 천부께서 심으시지 않은 것은 뽑힐 것이니**"(마 15:13).
>
> "너희 자신을 종으로 드려 누구에게 순종하든지 그 순종함을 받는 자의 종이 되는 줄을 너희가 알지 못하느냐 혹은 죄의 종으로 사망에 이르고 혹은 순종의 종으로 의에 이르느니라"(롬 6:16).

이 전쟁은 흔히 내적치유(inner healing)라는 과정에서 많이 다루게 된다. *그동안은 성령님이 내주하셨지만 우리의 영혼에서만 계셨고, 우리가 그분에게 기회를 드리지 않았기 때문에 우리의 삶에 아무런 간여도 할 수가 없었다. 그러나 이제는 내 영뿐만 아니라 혼과 육까지도 그분께서 온전히 주장하시기를 원하시는 것이다.* 그러나 그곳은 나서부터 그때까지 제대로 직면한 적도 청소한 적도 없어 많은 상처로 차 있고, 또한 악한 영들이 붙어 살고 있는 곳이기도 하다. 이제 우리가 믿음으로 성령님에게 의지하며, 그곳이 '하나님의 나라' 라고 선포하고, 예수님께 의지하여 상처를 치유하고, 그분의 이름으로 더러운 악한 영들이 떠나도록 명령할 때 그 곳이 탈환되는 것이다. 마치 이스라엘 민족이 유월절 체험을 하고 광야에서 지내다가 이제 오순절 체험을 통해서 가나안 땅으로 전쟁하러 들어가는 것처럼 말이다. 그 땅은 본래 내 땅이지만 그냥 얻어지는 것이 아니라 능력과 권세로 싸워 쫓아내고 차지해야 한다. 가장 중요한 사실은 '우리가 하나님 안에서 누구인가를 알 때' 그러한 권세와 능력을 사용할 수 있다는 것이다.

> "너희는 유혹의 욕심을 따라 썩어져 가는 구습을 좇는 옛 사람을 벗어 버리고 **오직 심령으로 새롭게 되어** 하나님을 따라 의와 진리의 거룩함으로 지으심을 받은 새 사람을 입으라"(엡 4:22-24).
>
> **"이는 세상에 있는 모든 것이 육신의 정욕과 안목의 정욕과 이생의 자랑이니** 다 아

버지께로 좇아 온 것이 아니요 세상으로 좇아 온 것이라"(요일 2:16).

이 싸움의 핵심은 '회개와 용서'다. 하나님의 권세와 능력이 있다 한들 회개하고 용서하지 않으면 계속 악한 마음 상태가 유지되므로 악한 영들은 꼼짝도 하지 않는다. 오히려 더 대담하게 우리를 속이고 참소하며 위협하려 든다. 왜냐하면 우리가 우리 죄를 회개하지 않거나 다른 사람을 용서하지 않는 것이 하나님께 죄가 되고, 죄가 살아 있는 곳에 사단이 거할 권리가 있기 때문에 우리에게서 나가지 않으려 한다. 결코 쉬운 싸움이 아니다. 정신적 고통, 아픔과 슬픔, 원망 등 인간이 가질 수 있는 모든 안쓰럽고 불쾌한 일들이 일어날 수 있다. 또한 본래의 습성과는 다른 일들이 일어나기 때문에 본인 스스로도 매우 불안해지기도 한다. 그러나 이 과정을 겪어야만 내면의 평강과 뱃속 깊숙한 곳에서 올라오는 생수를 맛볼 수 있다.

"명절 끝날 곧 큰 날에 예수께서 서서 외쳐 가라사대 누구든지 목마르거든 내게로 와서 마시라 나를 믿는 자는 성경에 이름과 같이 **그 배에서 생수의 강이 흘러나리라 하시니**"(요 7:37-38).

"평안을 너희에게 끼치노니 곧 나의 평안을 너희에게 주노라 **내가 너희에게 주는 것은 세상이 주는 것 같지 아니하니라** 너희는 마음에 근심도 말고 두려워하지도 말라"(요 14:27).

성령세례를 받고 난 뒤, 대부분의 경우 성령님이 함께 하셔 놀라운 평강과 기쁨을 맛보지만, 동시에 두려움에 휩싸이기도 하고, 내면에 눌러 두었던 아픈 상처들과 고통들이 올라와 괴로워하거나 불안해하기도 하고, 자신도 몰랐던 악한 영들이 위협함으로 이상한 경험들도 할 수 있다. 이때 가장 중요한 것은 분별을 가지고 말씀 위에 서는 것이며, 예수님만 의지하는 것이다. 영적 전투는 이때부터이지만, 우리의 진정한 영적 성숙도 바로 이때부터 시작되는 것이다.

"보혜사 곧 아버지께서 내 이름으로 보내실 성령 그가 너희에게 모든 것을 가르치시고 내가 너희에게 말한 모든 것을 생각나게 하시리라"(요 14:26).

물론 내면의 청소를 거부하면 성령님도 어떻게 하실 수가 없다. 성령님은 인격이시기 때문이다. 그래서 우리 스스로가 전쟁을 치를 수 있는 믿음과 의지가 생길 때까지 기다리신다. 상당수가 자신의 치부가 드러나는 힘든 전쟁이기 때문에 스스로 포기하거나 성령세례만 경험하는 것에서 멈춰버려 진정한 성령충만한 삶은 모른 채 신앙생활하는 경우가 많다. 단지 "나도 전에 집회 때 성령세례 받았어"라는 경험만 간직하거나 "성령세례 받아봐야 아무 소용도 없어, 나도 경험해 보았지만 달라진 건 없어"라고 말한다. 성령님께서 옆에서 아직도 울고 계신 줄 알지 못한 채 말이다.

그렇다고 내면의 청소를 한꺼번에 하는 것도 좋은 방법은 아니다. 자연에는 진공이 없기 때문에 쓰레기를 치운 후 빈 공간에 말씀과 새로운 믿음, 성령충만함으로 채우지 않으면 곧바로 또 쓰레기가 쌓인다. 쓰레기가 있는 곳에는 분명 쥐들이 다시 나타난다.

> "더러운 귀신이 사람에게서 나갔을 때에 물 없는 곳으로 다니며 쉬기를 구하되 얻지 못하고 **이에 가로되 내가 나온 내 집으로 돌아가리라 하고 와 보니 그 집이 비고 소제되고 수리 되었거늘 이에 가서 저보다 더 악한 귀신 일곱을 데리고 들어가서 거하니** 그 사람의 나중 형편이 전보다 더욱 심하게 되느니라 이 악한 세대가 또한 이렇게 되리라"(마 12:43-45).

내면의 청소, 즉 영적 성숙은 멘토나 사역팀에게 조언을 받고 중보기도로 보호를 받으며 단계별로 양육되어가는 것이 가장 좋다. 조금씩 비우고 말씀으로 채우고, 스스로의 믿음과 의지로 튼튼히 세워지고 회복되어지면, 또 다른 상처를 드러내고 또 말씀으로 채우고 회복시키며 말이다. 또한, 알지 못하는 감정적 · 정신적 · 영적 문제가 생길 때마다 적절한 도움을 받아야 한다. 이미 언급했지만 안타깝게도 성경공부를 가르치는 사람들에 비해 이 부분을 도와줄 사람들이 절대적으로 부족한 실정이다.

과거의 모든 습성들이 사라지고 내 마음에 '하나님 나라의 법칙'을 심고, 나 자신이 아닌 성령님이 인도하는 삶에 익숙해지려면 시간이 꽤 걸린다. 내면의 상처가 치유되었다고 해서, 새로운 삶으로 확 바뀌는 것이 아니다. 마음이 갈급하지만 별다른 변화나 진전도 없이 마치 어두운 터널을 지나는 것 같은 시간들이 어느 정도 지나야 한다. 이때가 바로 '거룩한 낭비'의 시간이다. 겉으로는 아무런 변화가 없지만 심령과 마음속에는 놀라운 일들이 일어나고 있다. 오직 믿음으로, 하나님이 주시는 갈망함으로 하나님 앞에 잠잠히 앉아 있는 시간이다. 하나님을 진정 하나님 되게 하는 시간이며, 예수님의 마음을 깨달을 수 있는 시간이며, 그분의 음성을 들을 수 있는 시간이다. 또한, 세상적으로 길들여진 오감들이 하나님의 본래 목적으로 사용되어지도록 길들여지는 시간들이기도 하다.

> "또한 너희 지체를 불의의 병기로 죄에게 드리지 말고 오직 너희 자신을 죽은 자 가운데서 다시 산 자 같이 하나님께 드리며 **너의 지체를 의의 병기로** 하나님께 드리라"(롬 6:13).
>
> "이와 같이 성령도 우리 연약함을 도우시나니 우리가 마땅히 빌 바를 알지 못하나 **오직 성령이 말할 수 없는 탄식으로 우리를 위하여 친히 간구하시느니라**"(롬 8:26).
>
> "내가 참 포도나무요 내 아버지는 그 농부라 무릇 내게 있어 과실을 맺지 아니하는 가지는 아버지께서 이를 제해 버리시고 무릇 과실을 맺는 가지는 더 과실을 맺게 하려 하여 이를 깨끗케 하시느니라 … 나는 포도나무요 너희는 가지니 **저가 내 안에 내가 저 안에 있으면 이 사람은 과실을 많이 맺나니 나를 떠나서는 너희가 아무 것도 할 수 없음이라** … 너희가 내 안에 거하고 내 말이 너희 안에 거하면 무엇이든지 원하는 대로 구하라 그리하면 이루리라 너희가 과실을 많이 맺으면 내 아버지께서 영광을 받으실 것이요 너희가 내 제자가 되리라"(요 15:1-8).

이 기간은 그동안 해온 말씀의 의식화 작업(의식적으로 그 말씀을 믿고 묵상하고 실천하려는 노력들)이 자신의 심령에 뿌리내리는 완전한 내면화 작업(내 심령에 완전히 뿌리를 내려 믿으려고 노력하지 않아도 믿어 지는 것)으로 들어가는 시간이며, 새롭게 된 심령이 옛날 생각들을 사로잡아 온전히 예수그리스도께 복종시키는 시간이다.

> "맑은 물로 너희에게 뿌려서 너희로 정결케 하되 곧 너희 모든 더러운 것에서와 모든 우상을 섬김에서 너희를 정결케 할 것이며 **또 새 영을 너희 속에 두고 새 마음을 너희에게 주되 너희 육신에서 굳은 마음을 제하고 부드러운 마음을 줄 것이며 또 내 신을 너희 속에 두어** 너희로 내 율례를 행하게 하리니 너희가 내 규례를 지켜 행할지라" (겔 36:25-27).
>
> "그 영광의 풍성을 따라 그의 성령으로 말미암아 너희 속사람을 능력으로 강건하게 하옵시며 믿음으로 말미암아 **그리스도께서 너희 마음에 계시게 하옵시고 너희가 사랑 가운데서 뿌리가 박히고 터가 굳어져서 능히 모든 성도와 함께 지식에 넘치는 그리스도의 사랑을 알아 그 넓이와 길이와 높이와 깊이가 어떠함을 깨달아** 하나님의 모든 충만하신 것으로 너희에게 충만하게 하시기를 구하노라"(엡 3:16-19).
>
> "사랑하는 자들아 너희는 너희의 **지극히 거룩한 믿음 위에 자기를 건축하며** 성령으로 기도하며"(유 1:20).

차후에 우리를 사용하시기 위해서 이 기간 동안에 하나님이 다루시는 것들이 있다. 즉 하나님이 보시기에 적절치 않은 모든 죄들을 깨끗게 하시고, 더 깊은 친밀함으로 인도하시며, 진정한 순종이 있는지 시험하시기를 원하신다.

다시 한 번 말하자면, 진정한 영적 전쟁은 성령세례 후부터다. 이 전쟁을 믿음으로 이겨야만 하나님 보좌 앞에서 날마다 교제하며, 세상으로 나와 빛과 소금의 역할을 할 수 있다. *영적 전쟁의 시작은 예수 그리스도의 이름으로 시작되지만 승리는 내 안에 계신 예수 그리스도의 인격의 나타남에 달려 있다.* 예수님도 성령세례를 받으신 후 성령님에 이끌려 40일 동안 마귀에게 시험을 받은 것을 기억해 보라. 또 시험이 끝난 후에도 사단이 잠시 물러갔을 뿐이다. 성령충만한 삶은 마귀의 공격이 없는 삶을 사는 것이 아니라 마귀를 알고 이기는 삶을 사는 것이다.

> "예수께서 성령의 충만함을 입어 요단강에서 돌아오사 **광야에서 사십 일 동안 성령에게 이끌리시며 마귀에게 시험을 받으시더라** … 예수께서 대답하여 가라사대 말씀하기를 주 너의 하나님을 시험치 말라 하였느니라 **마귀가 모든 시험을 다 한 후에 얼마 동안 떠나니라**"(눅 4:1–13).
>
> "하나님이 나사렛 예수에게 성령과 능력을 기름붓듯 하셨으매 저가 두루 다니시며 착한 일을 행하시고 마귀에게 눌린 모든 자를 고치셨으니 **이는 하나님이 함께 하셨음이라**"(행 10:38).

4부

병든 자에게 **손을 얹은즉…**

(막 16:18)

1. 신유에 대한 믿음 수준은?

모든 사람들이 건강하게 살기를 원하지만 질병은 인생을 살아가는 동안 만날 수밖에 없는 최대의 적이다. 따라서 성도들은 질병과 치유에 대한 하나님의 관점과 역사에 대해 늘 궁금해 한다. 실제로 사역할 때 가장 많이 부딪히는 문제 중의 하나가 질병이다. 하나님은 치유하시는 분이지만 지금도 치유하시는가? 하나님은 치유하시는 분임을 믿긴 하지만 우리를 치유하시기 원하실까? 당신은 하나님의 신유를 얼마나 믿고 있는가? 그러한 근거는 무엇인가? 신유에 대한 믿음 수준을 단계적으로 살펴보자. 자신의 믿음이 어디쯤인가 확인해 보고, 믿음의 분량을 키우자.

하나님은 치유하실 수 있으며, 지금도 치유하시는가?

데이비드 스미스에 따르면, 신유를 믿는 믿음의 수준을 다음과 같이 나눌 수 있다.[1)]

1) David J. Smith, *How can I ask God for physical healing?*(Chosen Books, Michigan, 2005).

1) 하나님은 오늘날 치유하시지 않는다.

2) 하나님이 주권적으로 치유하기로 결정했다면 치유하신다.

3) 하나님은 기도에 대한 응답으로 치유하실 수 있을 것이다.

4) 하나님은 오늘날 치유하신다.

5) 예수님은 오늘날 치유하신다.

6) 하나님은 치유하기를 원하신다.

7) 예수님은 오늘날 치유하기를 원하신다.

8) 예수님은 타락한 인간을 구속하기 위해서 십자가에서 고난 받으셨다.

9) 치유는 예수님의 대속에 있다.

10) 예수님은 복음서에서 했던 것과 똑같이 오늘날 모든 사람을 치유하신다.

위의 믿음에 기초한 '신유의 신학적 단계'는 다음 세 가지로 생각해 볼 수 있다.

1)–5) 번에 해당하는 경우: 성숙하지 못한 믿음

6)–9) 번에 해당하는 경우: 견고한 믿음

10) 번에 해당하는 경우: 잘못 알고 있는 믿음

1. 하나님은 오늘날 치유하시지 않는다

예수님 당시 그분은 하나님의 뜻을 나타내기 위해서 치유하셨고, 사도들도 초대교회 때 치유하셨다는 것을 믿지만 오늘날에는 치유하시지 않는다는 신학적, 문화적 제한 속에 묶여 있다. 그들은 질병은 받아들여야 하며, 예수님이 재림하시거나 우리가 죽은 후에야 온전해질 것이라는 믿음을 가지고 있다. 게다가 종교적인 광신행위에 대해서 우려를 표명하며, 의사, 과학 그리고 약을 신뢰한다.

2. 하나님이 주권적으로 치유하기로 결정했다면 치유하신다

이 부류의 사람들은 치유기도가 하나님의 주권에 달려 있다고 생각한다. 하나님은 전능하시기 때문에 모든 것을 치유하실 수는 있지만 대개 하나님이 치유하기로 했을 때만 드물게 일어난다는 것이다. 요컨대 하나님은 치유하실 수 있다. 그러나 그렇게 하지 않을 가능성이 더 많다는 생각이 지배적이다. 그리고 기도는 신앙생활에 도움은 되지만 대부분 치유보다는 하나님의 평강과 임재를 느끼는 것이라고 생각한다. 하나님의 주권을 믿는 듯 보이지만 하나님이 우리와 동행하시고 우리의 삶을 주장하시는 측면에서 볼 때 이들은 온전히 하나님의 주권을 인정하지 않는다.

3. 하나님은 기도에 대한 응답으로 치유하실 수 있을 것이다

이것은 한 단계 앞선 것이긴 하다. 이 부류 사람들은 기도가 무언가를 변화시킬 수 있다고 생각하면서도 여전히 의심하고 있다. 그들은 육체적 고통을 기도로의 부르심 혹은 하나님께로 더 가까이 나아오도록 하는 부르심으로 본다. 다른 말로 기도는 해로울 게 없다고 생각한다. 그러나 기도를 마음이 더 편해지는 일반적인 수단으로밖에 보지 않기 때문에 신유를 본질적으로 믿는다고 말할 수는 없다.

4. 하나님은 오늘날 치유하신다

고통 받고 있는 다른 사람에게는 치유가 필요하고 하나님이 치유하신다고 믿는다. 그러나 정작 본인이 치유 받아야 할 상황이 되면 하나님이 지금 나에게 치유하신다는 사실을 믿지 못한다. 결국 앞서 보다는 나은 믿음이긴 하지만, 자신에게는 적용하지 못하는 확신 없는 믿음이다.

5. 예수님은 오늘날 치유하신다

4번과 비슷한 견해로 좀 더 현실화된 믿음이다. 신성을 포기하고 한 인간으로 이 땅에 오신 예수 안에 계시된 하나님을 보는 것은 하나님이 시간과 공간을 초월하여 보다 가깝고 개인적인 관계 속에 있다는 것을 믿게 해 준다. 예를 들면, 복음서에 기록된 예수님의 치유사역은 하나님의 뜻을 이 땅에서 이루는 것으로, 하나님의 뜻과 열망을 보다 분명히 볼 수 있다. 이러한 사실은 하나님이 인간 예수를 통해서 우리에게 한층 더 가까이 오셨다는 것을 의미한다. 이러한 생각은 이전 단계보다는 더 고무적이지만, 그들의 신학적 믿음은 여전히 분명하지 않고 개인화되지 못한 상태이다.

6. 하나님은 치유하기를 원하신다

이 부류의 사람들은 성경이 치유에 관해서 가르치고, 치유하는 것이 하나님의 뜻이라는 것을 확신하고 있다. 그들의 믿음이 머리에서부터 가슴으로 이동하기 시작한 것이다. 치유에 대한 하나님의 열망은 그분의 긍휼과 자비의 표시라고 강조할 것이다. "치유는 하나님이 하시기를 원하시는 것이다"라는 그들의 생각은 믿음을 새로운 차원으로 이끌어 간다.

> "**나 여호와는 변역지 아니하나니** (I am the Lord, I change not) 그러므로 야곱의 자손들아 너희가 소멸되지 아니하느니라"(말 3:6).
>
> "가라사대 너희가 너희 하나님 나 여호와의 말을 청종하고 나의 보기에 의를 행하며 내 계명에 귀를 기울이며 내 모든 규례를 지키면 내가 애굽 사람에게 내린 모든 질병의 하나도 너희에게 내리지 아니하리니 **나는 너희를 치료하는 여호와임이니라**"(출 15:26).

7. 예수님은 오늘날 치유하시기를 원하신다

치유하시는 하나님의 뜻이 복음서 시대에 일어난 것처럼 현재에도 우리와 함께 하시는 예수 그리스도를 통해서 일어난다는 것이다. 이러한 믿음은 한층 더 확고한 것으로 "예수 그리스도는 어제나 오늘이나 영원토록 동일하시니라"(히 13:8)는 말씀에 오늘날 치유가 포함된다고 믿고 있다.

"한 문둥병자가 예수께 와서 꿇어 엎드리어 간구하여 가로되 원하시면 저를 깨끗케 하실 수 있나이다 예수께서 민망히 여기사 손을 내밀어 **저에게 대시며 가라사대 내가 원하노니** 깨끗함을 받으라 하신대 곧 문둥병이 그 사람에게서 떠나가고 깨끗하여진지라"(막 1:40–42).

8. 예수님은 타락한 인간을 구속하기 위해서 십자가에서 고난 받으셨다

치유는 예수님께서 흘리신 피의 대속적 사건으로 가능하다고 믿는다. 이 부류 사람들은 인간의 영혼육이 온전할 수 있는 길은 예수님이 십자가에서 우리의 죄뿐만 아니라 질병까지도 대속하셨다는 사실을 믿는 것이라 믿고 있다. 하나님은 절대 주권자시기 때문에 경우에 따라 '노우'라고 답할 수도 있음을 안다. 그러나 동시에 우리의 모든 약함은 예수님이 죽음에서 다 해결하셨음을 믿는다.

9. 치유는 예수님의 대속에 있다

치유와 대속의 관계에 집중하는 입장이다. 예수님은 치유에 있어 우리의 육체적인 몸을 대속하기 위해서 죽으셨고 부활하셨다는 입장을 견지한다. 그러나 치유를 구원과 같은 정도로 보지는 않는다. "누구든지 주의 이름을 부르는 자는 구원을 얻으리라"(롬 10:13)를 절대적으로는 믿지만, "누구든지 주의 이름을 부르는 자는 치유를 얻으리라"를 절대적이라고 믿지는 않는다. 치유는 믿는 자의 특권이라 생각하지만, 우리가 요구할 수 있는 어떤 것으로 보지는 않는다.

10. 예수님은 복음서에서 했던 것과 똑같이 오늘날 모든 사람을 치유하신다

어떤 사람들은 성경이 치유를 보증하며, 믿음은 하나님이 무엇인가를 하지 않으시면 안 되도록 만든다고 생각한다. 그들은 치유는 구원이 이루어지는 것과 똑같이 대속으로 제공된다고 믿고 있다. 하나님의 주권이 치유를 위해서 그분이 정하신 요구조건으로 대체된 것이다. 따라서 우리는 치유에 대한 권리를 가지고 있다고 믿는다. 이럴 경우, 만약 어떤 병자가 치유되지 않으면 그 원인이 고백하지 않는 죄나 믿음의 결여 때문이라는 상황에 빠지기도 한다.

치유에 대한 당신의 믿음은 어디쯤 되는가? 만약 당신의 믿음이 6)–9) 번 정도 사이라면, 치유의 기적을 맛볼 수 있는 가능성이 높다. 그러나 1)–5) 번 정도 사이라면, 치유를 경험하기가 보다 어려울 것이다. 한편, 10) 번을 고집하는 사람은 너무나 독단적인 신학적 범주에 속해 있어, 그들의 믿음이 신실하다 하더라도 오용될 소지가 많다.

하나님은 치유가 대속에 있다고 믿지 않는 사람들도 치유하는가? 또한 하나님은 1)–5) 번 범주에 속한 사람도 치유하실 수 있는가? 물론이다. 하나님은 하나님이시다. 원하시는 무엇이든지 하실 수 있는 분이시다. 또한 10) 번에 속한 사람도 치유하시는가? 물론이다. 하나님은 그들의 믿음을 보시며, 그에 반응하신다.

치유는 대속에 있다는 것을 믿지 못하는 사람도 있다. 그렇다고 해서 치유가 일어나지 않는 것은 아니다. 치유가 대속에 있다는 것을 믿지 못하는 사람이라도 하나님이 어떤 사람의 치유에 대해서 주시는 말씀을 받는 것만으로도 치유의 기적이 일어나곤 한다. 치유에 있어 신학적 성숙과 믿음의 성숙은 짝을 이룬다. 서로가 짝을 이룰 때, 치유에 대한 올바른 성경적 태도를 지닐 수 있다. 또한, 서로는 서로를 보완해 줄 뿐만 아니라 서로를 밀어주어 더 높은 단계로 나아가게 한다.

신유의 가장 핵심질문은 무엇인가

예수님은 차별 없이 모든 사람을 치유하실까에 대한 것일 것이다. 치유신학에서 가장 걸림돌이 되는 것은 예수님이 하나님의 뜻을 따라 병든 자를 치유하긴 하지만 모든 사람에게 다 해당되는 것은 아니라는 생각이다. 즉 치유에 대한 하나님 뜻은 개인과 환경에 따라서 다르다는 것이다. 그러나 예수님의 사역은 치유에 있어 하나님의 뜻이 개인에 따라 다르다는 신학적 견지를 지지하지 않고 있다.

예수님은 자기에게 오는 모든 사람을 치유하셨다.

> "저물매 사람들이 귀신 들린 자를 많이 데리고 예수께 오거늘 예수께서 말씀으로 귀신들을 쫓아내시고 **병든 자를 다 고치시니**"(마 8:16).
>
> "예수께서 아시고 거기를 떠나가시니 사람이 많이 좇는지라 **예수께서 저희 병을 다 고치시고**"(마 12:15).
>
> "온 무리가 예수를 만지려고 힘쓰니 이는 능력이 예수께로 나서 모든 사람을 낫게 함이러라"(눅 6:19).

결국 하나님의 뜻이 사람에 따라 다르지 않다는 사실을 알아야 한다. 하나님 아버지는 자녀인 우리 모두에게 가장 좋은 것으로 채워주고 싶어 하신다. 우리를 치유하시는 것은 하나님의 뜻이다. 특히 문둥병자 열 명의 예를 보면, 치유하는 것이 대상을 막론하고 하나님의 뜻임을 알 수 있다.

> "한 촌에 들어가시니 문둥병자 열 명이 예수를 만나 멀리 서서 소리를 높여 가로되 예수 선생님이여 우리를 긍휼히 여기소서 하거늘 보시고 가라사대 가서 제사장들에게 너희 몸을 보이라 하셨더니 **저희가 가다가 깨끗함을 받은지라 그 중에 하나가 자기의 나은 것을 보고 큰 소리로 하나님께 영광을 돌리며 돌아와 예수의 발 아래 엎드리어 사례하니** 저는 사마리아인이라 예수께서 대답하여 가라사대 열 사람이 다 깨끗함을 받지 아니하였느냐 그 아홉은 어디 있느냐 이 이방인 외에는 하나님께 영광을 돌리러 돌아온 자가 없느냐 하시고 그에게 이르시되 일어나 가라 네 믿음이 너를 구원하였느니라 하시더라"(눅 17:12-19).

사도들의 행적을 살펴보자. 치유 받지 못하는 사람은 의심과 불신앙으로 예수님 앞으로 오지 않는 사람들뿐이다.

"예루살렘 근읍 허다한 사람들도 모여 병든 사람과 더러운 귀신에게 괴로움 받는 사람을 데리고 와서 **다 나음을 얻으니라**"(행 5:16).

하나님은 사람을 외모로 취하지 아니하신다

"베드로가 입을 열어 가로되 내가 참으로 **하나님은 사람의 외모를 취하지 아니하시고 각 나라 중 하나님을 경외하며 의를 행하는 사람은 하나님이 받으시는 줄 깨달았도다**"(행 10:34-35).

"불의를 행하는 자는 불의의 보응을 받으리니 **주는 외모로 사람을 취하심이 없느니라**"(골 3:25).

"악을 행하는 각 사람의 영에게 환난과 곤고가 있으리니 첫째는 유대인에게요 또한 헬라인에게며 선을 행하는 각 사람에게는 영광과 존귀와 평강이 있으리니 첫째는 유대인에게요 또한 헬라인에게라 **이는 하나님께서 외모로 사람을 취하지 아니하심이니라**"(롬 2:9-11).

"상전들아 너희도 저희에게 이와 같이 하고 공갈을 그치라 이는 저희와 너희의 상전이 하늘에 계시고 **그에게는 외모로 사람을 취하는 일이 없는 줄 너희가 앎이니라**"(엡 6:9).

모든 사람은 하나님 앞에 동등하다

"저에 대하여 모든 선지자도 증거하되 **저를 믿는 사람들이 다** 그 이름을 힘입어 죄 사함을 받는다 하였느니라"(행 10:43).

"내 아버지의 뜻은 **아들을 보고 믿는 자마다**(everyone who)영생을 얻는 이것이니 마지막 날에 내가 이를 다시 살리리라 하시니라"(요 6:40).

"무릇 살아서 **나를 믿는 자는(everyone who)** 영원히 죽지 아니하리니 이것을 네가 믿느냐"(요 11:26).

"내가 복음을 부끄러워하지 아니하노니 **이 복음은 모든 믿는 자에게** 구원을 주시는 하나님의 능력이 됨이라 첫째는 유대인에게요 또한 헬라인에게로다"(롬 1:16).

그렇다면 예수님은 나를 치유하기 원하실까? 예수님은 하나님의 거울이다. 하나님은 예수님을 통해 역사하셨고, 지금은 성령님을 통해 말씀하신다. 따라서 우리는 예수님의 말씀과 행동으로 하나님의 뜻이 무엇인지 알 수 있다. 예를 들면, 인간을 치유하시는 것이 하나님의 뜻인가는 하나님의 거울이신 예수님이 이 땅에서 어떻게 하셨는지 보면 알 수 있다.

"옛적에 선지자들로 여러 부분과 여러 모양으로 우리 조상들에게 말씀하신 하나님이 **이 모든 날 마지막에 아들로 우리에게 말씀하셨으니** 이 아들을 만유의 후사로 세우시고 또 저로 말미암아 모든 세계를 지으셨느니라 이는 하나님의 영광의 광채시요 **그 본체의 형상이시라** 그의 능력의 말씀으로 만물을 붙드시며 죄를 정결케 하는 일을 하시고 높은 곳에 계신 위엄의 우편에 앉으셨느니라"(히 1:1-3).

"율법은 모세로 말미암아 주신 것이요 은혜와 진리는 예수 그리스도로 말미암아 온 것이라 본래 하나님을 본 사람이 없으되 **아버지 품 속에 있는 독생하신 하나님이 나타내셨느니라**"(요 1:17-18).

"만일 우리 복음이 가리웠으면 망하는 자들에게 가리운 것이라 그 중에 이 세상 신이 믿지 아니하는 자들의 마음을 혼미케하여 그리스도의 영광의 복음의 광채가 비취지 못하게 함이니 **그리스도는 하나님의 형상이니라**"(고후 4:3-4).

"… **나는 너희를 치료하는 여호와임이니라**"(출 15:26).

"… **예수께서 저희 병을 다 고치시고**"(마 12:15).

"하나님이 나사렛 예수에게 성령과 능력을 기름 붓듯 하셨으매 저가 두루 다니시며 착한 일을 행하시고 마귀에게 눌린 모든 자를 고치셨으니 **이는 하나님이 함께 하셨음이라**"(행 10:38).

"한 문둥병자가 예수께 와서 꿇어 엎드리어 간구하여 가로되 원하시면 저를 깨끗케 하실 수 있나이다 예수께서 민망히 여기사 손을 내밀어 저에게 대시며 **가라사대 내**

가 원하노니 깨끗함을 받으라 하신대"(막 1:40-41).

지금도 치유하시는가? 주위에 치유 받은 사람들의 간증을 들어 보라! 두말하면 잔소리다.

"가로되 모세와 선지자들에게 듣지 아니하면 **비록 죽은 자 가운데서 살아나는 자가 있을지라도 권함을 받지 아니하리라 하였다 하시니라**"(눅 16:31).

2. 신유의 편견

신유에 대한 궁극적인 주권은 하나님 자신에게 있으며, 우리 능력 밖의 일이기 때문에 우리가 논해야 할 대상이 아니다. 하나님께서는 오늘날 치유해 주기를 원하시지만, 우리가 기본적으로 지켜야 할 조건들이 있음을 성경을 통해서 알 수 있다. 그렇다고 해서 우리가 그러한 조건을 지킨 후 하나님께 약속을 지키라고 요구할 수 있다는 것을 의미하는 것은 아니다. 왜냐하면 하나님과 우리의 관계는 법적으로 맺어진 계약적인 관계가 아니라 하나님의 일방적인 사랑으로 맺어진 언약적인 관계이기 때문이다.[2] 이 장에서는 신유에 대해 일반적으로 가지고 있는 편견들을 살펴보자.

신유를 바라보는 편견을 논하기 전에, 신유를 경험한다는 것이 무엇을 의미하

---

2) 언약적 관계는 조물주와 피조물과의 관계, 아버지와 자식과의 관계, 사랑과 친밀함의 관계이며, 하나된 관계이다. 반면에 계약적 관계는 사람과 사람의 관계이며, 의무적 관계이며, 동일한 지위를 가진 사람들 사이의 관계이며, 율법에 의한 관계이다.

는지 이해하기 위해 다음 질문에 답해 보자. 우선 신유를 경험한 사람 중에 죽지 않는 사람이 있는가? 어차피 하나님이 정하신 때에 하나님 품으로 가서 영생을 누린다면 신유가 왜 필요한가? 당신도 그렇게 생각하는가? 그럼에도 모두가 하루라도 더 살기를 바라는 것은 왜일까? 치유를 받고 싶은 우리의 소망과 치유를 베푸시는 하나님의 소망이 어쩌면 서로 다를지도 모른다는 것을 생각해 본 적 있는가? 사실 우리 대부분은 치유 자체에만 관심을 가지고 있는 것처럼 보인다. 물론 그렇지 않은 분도 있지만(예를 들면, 신유체험을 통해서 선교사로, 목회자로, 사역자로 평생을 하나님께 드리는 삶을 사는 분), 많은 경우 신유를 체험하지만 신앙은 변화되지 않는다.

하나님은 특별히 신유(모든 표적과 기사도 포함되지만)를 통하여 그분의 살아계심과 아버지 되심과 우리에 대한 그분의 사랑과 관심을 더 알리고자 하시며, 그분 앞으로 더 나아오기를 원하신다. 사실, 하나님과의 관계는 이 땅에서보다도 하늘나라에서 더 좋지 않겠는가? 그럼에도 이 땅에서 우리의 삶만을 연장하고자 하는 자녀들의 소망(?)을 저버리지 않고 치유를 베풀어주시는 이유는 무엇일까? 우리가 이 땅에서 해야 할 일들이 여전히 남아 있다는 것을 알려 주시기 위해서가 아닐까? 두 가지로 생각해 볼 수 있다. 첫 번째는 좀 더 온전한 영혼육을 가지고 하나님을 신령과 진정으로 예배하는 일이고, 두 번째는 이 땅에 하나님 나라를 이루는 일이다. 이것은 고통과 질병을 통하여 죄와 은혜를 새롭게 경험하고 그분을 더 깊이 알게 됨으로 인하여 내 전부를 온전히 드리는 삶을 배우게 하는 것이고, 또한 하나님의 무한하신 능력을 체험함으로 그 하나님과 동역하여 그분이 우리에게 맡기신 본래의 사명을 감당할 수 있게 하신다는 것이다.

> "너희는 이 세대를 본받지 말고 오직 마음을 새롭게 함으로 변화를 받아 하나님의 선하시고 기뻐하시고 온전하신 뜻이 무엇인지 분별하도록 하라"(롬 12:2).

1. 잘못된 세계관

우리의 마음을 정원이라고 가정해 보자. 새로운 정원을 가꾸기 위해서는 우선 잡초를 제거하고, 밭을 갈아엎어 지력을 높여야 한다. 왜냐하면 이미 오래되고 오염된 땅은 잡초가 없다 하더라도 식물이 제대로 자랄 수 없기 때문이다. 잡초를 제거한다는 것은 세상의 씨앗을 제거함을 말하며(신앙의 문제), 밭을 갈아엎는다는 것은 마음을 새롭게 한다는 뜻이다(세계관의 문제). 신앙이 올바로 성숙되기 위해서는 신앙 자체뿐만 아니라 그 신앙을 대하는 세계관을 점검해 보아야 한다. 많은 사람들이 영적성숙을 위해서 많은 노력을 하지만, 항상 같은 자리에 머물러 있기가 쉽다. 신앙을 대하는 세계관을 점검하지 않은 채 신앙 그 자체만을 붙들고 있기 때문이다. 기억해야 할 사실은, 우리의 세계관이 '하나님 나라의 세계관'이 아니면 아무리 좋은 씨앗을 심는다 해도 제대로 자랄 수 없다는 것이다. 치유에 대한 잘못된 세계관을 보자.

> "가시떨기에 뿌리웠다는 것은 말씀을 들으나 세상의 염려와 재리의 유혹에 말씀이 막혀 결실치 못하는 자요 좋은 땅에 뿌리웠다는 것은 말씀을 듣고 깨닫는 자니 결실하여 혹 백 배, 혹 육십 배, 혹 삼십 배가 되느니라 하시더라"(마 13:22-23).

처음부터 원하는 모국어를 선택할 수 없는 것처럼, 처음부터 우리가 원하는 세계관을 가질 수는 없다. 태어날 때 세상에 이미 존재하는 세계관에 자연히 속하게 되고, 끝까지 그 세계관의 영향을 받으며 살아가는 게 보통이다. 세계관은 우리의 뱃속 깊숙이 내재화된 신념이며, 사람들은 대개 일생동안 그 세계관에 의문을 제기하지 않는다.

오늘날 우리가 속해 있는 이 사회는 더 이상 하나님을 믿지 않는다는 의미가 아니라 하나님이 우리 삶에서 비본질적인 존재가 된 세계관의 영향 아래 있다. 즉 사고는 유신론자일지 모르지만, 삶의 현장에서는 세속주의인 것이다. 우리 사회를 지배하는 세계관은 과학에 기초를 두고 있으며, 모든 진리는 과학적으로 입증되어야만 한다는 과학주의에 빠져 있다. 하나님의 섭리와 역사는 진리임에도 불구하고 과학적으로 증명될 수 있는 성질의 것이 아니다. 초자연계에 계시는 하나님의 영광이 이 땅에 충돌하는 사건이기 때문이다. 그래서 우리는 그러한 일들을 기사와 이적이라고 부르는 것이다. 결국, 우리는 세속적인 세계관 속에서 오늘도 실재하는 하나님 나라를 보지 못하고 있다.

가끔 하나님의 역사를 눈으로 직접 보면서도 인정하지 않으려는 사람들과 아무런 감동이 없는 사람을 볼 때마다 충격을 받는다. 또한 같은 태도를 취했던 나의 과거를 생각하며, 내가 얼마나 하나님을 마음에 두기 싫어했던가 생각해 보곤 한다. 현대의 바리새인들, 세속적인 세계관 속에 살아가는 그리스도인과 믿지 않는 자들은 치유의 증거가 확실할지라도 결코 설득되지 않을 것 같다. 왜냐하면 그들은 다른 세계관을 가지고 있기 때문이다. 오로지 물과 성령으로 마음이 새롭게 된 자라야만 하나님의 치유의 역사를 제대로 이해할 수 있다. 니고데모는 치유의 사실을 보고 인정은 했지만 제대로 깨달을 수 없었다.

> "예수께서 가라사대 너는 이스라엘의 선생으로서 이러한 일을 알지 못하느냐 진실로 진실로 네게 이르노니 우리 아는 것을 말하고 본 것을 증거하노라 그러나 너희가 우리 증거를 받지 아니하는도다 내가 땅의 일을 말하여도 너희가 믿지 아니하거든 하물며 하늘 일을 말하면 어떻게 믿겠느냐"(요 3:10-12).
>
> "가로되 모세와 선지자들에게 듣지 아니하면 비록 죽은 자 가운데서 살아나는 자가 있을지라도 권함을 받지 아니하리라 하였다 하시니라"(눅 16:31).

예수님이 말씀하신 바를 믿고 행하지 않는다면, 치유역사를 통한 예수님의 영광은 볼 수 없다. *따라서 병든 자들을 위해서 믿음으로 기도한다는 것은 '세속적 세계관' 에서 '하나님 나라' 로 돌아가려는 훈련이며, 하나님 나라의 법칙을 의식적*

으로 내 삶에 적용하려는 회개다.

2. 질병이 생긴 데에는 하나님의 거룩한 뜻이 있다

그리스도인들 중 상당수가 질병은 우리의 영혼을 정결케 하고 인격을 다듬기 위해 하나님이 주신 것이라고 생각한다. 그러면서 일례로, 바울의 가시에 대한 비유를 든다. 또한, 이 예는 자신이 치유되지 않았을 때 다른 사람들이 믿음이 없어 그렇다고 생각할 것에 대한 방어수단으로 쓰이기도 한다.

> "여러 계시를 받은 것이 지극히 크므로 너무 자고하지 않게 하시려고 **내 육체에 가시 곧 사단의 사자를 주셨으니 이는 나를 쳐서 너무 자고하지 않게 하려 하심이니라** 이것이 내게서 떠나기 위하여 **내가 세 번 주께 간구하였더니 내게 이르시기를 내 은혜가 네게 족하도다** 이는 내 능력이 약한데서 온전하여짐이라 하신지라 이러므로 도리어 크게 기뻐함으로 나의 여러 약한 것들에 대하여 자랑하리니 이는 그리스도의 능력으로 내게 머물게 하려함이라"(고후 12:7-9).

그러나 이 본문은 모든 사람들에게 해당되는 말씀이 아니다. 우선 사도 바울은 하나님께 세 번씩이나 기도했으며 그 질병에 대한 하나님의 분명한 음성을 들었다. 당신도 사도 바울처럼 하나님의 음성을 분명히 들었는가? 그리고 그것도 세 번씩이나? 그렇지 못하다면 당신의 질병을 형이상학적으로 해석하려고 하지 말라. 한편, 참으로 어처구니없는 것은 이렇게 생각하는 사람들도 병 낫기 위해서 병원에는 간다는 사실이다. 우리는 고난과 질병을 구별해야 한다. 하나님의 뜻에 의해서 주어진 고난이라면, 하나님과의 교제를 통해서 그것을 알게 된다. 하나님과의 친교나 그분으로부터의 말씀도 없이 질병을 무조건 하나님의 징벌 혹은 성화시키기 위한 수단이라고 생각하는 것은 명백한 잘못이다.

*더 극단적인 생각은 '하나님이 만사를 주관하신다'는 종교적 결정론(***divine**

determination)*에 빠져 있는 경우다.*[3)]

하나님이 질병을 주기로 이미 결정하셨다면 치유를 간구하는 기도는 무익할 것이고, 반면에 하나님이 치유를 결정하셨다면 기도를 하든지 말든지 간에 치유는 이뤄진다는 생각이다. 그러므로 치유를 위해 하나님께 매달리는 것은 소용없는 일이다. 이런 부류의 신앙인들은 주로 "하나님 뜻대로 하옵소서"라고 기도한다. 그러나 솔직하게 말해서, '하나님의 뜻대로' 식으로 기도하는 사람은 하나님과 교제가 단절되어 있어서 하나님의 뜻을 모르기 때문에 항상 그것으로 인한 죄책감을 가지고 있다.

> "여호와여 주는 나의 찬송이시오니 **나를 고치소서 그리하시면 내가 낫겠나이다** 나를 구원하소서 그리하시면 내가 구원을 얻으리이다"(렘 17:14).
>
> "예수께서 집에 들어가시매 소경들이 나아오거늘 **예수께서 이르시되 내가 능히 이 일 할 줄을 믿느냐 대답하되 주여 그러하오이다 하니** 이에 예수께서 저희 눈을 만지시며 가라사대 너희 믿음대로 되라 하신대"(마 9:28-29).
>
> **"한 문둥병자가 나아와 절하고 가로되 주여 원하시면 저를 깨끗케 하실 수 있나이다 하거늘 예수께서 손을 내밀어 저에게 대시며 가라사대** 내가 원하노니 깨끗함을 받으라 하신대 **즉시 그의 문둥병이 깨끗하여진지라**"(마 8:2-3).

우리는 하나님이 치유하실 수 있기 때문에 기도하는 것이 아니라, 하나님이 우리를 치유하기 원하신다는 것을 알기 때문에 기도한다. 치유가 하나님의 뜻이라는 확신이 생길 때야 비로소 진정한 믿음을 가지게 된다. 예수님은 이 땅에서 오셔서 당신 앞으로 나아오는 자는 어떤 질병이든 전부 다 고쳐 주셨다. 하나님 아버지의 뜻을 이 땅에서 행하신 것이다. 우리는 '예수님이 치료할 것'이라는 것을 믿는 믿음뿐만 아니라 '예수님이 나를 치유하실 것'이라는 믿음도 가져야 한다.

---

3) 치유의 편견은 캔 블루의 「당신도 병 고치는 능력을 가질 수 있다」(도서출판 나침반, 1992)를 보라.

3. 신앙 공식적인 믿음

'종교적 결정론' 이 이 땅에서의 우리 책임을 회피하려는 경향이 있다면, '신앙 공식적인 믿음' 은 이 땅에 대한 하나님의 주권을 무시하려는 경향이 있다. '믿기만 하라' 는 '신앙 공식적인 믿음' 의 슬로건은 신앙과 치유 사이에 결정적인 인과 관계가 있다는 생각에서 기인된 것이다. 즉 하나님이 주시고자 하는 모든 것은 믿고자 하는 인간의 의지에 달려 있으며, 하나님이 정하신 조건들을 우리가 성취하기만 하면 얻을 수 있다는 식이다. 이러한 견해는 하나님의 주권과 하나님과의 친교라는 가장 중요한 핵심을 소홀히 한 채 치유를 인본주의적 흥정관계로 본 것이다. 이렇게 되면 하나님을 인간에게 무엇인가를 해 주기 전에 그들의 확실한 신앙과 행위를 요구하는 자로 전락시키게 된다. 결국 신유는 우습게도 하나님은 빠지고 치유자와 치유받는 자 두 사람의 문제로 귀착된다. 또한, 치유의 실패는 항상 믿음 부족으로 귀착된다.

그렇지만 성경에도 치유되지 않은 예가 있지 않는가? 물론이다. 하나님은 항상 모든 병자들을 치료하시는 것은 아니었다. 하나님의 특별한 뜻이 있을 때는 치유하지 않는 경우도 있다. 놀랍게도 많은 성도들이 '하나님은 항상 모든 병자를 치료하시지는 않는다' 라는 것을 '하나님은 항상 모든 병자를 치료하시지 않는다' 고 생각한다. 더욱이 그 범주에 내가 포함될 것이라는 놀라운(?) 믿음을 가지고 있다.

다음 성경구절은 치유되지 않는 특별한 경우다. 하나님은 이 특별한 몇 가지 경우를 제외하고는 언제나 병을 고쳐 주셨다. 그러나 많은 사람들이 특별한 경우에만 하나님이 질병을 치유하신다고 잘못 생각하고 있다. 따라서 하나님의 음성을 들을 수 있고, 네 은혜가 족하다는 말을 듣기 전까지는 포기하지 말고 계속 기도해야 된다.

> "이제부터는 물만 마시지 말고 **네 비위와 자주 나는 병을 인하여 포도주를 조금씩 쓰라** /디모데에게 자주 나는 병을 인하여 포도주를 조금씩 쓰라"(딤전 5:23).

"에라스도는 고린도에 머물렀고 **드로비모는 병듦으로 밀레도에 두었노니** /드로비모를 병든 채로 밀레도에게 남겨 두었다"(딤후 4:20).

우리는 내일 이루어질 하나님 나라의 완성을 기다리는 동시에 오늘 하나님이 치유하시는 명백한 권능 안에 살고 있다. 또한 우리는 주권적이고 자비로우신 하나님과 교제하고 있는 동시에 죄악과 사단의 권세와 자신들의 복잡한 심리적, 육체적, 영적 요인들과 맞서고 있다. 하나님께서 모든 병든 자를 치유하기 원하신다는 사실에도 불구하고 모든 병자들이 치유를 받는 것은 아니다. 이것은 모순이 아니라 신비에 속하는 것이다. 왜냐하면, 이 모든 것들에 대한 판단의 근원은 우리의 이성에 달린 것이 아니라 하나님의 섭리에 달린 것이기 때문이다.

3. 믿지 않는 자에 대한 신유

하나님은 믿는 자의 하나님일 뿐만 아니라 믿지 않는 자의 하나님이시기도 하다. 하나님은 치유를 통해서도 살아계신 하나님이심을 알려 주시기 원하신다. 가끔씩 예수 그리스도를 전혀 믿지 않는 자가 치유 집회에 참석해서 치유받는 것을 본다. 이 장에서는 믿지 않는 자가 어떻게 하나님께 나아와 치유를 받을 수 있는지를 알아보고자 한다. 구약에 나오는 아람 장군 나아만을 통하여 치유받기 위해 하나님 앞으로 나오는 자의 마음의 변화, 성령의 역사, 믿음의 성숙 등을 볼 수 있다. 특별히 열왕기하 5장 1-17절의 말씀은 믿지 않는 자를 치유 할 때 성령님과 예수님의 역사에 대한 그림자적인 설명이다.

"아람 왕의 군대장관 나아만은 그 주인 앞에서 크고 존귀한 자니 이는 여호와께서 전에 저로 아람을 구원하게 하셨음이라 **저는 큰 용사나 문둥병자더라** 전에 아람 사람이 떼를 지어 나가서 **이스라엘 땅에서 작은 계집 아이 하나를 사로잡으매 저가 나아만의 아내에게 수종들더니 그 주모에게 이르되 우리 주인이 사마리아에 계신 선지자**

앞에 계셨으면 좋겠나이다 저가 그 문둥병을 고치리이다 나아만이 들어가서 그 주인에게 고하여 가로되 이스라엘 땅에서 온 계집아이의 말이 이러이러 하더이다 아람 왕이 가로되 갈지어다 이제 내가 이스라엘 왕에게 글을 보내리라 나아만이 곧 떠날 새 은 십 달란트와 금 육천 개와 의복 열 벌을 가지고 가서 이스라엘 왕에게 그 글을 전하니 일렀으되 내가 내 신하 나아만을 당신에게 보내오니 이 글이 당신에게 이르거든 당신은 그 문둥병을 고쳐주소서 하였더라 이스라엘 왕이 그 글을 읽고 자기 옷을 찢으며 가로되 내가 어찌 하나님이관대 능히 사람을 죽이며 살릴 수 있으랴 저가 어찌하여 사람을 내게 보내어 그 문둥병을 고치라 하느냐 너희는 깊이 생각하고 저 왕이 틈을 타서 나로 더불어 시비하려 함인 줄 알라 하니라 **하나님의 사람 엘리사가 이스라엘 왕이 자기 옷을 찢었다 함을 듣고 왕에게 보내어 가로되 왕이 어찌하여 옷을 찢었나이까 그 사람을 내게로 오게 하소서 저가 이스라엘 중에 선지자가 있는 줄을 알리이다** 나아만이 이에 말들과 병거들을 거느리고 이르러 엘리사의 집 문에 서니 엘리사가 사자를 저에게 보내어 가로되 너는 가서 요단강에 몸을 일곱 번 씻으라 네 살이 여전하여 깨끗하리라 **나아만이 노하여 물러가며 가로되 내 생각에는** 저가 내게로 나아와 서서 그 하나님 여호와의 이름을 부르고 당처 위에 손을 흔들어 문둥병을 고칠까 하였도다 다메섹강 아바나와 바르발은 이스라엘 모든 강물보다 낫지 아니 하냐 내가 거기서 몸을 씻으면 깨끗하게 되지 아니하랴 하고 몸을 돌이켜 분한 모양으로 떠나니 **그 종들이 나아와서 말하여 가로되 내 아버지여 선지자가 당신을 명하여 큰일을 행하라 하였더면 행치 아니하였으리이까 하물며 당신에게 이르기를 씻어 깨끗하게 하라 함이리이까** 나아만이 이에 내려가서 하나님의 사람의 말씀대로 요단강에 일곱 번 몸을 잠그니 그 살이 여전하여 어린아이의 살 같아서 깨끗하게 되었더라 나아만이 모든 종자와 함께 하나님의 사람에게로 도로 와서 그 앞에 서서 가로되 내가 이제 이스라엘 외에는 온 천하에 신이 없는 줄을 아나이다 청컨대 당신의 종에게서 예물을 받으소서 가로되 나의 섬기는 여호와의 사심을 가리켜 맹세하노니 내가 받지 아니하리라 나아만이 받으라 강권하되 저가 고사한지라 나아만이 가로되 그러면 청컨대 노새 두 바리에 실을 흙을 당신의 종에게 주소서 **이제부터는 종이 번제든지 다른 제든지 다른 신에게는 드리지 아니하고 다만 여호와께 드리겠나이다**"(왕하 5:1-18).

먼저 신유과정에 나타나는 여러 역할과 상황을 보자. 우선 2-3절의 이스라엘에서 잡혀온 계집종과 13절의 종들은 성령님의 역사를 뜻한다. 그리고 8절 하나님의 사람 엘리사는 바로 예수님을 예표한다. 한편, 5-6절 아람 왕(하나님을 믿지 않으나 기적을 바라는 자)은 오늘날 세상과 세상의 생각들을 표현하고 있는 반면, 이스라엘 왕(하나님을 믿으나 하나님의 능력은 부인하는 자)은 오늘날 교회나 교회의 지도자를 대표한다고 볼 수 있다. 또한 3절의 주모는 신앙은 없지만 하나님의 능력을 인정하고 더 알고자 하는 자, 예를 들면 신약의 니고데모와 같은 사람이다. 마지막으로 1절의 나아만 장군은 세상적으로 권세와 능력은 있지만 신앙이 없는 자 그리고 자신의 질병 외에는 부족함이 없는 사람에 비유된다.

사실 모든 사람은 상처와 문제를 가지고 있다. 보기에는 주위에 아무런 문제도 상처도 없는 사람들이 많다고 생각하며, 자신의 처지를 비관하는 경우가 많다. 그러나 이 땅에 사는 사람치고 문제 없는 사람은 없다. 나아만 장군도 모든 것을 소유했지만 문둥병자였다. 나아만 장군의 예는 이 세상에는 문제가 없는 그런 사람은 없다는 사실을 예표적으로 보여 준다.

세상에서 하나님 앞에 나아오는 자는 크게 두 가지 부류가 있다. 한 부류는 지금 이야기하려는 나아만 장군과 같은 사람들이고, 다른 부류는 신약의 '사마리아 여인' 과 같은 사람들이다(요 4장 참고). 즉 나아만 장군처럼 모든 것을 다 갖추었는데 불구하고 치명적인 결함 때문에 사람들 앞에 나설 수 없는 사람과 사마리아 여인처럼 자신이 너무나 초라하고 비참하여 사람들 앞에 나설 수 없는 사람 말이다. 두 사람 다 하나님 앞에 나아가기가 쉽지 않다. 한 사람은 너무나 교만해서 한 사람은 너무나 수치스러워서다.

성경말씀을 자세히 알아보자. 우선 성령님은 진리의 영이시며, 예수 그리스도를 나타내 준다. 즉 예수님을 소개해 주는 역할을 한다. 말씀을 볼 때 계집종은 엘리사가 치유할 것을 절대적으로 확신하였고, 그녀가 보고 들은 대로 주인에게 말한다.

> "그러하나 **진리의 성령이 오시면 그가 너희를 모든 진리 가운데로 인도하시리니** 그가 자의로 말하지 않고 오직 듣는 것을 말하시며 장래 일을 너희에게 알리시리라 그가 내 영광을 나타내리니 내 것을 가지고 너희에게 알리겠음이니라"(요 16:13-14).
>
> "내가 그 발 앞에 엎드려 경배하려 하니 그가 나더러 말하기를 나는 너와 및 예수의 증거를 받은 네 형제들과 같이 된 종이니 삼가 그리하지 말고 오직 하나님께 경배하라 **예수의 증거는 대언의 영이라 하더라**"(계 19:10).

우리 주위에 있는 나아만 장군과 같은 사람이 하나님 앞으로 나아올 때를 생각해 보자. 만약 계집종이 직접 나아만 장군에게 말했다면 나아만이 믿었을까? 사회, 문화, 계급조직을 볼 때 계집종은 나아만에게 나아가서 말할 수 있는 처지가 못된다. 설사 계집종이 고했다 해도 나아만은 계집종의 말을 듣지 않았을 것이다. 계집종은 하찮은 존재고 아무것도 배우지 못했기 때문에 들을 만한 가치가 없다고 생각할 것이 분명하다. 인간은 수많은 관습과 전통 그리고 세상 풍속에 묶여 있기 때문에 영적인 것에는 눈이 가려져 있다. 지금도 상황은 마찬가지다. 고상한 지식적인 말은 높이 평가하지만, 영적인 통찰력은 무시하는 경향이 있다.

> "하나님의 지혜에 있어서는 **이 세상이 자기 지혜로 하나님을 알지 못하는** 고로 하나님께서 전도의 미련한 것으로 믿는 자들을 구원하시기를 기뻐하셨도다"(고전 1:21).
>
> "그러나 하나님께서 세상의 미련한 것들을 택하사 지혜 있는 자들을 부끄럽게 하려 하시고 세상의 약한 것들을 택하사 강한 것들을 부끄럽게 하려 하시며 하나님께서 세상의 천한 것들과 멸시 받는 것들과 없는 것들을 택하사 있는 것들을 폐하려 하시나니 이는 **아무 육체라도 하나님 앞에서 자랑하지 못하게 하려 하심이라**"(고전 1:27-29).

놀라운 사실은 주모가 계집종의 말을 전적으로 신뢰했다는 사실이다. 주모는 일년 내내 밤낮으로 계집종과 함께 지냈기 때문에 계집종의 평상시 말과 행동을 보아왔다. 그리고 계집종의 삶을 보고 계집종을 신뢰했다. 아마 추측컨대 그녀는 비록 이스라엘에서 잡혀 온 계집종이었지만, 삶의 모습은 다른 계집종과는 달랐을 것이다. 성령님과 동행하는 삶을 살았을 것이다. 즉 성령께서 주모의 마음을 변화시키고 믿음을 갖게 하셨다. 비록 주모는 신앙이 없지만, 계집종의 말을 확신했고, 그 사실을 남편에게 알려 준 것이다.

"그가 밤에 예수께 와서 가로되 랍비여 **우리가 당신은 하나님께로서 오신 선생인 줄 아나이다 하나님이 함께 하시지 아니하시면 당신의 행하시는 이 표적을 아무라도 할 수 없음이니이다**"(요 3:2).

오늘날 우리의 상황을 보라. 누가 그러던데 그곳에서 정말로 그러한 치유가 일어났다고 하더라. 당신은 그런 말을 들을 때 얼마나 신뢰하는가? 지금도 신문과 잡지 등의 광고에 이런 '기적의 치유'라는 말들이 오르내리고 있다. 너무나 많은 사람들이 속이고 또한 속았기 때문에 아무리 기적이라 해도 믿지 않는 것이 현실이다. 그러나 자신이 믿고 의지하는 사람이 타인의 말을 전적으로 신뢰하여 권유할 때 그때서야 그 마음이 움직이는 것을 볼 수 있다.

이것은 신뢰가 환경적, 문화적, 사회적으로 동질성을 가진 사람들 간에 생긴다는 것을 의미한다. 전도를 할 때도 신뢰가 매우 중요하다. 타지에서 복음을 전할 때 이방사람보다는 현지인이 복음을 전하는 것이 훨씬 효과적이다. 그래서 현지인의 대표에게 먼저 복음을 전하고 그 사람이 복음의 교두보 역할을 하도록 지원한다. 나 역시 이런 경험을 했다. 내가 미국에 안식년으로 있는 동안, 책방이나 공항에서 목발이나 휠체어를 의지하고 있는 미국인에게 다가가 정중히 내 소개를 하고 기도받기를 원하는지 물었을 때 비록 그들이 기도는 받았지만 나를 전혀 신뢰하지 못하는 것을 느낄 수 있었다.

가장 마음을 어둡게 하는 사실은, *오늘날 세상은 신앙을 가지고 있지는 않지만 그래도 기적을 바라는 소망을 가지고 있는 반면, 교회는 신앙은 있지만 기적은 일어나지 않는다는 믿음을 가지고 있다는 것이다.* 하나님의 개입 없이도 잘 운영되는 교회, 종교의 영이 가득찬 교회, 불가능에 도전하지 않는 너무나도 이성적인 교회, 하나님의 역사가 아니라 프로그램으로 운영되는 교회, 하나님은 믿지만 하나님의 개입은 무시하는 교회, 위로는 하지만 능력이 없는 교회가 너무 많다는 사실이다. 이것이 바로 본문 말씀의 아람 왕(5-7절)의 태도를 말해 주는 것이다.

> "**너희가 믿음에 있는가 너희 자신을 시험하고 너희 자신을 확증하라** 예수 그리스도께서 너희 안에 계신 줄을 너희가 스스로 알지 못하느냐 그렇지 않으면 너희가 버리운 자니라"(고후 13:5).
>
> "**내가 진실로 진실로 너희에게 이르노니 나를 믿는 자는 나의 하는 일을 저도 할 것이요 또한 이보다 큰 것도 하리니** 이는 내가 아버지께로 감이니라 너희가 내 이름으로 무엇을 구하든지 내가 시행하리니 이는 아버지로 하여금 아들을 인하여 영광을 얻으시게 하려 함이라 내 이름으로 무엇이든지 내게 구하면 내가 시행하리라"(요 14:12-14).

이제 나아만 장군의 믿음에 대해서 눈을 돌려 보자. 그는 치유에 대한 간절한 소망과 두 단계의 믿음을 통해서 서서히 변해가는 것을 볼 수 있다. 그는 문둥병 외에는 부족함이 없는 사람이었기 때문에, 치유를 받을 수 있다는 확신만 가진다면 무엇이라도 하겠다는 마음을 가지고 있었다. 그래서 그는 납득할 수 없지만 가장 신뢰할 수 있는 사람을 믿는 세상적 믿음을 가지고 엘리사에게 나온 것이다. 즉 그가 가지고 있는 것은 치유자에 대한 믿음이 아니라 낫고 싶다는 간절한 소망과 자신의 아내를 신뢰하는 믿음뿐이었다. 이 믿음을 첫 번째 믿음이라고 부르자.

하나님 앞으로 이끌려 나오는 대부분의 사람들은 이러한 첫 번째 믿음을 가지고 있다. 그러나 대부분 그들은 하나님 앞에 그렇게 나아왔다가 그냥 돌아간다. 이런저런 생각들과 말로 자신을 합리화하면서 말이다. 나는 가족에 이끌려 집회에 참석한 이런 부류의 많은 사람들을 보곤 한다. 11절의 "나아만이 노하여 물러가며 가로되 내 생각에는"이라는 말을 생각해 보라. 그는 첫 번째 믿음으로 찾아왔지만, 자아를 포기하고 온 것은 아니었다.

그러나 그가 마침내 자아를 포기하고 두 번째 믿음으로 순종하였을 때 치유의 기적을 맛보았다. 하나님 앞에서의 믿음이다. 자신의 이성과 경험에 기초한 믿음을 포기하고, 하나님의 임재함과 그분의 방식에 순종하는 믿음이다. 그 스스로는 이 믿음을 취할 수 없었지만, 성령님의 도우심으로(그 종들의) 믿게 된 것이다. 그 스스로 하나님을 경험함으로써 진정한 믿음을 가지게 되었으며, 결국 하나님을 경외하는 자가 되었다.

> "믿음이 없이는 기쁘시게 못하나니 하나님께 나아가는 자는 반드시 그가 계신 것과 또한 그가 자기를 찾는 자들에게 상 주시는 이심을 믿어야 할지니라"(히 11:6).
>
> "네가 보거니와 믿음이 그의 행함과 함께 일하고 행함으로 믿음이 온전케 되었느니라"(약 2:22).
>
> "영혼 없는 몸이 죽은 것 같이 행함이 없는 믿음은 죽은 것이니라"(약 2:26).

나아만 장군이 두 번째 믿음을 취하는 데는 성령님이 결정적인 역할을 하셨다. 바로 그 종들을 통해서다. 종들이 나아만 장군의 마음을 돌리지 않았다면 나아만은 다시 돌아갔을 것이고, 영원히 하나님을 만날 기회가 없었을지도 모른다. 종들이 나아만 장군을 감동시킨 것이다. "그 종들이 나아와서 말하여 가로되 내 아버지여 선지자가 당신을 명하여 큰일을 행하라 하였더면 행치 아니하였으리이까 하물며 당신에게 이르기를 씻어 깨끗하게 하라 함이리이까"(13절). 영적으로 볼 때 이 종들이 바로 성령님이다. 성령님은 진리의 영이시며, 우리의 마음에 감동감화를 주신다.

이 두 번째 믿음에는 세 가지를 포함하고 있다. *첫 번째는 자신의 생각과 판단을 포기함으로 하나님을 만날 준비가 된다.* 이것은 오늘날에도 진리 중의 진리다. 자신의 교만을 버릴 때 비로소 하나님을 만날 수 있는 준비가 되는 것이다. 하나님이 자신 앞으로 나아와야 되는 것이 아니라, 자신이 하나님 앞으로 나아가야 한다. "나아만이 노하여 물러가며 가로되 내 생각에는 저가 내게로 나아와 서서 그 하나님 여호와의 이름을 부르고 당처 위에 손을 흔들어 문둥병을 고칠까 하였도다"(11절). 그러나 놀랍게도 세상적인 권세자들은 하나님이 자신 앞으로 나와야 한다고 생각한다.

두 번째로, 나아만은 마침내 다메섹 강을 포기하고 요단강으로 갔다. "아메섹 강 아바나와 바르발은 이스라엘 모든 강물보다 낫지 아니하냐 … 나아만이 이에 내려가서 하나님의 사람의 말씀대로 요단강에 일곱 번 몸을 잠그니"(12, 14절). 이것은 바로 하나님을 만나기 위해서 세상에서부터 하나님 나라로 들어가는 것을 의미한다. 자신의 문제를 내려놓고, 먼저 하나님의 나라와 의를 구할 때(마 6:33), 즉 하나님 나라로 들어가 그분과 올바른 관계를 맺을 때(하나님의 자녀가 되었을 때) 그분의 능력이 임한다는 것을 보여 주는 것이다.

세 번째로 그는 성령의 도움으로 살아 있는 말씀으로 받고 순종했다. 하나님의 말씀은 우리가 판단하고 해석하라고 주신 것이 아니라 믿고 따르도록 하기 위해서 주신 것이다. 그는 처음에는 엘리사의 말을 단지 지식과 정보의 전달수단으로 받아들였다. 즉, 그 말이 진리일지라도 자신과는 아무런 상관이 없는 말씀이었다. 그러나 성령님의 도움으로 그 말씀들이 자신에게 주어진 살아 있는 말씀으로 받아들인 것이다. "나아만이 이에 내려가서 하나님의 사람의 말씀대로 요단강에 일곱 번 몸을 잠그니 그 살이 여전하여 어린아이의 살 같아서 깨끗하게 되었더라"(14절). 그는 일곱 번의 합리성에 대하여 자신을 이해시키지 않고 말씀을 말씀대로 받고

순종한 것이다. 하나님의 임재와 역사는 우리의 지혜로 알 수 없으며, 우리의 생각과도 다르며, 정상적이라고 볼 수 없는 일들이 많다. 그는 이 두 번째 믿음의 세 과정을 통과하고 난 후에 마침내 치유함을 받는다.

한편 본문에 나오는 엘리사의 모습을 통하여 영적으로는 예수님의 역할과 세상적으로는 사역자의 역할을 볼 수 있다. 우리는 오직 예수님을 통하여 하나님 앞으로 나아간다. 자신의 유익을 취하지 않고, 나아만 장군을 하나님 앞으로 인도하는 엘리사의 모습에서 우리는 예수님의 본을 볼 수 있다. 또 한편으로는 하나님의 영광을 자신이 취하지 않는 엘리사의 모습에서 진정한 사역자의 태도도 볼 수 있다. 하나님의 치유 목적은 단순히 우리의 질병을 치유하는 데 있는 것이 아니라 그것을 통해서 살아계신 하나님을 경험하고 온전한 산제물로 하나님을 영화롭게 하는 데 있으며, 엘리사는 그 일을 온전히 감당한 것이다.

끝으로 위의 말씀을 통해서 나아만 장군이 치유되는 기적과 더불어 똑같이 중요한 또 다른 기적을 볼 수 있다. 대부분의 경우 치유된 것만을 기적이라고 생각하지, 그 과정이 기적인 것은(기적인 과정을 통해서) 생각하지 못한다. 등장인물들을 보라. 계집종, 주모, 나아만 장군, 아람 왕, 이스라엘 왕, 그 종들, 엘리사를 생각해 보라. 어느 한 사람도 이 일에 협조하지 않았다면, 기적은 일어나지 않았을 것이다. 나아만 장군의 치유 기적은 이미 치유가 되기 전에 일어난 것이다. 모든 때와 장소와 진행이 나아만 장군의 기적을 위해서 통합되어 절묘하게 일어났다. 가장 중요한 사실은, 이러한 놀라운 하나님의 카이로스(kairos) 때를 만든 것은 나아만의 믿음과 성령님의 절묘한 인도하심의 동역이었다는 사실이다.

성령님은 늘 우리를 돕기 원하신다. 따라서 우리가 믿음으로 나아가는 것 자체가 이미 기적의 현장 속으로 들어간 것이며, 성령님의 말씀에 순종할 때 기적은 상식이 된다. 믿음으로 하나님을 향해 나아갈 때 기사와 이적은 오늘도 일어난다!

4. 신유의 '나아만'식 4단계

열왕기하 5장에 언급된 나아만 장군의 신유는 오늘날 믿지 않는 자에게도 동일하게 적용된다. 우리도 계집종이나 종들이 되어 가족이나 친척 그리고 믿지 않는 자를 하나님 앞으로 데리고 나와야 한다. 하나님을 알지 못하는 자에게 '사영리'를 제시하는 것처럼 치유를 믿지 않는 자에게 '나아만식 4단계'를 제시하자.

1. 기적을 기대하라고 말하라

- 오늘날에도 불가능한 일은 일어나고 있다.
- 여러분이나 주위에 있는 사람이 체험한 기적을 증거하라.

"베드로가 가로되 은과 금은 내게 없거니와 내게 있는 것으로 네게 주노니 **곧 나사렛 예수 그리스도의 이름으로 걸으라 하고 오른손을 잡아 일으키니** 발과 발목이 곧 힘을 얻고 뛰어 서서 걸으며 그들과 함께 성전으로 들어가면서 걷기도 하고 뛰기도 하며 하나님을 찬미하니"(행 3:6-8).

"생명의 주를 죽였도다 그러나 하나님이 죽은 자 가운데서 살리셨으니 우리가 이 일에 증인이로라 그 이름을 믿으므로 그 이름이 너희 보고 아는 이 사람을 성하게 하였나니 **예수로 말미암아 난 믿음이 너희 모든 사람 앞에서 이같이 완전히 낫게 하였느니라**"(행 3:15-16).

"내가 그 발 앞에 엎드려 경배하려 하니 그가 나더러 말하기를 나는 너와 및 예수의 증거를 받은 네 형제들과 같이 된 종이니 삼가 그리하지 말고 오직 하나님께 경배하라 **예수의 증거는 대언의 영이라 하더라**"(계 19:10).

2. 하나님의 말씀을 판단하지 말고 들어보라고 말하라

– 당신의 생각과 비교하기 위해 이 자리에 온 것이 아니라 치유 받기 위해 이 자리에 온 것이다. 당신의 생각이 아니라 하나님의 말씀을 듣고 마음에 심으라고 말하라.

"이러므로 우리가 하나님께 쉬지 않고 감사함은 **너희가 우리에게 들은 바 하나님의 말씀을 받을 때에 사람의 말로 아니하고 하나님의 말씀으로 받음이니 진실로 그러하다 이 말씀이 또한 너희 믿는 자 속에서 역사하느니라**"(살전 2:13).

"그는 실로 **우리의 질고를 지고 우리의 슬픔을 당하였거늘** 우리는 생각하기를 그는 징벌을 받아서 하나님에게 맞으며 고난을 당한다 하였노라"(사 53:4).

"친히 나무에 달려 그 몸으로 우리 죄를 담당하셨으니 이는 우리로 죄에 대하여 죽고 의에 대하여 살게 하려 하심이라 **저가 채찍에 맞음으로 너희는 나음을 얻었나니**" (벧전 2:24).

"**믿음의 기도는 병든 자를 구원하리니** 주께서 저를 일으키시리라 혹시 죄를 범하였을지라도 사하심을 얻으리라"(약 5:15).

3. 믿음으로 순종하라고 말하라

- 믿음은 믿는 대로 행동하는 것이라고 말하라.
- 믿음은 항상 현재, 여기에 역사한다고 말하라.
- 믿음은 질병(현재의 고통)이 아니라 말씀(치유자이신 하나님)을 바라보는 것이라고 말하라.
- 진정한 믿음은 믿음대로 순종하는 것이라고 말하라.

"**너희가 믿음에 있는가 너희 자신을 시험하고 너희 자신을 확증하라** 예수 그리스도께서 너희 안에 계신 줄을 너희가 스스로 알지 못하느냐 그렇지 않으면 너희가 버림받은 자니라"(고후 13:5).

"믿음은 바라는 것들의 실상이요 보지 못하는 것들의 증거니"(히 11:1).

"그러므로 내가 너희에게 말하노니 **무엇이든지 기도하고 구하는 것은 받은 줄로 믿으라 그리하면** 너희에게 그대로 되리라"(막 11:24).

4. 치유에 상관없이 하나님께 감사하라고 말하라

- 당신에게 찾아온 기적을 사단에게 빼앗기지 않도록 하라고 말하라.
- 치유 받지 못하고 '그러면 그렇지' 속았다고 말한다면, 치유 받은 주위의 사람을 보게 하라.
- 치유 받지 못했다 하더라도 치유 받은 사람보다 더 하나님을 찬양하게 하라. 하나님이 임하시는 기적을 보지 않았는가 말해 주라. 하나님은 당신의 태도를 보신다고 말하라.
- 다시 참석하라고 말하라.

"천국은 마치 밭에 감추인 보화와 같으니 사람이 이를 발견한 후 숨겨 두고 기뻐하여 돌아가서 자기의 소유를 다 팔아 그 밭을 샀느니라"(마 13:44).

5. 신약에서 본 다섯 단계 믿음을 통한 신유

전장에서는 믿지 않는 자가 어떻게 치유함을 받을 수 있는지 알아보았다. 이 장에서는 신약에서 다양한 믿음을 가지고 예수님 앞에 나온 사람들의 심리를 생각해 보고, 예수님이 그들 각자에게 어떻게 응답하셨는가를 알아보자. 치유의 지식보다는 믿음을 어떻게 활성화시킬 수 있는가에 초점을 맞추었다. 다섯 가지 예를 보고, 예수님은 각 사람의 믿음에 어떻게 응답하셨으며, 치유사역에서 믿음보다 중요한 것은 무엇인지 그리고 우리는 현재 어떤 믿음을 가지고 있는지 알아보자.

'하실 수 있거든' 의 믿음(회의적인 믿음) : 귀신들린 아들을 가진 아버지

"무리 중에 하나가 대답하되 선생님 벙어리 귀신 들린 내 아들을 선생님께 데려 왔나이다 귀신이 어디서든지 저를 잡으면 거꾸러져 거품을 흘리며 이를 갈며 그리고 파리하여 가는지라 내가 선생의 제자들에게 내어 쫓아 달라 하였으나 저희가 능히 하지 못하더이다 대답하여 가라사대 **믿음이 없는 세대여 내가 얼마나 너희와 함께 있으며**

얼마나 너희를 참으리요 그를 내게로 데려오라 하시매 이에 데리고 오니 귀신이 예수를 보고 곧 그 아이로 심히 경련을 일으키게 하는지라 저가 땅에 엎드러져 굴며 거품을 흘리더라 예수께서 그 아비에게 물으시되 언제부터 이렇게 되었느냐 하시니 가로되 어릴 때부터니이다 귀신이 저를 죽이려고 불과 물에 자주 던졌나이다 **그러나 무엇을 하실 수 있거든** 우리를 불쌍히 여기사 도와주옵소서 예수께서 이르시되 **할 수 있거든이 무슨 말이냐 믿는 자에게는 능치 못할 일이 없느니라 하시니** 곧 그 아이의 아비가 **소리를 질러 가로되 내가 믿나이다 나의 믿음 없는 것을 도와 주소서 하더라** 예수께서 무리의 달려 모이는 것을 보시고 그 더러운 귀신을 **꾸짖어 가라사대 벙어리 되고 귀먹은 귀신아 내가 네게 명하노니 그 아이에게서 나오고 다시 들어가지 말라 하시매** 귀신이 소리 지르며 아이로 심히 경련을 일으키게 하고 나가니 그 아이가 죽은 것 같이 되어 많은 사람이 말하기를 죽었다 하나 예수께서 그 손을 잡아 일으키시니 이에 일어서니라 집에 들어가시매 제자들이 종용히 묻자오되 우리는 어찌하여 능히 그 귀신을 쫓아 내지 못하였나이까 **이르시되 기도 외에 다른 것으로는 이런 유가 나갈 수 없느니라 하시니라**"(막 9:17-29).

'할 수만 있다면'의 믿음은 대부분 사람들이 가지고 있는 믿음이다. 그러나 하나님의 치유 능력이 온전히 이뤄지기 위해서는 이 약한 믿음에서 벗어나야 한다. 이러한 믿음에 기여하는 합리적인 생각들은 "아마 상태가 너무 중하기 때문에", "너무 오랫동안 이런 상태로 있었기 때문에", "제자들이 귀신을 쫓아내고 치유하는 데 실패했기 때문에" 등일 것이다. 어떤 면에서 보면 그는 정직했고, 믿음이 없는 것을 포장하지 않았다. 그는 예수님이 아들을 치유할 수 있을 것이라고 확신하지도 못했다. 그 아비의 믿음은 어쩌면 주위에서 들은 이야기 때문일지도 모르겠다.

그러나 그는 치유에 대한 믿음보다도 자식에 대한 애틋한 마음이 훨씬 컸다고 생각된다. 그 마음 때문에 제자들이 아들을 치유하지 못했을 때도 그는 포기하지 않았다. 아비는 예수님 가까이 나아갈 기회를 보았다가 청하기 위해 다가갔다. 아마도 그는 예수님의 긍휼하심을 감지한 것처럼 보인다. 왜냐하면 "예수님! 우리를 불쌍히 여기사 도와주옵소서"라고 말했기 때문이다. 왜 그는 예수님께 나아갔을까? 그는 예수님이 어떤 일을 행하셨는지 다른 사람에게서 들었음이 틀림없다.

*"그러나 무엇을 하실 수 있거든"*의 믿음에 예수님은 어떻게 응답하셨나? 예수님은 아비에게 곧바로 그것도 명확히 ***"믿는 자에게는 능치 못할 일이 없느니라"***고 답하셨다. 즉 예수님은 믿음으로 오는 자에게는 어떤 것도 불가능하지 않다고 듣는자로 하여금 속이 시원하게 말씀하셨다. 감사한 것은 예수님이 그의 약한 믿음을 꾸짖거나 핀잔을 주지 않고 격려하셨다는 것이다. 이 예는 하나님이 '믿는 자에게라는 조건하에서' 치유할 수 있는지 없는지에 대해서 지금도 여전히 확신하지 못하는 사람들에 대한 답변인 것이다.

'원하시면…'의 믿음(소극적 믿음) : 문둥병자의 믿음

> "한 문둥병자가 예수께 와서 꿇어 엎드리어 간구하여 **가로되 원하시면 저를 깨끗케 하실 수 있나이다** 예수께서 민망히 여기사 손을 내밀어 저에게 대시며 가라사대 **내가 원하노니 깨끗함을 받으라 하신대** 곧 문둥병이 그 사람에게서 떠나가고 깨끗하여진지라"(막 1:40-42).

이런 믿음에는 예수님이 치유할 수 있는지 없는지는 문제가 되지 않는다. 오히려 그는 '나를 치유하는 것을 예수님이 원하실까'에 대한 의문을 가지고 있다. 그는 '예수님이 원하시기만 하면 나를 온전하게 하실 수 있을 것이다'라고 생각한다. '원하시면'의 믿음을 가진 자는 자신을 치유하시고자 하는 예수님의 의지에 대해서 의심을 품고 있는 것이다.

'원하시면'의 믿음은 무엇을 행하게 하였는가? 다른 사람의 눈치를 보지 않고 예수님 앞으로 나오는 과감성이다. 왜냐하면 그는 지금 예수님에게 간청하고 있기 때문이다. 그는 '할 수만 있다면' 의 믿음을 가진 자처럼 예수님 가까이 나아올 기회를 보다가 요청했다. 그가 예수님에게 다가갔을 때, 예수님의 긍휼함을 느꼈다. 왜냐하면 41절에 예수님은 그를 민망히 여기사 손을 내밀고 그를 만졌다고 말하고 있기 때문이다. 그도 다른 사람들로부터 예수님께서 어떤 일을 행하셨는지 들었기 때문에 그분에게 나아갔을 것이다.

*"원하시면 저를 깨끗케 하실 수 있나이다"*의 믿음에 예수님은 어떻게 답하셨는가? 예수님은 그의 요청에 즉시 *"내가 원하노니 깨끗함을 받으라"*고 하셨다. 기꺼이 원하신다는 말이다. 이번에도 예수님은 그의 믿음을 나무라지 않으시고, 믿음을 확인해 주셨다. '내가 원하노니' 는 하나님이 치유의 하나님이심은 믿지만 지금 나를 치유해 주실 건가에 대한 의심을 가지고 있는 자에 대한 예수님의 답변인 것이다.

'불쌍히 여기소서…' 의 믿음(적극적 믿음) : 소경 거지 바디매오의 믿음

> "저희가 여리고에 이르렀더니 예수께서 제자들과 허다한 무리와 함께 여리고에서 나가실 때에 디매오의 아들인 소경 거지 바디매오가 길 가에 앉았다가 **나사렛 예수시란 말을 듣고 소리 질러 가로되 다윗의 자손 예수여 나를 불쌍히 여기소서** 하거늘 많은 사람이 꾸짖어 잠잠하라 하되 그가 더욱 심히 소리 질러 가로되 다윗의 자손이여 나를 불쌍히 여기소서 하는지라 예수께서 머물러 서서 저를 부르라 하시니 저희가 그 소경을 부르며 이르되 안심하고 일어나라 너를 부르신다 하매 **소경이 겉옷을 내어버리고 뛰어 일어나 예수께 나아오거늘** 예수께서 일러 가라사대 네게 무엇을 하여주기를 원하느냐 소경이 가로되 선생님이여 보기를 원하나이다 예수께서 이르시되 가라 네 믿음이 너를 구원하였느니라 하시니 저가 곧 보게 되어 예수를 길에서 좇으니라" (막 10:46-52).

막무가내 타입인 소경 거지의 상태를 보자. 사실 소경이 언제부터, 얼마나 오랫동안, 왜 그렇게 되었는지는 알 수 없다. 단지 소경이고 거지이기 때문에 세상적으로 볼 때 거칠 것이 별로 없었을 것이다. 왜나하면 이미 많은 수모와 멸시를 받았을 터이니 말이다. 그런 소경이 현재의 삶에서 벗어날 수 있는 유일한 길은 눈을 뜨는 것일 것이다. 그런 의미에서 볼 때 그는 막무가내였지만, 믿음의 목적은 너무나도 뚜렷했다. 보기를 원한다는 것이다.

"불쌍히 여기소서, 당신은 나를 치유하실 수 있습니다"라는 믿음에는 세상이 언제나 깜깜했기 때문에 눈치란 있을 수 없다. 할 수 있는 일이란 낌새를 느끼고 외치는 것이 전부였을 것이다. 그래서 소경은 처음 외칠 때 많은 사람들이 꾸짖었음에도 불구하고 '더욱 심히 소리 질러' 외치기 시작했다. 소경이 "다윗의 자손, 예수여"라고 말함으로 메시아 예수님에 대한 믿음과 존경을 나타냈다. 그리고 "나를 불쌍히 여기소서"하며 자신의 처지가 얼마나 비관적인지 드러냈다. 소경은 예수님께 나아가는 목적이 너무나 뚜렷했기 때문에 주위의 사람이 "안심하고 일어나라 예수께서 너를 부르신다" 하는 말을 들었을 때 입고 있던 겉옷을 벗어 버리고 일어나 예수님께 나아갔다. 어쩌면 겉옷은 소경이 가지고 있는 전 재산일지도 모른다. 그러나 예수님께 나아가는 데 방해가 되는 것을 버린 것이다. 그는 오직 치유받을 생각만으로 가득 차 예수님께 나왔던 것이다. 오늘날 사람이나 주위를 생각하지 않고 오직 예수님만을 바라보는 사람이 있다면 우리는 그를 어떻게 생각할까? 재미있는 것은 소경 바디매오가 예수님께 외칠 때 주위에서 꾸짖은 사람들은 바로 예수님의 추종자들이었다는 것이다. 아마 이런 일은 오늘날에도 동일하게 일어나지 않을까?

"불쌍히 여기소서, 당신은 나를 치유하실 수 있습니다"라는 믿음에 예수님은 어떻게 답하셨는가? 예수님은 소경의 생각을 정확히 아셨기 때문에 그 문제를 지적함으로 소경의 믿음을 활성화시켜 주었다. "네게 무엇을 하여주기를 원하느냐" 라고 물었을 때 소경은 지체 없이 "선생님이여 보기를 원하나이다"라고 답했다. 예수님은 기도도 하지 않으시고 "가라! 네 믿음이 너를 구원하였느니라"고 하셨고, 소경은 곧 눈을 떴고 예수를 좇았다.

'내가 하기만 한다면…'의 믿음(의지적 믿음) : 혈루증 여인의 믿음

"이에 그와 함께 가실쌔 큰 무리가 따라가며 에워싸 밀더라 열두 해를 혈루증으로 앓는 한 여자가 있어 많은 의원에게 많은 괴로움을 받았고 있던 것도 다 허비하였으되 아무 효험이 없고 도리어 더 중하여졌던 차에 **예수의 소문을 듣고** 무리 가운데 섞여 뒤로 와서 그의 옷에 손을 대니 **이는 내가 그의 옷에만 손을 대어도 구원을 얻으리라 함일러라** 이에 그의 혈루 근원이 곧 마르매 병이 나은 줄을 몸에 깨달으니라 예수께서 **그 능력이 자기에게서 나간 줄을 곧 스스로 아시고** 무리 가운데서 돌이켜 말씀하시되 **누가 내 옷에 손을 대었느냐 하시니** 제자들이 여짜오되 무리가 에워싸 미는 것을 보시며 누가 내게 손을 대었느냐 물으시나이까 하되 예수께서 이 일 행한 여자를 보려고 둘러보시니 여자가 제게 이루어진 일을 알고 두려워하여 떨며 와서 그 앞에 엎드려 모든 사실을 여짜온대 예수께서 가라사대 **딸아 네 믿음이 너를 구원하였으니 평안히 가라 네 병에서 놓여 건강할지어다**"(막 5:24-34).

앞서 언급한 세 가지 믿음('할 수만 있다면', '원하시면', '불쌍히 여기소서')이 예수님께 주도권을 이양한 믿음이라면, '내가 하기만 하면', 다음에 언급할 '내가 개라 할지라도'의 믿음은 주도권이 예수님께 있지 않고 그들 자신에게 있다. 언뜻 생각하기에는 잘못된 믿음이라고 여겨질지 모르지만 사실은 그렇지 않다. 앞의 세 가지 믿음은 예수님의 뜻에 대한 확신이 없는 반면, 뒤의 두 가지 믿음은 이미 예수님의 뜻에 대한 확신을 가지고, 그것에 기초하여 자신의 의지로 취하는 믿음을 가지고 있다. 놀라운 믿음 아닌가! 우리에게 바로 이러한 믿음이 필요하다.

당시 혈루증을 앓는 여인은 종교적인 전통에 따라 사회적으로 버림받은 사람이다. 여인은 12년이나 혈루증으로 고생했으며, 많은 의원들을 찾아 다녔으나 치유받지도 못한 채 괴로움만 겪었고 돈만 낭비하였다. '내가 하기만 하면…' 의 믿음을 가진 이 여인은 소문을 통해 예수님이 누구이신지 그리고 무엇을 하셨는지 이미 알고 예수님께 다가왔다. 그녀는 종교적 전통에 따라 사람들로부터 떠나야 하고 대중 앞에 나타나지 말아야 하나, 그것을 무시하고 오직 치유함을 받기 위해 예수님 앞으로 나아왔다. 그리고 그녀는 예수님의 능력을 믿었기 때문에 예수님의 옷에만 손을 대어도 치유함을 받을 것으로 확신했다.

'내가 하기만 하면…' 믿음 때문에 이 여인에게는 무슨 일이 일어났는가? 놀랍게도 그녀는 즉시 치유함을 받았으며, 신체를 통해서 치유받았음을 느낄 수 있었다. 이 여인의 경우는 단지 예수님 앞으로 와서 믿음으로 옷자락을 만졌을 뿐, 그분으로부터 치유함에 대한 어떤 언질이나 기도를 받은 적도 없다. 예수님이 "딸아 네 믿음이 너를 구원하였으니"라고 말씀하신 것은 여인이 치유함을 받고 난 뒤의 일이다. 이 여인은 예수님 앞으로 나아왔지만, 그분과 한 마디 말도 나누지 않은 채, 자신이 믿는 대로 행동함으로 치유를 받았다. 놀랍지 않은가?

'내가 개라 할지라도…' 의 믿음(무모한 믿음) : 이방 여인의 믿음

"예수께서 거기서 나가사 두로와 시돈 지방으로 들어가시니 **가나안 여자 하나가 그 지경에서 나와서 소리 질러 가로되 주 다윗의 자손이여 나를 불쌍히 여기소서 내 딸이 흉악히 귀신들렸나이다 하되** 예수는 한 말씀도 대답지 아니하시니 제자들이 와서 청하여 말하되 그 여자가 우리 뒤에서 소리를 지르오니 보내소서 예수께서 대답하여 가라사대 **나는 이스라엘 집의 잃어버린 양 외에는 다른 데로 보내심을 받지 아니하였노라** 하신대 여자가 와서 예수께 절하며 가로되 주여 저를 도우소서 **대답하여 가라사대 자녀의 떡을 취하여 개들에게 던짐이 마땅치 아니하니라 여자가 가로되 주여**

옳소이다마는 개들도 제 주인의 상에서 떨어지는 부스러기를 먹나이다 하니 이에 예수께서 대답하여 가라사대 **여자야 네 믿음이 크도다 네 소원대로 되리라 하시니 그 시로부터 그의 딸이 나으니라"**(마 15:21–28).

예수님의 공생애 사역은 이스라엘 민족을 위한 것이었지 이방인을 위한 것은 아니었다. 이방 여인이 취한 행동은 다 불법이었다. 여인은 자신의 지경을 떠나와 예수님께 소리치며 간구했다. 예수님이 이방인들에게는 치유를 베풀지 않겠다고 말씀하셨음에도 불구하고 여인은 계속 간청했다. 이 경우는 아마 예수님의 공생애 사역 중 의도적이든 아니든 간에 치유받기 위해 나온 사람에게 치유하지 못하겠다고 말씀하신 유일한 예일 것이다.

예수님은 "자녀의 떡을 취하여 개들에게 던짐이 마땅치 아니하니라"고 말씀하심으로 이방 여인을 의도적으로 멸시했다. 그러나 여인은 그 말에 전혀 개의치 않고, "개들도 제 주인의 상에서 떨어지는 부스러기를 먹나이다"라고 대답하며 예수님을 물고 늘어졌다. 다른 사람도 아닌 예수님에게서 개 취급을 당해도 여인은 예수님을 떠나지 않은 것이다. 앞서 혈루증 여인은 옷자락에 손을 대면 예수님이 치유해 주실 것을 믿었지만, 이 이방 여인은 예수님이 치유해 줄 수 없다고 해도 개처럼 물고 늘어진 것이다.

'*내가 개라 할지라도…*'의 믿음을 가진 여인에게 예수님은 어떻게 답하셨는가? 예수님은 여인의 믿음을 보고자 하셨다. 여인의 대답을 들은 다음 예수님은 "여자야 네 믿음이 크도다 네 소원대로 되리라"고 말씀하셨고, 그 시로부터 자리에 함께 있지도 않은 여인의 딸이 나았다. 예수님은 이방 여인에게 믿음이 크다고 말씀하셨고, 이 믿음이 예수님의 마음을 돌리게 하였다.

언급한 다섯 가지의 믿음을 다시 한 번 생각해 보자. 분명히 예수님 앞으로 나오는 사람들의 믿음에는 차이가 있다. 그러나 그들의 믿음이 어떠하든 간에 모두가 치유 받았다. 놀랍지 않은가?

이것을 통해서 치유를 위한 믿음에는 사람들의 믿음 자체가 아니라 우리가 믿는 대상, 즉 예수님이 가장 중요하다는 것을 알 수 있다. 우리의 믿음이 적다고 해서 믿음의 대상인 예수님이 가진 능력이 약화되지는 않는다는 것이다. 그렇다면 치유받을 수 있는 최소한의 믿음이란 무엇인가? 예수님이 치유하실 것이라는 믿음보다는 오히려 예수님 앞으로 나아오는 믿음 아닌가? 이러한 믿음을 가지고 나왔을 때 예수님은 각자의 치유에 대한 믿음을 활성화시켜 주셨고, 치유하여 주셨다.

이 상황을 다시 생각해 보자. 사실, 이들 메시지가 주는 것은 믿음보다는 오히려 그분의 현존에 관한 것이다. 믿음은 중요하다. 그러나 우리의 필요를 그분의 현존 앞으로 가져오는 것과 그리고 그 문제를 요청하는 것이 이 메시지의 핵심이다.

당시 예수님을 만난 사람들은 믿음의 많고 적음에 상관없이 치유를 받았다. 지금도 예수님은 보이시지 않을 뿐 살아계셔서 우리와 함께하신다. 그렇다면 지금 우리에게 필요한 믿음이란 무엇인가? 1) 예수님의 현존 앞으로 가져오는 것, 2) 예수님이 지금 우리와 함께하신다는 믿음과 더불어 3) 예수님이 치유하신다는 믿음이다. 사실 그 당시 예수님 앞으로 나왔던 사람들의 경우 1)번의 믿음 외에는 필요하지 않았을 것이다. 왜냐하면 그들은 이미 2), 3)번을 경험했기 때문이다. 그렇다면 오늘날 예수님의 일을 하고 있는 사역자는 1), 2), 3)과 더불어 4) 우리는 온전히 치유의 통로라는 믿음이 필요하다. 이는 분명 계시된 믿음으로 믿음의 분량에 차이가 있을 것이다. 왜냐하면 예수님과 친밀한 정도가 결국 믿음의 분량으로 환산되기 때문이다.

6. 신유의 실제적인 제안

"믿지 않는 자는 하나님이 긍휼로 치유하시고, 믿는 자는 믿음을 보고 치유하신다"고 들은 적이 있다. 지난 장에서는 믿지 않는 자를 위한 '나아만식 4단계'를 살펴보았고, 여기에서는 믿는 자들이 신유를 경험하기 위한 몇 가지를 살펴보려 한다.

1. 우선순위를 점검하라

하나님이 정말 우리의 치유자이심을 믿는가? 하나님은 주권적인 역사로 우리를 치유하시지만, 또한 의사나 약으로도 치유하신다. 물론 의사나 약은 주로 질병의 징후를 치유하지만, 하나님은 질병의 원인을 치유하신다. 의사에게 가거나 약을 먹는 것은 상관없지만 우선순위에 있어 기도를 '보험' 드는 정도나 '밑져 봐야 본전' 이라는 정도로 생각한다면 신유는 일어나지 않을 것이다.

2. 잘못된 믿음을 버리고 말씀으로 마음을 변화시키라

- 나는 하나님이 기뻐하시고 사랑하는 자녀다.
- 하나님은 나를 기꺼이 치유하고자 하신다.
- 나의 질병을 치유하는 것은 하나님의 뜻이다.
- 하나님은 나를 온전케 하셔서 찬양과 경배 받기를 원하신다.
- 하나님은 항상 모든 병자를 치료하는 것은 아니다(O). VS 하나님은 항상 모든 병자를 치료하시지는 않는다(X).
- 두 가지 믿음을 기억하라(자기경험적 믿음과 계시적 믿음). 생각과 이성을 뛰어넘는 믿음을 가지라.

3. 치유에 관한 성경 구절을 읽고, 광경을 믿음의 눈으로 그려보라

예수님이 주시는, 지금 나에게 주시는 말씀을 들어보라.

> "저가 그 말씀을 보내어 저희를 고치사 위경에서 건지시는도다"(시 107:20).
>
> "예수께서 산에서 내려오시니 허다한 무리가 좇으니라 한 문둥병자가 나아와 절하고 가로되 주여 원하시면 저를 깨끗케 하실 수 있나이다 하거늘 예수께서 손을 내밀어 저에게 대시며 가라사대 내가 원하노니 깨끗함을 받으라 하신대 즉시 그의 문둥병이 깨끗하여진지라"(마 8:1-3).
>
> "예수께서 백부장에게 이르시되 가라 네 믿은 대로 될지어다 하시니 그 시로 하인이 나으니라"(마 8:13).

4. 신유에 대한 간증을 들으라

치유 받은 사람이 어떻게 하나님의 말씀을 듣고 믿음으로 임했는지 들으라.

5. 신유 집회에 참석하라

보고 소망을 품으라. 성령 안에서 상상하라. 내 문제와 처지를 기도하지 말고,

하나님이 주실 새로운 소망을 선포하라. 참석이 불가능하면, 목사님이나 장로님 그리고 사역자를 초청해 기도를 받으라.

> "너희 중에 병든 자가 있느냐 저는 교회의 장로들을 청할 것이요 그들은 주의 이름으로 기름을 바르며 위하여 기도할지니라"(약 5:14).

6. 하나님을 높이라

하나님을 높일 때 하나님의 영광이 임하며, 영광이 임할 때 하늘문이 열리고 기사와 이적이 일어난다. 또한 집회에서 다른 사람에게 기사와 이적이 일어났을 때 나에게 일어난 것보다 더 기뻐하고 하나님을 높이라. 하나님을 하나님 되게 할 때 그분이 가장 기뻐하신다.

7. 기도하라

나의 믿음이 아니라, 하나님 안에 있는 믿음을 가질 수 있도록 기도하라. 치유의 기적이 일어나도록 간절히 기도하라. 히스기야는 통곡하면서 간절히 기도하였고, 하나님은 그의 생명을 15년이나 연장시켜 주셨다.

> "히스기야가 낯을 벽으로 향하고 여호와께 기도하여 가로되"(왕하 20:2).
>
> "보라 아하스의 일영표에 나아갔던 해 그림자를 뒤로 십도를 물러가게 하리라 하셨다 하라 하시더니 이에 일영표에 나아갔던 해의 그림자가 십도를 물러가니라 유다 왕 히스기야가 병들었다가 그 병이 나을 때에 기록한 글이 이러하니라"(사 38:8-9).

8. 증언하라

다른 사람에게 예수님이 하신 일을 증거하는 것은 하나님의 기념책에 내 이름을 올리는 것과 같으며, 또 다른 기적을 예언하는 것과 같다. 실제로 어떤 집회에서 한 사람의 간증으로 그 사람의 질병과 동일한 질병을 가지고 있던 20명 이상이 그 자리에서 치유된 적이 있다.

"그 때에 여호와를 경외하는 자들이 피차에 말하매 여호와께서 그것을 분명히 들으시고 여호와를 경외하는 자와 그 이름을 존중히 생각하는 자를 위하여 여호와 앞에 있는 기념책에 기록하셨느니라"(말 3:16).

"내가 그 발 앞에 엎드려 경배하려 하니 그가 나더러 말하기를 나는 너와 및 예수의 증거를 받은 네 형제들과 같이 된 종이니 삼가 그리하지 말고 오직 하나님께 경배하라 예수의 증거는 대언의 영이라 하더라"(계 19:10).

9. **투약하라**

약이나 의술은 하나님이 사용하시는 도구다. 먼저 하나님께 기도하라. 그리고 기도하면서 의술을 사용하라. 하나님이 병든 자를 치유하실 때 의학적인 방법을 사용하실지라도 결국 치유는 하나님의 역사라는 사실을 기억하라.

"이사야는 이르기를 한 뭉치 무화과를 취하여 종처에 붙이면 왕이 나으리라 하였었고"(사 38:21).

5부

뱀과 전갈을 **밟으며 …**

(눅 10:19)

1. 영적 전쟁의 성경적 기초

세상에서 우리의 삶은 혈과 육에 대한 것이 아니라 영적 전쟁이다. 그렇다면 이 영적 전쟁을 어떻게 대처해야 하는가? 하나님은 우리에게 아무런 무기도 주시지 않고 그냥 피 흘리기까지 싸우라고만 말씀하시는가? 그리스도인으로서 승리하는 삶은 어디에서 찾아 볼 수 있는가? 그리스도인의 축복은 단지 내세적이고, 이 세상 삶은 고난과 인내의 연속인가? 현재 그리스도인의 정체성은 무엇이며, 어떤 권세와 능력을 가지고 있는 것인가? 나는 이런 문제에 대해서 묵상하면 할수록 더 큰 권세(authority)와 어두운 세력에 대한 투쟁감을 느낀다. 이 장을 통해서 예수님의 십자가 사건과 부활이 영적 전쟁에 어떤 의미를 지니고 있으며, 하나님이 이 땅을 다스리기 위해서 주셨던 권세와 능력이 어떻게 회복되었으며, 예수님의 사역과 하나님 나라에 대한 선포가 무엇을 의미하는지 알아보자.

이러한 문제에 대한 접근은 단순히 말씀에 대한 묵상뿐만 아니라 성경 전체를 통해서 전개되는 권세와 능력의 흐름을 파악해야 하며, 그 흐름 속에서 현재 나의 위치와 정체성이 무엇인지를 확인해야 한다. 우선, 창조-타락-구원-영화라는 구속사적인 선상에서 천사장의 타락, 예수 그리스도의 성육신과 부활, 보혜사 성령님의 임재 그리고 하나님 나라의 도래 관점을 통해서 우리의 위치를 찾아보자.

태초에 하나님이 천지를 창조하셨다. 태초에 말씀이 계셨고, 그 말씀이 하나님이시다. 말씀이 육신이 되어 이 땅에 오신 분이 바로 예수님이시다. 또한, 하나님의 신이신 성령님도 처음부터 말씀과 함께하셨다.

> "태초에 하나님이 천지(heavens and earth)를 창조하시니라 땅이 혼돈하고 공허하며 흑암이 깊음 위에 있고 **하나님의 신은 수면에 운행하시니라** 하나님이 가라사대 빛이 있으라 하시매 빛이 있었고" (창 1:1-3).
>
> "태초에 말씀이 계시니라 이 말씀이 하나님과 함께 계셨으니 이 말씀은 곧 하나님이시니라 그가 태초에 하나님과 함께 계셨고 **만물이 그로 말미암아 지은 바 되었으니 지은 것이 하나도 그가 없이는 된 것이 없느니라**"(요 1:1-3).
>
> "여호와는 하늘을 창조하신 하나님이시며 땅도 조성하시고 견고케하시되 헛되이 창조치 아니하시고 사람으로 거하게 지으신 자시니라 그 말씀에 나는 여호와라 나 외에 다른 이가 없느니라"(사 45:18).

태초에 하나님은 말씀으로 천지만물을 지으셨으며, 인간뿐만 아니라 천사도 지으셨음을 알 수 있다. 하나님이 창조하신 천사 중에는 여러 종류의 천사들이 있지만, 가장 높은 계급에 속하는 세 명의 천사장(archangel)이 있다. 바로 가브리엘, 미가엘 그리고 루시퍼 천사장이다. 가브리엘은 하나님의 말씀을 전하는 전령 천사장이고, 미가엘은 하나님 나라를 지키며 전쟁을 수행하는 전투 천사장이고, 루시퍼(lucifer)는 하나님을 덮고 있는 그룹 천사장이며 보좌 앞에서 경배와 찬양을 드리던 천사장이었다.

"그는 보이지 아니하시는 하나님의 형상이요 모든 창조물보다 먼저 나신 자니 **만물이 그에게 창조되되 하늘과 땅에서 보이는 것들과** 보이지 않는 것들과 혹은 보좌들이나 주관들이나 정사들이나 권세들이나 만물이 다 **그로 말미암고 그를 위하여 창조되었고**"(골 1:15-16).

미가엘

"그가 이르되 다니엘아 두려워하지 말라 네가 깨달으려 하여 네 하나님 앞에 스스로 겸비케 하기로 결심하던 첫 날부터 네 말이 들으신 바 되었으므로 **내가 네 말로 인하여 왔느니라** 그런데 바사국 군이 이십 일일 동안 나를 막았으므로 내가 거기 바사국 왕들과 함께 머물러 있더니 군장 중 하나 미가엘이 와서 나를 도와주므로"(단 10:12-13)(계 12:7 참조).

가브리엘

"천사가 대답하여 가로되 **나는 하나님 앞에 섰는 가브리엘이라 이 좋은 소식을 전하여 네게 말하라고 보내심을 입었노라**"(눅 1:19).

루시퍼

천사장 중 하나인 루시퍼는 하나님이 창조하신 가장 아름다운 천사 중의 하나였다. 그가 태어날 때 하늘에서 모두 기뻐하였으며, 그는 새벽별 혹은 아침의 아들로 불렸다. 그는 완전하였으며 지혜가 충족하고 온전히 아름다웠다. 또한 기름 부음을 받은 덮는 그룹이었고, 모든 길에 완전한 자였다. 그는 에덴의 동산에서 아름다운 옷에 보석을 달고 거닐었으며, 또한 기름부음을 받은 그룹(mighty angelic guardian)으로 하나님의 성산(holy mountain of God)에도 마음대로 들어가고 화광석(stones of fire) 사이를 왕래했다.

"너 아침의 아들 **계명성(morning star)**이여 (O lucifer, son of the morning! (KJV)) 어찌 그리 하늘에서 떨어졌으며 너 열국을 엎은 자여 어찌 그리 땅에 찍혔는고"(사 14:12).

"그 때에 새벽 별들이 함께 노래하며 하나님의 아들들이 다 기쁘게 소리하였었느니라"(욥 38:7).

"인자야 두로 왕을 위하여 애가를 지어 그에게 이르기를 주 여호와의 말씀에 너는 완전한 인이었고 **지혜가 충족하며 온전히 아름다웠도다**"(겔 28:12).

"네가 옛적에 하나님의 동산 에덴에 있어서 각종 보석 곧 홍보석과 황보석과 금강석과 황옥과 홍마노와 창옥과 청보석과 남보석과 홍옥과 황금으로 단장하였었음이여 **네가 지음을 받던 날에 너를 위하여 소고와 비파가 예비되었었도다 너는 기름 부음을 받은 덮는 그룹임이여 내가 너를 세우매 네가 하나님의 성산에 있어서 화광석 사이에 왕래하였었도다**"(겔 28:13-14) (I ordained and anointed you as the mighty angelic guardian<guardian cherub>. You had access to the holy mountain of God and walked among the stones of fire).

그는 그렇게 하나님의 총애를 받았음에도, 마음이 교만하여져서 불의를 저질렀고 강포가 가득하여 범죄하였고 마침내 성소를 더럽혔다. 하나님은 루시퍼의 타락을 보고 더럽게 여겨 하나님의 성산에서 쫓아내었고, 더 이상 화광석 사이를 거닐지 못하게 하였으며, 땅으로 내어 쫓아 열왕들의 구경거리가 되게 하였다. 그의 이름은 더 이상 천사장 루시퍼가 아니라 사단이라고 불리게 되었다.[1]

그는 하늘로부터 쫓겨나 땅에 떨어졌고 모든 영화를 소실하였음에도 불구하고, 자신의 죄를 회개하지 않고, 오히려 그때부터 다시 하늘에 올라(I will ascend to heaven) 자신의 보좌를 높이기를 원했고(and set my throne above God's stars), 하나님과 동등된 자리를 차지하기를 원했다.

1) 천사일 때는 루시퍼라 불렸으며, 그 뜻은 '빛나는 자' 였다. 그러나 타락 직후에 그의 이름은 '사단' 으로 바뀌었다. 사단의 뜻은 '반대자, 선을 대적하는 자, 공격하는 자, 적' 이란 의미를 가지고 있다. 사단은 도덕질하고 죽이고 파괴시키는 자이다(요 10:10).

"네가 지음을 받던 날로부터 네 모든 길에 완전하더니 **마침내 불의가 드러났도다 네 무역이 풍성하므로 네 가운데 강포가 가득하여 네가 범죄하였도다** 너 덮는 그룹아 그러므로 내가 너를 더럽게 여겨 하나님의 산에서 쫓아내었고 화광석 사이에서 멸하였도다. **네가 아름다우므로 마음이 교만하였으며 네가 영화로우므로 네 지혜를 더럽혔음이여** 내가 너를 땅에 던져 열왕 앞에 두어 그들의 구경거리가 되게 하였도다"(겔 28:15-17).

"**네 영화가 음부에 떨어졌음이여** 너의 비파 소리까지로다 구더기가 네 아래 깔림이여 지렁이가 너를 덮었도다 너 아침의 아들 계명성이여 어찌 그리 하늘에서 떨어졌으며 너 열국을 엎은 자여 **어찌 그리 땅에 찍혔는고** 네가 네 마음에 이르기를 **내가 하늘에 올라 하나님의 뭇별 위에 나의 보좌를 높이리라 내가 북극 집회의 산 위에 좌정하리라 가장 높은 구름에 올라 지극히 높은 자와 비기리라 하도다** 그러나 이제 네가 음부 곧 구덩이의 맨 밑에 빠치우리로다 너를 보는 자가 주목하여 너를 자세히 살펴보며 말하기를 이 사람이 땅을 진동시키며 열국을 경동시키며 세계를 황무케 하며 성읍을 파괴하며 사로잡힌 자를 그 집으로 놓아 보내지 않던 자가 아니뇨 하리로다"(사 14:11-17).

사단은 어떻게 다시 하늘로 올라 지극히 높은 자와 비기려고 했을까? 사단은 인간을 속여 그 일을 하고자 했으며, 하나님 보좌 앞에 다시 나아가고자 했다. 사단은 하나님이 인간을 만드신 목적을 알기 때문에 인간을 속임으로 그들을 죽이고 멸망시키고자 했다. 그렇게 함으로 하나님의 거룩한 뜻에 손상을 입히고, 인간이 하나님 보좌 앞으로 가는 대신 자신이 그 자리에 다시 서기를 바랐다.[2]

2) 이렇게 기술한 것은 다음과 같은 사실에 기초하였다. 루시퍼는 본래 하나님 보좌의 그룹으로서 경배와 찬양을 주관하는 천사장이었으나(겔 28:13-14), 그가 범죄함으로 인하여 하나님의 산에서 쫓겨났고 땅에 던져졌다(겔 28:15-17, 사 14:11-17). 그럼에도 불구하고 그는 하나님의 뭇별 위에 자신의 보좌를 높이기를 원했으며, 지극히 높은 자와 비기려고 했다. 그는 이러한 일을 위해서 하나님의 자녀를 속였으며(창 3:2-5), 그들이 가진 권세와 능력을 빼앗았고(눅 4:6-7), 실제로 하나님의 보좌 앞에서 다시 완전히 쫓겨나기 전까지 하나님의 자녀들을 지속적으로 참소했다(욥 1:6-7, 슥 3:1-5, 계 12:9-10).

한편 하나님은 천지창조시 제 육일째에 그분의 형상과 모양대로 인간을 만드셨다. 그분의 형상과 모양이라는 말은 이 땅에서 그분을 나타낸다는 뜻이다. 즉 하나님의 자녀로서 이 땅에서 하나님을 대신한다는 의미를 지니고 있다. 이것을 나타내는 또다른 표현은 창세기 2장 7절의 말씀을 통해서도 알 수 있다. 흙을 재료로 인간을 만드셨지만, 그 코에 하나님의 생기를 불어 넣어 생령(a living person)이 되도록 했다. 생령이 되었다는 사실은 그분의 생명과 본질을 나타내는 존재가 되었다는 것이다. 다른 말로, 인간은 본래 하나님 의식(God-consciousness)을 가진 존재라는 것이다.

또한 남자와 여자를 창조하시고, 그들에게 복을 주시며, 이 땅에서 생육하고 번성하며, 땅에 충만할 것과 더불어 땅을 정복하고 모든 생명을 다스리게 했다. 이 구절이야말로 인간의 존재 가치와 목적을 발견할 수 있는 중요한 말씀이다.

> "하나님이 가라사대 **우리의 형상을 따라 우리의 모양대로** 우리가 사람을 만들고 그로 바다의 고기와 공중의 새와 육축과 온 땅과 땅에 기는 **모든 것을 다스리게 하자** 하시고 (let them rule or have dominion) 하나님이 자기 형상 곧 하나님의 형상대로 사람을 창조하시되 **남자와 여자를 창조하시고** 하나님이 그들에게 복을 주시며 **그들에게 이르시되** 생육하고 번성하여 땅에 충만하라, 땅을 정복하라, 바다의 고기와 공중의 새와 땅에 움직이는 모든 생물을 다스리라 하시니라"(창 1:26-28).
>
> "무릇 사람의 피를 흘리면 사람이 그 피를 흘릴 것이니 **이는 하나님이 자기 형상대로 사람을 지었음이니라**"(창 9:6).
>
> "여호와 하나님이 **흙으로 사람을 지으시고 생기를 그 코에 불어 넣으시니 사람이 생령이 된지라**"(창 2:7).

하나님은 그의 주권을 초자연계 뿐만 아니라 이 땅에서도 하나님의 자녀를 통하여 행사하기를 원하셨다. 그래서 하나님의 형상과 모양대로 우리를 만드시고,

삶의 목적과 이 땅을 다스리고 관리할 권세와 능력을 주셨다. 생각해 보라. 인간은 누구나 힘을 가지고 다스리기를 원한다. 그 근원은 바로 하나님이 그렇게 하도록 창조하셨기 때문이다(물론 하나님의 형상을 가진 자로서 청지기 직분을 주셨지만, 타락 후 자존자로서 사단의 앞잡이 노릇을 하는 것이 문제가 되었다).

'모든 것을 다스리게 하자'라는 말은 놀라운 비밀을 간직한 것으로, '하나님으로부터 사람으로', '하늘에서부터 땅으로', '보이지 않는 세계에서 보이는 세계로'의 능력과 권세의 위임을 나타내고 있다. 다시 말해서 오직 인간에게만 땅을 다스리고 정복하고 관리할 수 있는 신성한 권리를 부여하였다는 것을 말한다. 하나님은 이 땅에 대한 모든 책임과 권한을 오직 인간에게만 주시고 그들로 다스리게 하였다.

"사람이 무엇이관대 주께서 저를 권고하시나이까 저를 천사보다 조금 못하게 하시고 영화와 존귀로 관을 씌우셨나이다 **주의 손으로 만드신 것을 다스리게 하시고 만물을 그 발 아래 두셨으니** 곧 모든 우양과 들짐승이며 공중의 새와 바다의 어족과 해로에 다니는 것이니이다"(시 8:4–8).

이것이 바로 하나님께서 인간과의 대화 없이는 이 땅에 대해서 어떤 것도 하시지 않은 이유이며,[3] 또한 하나님이 개입하시기 위해서(우리를 구원하시기 위해서) 인간으로 오실 수밖에 없는 이유이기도 하다. 하나님은 율법으로 죄가 무엇인지를 먼저 깨닫게 하셨다. 그리고 신성을 포기하고 인성으로만 살기를 결정한 하나님, 즉 예수님으로 이 땅에 오셔서 세상을 다스리셨다.

비록 이 땅이 인간에 의해서 타락했지만, 하나님은 끝까지 인간을 통해서 회복

3) "주 여호와께서는 자기의 비밀을 그 종 선지자들에게 보이지 아니하시고는 결코 행하심이 없으시리라"(암 3:7).

시키고자 하신다. 왜냐하면 이 땅에 대한 권한을 인간에게만 주셨기 때문이다. 이것이 바로 죄악이 날로 관영하는 이 세상에 대해서도 '무심한 하나님' 처럼 끝까지 참으시는 이유이고, 예수님을 보내셔서 우리를 구원하시고 진정한 하나님의 자녀의 삶이 무엇인지를 보여주신 이유이고, 지금도 하나님을 향하는 자녀에게 능력을 주시기를 그렇게도 원하시는 이유이기도 하다. 하나님은 타락한 인간이 아니라 처음 창조하셨던(하나님의 생기를 가지고 그분의 형상과 모양대로 지음을 받은) 그 자녀들을 통해서 이 땅을 다시 회복시키기를 원하신다(롬 8:19-22).

'다스리게 하자' 라는 말은 영어로 'rule' 혹은 'dominion' 으로서, 왕국(kingdom)에서 사용되는 말이다. 즉 하나님 나라(kingdom of heaven)에서 하나님께서 주권(sovereignty)을 가지고 다스리는 것처럼, 이 땅에서는(kingdom of this world) 우리로(하나님의 자녀) 하여금 다스리게 하신다는 것이다. 기억해야 할 것은, 우리는 이 땅에 속한 자가 아니라 하나님의 자녀로서 이 땅에 보냄을 받은 존재이며, 단순히 이 땅을 다스리는 것에 목적이 있는 것이 아니라 하나님 나라를 이 땅에 건설하는 데 목적이 있다는 것이다.

사단은 이 땅에 거하면서 하나님이 인간을 왜 창조하셨는지, 우리 인간을 통해서 무엇을 하고자 하시는지 그리고 인간에게 어떤 권세와 능력을 주었는지를 알게 되었다. 그리고 사단은 다시 하늘에 오르기 위해서는 그래서 지극히 높은 자와 비기기 위해서는, 즉 자신의 목적을 달성하기 위한 유일한 길은 인간이 죄를 짓도록 만드는 것이라는 사실을 알게 되었다. 사단은 하나님이 인간에게 자유의지를 주신 것을 알고, 뱀 속으로 들어가(사단이 가롯 유다에게 들어간 것처럼, 요 13:25-27) 하와에게 접근하여, 거짓말로 속여서 하나님을 거절하게 만들었다. 사단은 인간이 죄를 짓게 함으로써, 하나님과 인간의 관계가 끊어질 것이며, 자신은 인간 대신에 하나님 보좌 앞으로 나아가 하나님께 참소할 수 있는 기회를 가질 것을 알고 있었다.

"선악을 알게 하는 나무의 실과는 먹지 말라 네가 먹는 날에는 정녕 죽으리라 하시니라"(창 2:17).

"여호와 하나님의 지으신 들짐승 중에 뱀이 가장 간교하더라 **뱀이 여자에게 물어 가로되 하나님이 참으로 너희더러 동산 모든 나무의 실과를 먹지 말라 하시더냐**"(창 3:1).

"그가 예수의 가슴에 그대로 의지하여 말하되 주여 누구오니이까 예수께서 대답하시되 내가 한 조각을 찍어다가 주는 자가 그니라 하시고 곧 한 조각을 찍으셔다가 가룟 시몬의 아들 유다를 주시니 **조각을 받은 후 곧 사단이 그 속에 들어간지라** 이에 예수께서 유다에게 이르시되 네 하는 일을 속히 하라 하시니"(요 13:25-27).

"여자가 뱀에게 말하되 동산 나무의 실과를 우리가 먹을 수 있으나 동산 중앙에 있는 나무의 실과는 하나님의 말씀에 너희는 먹지도 말고 만지지도 말라 너희가 죽을까 하노라 하셨느니라 뱀이 여자에게 이르되 **너희가 결코 죽지 아니하리라** 너희가 그것을 먹는 날에는 **너희 눈이 밝아 하나님과 같이 되어** 선악을 알 줄을 하나님이 아심이니라"(창 3:2-5).

사단은 간교하게 하와를 속였으며, 하와는 하나님 같이 선악을 알고자 하는 마음으로 하나님이 금하신 선악과를 먹었다. 아담과 하와가 선악과를 먹은 다음 곧 바로 하나님의 영광이 떠나버려 단지 영광의 흔적만 남게 되었고, 스스로가 흙과 같은 존재임을 알게 되었다. 즉 하나님의 영광이 떠난 인간의 실체를 본 것이다.

앞서도 언급한 바와 같이, 본래 하나님이 지으신 인간은 하나님의식의 존재였는데, 그분의 영광이 떠남으로 인하여 자아의식(self-consciousness)의 존재로 전락했으며, 더 이상 하나님의 말씀에 순종하기를 싫어하고, 자신의 오감을 통해 들어오는 것만을 의지하는 세상의식으로 가득차게 되었다.

이때로부터 하나님의 말씀을 통하여 세상을 바라보고 느끼고 생각하는 하나님 나라의 사고방식(kingdom mentality)이 사라지고, 세상의 사실과 현상을 자신의 오감으로 생각하고 느끼고 판단할 수 밖에 없는 세상적 사고방식(world mentality)

이 인간을 사로잡기 시작했다. 그 결과로, 온전한 마음이 깨어지고 거절감, 죄책감, 두려움, 수치심 등이 찾아 왔고, 동시에 하나님이 주신 모든 권세와 능력을 잃어 버렸다.

"여자가 그 나무를 본즉 먹음직도 하고 보암직도 하고 지혜롭게 할 만큼 탐스럽기도 한 나무인지라 **여자가 그 실과를 따먹고 자기와 함께한 남편에게도 주매 그도 먹은지라**"(창 3:6).

"이에 **그들의 눈이 밝아 자기들의 몸이 벗은 줄을 알고** 무화과 나무 잎을 엮어 치마를 하였더라"(창 3:7).

"가로되 내가 동산에서 하나님의 소리를 듣고 **내가 벗었으므로 두려워하여 숨었나이다**"(창 3:10).

창세기 2장 17절에는 인간이 죄를 짓게 되면 그 죄의 삯으로 죽을 수밖에 없다고 말하고 있다. 하나님이 말씀하신 것은 곧 법이며, 죄는 하나님의 영광, 즉 법에서 벗어나는 것을 뜻한다. 하나님께서 그 입을 통해서 선포한 법은 하나님 스스로도 변개할 수 없다. 마침내 인간의 죄로 말미암아 인간뿐만 아니라 이 세상의 모든 피조물에게도 저주가 임하게 되었다. 창세기는 뱀과 사단과 여자와 남자와 땅에 대한 저주를 다음과 같이 기록하고 있다.

"이러므로 **한 사람으로 말미암아 죄가 세상에 들어오고** 죄로 말미암아 사망이 왔나니 이와 같이 모든 사람이 죄를 지었으므로 **사망이 모든 사람에게 이르렀느니라**"(롬 5:12).

뱀에게

"여호와 하나님이 뱀에게 이르시되 네가 이렇게 하였으니 **네가 모든 육축과 들의 모든 짐승보다 더욱 저주를 받아 배로 다니고 종신토록 흙을 먹을지니라**"(창 3:14).

여자에게

"또 여자에게 이르시되 **내가 네게 잉태하는 고통을 크게 더하리니** 네가 수고하고 자식을 낳을 것이며 **너는 남편을 사모하고 남편은 너를 다스릴 것이니라 하시고**"(창 3:16).

남자에게

"아담에게 이르시되 네가 네 아내의 말을 듣고 내가 너더러 먹지 말라 한 나무 실과를 먹었은즉 **땅은 너로 인하여 저주를 받고 너는 종신토록 수고하여야 그 소산을 먹으리라**"(창 3:17).

땅에게

"땅이 네게 가시덤불과 엉겅퀴를 낼 것이라 너의 먹을 것은 밭의 채소인즉 **네가 얼굴에 땀이 흘러야 식물을 먹고 필경은 흙으로 돌아가리니** 그 속에서 네가 취함을 입었음이라 너는 흙이니 흙으로 돌아갈 것이니라 하시니라"(창 3:18-19).

사단에게

"내가 너로 여자와 원수가 되게 하고 너의 후손도 여자의 후손과 원수가 되게 하리니 **여자의 후손은 네 머리를 상하게 할 것이요 너는 그의 발꿈치를 상하게 할 것이니라 하시고**"(창 3:15).

이러한 저주 가운데 우리는 스스로 자신의 죄와 상처를 가리려고 노력하며, 의존자의 삶이 아니라 자존자의 삶을 살 수밖에 없는 존재로 전락하였다. 이제 인간의 영혼에는 하나님의 영광 대신에 사단의 속삭임이 더 크게 들리고, 하나님의 말씀에 따르기보다는 육신의 정욕을 좇는 생활을 할 수밖에 없는 존재로 변하게 된 것이다. 놀라운 사실은 인간이 하나님을 먼저 거절하고 죄를 지었음에도 불구하고, 하나님은 그들의 자녀들을 버리지 아니하고, 그들의 깨진 마음

을 회복시키고 다시 그들과 교제하기 위해서 동물의 피로 그들을 덮어 주시고, 모든 것을 하나님과 다시 회복시키기 위해서 이 땅에 둘째 아담을 보내실 계획을 하셨다는 것이다. 한편 이 세상의 모든 피조물들도 함께 탄식하며 고통을 받고 있으며, 하나님의 아들들이 나타남으로 인하여 썩어짐의 종노릇에서 벗어나기를 기다리게 되었다.

> "이에 그들의 눈이 밝아 **자기들의 몸이 벗은 줄을 알고 무화과 나무 잎을 엮어 치마를 하였더라**"(창 3:7).
>
> "여호와 하나님이 아담과 그 아내를 위하여 **가죽옷을 지어 입히시니라**"(창 3:21).
>
> **"피조물의 고대하는 바는 하나님의 아들들의 나타나는 것이니** 피조물이 허무한 데 굴복하는 것은 자기 뜻이 아니요 오직 굴복케 하시는 이로 말미암음이라 **그 바라는 것은 피조물도 썩어짐의 종노릇 한데서 해방되어 하나님의 자녀들의 영광의 자유에 이르는 것이니라** 피조물이 다 이제까지 함께 탄식하며 함께 고통하는 것을 우리가 아나니"(롬 8:19-22).

하나님께서는 비록 우리를 에덴의 동산 밖으로 쫓아 내셨지만, 우리에게 그분 앞으로 올 수 있는 기회를 주셨다. 그것이 바로 예배인 것이다. 예배는 하나님 영광의 임재 가운데 하나님 앞으로 나아오는 것이며, 죄를 회개하며 용서를 구하는 것이며, 그리고, 옛날의 관계로 돌아가고자 하는 마음을 하나님께 드리는 것이다.

성경에 따르면, 사단은 이 세상 신, 공중의 권세 잡은 자, 이 세상의 임금, 또는 악한 자로 불린다. 사단은 믿지 아니하는 자들(불순종의 아들들) 가운데 역사하여 그들의 마음을 혼미케 하고, 이 세상의 풍속을 좇게 하고, 그의 권세에 따르도록 하고 있다.

> "그 중에 **이 세상 신이** 믿지 아니하는 자들의 마음을 혼미케하여 그리스도의 영광

의 복음의 광채가 비취지 못하게 함이니 그리스도는 하나님의 형상이니라"(고후 4:4).

"그 때에 너희가 그 가운데서 행하여 이 세상 풍속을 좇고 **공중의 권세 잡은 자를** 따랐으니 곧 지금 불순종의 아들들 가운데서 역사하는 영이라"(엡 2:2).

"이제 이 세상의 심판이 이르렀으니 **이 세상 임금이** 쫓겨나리라"(요 12:31).

"또 아는 것은 우리는 하나님께 속하고 온 세상은 **악한 자** 안에 처한 것이며"(요일 5:19).

많은 성도들이 세상신이 우리에게 어떻게 역사하는지를 잘 모르고 있다. 우리가 하나님을 거절함으로 인하여 하나님의 영광이 우리를 떠날 수 밖에 없었다. 이것은 두가지 측면으로 이해할 수 있는데, 첫 번째는 우리가 하나님을 거절하고 사단을 초청했기 때문이다. 결국, 사단에게 합법적인 권세를 준 것이다. 두 번째는 우리가 죄를 지음으로 하나님의 영광이 함께 계실 수 없기 때문이다. 그 결과로 세상신은 하나님을 대신하여 우리의 심령에 들어와 우리를 통치하기 시작했고, 그 결과로 우리는 하나님의 영광을 나타내는 존재로서의 삶이 아니라 세상신의 뜻을 나타내는 존재로서 살 수 밖에 없는 것이다. 이러한 삶이 바로 육체의 욕심을 따라 지내며 육체와 마음이 원하는 대로 사는 삶인 것이다.

"그 때에 너희가 그 가운데서 행하여 이 세상 풍속을 좇고 공중의 권세 잡은 자를 따랐으니 곧 지금 불순종의 아들들 가운데서 역사하는 영이라 (He is the spirit at works in the hearts of those who refuse to obey God) 전에는 우리도 다 그 가운데서 우리 육체의 욕심을 따라 지내며 육체와 마음의 원하는 것을 하여 다른이들과 같이 본질상 진노의 자녀이었더니"(엡2:2-3).

우리는 여기서 인간의 특성과 우리의 마음에 대해서 살펴 볼 필요가 있다. 많은 사람들은 마치 자신이 육 가운데 혼을 소유한 존재처럼 살며, 영이 있는지 없는지도 모르고 사는 것이 대부분이지만, 실제로 인간은 육 가운데 혼을 가진 영적인 존재이다. 우리는 자신의 혼적 기능을 이용해 이 세상을 살아간다고 생각할지 모르지만, 실제로는 우리는 우리 심령안에 있는 영의 통제를 받으며 그 영의 특성과 본질을 나타내고 있다는 사실을 알아야 한다. 영은 우리의 오감으로 인식될 수 없지만 엄연히 존재할 뿐만 아니라 그 영이 인식될 수 있는 것은 바로 마음을 통해서이다. 결국, 마음은 영의 거울이며 그 영의 본질을 나타내며, 그 특성대로 작용하는 것뿐이다. 이는 마치 프로젝터에서 나오는 영상이 스크린에 비춰지는 것과 동일하다.

하나님의 영광이 떠난 후, 바로 세상신이 우리 심령에 들어옴으로 인하여 우리의 마음은 하나님의식을 잃어버리고, 세상신의 특성인 자아의식과 세상의식으로 살 수 밖에 없게 된 것이다.

예수 그리스도의 오심

예수 그리스도께서 이 땅에 오셔서 사단의 일을 멸하실 것이라는 하나님의 구원계획은 우리가 하나님을 거절할 때부터다.

> "여호와 하나님이 뱀에게 이르시되 네가 이렇게 하였으니 네가 모든 육축과 들의 모든 짐승보다 더욱 저주를 받아 배로 다니고 종신토록 흙을 먹을지니라 내가 너로 여자와 원수가 되게 하고 너의 후손도 여자의 후손과 원수가 되게 하리니 여자의 후손은 네 머리를 상하게 할 것이요 너는 그의 발꿈치를 상하게 할 것이니라 하시고"(창 3:14-15).

오실 그분은 여자의 후손이라고 말씀하셨다. 즉, 인간으로부터 태어나실 분이 사단의 일을 멸할 것이라는 것이다. 또한, '너의 후손' 이라는 말씀을 통하여 모든 인간은 원죄를 가진 사단의 후손으로 살 수 밖에 없다는 것을 말하고 있다. 왜냐하면, 태어나는 모든 인간은 성령으로 태어나는 대신에 사단으로부터 태어나기 때문이다. 다른 말로 그 심령에 세상신이 함께 하기 때문이다.

마침내 하나님은 아들이신 예수 그리스도를 율법 아래 나시게 하고, 우리를 율법으로부터 속량하시고 우리에게 하나님의 자녀의 명분을 회복시킬 수 있는 길을 열어 주셨다. 즉 그분은 근본 하나님의 본체이시나 하나님과 동등됨을 취하지 않으시고 종의 형체를 가져 사람과 같이 되셨고, 또한 죽기까지 복종하셔서 십자가에서 돌아가셨다. 죄 없으신 예수님은 오직 성령에 의지하여 사단을 패배시켰다. 정사와 권세를 벗어버려 밝히 드러내시고 십자가로 승리하셨다. 그 결과로 우리는 하나님의 자녀로 구원을 얻었고, 사단이 첫 아담에게서 탈취했던 권세와 주권을 예수님이 다시 빼앗았다.

> "**때가 차매** 하나님이 **그 아들을 보내사 여자에게서 나게 하시고 율법 아래 나게 하신 것은** 율법 아래 있는 자들을 속량하시고 우리로 아들의 명분을 얻게 하려 하심이라"(갈 4:4-5).
>
> "가로되 **이 모든 권세와 그 영광을 내가 네게 주리라 이것은 내게 넘겨준 것이므로** 나의 원하는 자에게 주노라 그러므로 네가 만일 내게 절하면 다 네 것이 되리라"(눅 4:6-7).
>
> "그리스도께서 우리를 위하여 저주를 받은 바 되사 율법의 저주에서 우리를 속량하셨으니 기록된바 **나무에 달린 자마다 저주 아래 있는 자라 하였음이라**"(갈 3:13).
>
> "정사와 권세를 벗어버려 밝히 드러내시고 십자가로 승리하셨느니라"(골 2:15).

사도 바울은 예수를 둘째 아담이라고 하였다. "첫사람은 땅에서 났으니 흙에 속한 자이거니와 둘째 사람은 하늘에서 나셨느니라"(고전 15:47). 이것은 무엇을 의

미하는 것일까? 아담은 흙으로 지어졌고 인성만을 지니고 있지만, 예수는 하늘에서 왔고 인성과 신성 모두를 가지고 있다는 것이다.

> "기록된 바 첫 사람 아담은 산 영이 되었다 함과 같이 **마지막 아담은 살려 주는 영이 되었나니**"(고전 15:45).

예수님께서 성육신하시고 인간의 본성을 입으신 것은 그의 지상생활 전체를 통해서 하나님께 복종한다는 동의였다. 그러나 이 말은 예수님이 지상사역 기간 중에 자신의 신적인 속성들을 가지고 있지 않았다고 말하는 것이 아니다. 예수는 신적 속성들을 물론 가지고 있었지만 자발적인 복종으로 그것들을 사용치 않기로 아버지와 동의하셨던 것이다(요 10:18).

> "이를 내게서 빼앗는 자가 있는 것이 아니라 **내가 스스로 버리노라 나는 버릴 권세도 있고 다시 얻을 권세도 있으니** 이 계명은 내 아버지에게서 받았노라 하시니라"(요 10:18).

아담은 에덴동산에 있을 때 언제든지 금단의 열매를 먹을 수 있었다. 그러나 그는 하나님과 열매를 먹지 않겠다는 복종의 계약을 맺었다. 한편, 예수님도 그의 지상 사역 기간 중에 자신의 신적인 능력들을 언제나 사용할 수 있었지만 그가 아버지께 순종해서 그것들을 사용하지 않았다. 만약, 예수님이 그분의 신적인 능력을 사용했다면 인류의 구원이 가능했겠는가?

예수님은 인간으로서 하나님의 의를 이루기 위해서 세례를 받으셨고(마 3:13-17), 사역을 하시기 전에 자아 정체성에 대한 확신을 가지셨고(눅 3:22), 그의 지상 사역 기간 동안에 자신의 일을 하지 않고 하나님 아버지의 일을 하셨다는 것을(요 5:19) 우리가 깨닫게 되면, 우리들의 삶과 사역에 있어 놀라운 가능성이 전개된다.

> "이 때에 예수께서 갈릴리로서 요단강에 이르러 요한에게 세례를 받으려 하신대

요한이 말려 가로되 내가 당신에게 세례를 받아야 할 터인데 당신이 내게로 오시나이까 예수께서 대답하여 가라사대 **이제 허락하라 우리가 이와 같이 하여 모든 의를 이루는 것이 합당하니라** 하신대 이에 요한이 허락하는지라 예수께서 세례를 받으시고 곧 물에서 올라오실새 **하늘이 열리고 하나님의 성령이 비둘기 같이 내려 자기 위에 임하심을 보시더니**"(마 3:13-16).

"성령이 형체로 비둘기 같이 그의 위에 강림하시더니 하늘로서 소리가 나기를 **너는 내 사랑하는 아들이라 내가 너를 기뻐하노라 하시니라**"(눅 3:22).

"그러므로 예수께서 저희에게 이르시되 내가 진실로 진실로 너희에게 이르노니 **아들이 아버지의 하시는 일을 보지 않고는 아무것도 스스로 할 수 없나니** 아버지께서 행하시는 그것을 아들도 그와 같이 행하느니라"(요 5:19).

예수님이 행하셨던 초자연적인 사역은 그 자신에 의해서가 아니고 성령의 역사에 의해서였다. 그분 자신이 하나님이셨기 때문에 자신이 기적을 행할 수 없었던 것은 아니었다. 그러나 그는 자발적인 순종으로 사단의 직접적인 도전을 받을 때 스스로의 뜻으로 행하시는 것을 거부하셨고, 궁극적으로 우리에게 우리도 가능한 그리스도인의 삶의 모범을 보여 주셨다. 결국, 그가 행한 권능과 기사와 표적은 하나님으로서가 아닌, 하나님과 올바른 관계를 맺고 있는 인간으로 행하신 것이다.

예수님은 사단이 아담과 하와에게 행했던 시험을 받으셨다. 사단은 하와를 육신적으로(과실이 먹음직해 보였음) 혼적으로(선악을 아는 지혜) 영적으로(하나님과 같이 된다는 사실) 시험했으며, 하와는 완전히 속아 넘어가 죄를 짓게 된 것이다. 한편, 둘째 아담으로 오신 예수님은 한 인간으로 오셔서 요단강에서 죄사함의 상징적인 의식인 세례를 받음으로써, 한 인간이 하나님의 자녀로 다시 회복되는 것을 보여 주셨으며, 성령충만으로 하나님께 붙들림을 받은 후 첫째 아담과 동일하게 사단으로부터 시험을 당하게 되었다.[4] 사단은 동일하게 육신적으로(주린 후에 돌들이 떡덩이가 되게 하라), 혼적으로(하나님의 아들이어든 뛰어내리라), 그리고 영적으로(이 모든 권세와 그 영광을 내가 네게 주리라) 시험을 했으나, 예수님(둘째 아담)은 첫째 아담과는 정반대로 말씀으로 사단을 이겼다.[5)]

"그 때에 예수께서 성령에게 이끌리어 마귀에게 시험을 받으러 광야로 가사 사십 일을 밤낮으로 금식하신 후에 주리신지라 시험하는 자가 예수께 나아와서 가로되 네가 만일 하나님의 아들이어든 명하여 **이 돌들이 떡덩이가 되게 하라**"(마 4:1-3).

"예수께서 대답하여 가라사대 기록되었으되 사람이 떡으로만 살 것이 아니요 하나님의 입으로 나오는 모든 말씀으로 살 것이라 하였느니라 하시니 이에 마귀가 예수를 거룩한 성으로 데려다가 성전 꼭대기에 세우고"(마 4:4-5) .

"가로되 네가 만일 **하나님의 아들이어든 뛰어내리라** 기록하였으되 저가 너를 위하여 그 사자들을 명하시리니 저희가 손으로 너를 받들어 발이 돌에 부딪히지 않게 하리로다 하였느니라"(마 4:6).

"예수께서 이르시되 또 기록되었으되 주 너의 하나님을 시험치 말라 하였느니라 하신대"(마 4:7).

"가로되 **이 모든 권세와 그 영광을** 내가 네게 주리라 **이것은 내게 넘겨준 것이므로 나의 원하는 자에게 주노라**"(눅 4:6).

"이에 예수께서 말씀하시되 사단아 물러가라 기록되었으되 주 너의 하나님께 경배하고 다만 그를 섬기라 하였느니라"(마 4:10).

"마귀가 모든 시험을 다 한 후에 얼마 동안 떠나니라"(눅 4:13).

예수님은 사단의 시험을 이기고 난 뒤, 비로소 공생애 사역을 시작하셨다. 하

4) 바로 이 상태가 하와와 아담이 에덴동산에서 사단을 만났던 상태인 것이다. 하나님의 생기로 인하여 생령이 되었고, 하나님이 이 땅을 다스리도록 모든 권세와 능력을 준 그 상태 말이다.

5) 하나님은 한 인간으로 이 땅에 오셔서, 다시 타락 전 상태로 돌아가는 길을 보여 주시고, 인간이 대면했던 것과 동일하게 사단을 맞이하여 승리하시고, 십자가에 죽으심으로 그 일을 완성하셨다. 그리고 믿는 우리에게 처음 말씀하신 대로 다시 살 것을 촉구하신다. 이 땅에 하나님 나라를 건설하라는 것이다. "나라이 임하옵시며 뜻이 하늘에서 이룬 것같이 땅에서도 이루어지이다"(마 6:10)의 뜻이 바로 이것을 의미한다.

나님 나라의 복음을 전하시고, 성경의 말씀이 무엇을 뜻하는지, 그 성경에 예언된 메시아가 바로 자신이라는 사실, 하나님의 나라가 이미 도래케 되었다는 사실, 그리고 다시 회복될 자녀됨의 권세와 능력이 어떤 것임을 친히 보여 주셨다.

"이 때부터 예수께서 비로소 전파하여 가라사대 **회개하라 천국이 가까왔느니라 하시더라**"(마 4:17).

"주의 성령이 내게 임하셨으니 이는 가난한 자에게 복음을 전하게 하시려고 **내게 기름을 부으시고 나를 보내사 포로된 자에게 자유를 눈먼 자에게 다시 보게 함을 전파하며 눌린 자를 자유케 하고 주의 은혜의 해를 전파하게 하려 하심이라 하였더라**"(눅 4:18-19).

"저물매 사람들이 귀신 들린 자를 많이 데리고 예수께 오거늘 **예수께서 말씀으로 귀신들을 쫓아내시고 병든 자를 다 고치시니** 이는 선지자 이사야로 하신 말씀에 우리 연약한 것을 친히 담당하시고 병을 짊어지셨도다 함을 이루려 하심이더라"(마 8:16-17).

"하나님이 나사렛 예수에게 성령과 능력을 기름붓듯 하셨으매 **저가 두루 다니시며 착한 일을 행하시고 마귀에게 눌린 모든 자를 고치셨으니 이는 하나님이 함께 하셨음이라**"(행 10:38).

"회당에 더러운 귀신 들린 사람이 있어 크게 소리질러 가로되 아 나사렛 예수여 우리가 당신과 무슨 상관이 있나이까 우리를 멸하러 왔나이까 나는 **당신이 누구인줄 아노니 하나님의 거룩한 자니이다** 예수께서 꾸짖어 가라사대 잠잠하고 그 사람에게서 나오라 하시니 귀신이 그 사람을 무리 중에 넘어뜨리고 나오되 그 사람은 상하지 아니한지라"(눅 4:33-35).

"그러나 **내가 하나님의 성령을 힘입어 귀신을 쫓아내는 것이면 하나님의 나라가 이미 너희에게 임하였느니라**"(마 12:28).

예수님은 이 땅에 계실 때 본래 하나님이 우리에게 명하신 일들을 자신도 행하시며 제자들에게 가르치셨고, 제자들에게도 동일한 일을 행하도록 명하셨다.

이 일은 우리가 죄를 지음으로 인하여 사단에게 빼앗긴 모든 것을 되찾아 오는 것과, 예수님이 다시 찾은 권세와 능력을 사용하는 것과, 이 땅에 하나님의 나라를 다시 건설하는 것을 포함하고 있다. 예수님이 살아계시는 동안은 제자들이 예수님의 대리자로서 예수님의 기름부음을 이어받아 질병치유와 귀신을 쫓아 내었다.

"이 후에 **예수께서 각 성과 촌에 두루 다니시며 하나님의 나라를 반포하시며** 그 복음을 전하실새 열두 제자가 함께 하였고"(눅 8:1).

"예수께서 홀로 계실 때에 함께한 사람들이 열두 제자로 더불어 그 비유들을 묻자오니 이르시되 **하나님 나라의 비밀을 너희에게는 주었으나 외인에게는 모든 것을 비유로 하나니** 이는 저희로 보기는 보아도 알지 못하며 듣기는 들어도 깨닫지 못하게 하여 돌이켜 죄 사함을 얻지 못하게 하려 함이니라 하시고"(막 4:10-12).

"무리가 알고 따라왔거늘 예수께서 저희를 영접하사 **하나님 나라의 일을 이야기하시며 병 고칠 자들은 고치시더라**"(눅 9:11).

"예수께서 열두 제자를 불러 모으사 모든 귀신을 제어하며 병을 고치는 능력과 권세를 주시고 하나님의 나라를 전파하며 앓는 자를 고치게 하려고 내어 보내시며"(눅 9:1-2).

"이후에 주께서 달리 칠십 인을 세우사 친히 가시려는 각동 각처로 둘씩 앞서 보내시며"(눅 10:1)…"거기 있는 병자들을 고치고 또 말하기를 **하나님의 나라가 너희에게 가까이 왔다 하라**"(눅 10:9).

"칠십 인이 기뻐 돌아와 가로되 **주여 주의 이름으로** 귀신들도 우리에게 항복하더이다 **예수께서 이르시되 사단이 하늘로서 번개 같이 떨어지는 것을 내가 보았노라**"(눅 10:17-18).

"내가 너희에게 **뱀과 전갈을 밟으며 원수의 모든 능력을 제어할 권세를 주었으니** 너희를 해할 자가 결단코 없으리라"(눅 10:19).

예수님은 당신이 모든 사람을 구원하시기 위해서 십자가에 못 박혀 돌아가시고, 또한 제자들뿐만 아니라 믿는 모든 사람들이 이 일에 참여하도록 보혜사 성령을 보내 주실 것이며, 당신은 오신 그곳으로 다시 올리가시겠다고 제자들에게 말씀하셨다. 그리고 그분은 틈만 나면 하나님 나라에 대해서 말씀하시고, 이 땅에서 어떻게 하나님 나라를 건설해야 하는지에 대해서 가르치셨다. 심지어 예수님은 십자가에 못 박히신 후 부활하셔서 40일 동안 이 땅에 계시는 동안에도 하나님 나라에 대해서 제자들에게 가르치셨다.

능력의 임함에 대해서

"볼지어다 **내가 내 아버지의 약속하신 것을 너희에게 보내리니** 너희는 위로부터 능력을 입히울 때까지 이 성에 유하라 하시니라"(눅 24:49).

"오직 성령이 너희에게 임하시면 너희가 권능을 받고 예루살렘과 온 유대와 사마리아와 땅끝까지 이르러 내 증인이 되리라 하시니라"(행 1:8).

능력에 대해서

"믿는 자들에게는 이런 표적이 따르리니 곧 저희가 내 이름으로 귀신을 쫓아내며 새 방언을 말하며 뱀을 집으며 무슨 독을 마실지라도 해를 받지 아니하며 병든 사람에게 손을 얹은즉 나으리라 하시더라 주 예수께서 말씀을 마치신 후에 하늘로 올리우사 하나님 우편에 앉으시니라 **제자들이 나가 두루 전파할새 주께서 함께 역사하사 그 따르는 표적으로 말씀을 확실히 증거하시니라**"(막 16:17-20).

"내가 진실로 진실로 너희에게 이르노니 **나를 믿는 자는 나의 하는 일을 저도 할 것이요 또한 이보다 큰 것도 하리니 이는 내가 아버지께로 감이니라** 너희가 내 이름으로 무엇을 구하든지 내가 시행하리니 이는 아버지로 하여금 아들을 인하여 영광을 얻으시게 하려 함이라 내 이름으로 무엇이든지 내게 구하면 내가 시행하리라"(요 14:12-14).

권세에 대해서

"예수께서 나아와 일러 가라사대 하늘과 땅의 모든 권세를 내게 주셨으니"(마 28:18).

"진실로 너희에게 이르노니 무엇이든지 너희가 땅에서 매면 하늘에서도 매일 것이요 무엇이든지 땅에서 풀면 하늘에서도 풀리리라 진실로 다시 너희에게 이르노니 너희 중에 두 사람이 땅에서 합심하여 무엇이든지 구하면 하늘에 계신 내 아버지께서 저희를 위하여 이루게 하시리라 두 세 사람이 내 이름으로 모인 곳에는 나도 그들 중에 있느니라"(마 18:18-20).

복음 전파에 대해서

"그러므로 **너희는 가서 모든 족속으로 제자를 삼아** 아버지와 아들과 성령의 이름으로 세례를 주고 **내가 너희에게 분부한 모든 것을 가르쳐 지키게 하라** 볼지어다…" (마 28:19-20).

기도에 대해서

"그러므로 너희는 이렇게 기도하라 하늘에 계신 우리 아버지여 이름이 거룩히 여김을 받으시오며 **나라이 임하옵시며 뜻이 하늘에서 이룬 것 같이 땅에서도 이루어지이다** 오늘날 우리에게 일용할 양식을 주옵시고 우리가 우리에게 죄 지은 자를 사하여 준 것 같이 우리 죄를 사하여 주옵시고 우리를 시험에 들게 하지 마옵시고 다만 악에서 구하옵소서 (나라와 권세와 영광이 아버지께 영원히 있사옵나이다 아멘)"(마 6:9-13).

교회에 대해서

"예수께서 대답하여 가라사대 바요나 시몬아 네가 복이 있도다 이를 네게 알게 한 이는 혈육이 아니요 하늘에 계신 내 아버지시니라 **또 내가 네게 이르노니 너는 베드로라 내가 이 반석 위에 내 교회를 세우리니 음부의 권세가 이기지 못하리라 내가 천**

국 열쇠를 네게 주리니 네가 땅에서 무엇이든지 매면 하늘에서도 매일 것이요 네가 땅에서 무엇이든지 풀면 하늘에서도 풀리리라 하시고 이에 제자들을 경계하사 자기가 그리스도인 것을 아무에게도 이르지 말라 하시니라"(마 16:17-20).

우리의 정체성에 대해서

"가서 너희를 위하여 처소를 예비하면 **내가 다시 와서 너희를 내게로 영접하여 나 있는 곳에 너희도 있게 하리라**"(요 14:3).

"또 함께 일으키사 **그리스도 예수 안에서 함께 하늘에 앉히시니**"(엡 2:6).

"저는 진리의 영이라 세상은 능히 저를 받지 못하나니 이는 저를 보지도 못하고 알지도 못함이라 그러나 너희는 저를 아나니 저는 너희와 함께 거하심이요 또 너희 속에 계시겠음이라 **내가 너희를 고아와 같이 버려두지 아니하고 너희에게로 오리라** 조금 있으면 세상은 다시 나를 보지 못할 터이로되 너희는 나를 보리니 이는 내가 살았고 너희도 살겠음이라 **그 날에는 내가 아버지 안에 너희가 내 안에 내가 너희 안에 있는 것을 너희가 알리라**"(요 14:17-20).

"내가 세상에 속하지 아니함 같이 저희도 세상에 속하지 아니하였삽나이다 저희를 진리로 거룩하게 하옵소서 아버지의 말씀은 진리니이다 아버지께서 나를 세상에 보내신 것 같이 나도 저희를 세상에 보내었고"(요 17:16-18).

동행에 대해서

"… **내가 세상 끝날까지 너희와 항상 함께 있으리라 하시니라**"(마 28:20).

"제자들이 나가 두루 전파할쌔 **주께서 함께 역사하사** 그 따르는 표적으로 말씀을 확실히 증거하시니라"(막 16:20).

"지금은 너희가 근심하나 **내가 다시 너희를 보리니 너희 마음이 기쁠 것이요 너희 기쁨을 빼앗을 자가 없느니라**"(요 16:22).

그리고 예수님은 예정된 대로 십자가에 못 박혀 돌아가셨다.

> **"우리는 다 양 같아서 그릇 행하며 각기 제 길로 갔거늘 여호와께서는 우리 무리의 죄악을 그에게 담당시키셨도다"**(사 53:6).
>
> **"그리스도께서 우리를 위하여 저주를 받은 바 되사 율법의 저주에서 우리를 속량하셨으니** 기록된 바 나무에 달린 자마다 저주 아래 있는 자라 하였음이라"(갈 3:13).
>
> "우리를 거스리고 우리를 대적하는 의문에 쓴 증서를 도말하시고 제하여 버리사 **십자가에 못 박으시고 정사와 권세를 벗어버려 밝히 드러내시고 십자가로 승리하셨느니라"**(골 2:14-15).

제자들은 예수님의 가르침대로 예루살렘을 떠나지 않고 한 곳에 모여 한 마음으로 기도하였으며, 오순절 날이 이르매 예수님이 말씀하신 것처럼 성령님이 하늘로부터 홀연히 임하여, 각 사람이 성령충만함을 받게 되었다. 예수님이 요단강에서 세례를 받고 난 뒤 임하셨던 그 성령님이시다. 이제 그들은 스스로의 삶이 아니라 부활하신 그분이 그들 안에서 함께 거하는 삶을 살게 된 것이다.[6]

오순절 성령강림 사건의 위대한 역사는 승천하신 그리스도가 성도 안에서 연합된 사실을 직접 목도하게 하고 실제화시키는 데 있다. 성령님의 임재를 통하여 먼저 십자가에 못 박혀 돌아가신 그리스도와의 연합, 부활하신 그리스도와의 연합, 승천하신 주님과 연합되어 아버지 품 안에 거하는 우리를 알게 된다. 성령께서 임하시면 우리는 하나님의 보좌의 위치에서 이 땅을 내려다 볼 수 있게 된다.

> "오순절 날이 이미 이르매 저희가 다 같이 한 곳에 모였더니 홀연히 하늘로부터 급하고 강한 바람 같은 소리가 있어 저희 앉은 온 집에 가득하며 불의 혀같이 갈라지는

6) 이것이 바로 타락 전 하나님이 우리를 처음 만드셨을 때의 상태인 것이다. 그분의 생기, 즉 하나님의 신이 우리와 함께 하시며, 우리로 하여금 이 땅을 다스리라 하시던 그 상태 말이다. 예수님은 우리에게 그것이 무엇인지를 친히 보여주시고, 우리에게도 동일하게 이 일이 다시 일어나도록 또 다른 보혜사 성령님을 보내 주셨다.

것이 저희에게 보여 **각 사람 위에 임하여 있더니 저희가 다 성령의 충만함을 받고** 성령이 말하게 하심을 따라 다른 방언으로 말하기를 시작하니라"(행 2:1–4).

"내가 그리스도와 함께 십자가에 못 박혔나니 그런즉 이제는 내가 산 것이 아니요 **오직 내 안에 그리스도께서 사신 것이라** 이제 내가 육체 가운데 사는 것은 나를 사랑하사 나를 위하여 자기 몸을 버리신 하나님의 아들을 믿는 믿음 안에서 사는 것이라"(갈 2:20).

"너희가 하나님의 성전인 것과 하나님의 성령이 너희 안에 거하시는 것을 알지 못하느뇨"(고전 3:16).

우리는 이제 주님과 함께 하나님께로 돌아갔으며, 그 보좌로부터 하나님의 복음을 세상에 전파하기 위해 보내심을 받은 것이다. 성령이 우리의 영 안에 임재하심으로 인하여 우리 안에는 중심 이동이 일어난 것이다. 즉 '나 중심' 에서 부활승천하신 주님과 연합되어 하나님의 생명 안에 들어간 '하나님 중심' 인 것이다.

제자들은 이러한 관점에서 하나님이 우리에게 본래 명하신 목적을 달성하기 위하여(예수님이 가르쳐 주신), 예수 그리스도를 믿음으로 죄사함을 받고 하나님이 창조하신 때의 인간으로 돌아갈 수 있다고 전파했다. 그들은 모든 피조물을 회복하기 위해서 질병을 치유하고 귀신을 쫓아내었으며, 하나님 나라에 대한 것과 성경의 모든 말씀이 바로 예수 그리스도를 증거하는 것이라고 가르쳤다.

"베드로가 이것을 보고 백성에게 말하되 **이스라엘 사람들아 이 일을 왜 기이히 여기느냐 우리 개인의 권능과 경건으로 이 사람을 걷게 한 것처럼 왜 우리를 주목하느냐**"(행 3:12).

"그 이름을 믿으므로 그 이름이 너희 보고 아는 이 사람을 성하게 하였나니 **예수로 말미암아 난 믿음이 너희 모든 사람 앞에서 이같이 완전히 낫게 하였느니라**"(행 3:16).

"심지어 병든 사람을 메고 거리에 나가 침대와 요 위에 뉘우고 **베드로가 지날 때에 혹 그 그림자라도 뉘게 덮일까 바라고**" (행 5:15).

"하나님이 바울의 손으로 희한한 능을 행하게 하시니 **심지어 사람들이 바울의 몸에서 손수건이나 앞치마를 가져다가 병든 사람에게 얹으면 그 병이 떠나고 악귀도 나가더라**"(행 19:11-12).

"담대히 **하나님 나라를 전파하며 주 예수 그리스도께 관한 것을 가르치되** 금하는 사람이 없었더라"(행 28:31).

제자들의 그 일은 지금도 우리를 통해서 여전히 이루어지고 있으며, 세상 끝날까지 이 일은 계속될 것이다. 그것이 바로 주님이 우리에게 부탁하신 것이다. 사도행전 29장은 지금도 우리를 통해서 쓰여지고 있다. 할렐루야!

지금까지 나눈 *권세와 능력의 이동을 사단과의 관계에서* 다시 생각해 보자.

인간의 타락과 사단의 통치

루시퍼가 처음 하늘에서 이 땅으로 쫓겨나게 된 것은 전쟁으로 인한 것이 아니라, 자신의 타락으로 인한 결과이다. 그는 하나님께서 자기 형상대로 지으시고, 하나님의 영으로 지은 존재인 인간이 죄를 짓게 함으로써, 자신의 목적을 달성하고자 했다. 인간은 본래 하나님 보좌 앞으로 나아갈 수 있는 존재이며, 하나님의 모든 것을 누릴 수 있는 존재였다.[7]

그러나 인간이 죄를 지었다는 사실은 하나님이 인간에게 주셨던 모든 권리를 사단에게 넘겨주었다는 것을 의미한다. 동시에 하나님 나라의 측면에서 보면, 사단으로 하여금 다시 하나님 보좌 앞으로 나아가는 길을 열어준 것이다(인간의 죄로 인하여 사단이 가질 수 있는 합법적인 권리인 셈이다). 결과적으로 인간의 죄로

7) "또 함께 일으키사 그리스도 예수 안에서 함께 하늘에 앉히시니"(엡 2:6).

인하여 사단은 하나님 보좌 앞에 나아가 날마다 우리를 참소하였다.[8]

루시퍼는 인간이 타락하기 전에도 에덴동산에 있었으며, 동시에 하나님 보좌 앞에서 그분을 섬겼다(겔 28:13-15). 루시퍼는 타락 후 인간을 속임으로써 자신의 권세와 위치를 회복하고자 했고, 성공했다.

> "하루는 하나님의 아들들이 와서 여호와 앞에 섰고 **사단도 그들 가운데 왔는지라 여호와께서 사단에게 이르시되 네가 어디서 왔느냐 사단이 여호와께 대답하여 가로되 땅에 두루 돌아 여기 저기 다녀왔나이다**"(욥 1:6-7).
>
> **"대제사장 여호수아는 여호와의 사자 앞에 섰고 사단은 그의 우편에 서서 그를 대적하는 것을 여호와께서 내게 보이시니라** 여호와께서 사단에게 이르시되 사단아 여호와가 너를 책망하노라 예루살렘을 택한 여호와가 너를 책망하노라 이는 불에서 꺼낸 그슬린 나무가 아니냐 하실 때에"(슥 3:1-2).

사단은 합법적인 권리를 가지고 하나님 앞에서 인간의 잘못을 밤낮 참소하였다. 이런저런 죄를 지었으니, 벌을 주어야 한다. 하나님의 말씀대로 그들이 살지 않는다 등등. 사단은 우리 인간이 죄를 지은 후 이 땅을 지배하는 권세와 능력을 가졌을 뿐만 아니라 하늘보좌 앞으로 나아가는 합법적인 권리를 얻게 되었다. 사단은 늘 하나님 보좌 앞에서 인간을 참소했으며, 하나님의 자리를 찬탈하려고 틈을 보았다. 그는 하나님에게 가시와 같은 존재였다. 그러나 하나님은 그가 창조하신 인간 때문에 사단을 어떻게 할 수가 없었다. 즉 하나님이 인간에게 준 모든 권세와 능력 그리고 하나님 보좌 앞에 나아갈 수 있는 모든 권한을 인간이 고스란히 사단에게 넘겨 주었기 때문이다.

---

8) 그들은 계속 공중권세를 잡고 백성들이 하나님을 경배하고 영화롭게 하지 못하도록 방해하며, 또한 하나님이 지으신 인간들이 본래 목적에 합당치 못하게 산다고 하나님 앞에서 참소하였다.

예수 그리스도가 이 땅에 오셨을 때, 사단은 예수님을 이 땅에 묶어 두기 위한 갖가지 전략을 구사했다. 그렇게 해야만 그들이 하나님 나라에 머무를 수 있기 때문이다. 사단은 끝까지 예수님을 시험하였으며, 그의 신성을 사용하도록 직,간접적으로 공격했다. 그러나 예수님은 하나님 본체이심에도 불구하고 죽기까지 순종하시고 십자가에서 돌아가셨다. 때문에 우리의 모든 죄는 사함을 받았고 동시에 사단의 모든 책략은 무너지게 되었다. 예수 그리스도께서 십자가에 못 박히시고 음부의 권세를 이기고 하늘에 오르셔서 하나님 우편에 계실 때 사단을 포함한 모든 천사, 권세들 그리고 능력들이 순복하게 되었다. 또한 예수님이 이 땅의 일을 마치시고 하늘에 오르심으로 인하여 미가엘과 사자들은 사단과 하늘에서 큰 전쟁을 벌였으며, 그 결과 사단은 다시는 하늘에서 저희가 있을 곳을 얻지 못하여 완전히 땅으로 쫓겨났다. 우리 형제들을 참소하던 자 곧 우리 하나님 앞에서 밤낮 참소하던 자가 마침내 쫓겨난 것이다. 이제 비로소 하나님 나라에 우리 하나님의 구원과 능력과 나라와 또 그리스도의 권세가 이루어진 것이다. 예수님은 또한 마귀들을 제어할 권세를 우리들에게 선물로 주셨다. 이 선물은 예수 그리스도의 이름으로 얻게 된다. 이제 사단은 더 이상 하나님 보좌 앞으로 나아가지 못한다. 그는 단지 이 세상과 공중권세 잡은 자로서 우리를 괴롭힐 뿐이다. 더 이상 하나님을 괴롭히지는 못한다.

> "그러므로 이르기를 그가 위로 올라가실 때에 **사로잡힌 자를 사로잡고 사람들에게 선물을 주셨다 하였도다** 올라가셨다 하였은즉 땅 아랫 곳으로 내리셨던 것이 아니면 무엇이냐 내리셨던 그가 곧 모든 하늘 위에 오르신 자니 이는 만물을 충만케 하려 하심이니라"(엡 4:8–10) (This is why it says: "When he ascended on high, he led captives in his train and gave gifts to men"(NKJV); Therefore He says: "When He ascended on high, He led captivity captive, And gave gifts to men" (NIV); 그러므로 성경에 이르기를 "그분은 높은 곳으로 올라가셔서, 포로를 사로잡으시고, 사람들에게 선물을 나누어 주셨다" 합니다(표준새번역, 엡 4:8)).

"**저는 하늘에 오르사 하나님 우편에 계시니 천사들과 권세들과 능력들이 저에게 순복하느니라**"(벧전 3:22).

"곧 산 자라 내가 전에 죽었었노라 볼지어다 **이제 세세토록 살아 있어 사망과 음부의 열쇠를 가졌노니**"(계 1:18).

"하늘에 전쟁이 있으니 미가엘과 그의 사자들이 용으로 더불어 싸울쌔 용과 그의 사자들도 싸우나 **이기지 못하여 다시 하늘에서 저희의 있을 곳을 얻지 못한지라**"(계 12:7-8).

"큰 용이 내어쫓기니 옛 뱀 곧 마귀라고도 하고 사단이라고도 하는 온 천하를 꾀는 자라 땅으로 내어쫓기니 그의 사자들도 저와 함께 내어 쫓기니라 내가 또 들으니 **하늘에 큰 음성이 있어 가로되 이제 우리 하나님의 구원과 능력과 나라와 또 그의 그리스도(the authority of His Christ)의 권세가 이루었으니 우리 형제들을 참소하던 자 곧 우리 하나님 앞에서 밤낮 참소하던 자가 쫓겨났고**"(계 12:9-10).

뜻이 하늘에서 이룬 것 같이

예수님이 우리에게 가르쳐 주신 기도내용 중 "나라이 임하옵시고 뜻이 하늘에서 이룬 것 같이 땅에서도 이루어지이다"(May your kingdom come soon. May your will be done here on earth, just as it is in heaven)의 뜻은 무엇일까?[9] "뜻이 하늘에서 이룬 것 같이"란 말은 두 가지로 생각해 볼 수 있는데, 첫째는 과거 어느 시점에는 뜻이 하늘에서 이루어지지 않았지만 지금은 현재적으로 이루어지고 있다는 것을 의미한다. 또한, 이 말은 땅에서 이루어지기를 바라는 것이 하늘에서 이미 이루어지고 있다는 것이지, 하늘의 모든 것을 지칭하는 의미로 사용된 것은 아니다. 땅은 하나님 전체 나라의 일부에 불과하기 때문이다. 그렇다면 '뜻' 이란

9) '이룬 것 같이' 는 과거형처럼 느껴지지만 모든 영어성경은 현재형(as it is in heaven)으로 기술되어 있다. 따라서 '이루어지는 것 같이' 가 훨씬 이해하기 편할 것 같다.

무엇을 의미하는 것일까?

"뜻이 하늘에서는 이룬 것 같이"라는 사실의 일부는 적어도 예수 그리스도로 인하여 사단이 더 이상 하나님 면전에서 괴롭히지 못하게 된다는 것을 포함하는 말이 아닐까? 사단이 하나님의 권위를 넘보던 계략이 이제는 영원히 허물어졌다는 것은 반대로 하나님의 형상으로 만든 인간이 하나님 나라의 보좌 앞으로 다시 가는 길이 열린다는 것을 의미하기도 한다.[10] 이 말은 본래 하나님이 인간을 만드시고 이 땅의 모든 것을 다스리게 하고자 했던 하나님의 처음 의도와 상태가 회복되었다는 것을 뜻한다. 이것은 바로 예수님께서 하늘에 오르사 "이제 우리 하나님의 구원과 권세가 이루었으니 우리 형제들을 참소하던 자 곧 우리 하나님 앞에서 밤낮 참소하던 자가 쫓겨났기"(계 12:11) 때문이다.

나는 마태복음 6장의 주기도문을 하나님 나라의 관점에서 해석하는 데 매우 어려움이 있었다. 왜냐하면, 이 문제의 핵심적인 열쇠는 요한계시록 12장이라고 생각하는데, 첫째로는 내가 읽은 대부분의 책들과 설교들은 사단이 하늘에 있는 천사 삼 분의 일을 몰고(계 12:4) 이 땅에 내려와 우리를 괴롭히는 시기가 정확히 언제인지를 말하고 있지 않고, 둘째로는 대부분의 주석서들이 요한계시록 12장 1-17절의 말씀을 시간적, 논리적, 영적으로 분명하게 제대로 설명하지 않고 있기 때문이다(계시록을 분명하게 이해하려는 자체가 잘못이라고 반박할 수 있겠지만). 천사 삼 분의 일에 대한 언급은 내가 알고 있는 한 요한계시록 12장 3-4절밖에 없다. 또한, 내가 이해하기로는 요한계시록 12장 7-12절은 삽입된 구절로서 1-6절의 말씀을 보다 명확하게 보충설명해 주

10) "그러므로 형제들아 우리가 예수의 피를 힘입어 성소(the most holy place)에 들어갈 담력을 얻었나니 그 길은 우리를 위하여 휘장 가운데로 열어 놓으신 새롭고 산 길이요 휘장은 곧 저의 육체니라 또 하나님의 집 다스리는 큰 제사장이 계시매 우리가 마음에 뿌림을 받아 양심의 악을 깨닫고 몸을 맑은 물로 씻었으니 참 마음과 온전한 믿음으로 하나님께 나아가자"(히 10:19-22).

는 것처럼 생각된다.[11] 그렇다면, 사단과 하늘의 천사 삼 분의 일이 땅으로 내어 쫓긴 것은 애매모호한 것이 아니라 분명히 "여자가 아들을 낳으니 장차 철장으로 만국을 다스릴 남자라 그 아이를 하나님 앞과 그 보좌 앞으로 올려간 뒤"(계 12:5), "하늘에 전쟁이 있었고 미가엘과 그의 사자들이 용으로 더불어 싸울새 용과 그의 사자들도 싸우나 이기지 못하여 다시 하늘에서 저희의 있을 곳을 얻지 못하게 된"(계 12:7–8) 바로 이 때인 것이다.

결국 예수님께서 죽은 자 가운데서 부활하셔서 하늘로 올리우심을 통하여 하나님 나라에서는 1) 하나님의 구원과 능력과 나라와 또 그의 그리스도의 권세가 이루었으니 2) 우리 형제들을 참소하던 자 곧 우리 하나님 앞에서 밤낮 참소하던 자가 쫓겨났고, 이 땅에서는 "또 여러 형제가 어린양의 피와 자기의 증거하는 말을 인하여 저를 이기었으니 그들은 죽기까지 자기 생명을 아끼지 아니한다"(계 12:11)의 사건이 일어난 것이다.

이러한 일들이 하나님 나라에서 이루어질 것을 보고 예수님은 "뜻이 하늘에서 이룬 것 같이"라고 말씀하신 것이며, 이에 대하여 요한계시록은 "그러므로 하늘과 그 가운데 거하는 자들은 즐거워하라"(계 12:12a)라고 말하고 있다. 그러나 동시에 예수님은 당신이 하늘에 오르시면 이 세상은 큰 전쟁 후에 "땅과 바다는 화 있을찐저 이는 마귀가 자기의 때가 얼마 못 된 줄을 알므로 크게 분내어 너희에게 내려갔음이라 하더라"(계 12:12b)의 상태가 될 것을 알고 계셨다. 예수님은 하늘로

11) 요한계시록 12장의 주석에 관한 책들을 살펴보았으나, 비전문가의 입장으로는 오히려 혼돈만 주는 애매모호한 표현들뿐이었다. 그러나 최근에 내가 접한 이필찬 교수의 「요한계시록 어떻게 읽을 것인가?」(성서유니온선교회, 2000)는 요한계시록 12장을 새롭게 조명하는 계기가 되었을 뿐 아니라 내가 받은 영감을 글로 쓸 수 있는 초석이 되게 하였고, 혹시나 잘못되면 어떡하나 하는 두려움을 덜어 주었다. 이 교수는 12장을 '전투하는 교회의 현재의 모습'으로 보고, 7–12절은 1–6절의 구절을 보충적으로 설명해 주는 것이라고 해석하고 있으며, 1–6절의 내용은 13절에 계속 이어진다고 보고 있다.

올리우시기 전에 십자가에 못 박힘으로서 사단의 정체를 밝히 나타내시고 하늘과 땅의 모든 권세를 사단에게 찾아서 우리에게 줄 것을 알고 계셨다. 그리고 "내가 진실로 진실로 너희에게 이르노니 나를 믿는 자는 나의 하는 일을 저도 할 것이요 또한 이보다 큰 것도 하리니 이는 내가 아버지께로 감이니라 너희가 내 이름으로 무엇을 구하든지 내가 시행하리니 이는 아버지로 하여금 아들을 인하여 영광을 얻으시게 하려 함이라 내 이름으로 무엇이든지 내게 구하면 내가 시행하리라"(요 14:12-14)라고 우리에게 강력히 촉구하셨다. 이 내용을 제자들에게 "땅에서도 이루어지이다"라고 기도하라고 가르치신 것이다.

이것이 바로 예수님께서 그분이 다 이루지 못한 지상사역을 그분이 다시 올 때까지 우리가 이루도록 기도하라고 가르쳐 주신 것이다. "나라이 임하옵시며, 뜻이 하늘에서 이룬 것같이 땅에서도 이루어지이다"(마 6:10). "그러나 내가 하나님의 성령을 힘입어 귀신을 쫓아내는 것이면 하나님의 나라가 이미 너희에게 임하였느니라"(마 12:28)를 기억하는가? 그는 이미 또다른 보혜사가 오기 전에 그분과 함께 하신 성령을 통해서 이 땅에 하나님 나라가 임하는 것이 무엇인지를 보여 주셨다. 그리고 우리에게 또 다른 보혜사를 보내 주심으로 앞으로 우리를 통하여 하나님 나라가 이루어질 것이라고 선포하셨다.

한편 "땅에서도 이루어지이다"라는 사실은, 하늘로 올리우시기 전에 이 땅에서 십자가에 못 박히심으로 "정사와 권세를 벗어버려 밝히 드러내시고 십자가로 승리하셨기"(골 2:15) 때문이고, 그 결과 본래 인간에게 주셨던(죄로 인하여 사단에게 넘겨 준) 이 땅을 다스릴 권세와 능력을 되찾아 우리에게 주심으로 우리를 통해서 이루어질 것이라는 의미다. 동시에 예수 그리스도로 인하여 하나님 나라에 사단들이 더 이상 있지 못하고 땅으로 쫓겨난 것처럼 죄사함을 받은 우리도 이 땅에서 마귀의 모든 궤계를 멸하라는 뜻이 아닐까? 우리는 하나님의 자녀가 되었으며, 잃어버렸던 권세와 능력을 회복하게 되었다. 그것은 예수 그리스도로 인한 보혈의 피와 보혜사 성령님의 임재 그리고 되찾은 권세 때문이다. 예수님이 공생애 동안에 우리에게 보여 주셨던 표적과 기사가 바로 뜻이 하늘에서 이루어지는 것처럼 땅에서 이루어지는 것을 보여 준 것이 아닌가?

> "오직 그리스도는 죄를 위하여 한 영원한 제사를 드리시고 하나님 우편에 앉으사 **그 후에 자기 원수들로 자기 발등상이 되게 하실 때까지 기다리시나니**"(히 10:12-13) (there he waits until his enemies are humbled as a footstool under his feet).
>
> "여호와께서 내 주에게 말씀하시기를 **내가 네 원수로 네 발등상 되게 하기까지 너는 내 우편에 앉으라 하셨도다**"(시 110:1).
>
> "그 능력이 그리스도 안에서 역사하사 죽은 자들 가운데서 다시 살리시고 하늘에서 자기의 오른 편에 앉히사 모든 정사와 권세와 능력과 주관하는 자와 이 세상뿐 아니라 오는 세상에 일컫는 모든 이름 위에 뛰어나게 하시고 **또 만물을 그 발 아래 복종하게 하시고** 그를 만물 위에 교회의 머리로 주셨느니라 교회는 그의 몸이니 만물 안에서 만물을 충만케 하시는 자의 충만이니라"(엡 1:20-23).
>
> "평강의 하나님께서 속히 **사단을 너희 발 아래서 상하게 하시리라** 우리 주 예수의 은혜가 너희에게 있을지어다"(롬 16:20).

위의 성경말씀을 통하여 비록 예수님께서 부활하셔서 권세를 이루었고, 하나님 우편에 앉아 계시며, 그 결과로 하나님 나라의 보좌 앞에 있던 사단은 땅으로 쫓겨나게 되었지만, 아직 예수님의 발등상이 되게 하시지는 못했다는 것을 알 수 있다. 이 일은 그분이 재림할 때까지 우리가 해야 할 일인 것이다.

예수님이 사단을 이기신 십자가 사건과 부활 사건 이후에도 사단은 여전히 이 세상에서 일하고 있다. 영적 전쟁은 지금도 계속되고 있는 것이다. 따라서 *그리스도인에게 있어 영적 전쟁은 선택이 아니라 필수이다.* 그러나 조지 래드(George E. Ladd)의 말처럼, 'already but not yet' 의 시대에 우리는 살고 있다.[12] 우리는 예수님의 권세와 능력으로 이 땅과 이 세상의 공중권세 잡은 자를 계속 묶어야 한다. 이것이 바로 뜻이 하늘에서 이루어진 것처럼 땅에서 이루어지는 것이다.

12) 예수 그리스도의 초림 후 십자가의 죽음과 부활로 사단에 대한 법적인 승리는 이미 획득되었으나(already), 실제적이고 완전한 승리는 예수님이 재림하실 때 이루어질 것이다(but not yet). 그때까지 우리는 그분이 되찾아 주신 권세와 능력을 가지고 이 땅에 하나님 나라를 건설하기 위해서 계속 어두움의 나라와 싸워야 한다. 이 전쟁의 승리는 우리의 순종에 달려 있다.

2. 신유를 위한 선포기도

나는 누구에게 배운 적은 없지만 오래 전부터 다른 사람을 위해서 기도할 때 간구기도를 하는 대신 선포기도(예수님이 기도하신 것처럼, "질병들은 떠나갈지어다"라고 명령하는 기도)를 한 것 같다. 처음 그런 기도를 할 때 이것이 성경적인지에 대해서 스스로도 상당히 의구심이 들고 불안했다. 왜냐하면 그 당시 내 주위에 누구도 그러한 기도를 하는 사람이 없었기 때문이다. 내 기억을 더듬어 보면 오래 전 유학시절 때 같은 순에 감기가 걸린 성도를 위해서 이러한 선포기도를 한 후 내가 감기에 걸리는 어처구니없는 일도 있었다. 참 풀리지 않는 수수께끼는 요한복음의 말씀대로 내가 믿음으로 예수 그리스도의 이름으로 기도했음에도 불구하고 왜 하나님의 역사가 일어나지 않는가에 대한 의문이었다. 사실 '예수 그리스도의 이름'과 예수님처럼 행한 '선포기도'의 효과에 대한 의문은 누구하고도 대화를 나누지 못했지만 마음속 깊숙이 불신의 씨앗으로 남아 있었다.

실제로 다른 사람을 위해서 기도할 때 선포기도를 하게 되면 이상한 사람으로 취급 받기 쉽다. 즉 간구기도는 듣는 사람도 평안하고 기도하는 사람도 부담이 없다. 간절히 기도하는 만큼 하나님의 역사에 상관없이 감사하다는 말을 들을 수 있다. 그런데 선포기도를 하면 문제가 달라진다. 기도하는 사람이나 기도 받는 사람 모두 긴장한다. 왜냐하면 기도 결과에 따라서 서로의 믿음에 상처를 줄 수 있기 때문이다. 선포기도를 한 후 하나님의 역사가 나타난다면 얼마나 기쁘고 '할렐루야'이겠는가? 그렇지만 아무런 일도 일어나지 않으면 서로 얼마나 곤혹스럽겠는가? 이런 기도를 한 후 서로 민망해서 어정쩡하게 헤어진 적도 꽤나 있었다. 기도가 끝난 후에는 별 생각이 다 떠오른다. '믿음도 능력도 없는 주제에 자기가 뭐 예수나 되는 것처럼 이상하게 기도한다고 생각하지 않을까?' 혹시 기도 받은 후 하나님이 자기를 사랑하지 않는지 혹은 자기가 믿음이 없는 자라고 스스로 생각하지 않을까? 그 사람이 나를 이상한 사람이라고 생각하지 않을까? 이런 생각들을 하면 머리가 아프고 얼굴이 화끈거린다. 내게 무엇이 잘못된 것일까?

이 문제를 속 시원히 해결해 주지는 못했지만, 그래도 엄청난 위로가 되고, 나에게 다시 도전할 수 있는 용기를 준 것은 「신유의 방법」을 쓴 찰스와 프란시스 헌터 목사 부부의 간증이었다. 실패할 때마다 그 간증을 읽고 또 읽었다. 미국의 유명한 어떤 사역자는 성령체험 후 매 주일 예배 후에 병자들을 위해 기도해 주었다. 아무런 역사가 일어나지 않는데도 불구하고 믿음으로 계속 기도했다. 어떤 때는 기도해 준 모든 사람에게 감기를 옮긴 경우도 있었다. 하나님의 역사가 없자, 마침내 교인들이 떠나가기도 했다. 그렇게 기도한 지 10개월 후에 하나님의 역사를 처음으로 체험했다. 한편 찰스와 프란시스 헌터 부부는 성령체험 전부터 다른 사람을 위해서 기도해 주었는데, 천 명 정도 기도했는데 고작 10명 정도가 치유되었다고 고백했다.[13)]

13) 찰스와 프란시스 헌터, 「신유의 방법」(서울서적, 1987), pp. 25-39.

나는 아무에게나 실습을 할 수 없어서 주로 가족들을 활용(?)했다. 우스갯 소리로 나에게 몸과 머리를 가장 많이 빌려준 사람은 내 아내와 아이들이었다. 나는 내 기도의 능력을 배가시켜 준 아내와 자식에게 말할 수 없는 빚(?)을 졌다. 생각해 보라. 얼마나 괴로웠겠는가? 그러던 어느 날 딸의 중지에 커다란 물사마귀 세 개가 있었는데, 세 번을 기도했을 때 감쪽같이 사라지는 놀라운 역사를 경험했다. 선포기도의 참 맛을 처음 느낀 때였다. 성령님과 함께하는 나의 선포기도 여행은 그때부터 시작되었다.

내가 이렇게 간증하는 이유는 두 가지다. 하나는 다른 사람을 위해서 기도하는 대부분의 기도 형태가 간구기도로 그치고 만다. 간구기도가 잘못된 것은 아니지만 하나님의 임재와 역사를 위해서는 선포기도가 필요하다. 선포기도를 하는 것이 쉽지는 않지만, 그렇다고 특별한 사람만이 하는 것은 절대 아니다. 선포기도의 능력이 임할 때 비로소 영적 전쟁을 할 수 있기 때문에 당신도 지금부터 선포기도를 배워야 한다. 뜻이 하늘에서 이룬 것 같이 이 땅에 이루어지도록 하기 위해서는 예수님이 하신 기도를 우리도 해야 한다. 예수님이 이른 아침 미명에 한적한 곳에 나아가 하나님과 대화한 것이 간구와 중보기도라면, 동네에 다니시면서 병자를 고치시고 귀신을 쫓아 낼 때 하신 것이 바로 선포기도다. 다른 하나는 내가 오랫동안 실패하며 깨달은 것을 여러분과 함께 나눔으로 여러분의 선포기도를 활성화시키고자 함에 있다.

선포기도의 다섯 가지 핵심

1. 담대함

담대함은 두 가지 측면이 있다. 첫 번째 우리가 담대히 선포기도를 하지 못하는 이유는, 기도하고 나서 아무 일도 일어나지 않으면 얼마나 창피하고 수치스러울까 하는 마음 때문이다. 그 마음이 들게 하는 것은 사단이라는 사실을 알아야 한다. 만약 우리가 백 번을 기도해서 한 사람이라도 낫는다면 기도하는 것이 성경적인가, 기도하지 않는 것이 성경적인가 생각해 보라. 두 번째, 이렇게 기도하는 것이 하나님의 뜻인지 확신하지 못하기 때문에 담대히 기도하지 못한다. 그러나 알아야 할 것은 다른 사람의 치유를 위해서 기도해 주는 것은 분명히 하나님의 뜻이다. 이것은 하나님이 특별히 말씀하시지 않는 한 예외가 없다. 예수님이 그분 앞으로 나온 어떤 병자라도 기도해 주지 않은 적이 있었는가? 우리 하나님은 치료의 하나님이시고, 예수님은 하나님의 뜻대로 모든 사람을 위해 기도했고 다 치유하셨다.

> "사랑하는 자들아 만일 **우리 마음이 우리를 책망할 것이 없으면 하나님 앞에서 담대함을 얻고 무엇이든지 구하는 바를 그에게 받나니** 이는 우리가 그의 계명들을 지키고 그 앞에서 기뻐하시는 것을 행함이라"(요일 3:21-22).
>
> "그를 향하여 **우리의 가진 바 담대한 것이 이것이니 그의 뜻대로 무엇을 구하면 들으심이라** 우리가 무엇이든지 구하는 바를 들으시는 줄을 안즉 우리가 그에게 구한 그것을 얻은 줄을 또한 아느니라"(요일 5:14-15).

2. 책임소재

당신의 선포기도를 통해서 역사가 일어나는 것이 당신 때문인가 하나님 때문인가? 다시 말해 결과의 책임이 당신에게 있는가 아니면 하나님에게 있는가? 만약 책임소재가 당신에게 있다고 생각한다면 기도할 수 없을 것이다. 우리는 단지 하나님의 통로로 쓰임 받을 뿐이다. 우리가 해야 할 일은 하나님의 말씀대로 믿고 선포하는 것이다. 실패 없이 성공할 수는 없다. 여러분이 기도했을 때 아무 일도 일어나지 않는 것은 실패가 아니다. 다시 기도하지 않겠다고 마음먹는 것이 진짜 실패인 것이다. 포기하지 말고 계속 기도하라. 당신이 자전거를 타는 법을 한 번 들었다고 단번에 탈 수 있는가? 여러분이 계속 기도하는 동안에 성령님께서 자연스럽게 여러분을 인도해 주실 것이다. 기도의 실패에 대한 책임은 하나님께 있다는

'쫏쯔파(chutzpah)'[14] 믿음을 가져라. 하나님은 지금도 그런 마음을 가진 자를 찾고 계신다.

3. 믿음

우리가 기도할 때 가져야 할 믿음은 내가 기도하면 기도 받는 상대방에게 무엇인가가 일어난다는 믿음이 아니라 내가 기도하면 신실하신 하나님께서 무엇을 하신다는 것을 믿는 것이다. 내가 그분께 무엇을 받아서 하는 것이 아니라, 내 안에 계시는 그분께서 무엇인가를 하신다는 것을 믿는 것이다. 착각하지 말라. 당신의 믿음은 하나님 역사의 유무에 대한 믿음이 아니라 하나님의 신실하심에 대한 믿음이다.

4. 성령님의 임재

태초에 하나님이 천지를 창조하실 때 말씀이 선포되기 전에 하나님의 신이 수면 위를 운행하셨다. 또한 예수님이 말씀을 선포하실 때도 항상 성령님이 임재하셨음을 알 수 있다. 마찬가지로 우리도 선포기도를 할 때 성령님의 임재가 있어야 한다. 물론 느낌이 아니라 믿음으로 기도해야 한다. 그러나 반드시 기도하기 전에 성령님이 그 자리에 임하시도록 초청하라. 성령님의 편재하심과 임재하심은 분명히 구분해야 한다. 모든 성도들에게 성령님이 함께 하시며, 모든 곳에 성령님이 계신다(편재하심: with us). 그러나 우리가 성령님을 간절히 초청할 때 그 장소에 강력하게 임하신다(임재하심: upon us). 성령님의 임재 없이 단순히 자신의 믿음만으로 외치는 기도는 공허한 메아리에 불과하다. 말씀의 능력은 성령님의 임재 안

14) 프란시스 멕너트가 쓴 「치유」라는 책에 믿음에 대한 재미있는 예화가 있다. 한 자식이 부모를 살해하고 법정에 나와 재판장에게 선처를 구했는데, 그의 말이 걸작이다. "저는 부모가 없는 고아가 되었으니 선처를 해 주십시오." 생각해 보면 가당찮은 말이다. 그러나 이것이 바로 '쫏쯔파' 믿음인 것이다. 쫏쯔파는 이디쉬 말(Yiddish: 독일어 · 히브리어 등의 혼성 언어; 중부(동부) 유럽 여러 나라, 미국 등의 유대인이 씀)의 속어로서, 행동에 극단적인 확신을 가진 것을 묘사한다. 따라서, 쫏쯔파를 가진 사람은 어떤 것을 얻기 위해서 최선을 다하는 사람을 일컫는다. Francis MacNutt, *Healing* (Ave Maria Press, 2003), pp.103.

에서 이루어진다.

> "**하나님이 나사렛 예수에게 성령과 능력을 기름 붓듯 하셨으매** 저가 두루 다니시며 착한 일을 행하시고 마귀에게 눌린 모든 자를 고치셨으니 이는 하나님이 함께 하셨음이라"(행 10:38).

5. 성령님과의 친밀함

선포기도의 능력은 성령님과의 친밀함에 비례한다. 다음 그림을 보고 그 차이를 비교해 보자.[15)]

아래의 그림은 간구기도의 전형적인 예다. 누구누구를 하나님이 치유해 주시도록 간구한다. 반면에 오른쪽을 그림을 보라. 만약 하나님과 내가 친밀하면 할수록 하나가 될 것이며, 따라서 하나님께 더 이상 간구할 것 없이, 하나님의 뜻대로 내가 직접 치유받을 사람에게 예수의 이름으로 질병이 떠날 것을 명령하면 되는 것이다. 예수님께서 하나님의 뜻을 따라 질병을 꾸짖고 귀신을 쫓아낸 것이 이 기도인 것이다. 예수님께서 영적 전쟁을 위해서 우리에게 가르쳐 주신 기도가 바로 이 기도이다.

> "**주와 합하는 자는 한 영이니라**"(고전 6:17).
>
> "너희 몸은 너희가 하나님께로부터 받은바 너희 가운데 계신 성령의 전인 줄을 알지 못하느냐 **너희는 너희의 것이 아니라**"(고전 6:19).
>
> "사도들이 주께 여짜오되 우리에게 믿음을 더하소서 하니 주께서 가라사대 너희에게 겨자씨 한 알만한 믿음이 있었더면 **이 뽕나무더러 뿌리가 뽑혀 바다에 심기우라 하였을 것이요** 그것이 너희에게 순종하였으리라"(눅 17:5-6).

---

15) 앞의 책

> "**너희가 내 안에 거하고 내 말이 너희 안에 거하면 무엇이든지 원하는 대로 구하라** 그리하면 이루리라"(요 15:7).
>
> "내가 진실로 진실로 너희에게 이르노니 **나를 믿는 자는 나의 하는 일을 저도 할 것이요 또한 이보다 큰 것도 하리니** 이는 내가 아버지께로 감이니라"(요 14:12).
>
> "믿는 자들에게는 이런 표적이 따르리니 곧 저희가 내 이름으로 귀신을 쫓아내며 새 방언을 말하며 뱀을 집으며 무슨 독을 마실찌라도 해를 받지 아니하며 병든 사람에게 손을 얹은즉 나으리라 하시더라"(막 16:17-18).

*선포기도는 하나님을 향해 "주님! 제가 이 산을 들기에는 너무 큰데요"가 아니라, 산을 향해 "산아 하나님이 너보다 얼마나 큰지 알지어다"*라고 선포하는 것이다. 기도 전에는 대상을 보지 말고 그 대상의 주권자이신 하나님을 보라. 그리고 선포는 하나님께 하지 말고 대상에게 하라. 그러나 "하나님은 내가 말하는 대로 들어주실 의무가 없다. 하나님은 하나님이 말씀하신 대로 하실 의무만 있다"[16]는 것도

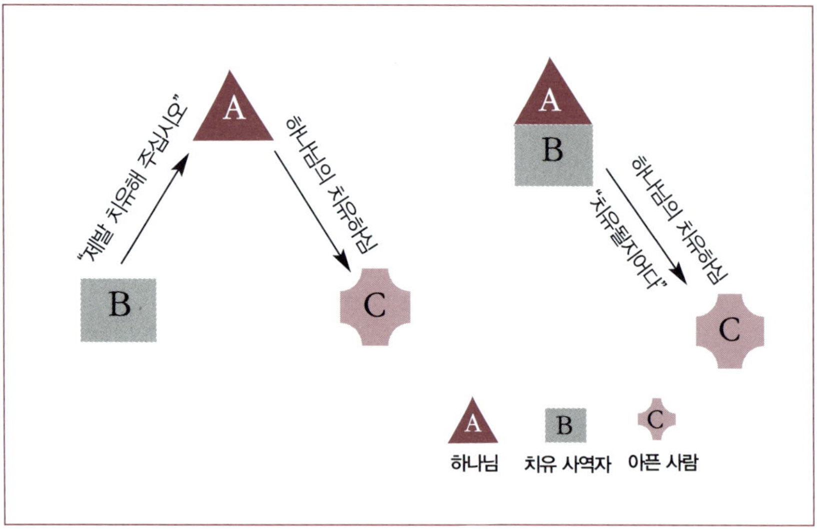

16) 존 오스틴, 「하나님의 사랑의 흐름」(믿음의 말씀사, 2003), pp.18.

명심해야 한다. *하나님께서 우리에게 선포할 수 있는 권세를 주신 것은 하나님의 뜻을 나타내기 위해서지 우리의 소원을 위한 것이 아니기 때문이다. 결국 우리는 하나님의 뜻을 아는 만큼 선포할 수 있는 권세도 있다.*

만약 선포기도의 능력이 나타나기를 원한다면 성령님이 임재하신 가운데 깊은 기도를 하는 훈련을 하라. 또 성령님이 임재하실 때 성령님과 친밀함을 누리라.[17] 성령님을 경배하고 찬양하라. 입으로 소리 내어 성령님께 구하는 것이 아니라 여러분의 주파수를 성령님의 음성에 맞추어 놓고 성령님의 함께하심 자체를 즐기라. 그리고 사랑한다고 고백하라. 그러면 성령님이 말씀하실 것이다.

> "내가 진실로 너희에게 이르노니 누구든지 이 산더러 들리어 바다에 던져우라 하며 그 말하는 것이 이룰 줄 믿고 마음에 의심치 아니하면 그대로 되리라"(막 11:23).

지금부터 당신도 선포기도를 시작하라. 아직은 때가 아니라고 생각하지 말라. 지금이 당신이 선포기도를 시작할 때다. 가족이나 주위에 병든 사람이 있는가? 가서 허락을 구하고 환부에 손을 얹으라. 그리고 예수 그리스도의 이름으로 담대하게 질병이든 귀신이든 꾸짖으라, 묶으라, 나가라고 명하라, 치유되고 온전해질 것을 명하라. 마지막으로 예수의 이름으로 축복하라. 당신에게는 죄 사하는 권세와 축복하는 권세가 있음을 알라.

> **"믿는 자들에게는 이런 표적이 따르리니** 곧 저희가 내 이름으로 귀신을 쫓아내며 새 방언을 말하며 뱀을 집으며 무슨 독을 마실지라도 해를 받지 아니하며 **병든 사람에게 손을 얹은즉 나으리라** 하시더라 주 예수께서 말씀을 마치신 후에 하늘로 올리우사 하나님 우편에 앉으시니라 제자들이 나가 두루 전파할쌔 주께서 함께 역사하사 그 **따르는 표적으로 말씀을 확실히 증거하시니라"**(막 16:17-20).

---

17) 하나님과 친밀함에 대해서는 예수님의 마음을 움직인 마리아를 생각하라(요 11:21-33).

"너희가 뉘 죄든지 사하면 사하여질 것이요 뉘 죄든지 그대로 두면 그대로 있으리라 하시니라"(요 20:23).

3. 기름부으심과 능력전이

당신은 성령님이 기름부으심으로 집회를 인도하는 것을 본 적이 있는가? 또한 일상생활에서도 성령님이 임하셔서 생각지도 못한 일이 일어나는 것을 경험한 적이 있는가? 분명 인간의 능도 힘도 아니요 오직 여호와의 신으로 말미암는 현장 말이다. 당신도 그런 사역 속에 참여하기를 열망하는가? 아니 당신도 그런 사역을 인도하기 원하는가? 그렇다면 하나님께 간절히 구한 적은 있는가? "주님 저도 원합니다. 그와 같은 일이 나에게도 일어나기를 소원합니다"라고 말이다. 예수님은 제자들에게 "내가 너희에게 뱀과 전갈을 밟으며 원수의 모든 능력을 제어할 권세를 주었으니 너희를 해할 자가 결단코 없으리라"(눅 10:19)고 말씀하셨다. 우리는 이 권세와 능력을 믿음으로 취해야 하며, 이것은 기름부으심(anointing)으로 나타난다. 기름부으심은 '초자연계에 계시는 하나님의 능력, 즉 하나님의 임재와 나타나심'을 말한다. 기름부으심의 교회적, 성경적 체험적 측면을 알아보자.

"세례요한의 때부터 지금까지 천국은 침노를 당하나니 **침노하는 자는 빼앗느니**

라"(마 11:12).

"여호와의 눈은 온 땅을 두루 감찰하사 전심으로 자기에게 향하는 자를 위하여 능력을 베푸시나니…"(대하 16:9).

앞으로는 교회에 어떤 성도가 필요할까?

과거 존경받는 그리스도인은 대부분의 시간을 교회에서 보내며, 교회에서 모든 일을 도맡아 하는 사람이었다. 지금은 인격적으로 성숙하고 세상에서 자기 일을 잘 해내고 동시에 자신의 전문성을 가지고 교회 일을 담당하는 사람들이 존경받는다. 그렇다면 앞으로는 어떤 그리스도인이 필요할까? 진정으로 하나님이 원하시는 그리스도인은 어떤 사람일까? 아마도 인격과 능력이 함께하는 사람일 것이다. 그것도 스스로의 노력이 아니라, 하나님의 임재함으로 인하여 변화된 인격과 능력을 갖춘 사람 말이다.

이 세상은 변화된 인격은 요구하지만 초자연적인 능력은 요구하지 않는다. 왜냐하면 노력한 만큼 얻을 수 없는 것이 바로 초자연적인 능력이기 때문이다. 그런데 재미있는 사실은 교회도 언제부터인가 세상을 닮아 변화된 인격은 강조하지만 초자연적인 능력은 요구하지 않게 되었다. 성경이 말하는 하나님 나라의 대사는 분명히 하나님에 의해서 변화된 인격과 주어진 능력을 갖춘 사람인데도 말이다. 분명한 것은, 두 가지 모두를 갖추었을 때라야만 예수님의 대위임령을 감당할 수 있으며, 진정한 하나님의 자녀로서 하나님의 뜻을 이 땅에 이룰 수 있다.

그런데 문제는 교회의 많은 사람들이 성숙하지 않은 인격을 가진 사람이 능력을 받으면 매우 위험할 것이라고 생각한다는 데 있다. 일리 있는 말이지만, 그 능력의 근원이 무엇인지를 잘 모르기 때문에 그런 말을 하는 것이 아닌가 여겨진다. 능력은 스스로 취해서 얻을 수 있는 것이 아니라 하나님께서 주시는 것이다. 성령님과의 올바른 교제를 가지면 인격은 자연히 성숙해진다. 오히려 성령님의 인도함 없이 변화된 인격이란 가식적인 인격일 가능성이 높다. 하나님의 능력에 접할 때 그 인격이 변화된다는 사실을 기억해야 한다. 다른 말로 하나님의 능력에 접하지 않고는 변화될 가능성이 거의 없다. 그런데 우리는 능력을 먼저 받으면 위험하니까 스스로 노력해서 받을 만한 가치가 있는 사람, 즉 인격적으로 성숙한 후에 능력을 받아야 한다는 생각을 가지고 있다. 실제로 인격과 능력은 따로 떼어서 생각할 수 있는 것이 아니라 너무나도 밀접히 연관되어 있다. 인격과 능력은 하나님 안에서 함께 자라나는 것이며, 내 안에 계신 하나님이 밖으로 나타나시는 것을 의미한다.

물론 하나님으로부터 위임받은 능력을 가진 사람 중에서 인격적으로 성숙하지 못한 사람도 있다. 그러나 그런 사람이 하나님께 올바르게 지속적으로 쓰임 받는 것을 본 적이 있는가? 얼마나 많은 사역자들이 잠깐 반짝이다가 사라지고 말았는가? 그런 사람들은 성령을 근심하게 하는 사람들 또는 성령을 소멸시키는 사람들이다.

진정한 그리스도인의 삶에는 하나님의 개입 없이는 불가능한 일들이 있어야 한다. 그러나 안타까운 현실은 하나님을 위해서 불가능하지 않은 일을 하는데 우리가 너무나도 익숙해져 있다는 사실이다. 충격적이지만, 예수님은 인격이 성숙된 다음에 비로소 능력 충만함을 받으라고 말씀하신 적이 없다. 예수님이 명령하신 것이 무엇인지를 생각해 보라(마 28:19-20). 과연 팔복(마 5:2-12)이 하나님의 능력 없이 이루어질 수 있는 일인가? 인격이 성숙하지 않았기 때문에 예수님의 지상명령을 어길 것인가? 진정한 인격의 변화는 나 자신의 변화가 아니라 내 안에서 '예수 그리스도의 인격' 이 나타나는 것이다. 따라서 하나님에 의해서 변화되는 인격적 성숙은 결국 순종을 통해서 이루어진다. 순종, 즉 하나님의 뜻에 우리 자신의 뜻을 맞출 때 인격이 성장하는 것이다.

교회 내에서 성령님의 임재나 성령님과의 동행을 강조하는 성도를 볼 때, 대부분의 그리스도인들은 하나님의 말씀과 인격으로 균형 잡힌 성도와 말씀의 기초가 없고 영적인 체험만을 추구하는 균형 잡히지 못한 성도의 대결구도로 보는 경향이 있다. 물론, 말씀 없이 체험만을 추구하여 교회에 문제를 일으키는 성도들도 있겠지만, 성령님에 의지하는 성도들이 대체적으로 말씀이 부족하다거나(부족할 것이라는) 혹은 인격적으로 성숙하지 못할 것이라는 잘못된 생각은 어디에서부터 온 것일까? 성령충만하면서도 말씀충만한 성도들이 얼마든지 있을 수 있지 않겠는가?

성령님을 좀 지나치게 강조할 경우, 혹자는 당신들에게만 성령님이 계시는 것이 아니라 성령님은 무소부재하시기 때문에 성경공부를 할 때 자기들에게도 말씀하시고 인도하신다고 말하며, 그들의 지식도 그분이 주신 것이라고 주장한다. 물론이다. 우리 모두에게 성령님이 내주하신다. 그러나 두 가지를 생각해야 한다. 첫째, 성령님의 편재와 임재(어떤 시간과 장소에 성령님께서 능력으로 찾아오시는 것을 말한다. 오순절 사건을 기억해 보라)는 다르다. 둘째, 성경과 자신의 경험에 근거하여 이렇게 말씀하신 것이라고 판단하고(즉 성령님이 주신 것이라고 생각하고) 행동하는 것인지 아니면 주인 되신 그분으로부터 계시된 말씀을 받은 것인가 이다(하나님의 음성을 들은 것인지). 우리가 하나님에게 통치권을 넘겨주지 않을 때 우리는 불가능에 대한 믿음이 요구되지 않는 이성과 경험의 세계를 살아 갈 뿐이다. 그러나 우리가 그분에게 통치권을 넘겨 줄때 우리는 이 땅에서 하나님 나라를 경험할 수 있게 된다.

특히 우리나라는 유교적 영향을 많이 받아서 실제적인 경험이나 체험보다는 학문적 이론과 개념을 훨씬 더 높이 평가하는 문화 속에 살고 있다. 이런 경향은 내가 가르치는 대학에서도, 신학교에서도 마찬가지일 것으로 생각된다. 하나님을 경험하지 못한 사람이 하나님을 안다고 말할 수 있을까?

> "너희가 성경에서 영생을 얻는 줄 생각하고 성경을 상고하거니와 **이 성경이 곧 내게 대하여 증거하는 것이로다 그러나 너희가 영생을 얻기 위하여 내게 오기를 원하지 아니하는도다**"(요 5:39-40).
>
> "예수께서 대답하여 가라사대 **너희가 성경도 하나님의 능력도 알지 못하는고로 오해하였도다**"(마 22:29).

만일 성령님의 인도함 없이 하나님을 지식적으로만 추구하게 되면 자칫 영적 교만이 싹트게 되거나 자신이 믿고 있는 교리를 좀 더 효과적으로 방어하는 능력만 갖추게 된다. 또한 자신의 내면을 봄으로써 겸손할 수는 있지만, 자신을 변화시킬 수는 없다. 왜냐하면 그 겸손은 스스로 자신의 정체성을 확인한 결과로 나타난 것이지, 하나님의 능력에 의해서 자신이 포기된 결과로 나타난 것이 아니기 때문이다. 어떤 면에서 지식적으로 하나님에 대해서(knowing about Him) 깊게 아는 사람일수록 하나님을 알지(knowing Him) 못하는 사람일 수 있다. 왜냐하면 성경 말씀이 혼의 수준에서 갇혀 있기 때문이다. 말씀은 오직 성령의 감동함으로 계시를 통해 풀어주실 때 온전히 이해할 수 있다. 성경을 통해 하나님을 만나기 위해서 끊임없이 성령님께 의지해야 한다.

> "기록된 바 하나님이 자기를 사랑하는 자들을 위하여 예비하신 모든 것은 눈으로 보지 못하고 귀로도 듣지 못하고 사람의 마음으로도 생각지 못하였다 함과 같으니라 **오직 하나님이 성령으로 이것을 우리에게 보이셨으니** 성령은 모든 것 곧 하나님의 깊은 것이라도 통달하시느니라"(고전 2:9-10).
>
> "일을 숨기는 것은 하나님의 영화요 일을 살피는 것은 왕의 영화니라"(잠 25:2).

비록 이 장에서 성령님에 대해서 강조하고 있지만, 어처구니없는 사실은 상당수 성도들이 성경의 말씀 대신에 성령님만으로 모든 것을 해결하고자 한다는 것이다. *말씀 없이는 성령님이 하실 일이 없다. 성령님은 예수님이신 말씀에 기초하여 역사하신다.* 성령을 추구하는 많은 성도들이 이 사실을 간과하고 있다. 성경을 끊임없이 공부하고 의지적으로 적용하려는 노력은 성령님을 알아가는 것과 동등하게 중요하다. 말씀에 대한 올바른 가르침 없이 또한 말씀에 임한 성령님의 역사 대신에 마치 성령님만이 모든 것을 해결해 주는 것처럼 오도하거나 능력과 은사를 말씀 위에 놓는 것은 위험하기 짝이 없는 무모한 광대짓일 뿐이다. 말씀에 대한 기초 없이 성령충만한 것만으로는 자신의 삶을 변화시키거나 하나님과 좋은 관계를 유지할 수 없다. *또한 이 땅을 향한 하나님의 역사는 우리 입에서 나오는 하나님의 말씀의 선포에 제한을 받으신다. 반면에 우리가 이 땅에서 쓸 수 있는 하나님 나라의 자원은 하나님을 향한 우리의 믿음과 친밀함의 정도에 제한 받는다.*

성령체험을 한 많은 성도들이 마치 성령님을 도깨비 방망이처럼 생각한다. "성령님이 오시면 모든 것을 알게 하시고 가르쳐 주신다고 했는데, 이 일에 대해서 왜 말씀하시지 않는가?"라는 식이다. 성령님은 예수님이 하신 말씀을 기억나게 하시고, 그 말씀이 무슨 뜻인지 이해하게 하시고, 어떻게 적용해야 하는지를 가르쳐 주시지, 성경말씀을 알지 못하는 자에게 모든 것을 가르쳐 주시는 분이 아니다. 성령님이 우리의 영을 통해서 보여주시고 말씀하신 것들을 무엇으로 해석하고 판단해야 하는가? 성경말씀이다. *성령님은 무엇보다도 우리에게 성경말씀을 공부하라고 가르치신다. 말씀과 성령의 관계는 벽난로 속의 불(fire in the fireplace)이어야 한다. 한 번 묵상해 보라.*

> "보혜사 곧 아버지께서 내 이름으로 보내실 성령 그가 너희에게 모든 것을 가르치시고 내가 너희에게 말한 모든 것을 생각나게 하시리라"(요 14:26).

마지막으로 기억해야 할 것은, 사단은 예수 믿는 자가 아니라 예수 그리스도를 무서워한다는 사실이다. 그리스도(기름부은 자, 메시아)만이 하나님의 능력으로 사단의 왕국을 멸할 수 있기 때문이다. 기름부음이 없이 예수 믿는 자는 단지 신앙생활을 할 뿐이지, 사단의 왕국에 어떠한 해도 미칠 수 없기 때문에 사단은 기름부으심이 없는 자를 두려워하지 않는다. 그러기 때문에 사단은 지금도 성도들이 기름부으심을 받지 못하도록 갖가지 두려움과 의심을 주며, 온갖 이론과 책략과 위협을 다 동원하여 우리를 속이고 있다.

> "경건의 모양은 있으나 경건의 능력은 부인하는 자니 이 같은 자들에게서 네가 돌아서라"(딤후 3:5).

역사적으로 볼 때, 적그리스도의 영(종교의 영으로 가장하여 침투함)[18]은 성도들로 하여금 교묘하게 기름부으심과 관련된 것들을 의심하고 거부하게 만들었다. 물론 표면적으로는 거룩한 종교적 모양을 띠고 있다. 예를 들면 우리가 조정할 수 없는 것은 거부한다고 하거나(하나님의 임재로 나타나는 질서 없고 어수선한 상태는 성령님의 일이 아니라고 생각한다)[19], 복음을 하나님의 수준으로 높이는 것이 아니라(설령 우리가 이해할 수 없다 할지라도) 우리의 이성과 경험수준으로 끌어내리거나, 하나님의 능력도 인정하고 그분은 그렇게 할 수 있다고 믿지만 그 능력이 오늘 이 시간에 나타나는 것은 부정하는 식으로 말이다.

기름부으심은 어떻게 임할까?

개인적으로 나는 약 20년 전 미국 유학시절에 성령세례와 동시에 방언을 받았다. 그러나 그때는 이런 체험에 대해 잘 몰라서 며칠 동안 구름 위를 산책하는 듯한 경험으로 끝나고 말았다. 그러다 1999년 1월에 하나님이 치유사역으로 부르시고 대언의 말씀대로 기름부으심이 나에게 임한 것을 알았을 때 이미 내 인생은 새로운 변화의 한복판에 들어서게 되었다. 왜냐하면 성령님이 본격적으로 내 인생에 개입하셨고, 나를 **'가나안 사역자 스쿨**(성령체험 후부터 기름부으심까지의 훈련과정을 비유한 말임)' 에 입학시켰기 때문이다.

그러나 그 당시 나의 이상한 체험들과 의혹들을 설명해 주고, 나의 갈급함을 충족시켜 줄 만한 검증된(?) 곳도 사람도 알지 못했다. 성령사역을 하는 집회에 참석하기 위해서 3개월 이상이나 뒷조사(?)를 한 경우도 있었다. 이단인가 아닌가, 믿을 수 있는 사역자인가, 사역자에 대해서 책이나 사람들은 어떻게 말하는가, 성령의 역사인가 아

18) 종교의 영은 하나님과의 관계 대신에 말씀을 강조하며, 계시 대신에 하나님을 자신의 이성 밑에 두려 한다.
19) "모든 것을 적당하게 하고 질서대로 하라"(고전 14:40). 이때 '모든 것'은 성령의 나타남을 말한다. "소가 없으면 구유는 깨끗하려니와 소의 힘으로 얻는 것이 많으니라"(잠 14:4).

니면 사단의 역사인가, 집회의 열매는 있는가, 다녀온 사람들은 뭐라고 말하는가, 들어본 테이프 내용은 어떤가, 등 그야말로 두려움과 호기심, 갈급함 등으로 혼돈 그 자체였다. 돌다리를 두드리듯 그렇게 점검하며 집회를 참석했다. 사람을 통하지 않고 내게 찾아오신 성령님이 어떤 분이신지를 분별할 수 있고 난 다음에야 참으로 자유로워질 수 있었다. 그 뒤부터 성령에 관한 국내외 책을 있는 대로 구입해서 읽었고, 좋은 집회는 가능한 참석하려고 애썼다. 그리고 외국에 출장가면 그 근방에서 개최되는 집회부터 먼저 찾아보는 것이 버릇이 되었다.

나는 지금도 계속 기름부으심을 사모하고 있고 하나님 앞에 갈 때까지 추구할 작정이다. 왜냐하면, 사역자에게 있어서 구원 이외에는 기름부으심이 가장 중요하기 때문이다. 혹자는 은사만을 추구하는 것은 잘못이라고 말하지만, 내가 변한 것이 있다면(그것이 성령의 열매적인 측면이든 은사적인 측면이든 간에) 성령님의 임재하심으로 인한 것이지 성화된 삶을 살고자 하는 나의 훈련을 통해서 얻어진 것은 아니기 때문이다. 성령님의 임재 가운데, 하나님은 성경의 말씀을 읽을 때 그 뜻을 깨닫게 하셨고, 개인적인 사고방식과 경험에 기초하지 않은 비전을 주셨고, 나 자신의 못남과 무능력에 대한 믿음보다는 하나님의 위대하심과 역사하심에 대한 믿음을 더 크게 했으며, 나 자신을 의지적으로 낮추려는 값싼 겸손보다는 나 자신을 포기함으로 예수님이 더 나타나게 하려는 진정한 겸손을 배울 수 있게 했고, 성령님의 임재가 강력하면 할수록 십자가와 예수님을 분명히 볼 수 있게 했고, 하늘에 계신 우리 아버지가 아니라 이 땅에 지금 나와 함께 하시는 나의 아버지를 보게 했다.

사도행전을 보면 초대교회의 경우는 회심한 유대인들이 그 자리에서 성령을 체험하고 은사로 방언을 받기도 하였으며, 어느 정도 후부터 능력을 받고 사역을 시작한 것처럼 보인다. 일반적으로 신앙의 여정을 1) 물세례(성령내주) 2) 성령체험(방언?) 3) 성령의 기름부으심(능력) 순으로 볼 때 1), 2)는 거의 동시에 이루어지거나, 1), 2) 혹은 2), 1) 순으로 이루어졌으며, 3)으로 가는 과정이 짧았던 것처럼 보인다. 한편, 오늘날 말씀 중심의 개혁교회에서는 성도들 대부분이 1)의 상태에 머물러 있으나 그 어느 때보다 2)의 체험에 대한 갈급함이 커진 것 같다. 그러나 여전히 3)의 경우는 매우 적은 것처럼 보인다. 이것은 마지막 때에 하나님이 부어주시는 성령의 역사에 대한 문제가 아니라 기사와 이적을 스스로 제한하는 교회의 전통과 우리의 태도와 믿음에 관한 문제인 것처럼 보인다. 실제로 지금처럼 세계 도처에 하나님이 그들의 백성에게 성령을 부어주시는 때가 역사상 유래가 없는 것처럼 보인다.[20]

> "하나님이 가라사대 말세에 내가 내 영으로 모든 육체에게 부어 주리니 너희의 자녀들은 예언할 것이요 너희의 젊은이들은 환상을 보고 너희의 늙은이들은 꿈을 꾸리라 그 때에 내가 내 영으로 내 남종과 여종들에게 부어 주리니 저희가 예언할 것이요" (행 2:17-18).
>
> "시온의 자녀들아 너희는 너희 하나님 여호와로 인하여 기뻐하며 즐거워할지어다 그가 너희를 위하여 비를 내리시되 이른 비와 늦은 비가 전과 같을 것이라"(욜 2:23).

성령체험은 많이 하는데 기름부으심을 받은 사람은 왜 상대적으로 적을까? 성령님의 거하심과 임하심의 차이를 이해하기 위해서는 성령님이 우리에게 역사하시는 방법에 대해서 제대로 이해해야 한다. 먼저, 요한복음 14장 17절의 말씀을 읽어 보라. "… 저(성령)는 너희와 함께 거하심(with you, now: 함께 거하심)이요 또 너희 속에 계시겠음이라(in you, later: 안에 거하심)". 온 우주에 편재하신 성령님(with us)은 우리로 하여금 하나님을 알게 하시고(엡 1:17), 예수 그리스도를 믿을 때 우리 안에 거하신다(in us)(고전 12:3). 또한, 우리가 우리 자신을 포기하고 우리의 삶을 그분에게 양도할 때 그분은 우리 안에 단순한 내주가 아니라 충만

20) 내가 접한 모든 외국 집회 사역자들의 간증과 최근 보고들이 이 사실을 뒷받침해 주고 있다.

히 거하신다.[21)]

그러나 하나님의 능력, 즉 기름부으심은 '함께 거하심(with us)'과 '안에 거하심(in us)'과는 다르며, '위로부터 임하심(upon us)'에 달려 있다.

이것을 보다 명확히 알기 위해서 사도행전 1장 8절, 누가복음 24장 49절, 사도행전 2장 2-3절을 살펴 보자. 하나님의 능력은 '위로부터 임하심'에 달려 있는 것이지, '안에 거하심'에 달려 있는 것이 아니다. 이것을 이해하지 못하면, 단지 성령충만함을 받으면 능력이 임할 것으로 오해하거나, 능력이 없는 자신을 바라보며 자신의 성령충만한 삶을 의심하기도 한다.

> "오직 성령이 너희에게 임하시면 너희가 권능을 받고…"(행 1:8) (when the Holy Spirit has come upon you, you will receive power and).

위의 말씀에 따르면 권능을 받는다는 것은 현상적으로 볼 때 성령님이 위로부터 임한다는 것을 말한다. 다른 말로 어떤 사람에 의해서 하나님의 능력이 행해질 때 우리는 '능력의 옷으로 입히운다', '성령의 두루마기로 감싸인다', '기름부으심이 넘친다' 라고 표현하는 것이다.

이러한 표현은 성령님이 이미 그들 안에 거한 제자들에게(요 20:22) 능력을 받기 위해서 기다리라고 명하신 예수님의 말씀(눅 24:49)과 그 말씀대로 위로부터 능력으로 임하시는 성령님(행 2:2-3)을 통해서도 이해될 수 있다.

> "이 말씀을 하시고 저희를 향하사 숨을 내쉬며 가라사대 성령을 받으라 ('성령님의 안에 거하심')"(요 20:22).
>
> "볼지어다 내가 내 아버지의 약속하신 것을 너희에게 보내리니 너희는 위로부터

21) 3부 2장 '성령님은 누구신가?'를 참고하라.

능력을 입히울 때까지 이 성에 유하라 하시니라"(눅 24:49) (…stay in the city until you have been clothed with power from on high (NIV); stay in the city until you are clothed with power from on high (NASB)).

"홀연히 하늘로부터 급하고 강한 바람 같은 소리가 있어 저희 앉은 온 집에 가득하며 불의 혀같이 갈라지는 것이 저희에게 보여 각 사람 위에 임하여 있더니(행 2:2-3) (…Then, what looked like flames or tongues of fire appeared and settled on each of them).

즉, 하나님이 능력으로 임하실 때 사람들이 성령충만함을 받고 또한 여러 가지 현상(manifestation: 치유와 축귀를 포함한 표적과 기사)들이 일어난다. 그러나 분명히 알아야 할 것은 성령충만함과 기름부으심이 넘치는 것은 동일한 것이 아니라는 사실이다. 물론 성령충만한 사람에게는 하나님의 기름부으심이 일어날 수 있는 개연성이 넘치며, 그 하나님의 '우리 안에 거하심'에 기름부으심의 비밀이 숨겨져 있는 것은 두말할 나위가 없다.

"그 광명이 햇빛 같고 광선이 그 손에서 나오니 그 권능이 그 속에 감취었도다"(합 3:4) (His splendor was like the sunrise; rays flashed from his hand, where his power was hidden (NIV)).

다시 한 번 말하자면, 성령충만함은 'in you'에 관한 것이고, 기름부으심은 'on(upon) you'에 관한 것이다. 성령님의 내주나 성령님의 충만은 우리 안에 거하시는 하나님의 영광, 즉 성령님을 의미하며, 그분은 우리에게 그분의 성품을 나타내 준다. 그분이 '우리 안에 거하심'으로 인하여 우리는 그분과 깊은 교제(기도)를 나누며, 우리 자신의 포기를 경험하게 되며, 그 결과 성령님의 내적 열매(갈 5:22-23)가 나타나게 된다. 그러나 권능(power and authority)은 우리 '위에 임하시는 그분'에 의해서 이루어지는 것이지 우리 '안에 거하시는 그분'에 의해서 이루어지는 것이 아니다.

따라서 성령님의 '우리 안에 거하심'은 언제나 가능하지만, '위로부터 임하심'은 오순절 날의 역사나 사도행전의 역사처럼 그때(season)와 이유(reason)가 있다. 즉 우리가 집회 동안 합심하여 기도할 때 또는 하나님의 뜻대로 주의 일을 행할 때 권능이 임하는 것이다. 당연한 이야기지만 동시에 이 권능은 사역자의 믿음에 제한받게 된다.

결국 기름부으심을 받기 위해서는 먼저 하나님의 임재하심의 차이, 즉 '우리와 함께 거하심', '우리 안에 거하심' 그리고 '우리 위에 거하심(즉 임하심)'의 차이를 분명히 알고 동시에 성령체험 후 기름부으심 받기까지의 영적 훈련 과정을 이해해야 한다.

가나안 사역자 스쿨

지금부터는 영적 훈련 과정에 대해서 알아보자.

만약 우리의 신앙을 애굽 땅(속박과 억압, 죄와 죄악, 하나님을 알지 못함) – 홍해(물세례, 유월절 체험, 성령님의 내주, 구원의 확신) – 광야(교회생활, 구름기둥과 불기둥, 자아연단, 만나와 메추라기) – 요단강(성령세례) – 가나안(내 안에 계신 예수 그리스도, 자아의 포기, 성령님과 동행, 젖과 꿀, 하나님 나라, 은사와 열매, 순종과 사역, 진정한 영적 전쟁)의 순으로 구별해 본다면 진정한 영적 훈련 과정은 '가나안 땅'에서 시작된다.

가나안 땅은 애굽 땅이나 광야와 본질적으로 다르다. 가나안 땅은 인간의 노력이나 지혜에 의해서가 아니라 하나님이 친히 돌보시며, 하나님이 주도하시는 땅이다.

> "또 여호와께서 너희의 열조에게 맹세하사 그와 그 후손에게 주리라고 하신 땅 곧 젖과 꿀이 흐르는 땅에서 너희의 날이 장구하리라 **네가 들어가 얻으려 하는 땅은 네**

가 나온 애굽 땅과 같지 아니하니 거기서는 너희가 파종한 후에 발로 물대기를 채소밭에 댐과 같이 하였거니와 **너희가 건너가서 얻을 땅은 산과 골짜기가 있어서 하늘에서 내리는 비를 흡수하는 땅이요 네 하나님 여호와께서 권고하시는 땅이라 세초부터 세말까지 네 하나님 여호와의 눈이 항상 그 위에 있느니라** 내가 오늘날 너희에게 명하는 **나의 명령을 너희가 만일 청종하고** 너희의 하나님 **여호와를 사랑하여 마음을 다하고 성품을 다하여 섬기면** 여호와께서 **너희 땅에 이른 비, 늦은 비를 적당한 때에 내리시리니 너희가 곡식과 포도주와 기름을 얻을 것이요 또 육축을 위하여 들에 풀이 나게 하시리니 네가 먹고 배부를 것이라… 여호와께서 그 모든 나라 백성을 너희 앞에서 다 쫓아내실 것이라 너희가 너희보다 강대한 나라들을 얻을 것인즉 너희의 발바닥으로 밟는 곳은 다 너희 소유가 되리니 너희의 경계는 곧 광야에서부터 레바논까지와 유브라데 하수라 하는 하수에서 서해까지라"**(신 11:9–15).

나는 가나안 땅에 들어가 그 땅을 정복해 나가는 것을 배우는 과정을 **'가나안 사역자 스쿨'** 이라고 부르는데, 이 과정은 크게 회개와 내적치유, 친밀함과 하나님 음성듣기, 순종, 기름부으심 등이 있다. 이 가나안 땅에 들어가면 곧바로 하나님은 죄의 문제와 내면의 상처를 지적하신다. 구원을 얻기 위한 회개가 아니라 하나님 나라의 용사가 되기 위한 회개를 원하신다. 내 경험에 따르면, 하나님은 아주 강도 높게 죄의 문제를 드러내어서 정화시킨다. 왜냐하면, 내면의 죄를 완전히 불태우지 못하면 스스로 '적과의 동침' 을 해야 하기 때문이다. 또한, 내면의 상처와 쓴 뿌리를 제거해 내기를 원하신다. 이 때 사단이 우리를 가장 많이 정죄하거나 두려움을 주는 시기이기도 하다.[22]

이 단계를 거치면, 그 다음 단계로 친밀함에 대한 훈련을 시키신다. 성령님과의 동행함 말이다. 하나부터 열까지 의존자의 삶이 되도록 훈련시키시며 그분과 더

22) 3부 '성령체험 후' 장을 참고하라. "예수께서 대답하여 가라사대 심은 것마다 내 천부께서 심으시지 않은 것은 뽑힐 것이니"(마 15:13).

깊은 친밀함을 누리도록 인도하신다. 이 기간 동안에 자신의 음성, 사단의 음성 그리고 하나님의 음성을 분별할 수 있게 되며, 하나님의 음성에 귀 기울이게 하신다. 우리가 이 과정을 온전히 지나게 되면 하나님께서는 마지막 코스로 순종을 시험하신다. 하나님이 말씀하신 것에 대한 순종 말이다. 이 과정은 두 가지 목적을 가지고 있는 것처럼 보이는데, 첫 번째는 정말로 하나님의 음성을 듣는 것인가, 두 번째는 자신의 생각과 유익에 맞지 않고 정상적으로 보이지 않을지라도 말씀하신 것에 대해서 순종하는가이다.

설령 우리가 하나님의 음성을 늘 제대로 듣지 못한다 할지라도 그분의 말씀에 순종하는 삶을 살게 되면, 궁극적으로 기름부으심이 임하는 것 같다. 임한다는 것은 어떤 사람이 하나님으로부터 기름을 받는다는 의미가 아니라 하나님의 영광의 통로가 된다는 의미이다. 즉 성령님이 그 사람의 내면에만 머무르는 것이 아니라 안에서 밖으로 흘러간다. 기름부으심은 자신을 위한 것이 아니라 사역을 위한 것으로 하나님 나라와 그 백성을 위한 것이다. 결국 '가나안 사역자 스쿨'의 전체적인 과정은 완전한 자아의 포기 과정과 하나님 영광의 나타남의 과정이라고 볼 수 있다. 하나님 나라를 위한 진정한 사역과 영적 전쟁의 승리는 이때부터이다. 왜냐하면 이때 비로소 여호와의 신으로 되는 것이 무엇인지를 알기 때문이다.

> "그가 내게 일러 가로되 여호와께서 스룹바벨에게 하신 말씀이 이러하니라 만군의 여호와께서 말씀하시되 **이는 힘으로 되지 아니하며 능으로 되지아니하고 오직 나의 신으로 되느니라**"(슥 4:6).

성령세례를 받고 나면 성령님이 우리 안에 계신다고 배웠는데, 왜 계속 패배하고 어중간한 신앙인으로 살 수밖에 없을까 의심하는 경우가 많다. 이미 언급한 것처럼, 1) 자신이 속해 있는 교회가 성령님에 대한 이해가 부족하거나 2) 성령세례를 일회적, 경험적 사건으로 치부해 버리거나 3) 죄의 문제나 내면의 치유를 자의든 타의든 덮어 버리기 때문이다. 결국 기름부으심은 본인이 자신의 삶을 성령님께 어느 정도 맡기는가에 달려 있다. 성령님께서는 우리의 모든 것을 바라시지만, 우리 스스로의 의지로서 양도해 드리는 영역밖에는 취하실 수 없다. 성령께서 성도를 이끄는 것이지 우리가 성령을 이끄는 것은 아니다. 성령님은 주님이시고 우리가 주님을 따라야 함을 잊지 말아야 한다. 그러나 안타깝게도 많은 사람들이 순서를 거꾸로 생각하여 신앙생활에 승리하지 못하고 있다. *한순간은 성령으로 충만할 수 있지만, 그 충만함을 유지하여 기름부으심을 받는 것은 본인에게 달렸다.*

한편 이러한 과정을 거치지 않고 사역을 하는 경우 하나님과의 교제와 순종 없이 자신의 의지와 노력 그리고 지식적 말씀으로만 사역하게 된다. 이러한 사역은 결국 하나님의 현존과 역사하심에 대한 의심뿐만 아니라 말씀에 대한 믿음을 흐트리게 한다. 실제로 이러한 대부분의 외침은 성과를 거두지 못한다. 치유의 예를 들면, 자신의 믿음과 말씀으로 치유를 선포했음에도 불구하고 아무런 일도 일어나지 않았을 때 하나님께서 병을 고칠 능력이 없다고 생각하기는 두렵고 다만 그분이 원치 않는 것이라고 생각하게 된다. 이렇게 될 때 우리는 흔히 하나님의 뜻대로 되기를 원한다라고 말한다. 그러나 사실 이런 태도는 하나님의 권능을 인정하면서도 교묘히 자신의 문제도 감추려는 의도(win-win strategy)일 뿐이다.

기름부으심의 몇 가지 비밀

우리도 친밀함과 능력과 풍성한 열매를 맺을 수 있다. 중요한 사실은 하나님의 만지심을 경험할 때까지는 절대로 포기하지 않겠다는 자세다. 하나님은 어느 누구에게만 기름부으심을 주시지는 않는다. 캐트린 쿨만, 오럴 로버트, 조용기, 라인하르트 본케, 카를로스 아나콘디아 등의 자서전을 읽어보면, 그분들이 특별한 사람이 아니라 단지 엘리사와 같은 마음으로 끊임없이 하나님을 추구한 사람임을 알 수 있다.

하나님은 믿는 모든 자에게 기름부으심을 주시기를 원하시지만 그분의 능력이 우리를 통해서 흘러가는 데는 차이가 있는 것 같다. 왜냐하면, 내가 처음으로 하나님과 교제할 때 아버지가 나에게 가장 많이 하신 말씀은, "내가 너를 사랑한다" "두려워 말라 내가 항상 너와 함께 한다" 그리고 내가 더 많이 구할 때마다 "내가 너에게 이미 다 주었다"라는 것이었다. 처음에는 이미 다 주었다는 말씀이 전혀 이해되지 않았지만, 이제는 경험적으로 그것이 무엇을 말하는 것인지 알 것 같다. 이러한 내 생각을 뒷받침해 주는 것은, 수많은 사람들이 기름부으심이 있는 목사님이나 사역자로부터 기도를 받음에도 불구하고, 성령충만한 삶을 살지언정 기름부으심(능력의 흐름)은 그분의 삶에 비해 그렇게 가시적이지 못한 경우가 너무나 많다는 사실이다.

결국 기름부으심은 전적으로 아버지가 무엇인가를 이루어 주시도록 간구하는 문제가 아니고(물론 이 문제도 어느 정도 포함되어 있지만), 오히려 하나님의 영광이 임재하는 우리 심령의 영역(뱃속 깊은 곳: inner most being)에서 그 일을 성취하기에 충분한 능력과 생수의 흐름을 밖으로 표출시키는 문제가 아닌가 생각된다. 어쩌면 우리는 그분께 단지 구하는 것 이상으로 그 능력의 생수를 표출시키는 기도를 해야 하지 않을까?[23] 실제로 이러한 일은 내 경험과 더불어 많은 성령사역자의 경험을 봐도 충분히 그런 것 같다. 기름부으심의 비밀은 흐르는 데 있으며, 더 많이 흘려보낼수록 더 큰 기름부으심이 임한다. 앞서 언급한 것처럼, 기름부으심은 절대적으로 다른 사람을 위한 것이지, 자신의 명성이나 능력을 과시하기 위한 것이 아니다. 이 땅에 하나님 나라를 건설하고 넓히기 위한 하나님의 권능인 것이다. 따라서 하나님을 위해서 더 많이 사용한다면 기름부으심이 더 증가하는 것은 당연하지 않겠는가? 생수의 근원지는 영원히 마르지 않은 샘이고 언제나 끊임없이 흘러나온다. 우리는 단지 생수의 통로이기 때문에 다른 쪽 끝에서 필요로 하는

23) 개인적으로 이 기도 과정의 일부분이 내적치유라고 확신한다. 하나님의 사람들의 전기나 집회 간증을 볼 때 그들은 능력의 흐름을 위해서는 자신의 죽음을 포함하는 내적치유 과정을 겪었음이 틀림없다. 보다 큰 능력을 사모하는가? 그렇다면 내적치유를 통해서 내면을 새롭게 하라(렘 18:1-6을 보라).

만큼 더 많이 흐르지 않겠는가?

기름부으심은 더 목마르고 더 배고픈 사람들에게 전이된다. 하나님과의 친밀함의 정도는 하나님으로부터 기름부으심과 능력을 받는 정도와 비례한다. 성령님의 임재와 기름부으심 그리고 하나님과의 관계에 대해서 얼마나 간절하게 구하는가? 얼마나 배고파하는가? 그것을 구하기 위해서 어떤 대가를 지불하고 있는가? 구하는 것을 얻기 위해서 어떤 장애물이라도 기꺼이 넘을 마음의 준비가 되었는가? 이미 첫 장에서 나누었듯이, 엘리사가 엘리야의 기름부으심을 취하기 위해서 어떻게 했는지를 다시 한 번 묵상해 보라. *영적 배고픔(hunger)과 겸손(humility)이 우리 마음에서 섞일 때 놀라운 반응이 일어나는 것 같다.*

"엘리야가 겉옷을 취하여 말아 물을 치매 물이 이리 저리 갈라지고 두 사람이 육지 위로 건너더라 건너매 엘리야가 엘리사에게 이르되 나를 네게서 취하시기 전에 내가 네게 어떻게 할 것을 구하라 **엘리사가 가로되 당신의 영감이 갑절이나 내게 있기를 구하나이다** 가로되 네가 어려운 일을 구하는도다 그러나 나를 네게서 취하시는 것을 네가 보면 그 일이 네게 이루려니와 그렇지 않으면 이루지 아니하리라 하고 두 사람이 행하며 말하더니 홀연히 불수레와 불말들이 두 사람을 격하고 엘리야가 회리바람을 타고 승천하더라 엘리사가 보고 소리 지르되 내 아버지여 내 아버지여 이스라엘의 병거와 그 마병이여 하더니 다시 보이지 아니하는지라 이에 엘리사가 자기의 옷을 잡아 둘에 찢고 **엘리야의 몸에서 떨어진 겉옷을 주워가지고 돌아와서 요단 언덕에 서서 엘리야의 몸에서 떨어진 그 겉옷을 가지고 물을 치며 가로되 엘리야의 하나님 여호와는 어디 계시니이까 하고 저도 물을 치매 물이 이리 저리 갈라지고 엘리사가 건너니라** 맞은편 여리고에 있는 선지자의 생도들이 저를 보며 말하기를 엘리야의 영감이 엘리사의 위에 머물렀다 하고 가서 저를 영접하여 그 앞에서 땅에 엎드리고"(왕하 2:8-15).

처음부터 모든 사람들이 하나님에게 쓰임 받을 수 있는 것은 아니다. 대부분의 경우, 절박한 자신의 문제로 하나님을 향해 부르짖기 마련이다. 그러나 하나님은 당신을 향한 그 절박함을 통해서 하나님 앞으로 더 나아오게 하시고, 많은 것들을 체험하게 하시고, 다른 사람을 위해서 쓰임 받게 하신다. 엘리사와 불쌍한 과부(왕하 4:1–7)의 이야기는 기름부으심의 원리에 대한 새로운 통찰력을 준다. 여기에서 엘리사는 하나님을, 과부는 기름부음 받기를 원하는 하나님의 사람으로 비유되었다.

> "선지자의 생도의 아내 중에 한 여인이 엘리사에게 부르짖어 가로되 당신의 종 나의 남편이 이미 죽었는데 당신의 종이 여호와를 경외한 줄은 당신이 아시는 바니이다 이제 채주가 이르러 나의 두 아이를 취하여 그 종을 삼고자 하나이다 엘리사가 저에게 이르되 내가 너를 위하여 어떻게 하랴 네 집에 무엇이 있는지 내게 고하라 저가 가로되 계집종의 집에 한 병 기름 외에는 아무 것도 없나이다 가로되 너는 밖에 나가서 모든 이웃에게 그릇을 빌라 빈 그릇을 빌되 조금 빌지 말고 너는 네 두 아들과 함께 들어가서 문을 닫고 그 모든 그릇에 기름을 부어서 차는 대로 옮겨 놓으라 여인이 물러가서 그 두 아들과 함께 문을 닫은 후에 저희는 그릇을 그에게로 가져오고 그는 부었더니 그릇에 다 찬지라 여인이 아들에게 이르되 또 그릇을 내게로 가져오라 아들이 가로되 다른 그릇이 없나이다 하니 기름이 곧 그쳤더라 그 여인이 하나님의 사람에게 나아가서 고한대 저가 가로되 너는 가서 기름을 팔아 빚을 갚고 남은 것으로 너와 네 두 아들이 생활하라 하였더라"(왕하 4:1–7).

어려움에 처할 때 우리는 자신의 노력과 동시에 세상적인 방법으로 어떻게든 해보려고 하지만, 불쌍한 과부는 아버지 앞으로 나와서 매달렸다(…엘리사에게 부르짖어 가로되…). 아버지는 오직 아버지만을 바라보며 구하는 자에게 응답하신다(…내가 너를 위하여 어떻게 하랴…). 우리는 흔히 인간적으로 할 수 있는 복안과 더불어 또 다른 선택으로 하나님이 이렇게 해 주시면 좋겠다는 두 가지 선택권을 동시에 가지고 있기 원한다. 불확실한 하나님의 은혜보다는 눈에 보이고 내 손으로 쥘 수 있는 지푸라기를 더 의지하기를 원하는 것이 인간의 본성이다. 그러나 하나님은 그런 태도를 좋아하시지 않는다. 과부는 자기가 가지고 있는 것이 기름 한 병밖에 없다고 고백했다(…계집종의 집에 한 병 기름 외에는 아무 것도 없나이다).

기름 한 병밖에 없다는 고백은 상당히 상징적인 의미를 지닌다. 기름은 세상적으로 생각하면 돈으로 바꿀 수 있는 귀중한 것을 말한다. 한편 영적으로 볼 때 기름이라는 것은 넓은 의미에서 '하나님만을 믿는 신앙'을 말하며, 좁은 의미에서는 '성령세례와 같은 체험'을 의미한다. 그러나 한 병밖에 없다는 것은 단지 씨앗만 가지고 있을 뿐, 아직 풍성한 열매는 없다는 것이다. 씨앗의 의미는 두 가지다. 첫째는 완전한 개체와 동일한 모든 유전적인 정보를 가지고 있지만, 그 성장한 식물체와는 형태적으로 전혀 다른 것이다.[24)]

둘째는 비록 귀중한 것은 알지만 지금 이것으로는 아무것도 할 수 없다는 의미이다. 그러나 하나님 나라의 심고 거두는 법칙에 의하면 심은 대로 나고, 수확의 법칙에 따라 풍성히 거두어들인다.[25)]

기름부으심은 성령세례를 통해서 온다. 일단 성령님이 오셔서 그 사람을 만지시기 시작한 후에 기름부으심이 임한다. '한 병의 기름'은 기름부으심을 사모하는 하나님의 자녀들에게는 마치 '성령세례의 체험'과 같다. 앞서 '뿌리와 열매 그리고 생수'의 장에서 언급한 것과 같이 수원지의 물은 마르지 않는다. 그러나 펌프로 그것을 퍼 올리기 위해서는 한 바가지의 물이 필요하며, 이 물이 있을 때 깊숙한 수

24) "또 가라사대 하나님의 나라는 사람이 씨를 땅에 뿌림과 같으니 저가 밤낮 자고 깨고 하는 중에 씨가 나서 자라되 그 어떻게 된 것을 알지 못하느니라 땅이 스스로 열매를 맺되 처음에는 싹이요 다음에는 이삭이요 그 다음에는 이삭에 충실한 곡식이라 열매가 익으면 곧 낫을 대나니 이는 추수 때가 이르렀음이니라"(막 4:26-29).

25) "또 비유를 베풀어 가라사대 천국은 마치 사람이 자기 밭에 갖다 심은 겨자씨 한 알 같으니 이는 모든 씨보다 작은 것이로되 자란 후에는 나물보다 커서 나무가 되매 공중의 새들이 와서 그 가지에 깃들이느니라 또 비유로 말씀하시되 천국은 마치 여자가 가루 서 말 속에 갖다 넣어 전부 부풀게 한 누룩과 같으니라"(마 13:31-33).

원에 박아 놓은 파이프로부터 물이 끌려 올라온다. 이때 물 대신에 다른 물질을 한 바가지 부었다고 생각해 보라. 생수가 올라오겠는가? 펌프만 못쓰게 될 것이다. 그러나, 일단 한 바가지의 물이 들어가면 생수는 우리의 필요에 따라 얼마든지 올라온다.[26] 즉 그때부터 우리가 펌프질을 하는 대로 콸콸 흘러넘치게 된다. 마찬가지로 한 병의 기름이 있어야 기름부으심이 흐르는 것이다. *기름부으심의 비밀은 다른 사역자로부터 더 많은 기름부으심을 받는 것에만 있는 것이 아니라, 받은 기름을 어떻게 흘려보내느냐에 달려 있다는 것을 명심해야 한다.* 왜냐하면 기름부으심은 나를 위한 것이 아니라 다른 사람을 위한 것이기 때문이다. 만약 흘려보내지 않고 기름부음을 받기만 한다면 아래쪽에 고인 오래된 기름은 썩기 시작한다. 기름이 썩으면 심한 악취가 난다. 악취는 교만이나 이기적인 신앙 그리고 자랑 등으로 나타날 것이다.

다시 한 번 말하지만 기름부으심은 자신을 위한 것이 아니라 다른 사람을 위한 것이다. 공허한 영혼을 많이 품으면 품을수록 기름부음은 더 커진다. 하나님이 우리에게 부어주시고자 하는 기름부음에는 끝이 없다. 우리가 원하는 만큼 주시기를 원한다("그릇에 다 찬지라 여인이 아들에게 이르되 또 그릇을 내게로 가져오라 아들이 가로되 다른 그릇이 없나이다 하니 기름이 곧 그쳤더라"). 하나님이 기름부으심을 주는 정도는 우리가 가지고 있는 빈 그릇의 수에 달려 있는 것이다("…가로되 너는 밖에 나가서 모든 이웃에게 그릇을 빌라 빈 그릇을 빌되 조금 빌지 말고…"). 즉 영적으로 볼 때 기름부으심을 간구하는 것은 잃어버린(공허한, 기름부으심이 없는, 빈 그릇 같은) 영혼에 대한 긍휼함으로 그들을 품고 믿음으로 하나님 앞에 나아가는 것이다. 주님! 이들의 빈 마음을 품고 하나님 앞에 나아가니, 나를 통로로 사용하여 흘려보내 주소서! 이것이 바로 하나님의 기름부으심을 원하는 사람의 자세다.

26) "내가 주는 물을 먹는 자는 영원히 목마르지 아니하리니 나의 주는 물은 그 속에서 영생하도록 솟아나는 샘물이 되리라"(요 4:14).

이 성경말씀에는 놀라운 비밀이 하나 더 있다. 그것은 바로 그릇을 빌린 후 문을 닫아야 한다는 것이다("너는 네 두 아들과 함께 들어가서 문을 닫고…"). 문을 닫는다는 것은 내 뒤에 따라오는 모든 생각들과 의심들을 접어야 한다는 뜻이다. 혼적이고 세상적인 것들은 나 자신 뿐만 아니라 빈그릇에 붙어서 올 수도 있다. 이것은 영적으로 볼 때 단지 공허한 영혼들만(빈 그릇만을) 품고 나와야지 그 영혼들에게 붙어 있는 풍조나 생각들, 행위들, 심지어는 그것들에 붙어 있는 악한 영들은 절대로 들어오지 못하게 해야 한다는 것을 의미한다. 왜냐하면 기름부으심이 흐르는 곳에는 하나님의 영광이 임하기 때문이다.[27] 일단 하나님의 영광이 임하시면 아무도 그곳에 들어오지 못하도록 해야 한다. 구약에 제사장이 지성소 안에 들어갈 때, 짐승의 피로 깨끗함을 받고 들어가나 죄가 있으면 죽게 되는 것을 생각해 보라. 의롭게 된 나(예수의 피로 깨끗케 된 나, 제사장인 나, 하나님의 자녀인 나, 하나님의 통로로 사용되어지는 나) 외에는 누구도 들어가지 못하도록 해야 한다.

기름부으심을 흘려보내는 분은 하나님이시지 우리가 아니다. 어떻게 그렇게 되는지에 대한 인간적인 생각을 버려야 한다. 기름부으심은 영적인 흐름이지 혼적인 사고의 대상이 아니다. 빈 그릇을 놓고 수도꼭지를 틀듯이 믿음으로 빈 그릇에 기름을 붓는 것이다("…그 모든 그릇에 기름을 부어서 차는 대로 옮겨 놓으라"). 물이 포도주로 변할 때 물 떠온 하인이 한 일은 단지 순종했을 뿐이었다.[28] 오병이어의 기적 때 제자들이 한 것은 단지 순종해서 나누어 주었을 뿐이다.[29] 왜, 어떻게를 따지지 않았다. 그냥 순종했을 뿐이다. 나에게 임하신 하나님의 영광은 나의 세상적인 생각에 방해받아서는 안 된다. 그 자체로 흘러가게 해야 한다.

---

27) "여호와께서 내게 이르시되 이 문은 닫고 다시 열지 못할지니 아무 사람도 그리로 들어오지 못할 것은 이스라엘 하나님 나 여호와가 그리로 들어 왔음이라 그러므로 닫아 둘지니라"(겔 44:2).

28) "예수께서 저희에게 이르시되 항아리에 물을 채우라 하신즉 아구까지 채우니 이제는 떠서 연회장에게 갖다 주라 하시매 갖다 주었더니"(요 2:7-8).

29) "무리를 명하여 잔디 위에 앉히시고 떡 다섯 개와 물고기 두 마리를 가지사 하늘을 우러러 축사하시고 떡을 떼어 제자들에게 주시매 제자들이 무리에게 주니"(마 14:19).

우리는 복음에 빚진 자다.[30] 기름부으심은 이 빚을 다른 사람에게 갚는 것이다("…너는 가서 기름을 팔아 빚을 갚고…"). 하나님의 기름부으심을 받은 자는 하나님이 절대로 굶기시지 않는다("…남은 것으로 너와 네 두 아들이 생활하라 하였더라"). 단 그 기름으로 자기 배만 불리려 애쓰지 않는다면 말이다. *기름부으심을 받기 원하는 자는 끊임없이 빈 그릇을 가지고 하나님 앞에 나와야 한다. 그리고 문을 닫고 기름부음이 흘러나가는 것을 믿음의 눈으로 바라보아야 한다.*

또한 신약에서도 기름부으심의 비밀을 발견할 수 있다. 누가복음 11장 5-13절에 친구에게 떡을 빌리는 이야기가 나온다. 흔히 말하기를 이 구절은 사람들이 끝까지 강청할 때 주님으로부터 원하는 것을 받을 수 있음을 보여 주는 구절이며, 그 다음에 연속되는 "구하라, 찾으라, 두드리라"의 말씀이 이를 뒷받침해 준다고 생각한다.

> "또 이르시되 너희 중에 누가 벗이 있는데 밤중에 그에게 가서 말하기를 벗이여 떡 세 덩이를 내게 빌리라 내 벗이 여행 중에 내게 왔으나 내가 먹일 것이 없노라 하면 저가 안에서 대답하여 이르되 나를 괴롭게 하지 말라 문이 이미 닫혔고 아이들이 나와 함께 침소에 누웠으니 일어나 네게 줄 수가 없노라 하겠느냐 **내가 너희에게 말하노니 비록 벗됨을 인하여서는 일어나 주지 아니할지라도 그 강청함을 인하여(because of his importunity(KJV), because of his the man's boldness(NIV), because of his persistence(NASB)) 일어나 그 소용대로 주리라(as many as he needeth(KJV), as much as he needs(NIV, NASB))** 내가 또 너희에게 이르노니 구하라 그러면 너희에게 주실 것이요 찾으라 그러면 찾을 것이요 문을 두드리라 그러면 너희에게 열릴 것이니 구하는 이마다 받을 것이요 찾는 이가 찾을 것이요 두드리는 이에게 열릴 것이니라 너희 중에 아비 된 자 누가 아들이 생선을 달라 하면 생선 대신에 뱀을 주며 알을 달라 하면 전갈을 주겠느냐 너희가 악할지라도 좋은

30) "헬라인이나 야만이나 지혜 있는 자나 어리석은 자에게 다 내가 빚진 자라"(롬 1:14).

것을 자식에게 줄 줄 알거든 하물며 너희 천부께서 구하는 자에게 성령을 주시지 않겠느냐 하시니라"(눅 11:5–13).

다른 구절을 제외하고 가장 핵심적이고 난해한 구절이 바로 8절의 말씀이다. "내가 너희에게 말하노니 비록 벗됨을 인하여서는 일어나 주지 아니할지라도 그 강청함을 인하여 일어나 그 소용대로 주리라". 이 말씀을 쉽게 이해하기가 어려운 것은, '강청함' 이 '벗됨' 보다도 중요한 것이냐에 대한 의문 때문이다. 그렇다면 관계는 무시하고 무조건 떼를 쓰면 예수님은 우리에게 무엇이든지 해 주신다는 말인가? 놀랍게도 이 말씀을 풀 수 있는 실마리는 '강청함' 과 '벗됨' 의 비교에 있는 것이 아니라 '강청함의 당위성' 과 '그 소용됨' 에 있다는 사실이다. 성경(KJV, NASB)은 강청함을 각각 'importunity', 'persistence(끈질기게 구함)' 으로 번역하고 있다. 한편, 흥미로운 것은 NIV에서는 'his boldness(그의 대담함)' 라고 번역했다. 그렇다면 왜 이 사람은 밤늦게 이미 자리에 누운 친구 집에 가서 빵을 빌리러 온 주제에 그렇게 담대할 수 있다는 말인가? 이것은 바로 이 사람이 벗으로부터 빵을 빌리러 온 것이 자신을 위해서가 아니라 자기에게 찾아온 친구를 위해서 구하는 것이기 때문이다. 바로 이것이 주님 앞에서 강청할 수 있는 이유이고, 필요한 만큼(as many as he needeth(KJV), as much as he needs(NIV, NASB)) 받을 수 있는 비밀이다. 앞서도 강조했지만, 우리가 다른 배고픈 사람을 위해서 주님 앞으로 나아가 간구할 때 모든 것에 우선하여("…비록 벗됨을 인하여서는 일어나 주지 아니할지라도…") 필요를("…그 소용 대로") 채워 주신다는 사실이다.[31] 우리는 기름부으심을 받을 때까지 끈질기게 추구해야 한다. 그러나 그 끈질김에는 누구에게도 부끄럽지 않은 정당성이 있어야 한다. 바로 예수님이 우리에게 맡겨 주신 가난한 자에 대한 긍휼한 마음이다. 이 마음이 있을 때, "사

31) 이것에 정당성을 부여하는 말씀은 이사야 61장에서도 볼 수 있다고 생각한다. "주 여호와의 신이 내게 임하였으니 이는 여호와께서 내게 기름을 부으사 가난한 자에게 아름다운 소식을 전하게 하려 하심이라 나를 보내사 마음이 상한 자를 고치며 포로 된 자에게 자유를, 갇힌 자에게 놓임을 전파하며"(사 61:1).

랑하는 자들아 만일 우리 마음이 우리를 책망할 것이 없으면 하나님 앞에서 담대함을 얻고 무엇이든지 구하는 바를 그에게 받나니 이는 우리가 그의 계명들을 지키고 그 앞에서 기뻐하시는 것을 행함이라"(요일 3:21-22)의 말씀대로 이루어질 것이다.

기름부으심의 비밀을 정리해 보자. 흔히 성령체험 후 기름부음을 주시면 내 안에 가득 차서 차고 넘칠 때 그 넘치는 것을 다른 사람에게 나누어 준다고 생각한다. 이 말은 비록 틀린 말은 아니지만, 기름부으심 과정의 첫 단계일 뿐이다. 일견 올바른 것 같지만 하나님 나라보다는 자신의 내면에 붙들려 있을 위험성이 높다. 하나님은 너희가 권능을 받고 땅 끝까지 전하라고 했지, 가득 차고 넘칠 때까지 기다리라고 말씀하시지 않았다. 또한, 자신에게 가득채운 후 나누어 주는 기름은 신선한 기름이 못 된다. *우리는 하나님께서 직접 부어주시는 기름을 다른 사람에게 나누어 주어야 한다. 기름부으심의 비밀은 흐르는 데 있지, 차고 넘치는 것을 나누어 주는 데 있지 않다. 기름부으심을 받은 사역자는 기름을 많이 담을 수 있는 큰 통을 가진 사람이 아니라 호스(hose)와 같은 사람이다.* 왜냐하면 하나님의 통로로 쓰임받기 때문이다. 그러나 이것도 기름부으심 과정의 두 번째 단계일 뿐이다. 마지막 단계는 호스의 직경을 넓히는 일이다. 이것은 자아의 죽음으로 이루어진다. 자아의 포기나 죽음은 두 가지로 말할 수 있을 것이다. 먼저는 자신의 죄와 욕심을 십자가에 못 박는 일이다. 그러나 이러한 죽음은 단지 수동적인 포기일 뿐이다. 우리가 정말 추구해야 할 능동적인 포기는 자신의 틀을 깨는 작업이다. 자신에 대한 정체성을 하나님이 보시는 정체성으로 바꾸는 작업은 자신의 죄와 욕심을 십자가에 못 박는 작업보다 더 힘든 작업인 것 같다. 그러나 이것이야 말로 기름부으심을 얻기 위해 우리 쪽에서 해야 할 마지막 단계라고 여겨진다.

기름부으심의 실제적인 증가를 위해서 전기와 책들 그리고 면담을 정리해 보면 다음과 같다.[32]

- 왜 기름부으심이 필요한지 확실한 비전을 가지라.
- 하나님의 만지심을 얻을 때까지 끝까지 포기하지 말라.
- 성경과 위대한 하나님의 사람들의 전기나 기름부으심에 관한 책을 읽으라.
- 끊임없이 성령님과 동행하는 삶을 살도록 훈련하라.
- 다른 사람에게 사역하는 이상으로 하나님께 사역하라(예배와 경배와 찬양을 의미한다).
- 기름부으심의 대가는 죽음이다. 자아를 죽여야 통로가 열린다.[33]
- 기름부으심이 넘치는 분들에게서 기도를 받으라(삶과 인격 그리고 사역이 균형 잡힌 분들인가를 보라).
- 영혼을 긍휼히 여기라.

1. 기름부으심을 갈망한다면 자신을 변화시키라

- 당장 내적치유를 시작하라.

"예수께서 대답하여 가라사대 심은 것마다 내 천부께서 심으시지 않은 것은 뽑힐 것이니"(마 15:13).

"그런즉 사랑하는 자들아 이 약속을 가진 우리가 하나님을 두려워하는 가운데서 거룩함을 온전히 이루어 육과 영의 온갖 더러운 것에서 자신을 깨끗케 하자"(고후 7:1).

- 하나님 나라에서 자신이 누구인지 알고, 주신 권세를 이해하라.

"하늘로서 소리가 있어 말씀하시되 이는 내 사랑하는 아들이요 내 기뻐하는 자라

32) 오랄 로버츠, 「기적을 기대하라」(서울말씀사, 1998); 제이미 버킹햄, 「주의 성령을 거두지 마옵소서」(서로사랑, 2004); 토미 테니, 「하나님 당신을 갈망합니다」(두란노, 2002); 로버트 리아돈, 「치유사역의 거장들」(은혜출판사, 2003).

33) 이미 언급했지만 자아를 죽이는 것은 두 가지다. 하나는 자신의 육신적인 소욕을 십자가에 못 박는 것이고, 또 다른 하나는 자신의 현재 틀을 포기하는 것이다. 씨앗껍질이 두꺼우면 발아가 되지 않는다. 그래서 물에 씨앗을 불리기도 하고, 씨앗에 상처를 내기도 한다. 껍질을 파괴해야 진정 새로운 생명체가 탄생한다. 또한 현재 틀을 포기한다는 것은 자신의 한계를 하나님의 한계로 바꾸는 작업이다.

하시니라"(마 3:17).

– 사도들처럼 예수님과 친밀함과 면전의식을 가지라.

"지금은 너희가 근심하나 내가 다시 너희를 보리니 너희 마음이 기쁠 것이요 너희 기쁨을 빼앗을 자가 없느니라"(요 16:22).

– 대부분의 경우, 자신의 능력이나 처지에 대한 믿음이 하나님의 능력에 대한 믿음보다 더 크다. 자신을 바라보지 말고, 하나님을 바라보고 순종하라.

"내가 진실로 진실로 너희에게 이르노니 나를 믿는 자는 나의 하는 일을 저도 할 것이요 또한 이보다 큰 것도 하리니 이는 내가 아버지께로 감이니라"(요 14:12).

– 하나님의 음성을 듣는 훈련을 하라.

"내 양은 내 음성을 들으며 나는 저희를 알며 저희는 나를 따르느니라"(요 10:27).

– 거룩에 대한 열망을 품으라.

"사랑하는 자들아 너희는 너희의 지극히 거룩한 믿음 위에 자기를 건축하며 성령으로 기도하며"(유 1:20).

2. 기름부으심은 오늘날에도 여전히 일어나고 있다

가장 흔히 볼 수 있는 기름부으심의 전이는 안수다. 안수는 아래에 언급한 내용에 해당되는 목적을 위해서 기도 받는 자의 머리나 병든 부위 혹은 신체의 일부에 손을 얹는 것을 말한다. 이러한 안수행위는 기도하는 사람에 임한 하나님의 능력이 믿고 기도받는 자를 통해 흘러 들어가기 위한 접촉점 혹은 연결점을 형성하는 것이다.[34] 넓은 의미에서 안수는 "병든 사람에게 손을 얹은즉 나으리라"(막 16:17)는 뜻으로 누구든지 믿는 자라면 할 수 있지만, 좁은 의미에서는 전통적으로 기도 받

34) 그러나 하나님의 능력은 반드시 이러한 접촉점을 통해서만 흘러가는 것은 아니다. 이러한 접촉점 없이도 기름부으심이 강한 사람의 옆에만 가도 성령님이 강력하게 역사하는 것을 느낄 수 있다.

는 사람의 머리에 손을 얹고 축복 또는 기름부으심을 나누어 주는 행위다. 실제로 우리나라 교회의 정서상 평신도가 교회 내에서 목사님의 허락 없이 다른 성도의 머리에 손을 얹고 기도하는 것은 허용되지 않는다는 것이 불문율처럼 여겨지고 있다.

다른 사람을 위해서 기도해 주고, 병든 자에게 손을 얹는 것을 이상하게 생각하는 성도들이 많이 있지만, 그러나 사도시대에 안수는 그리스도 도의 초보였다. 안수는 치유를 위해서 가장 많이 사용되었다. 복음서에 보면 예수님이 행하신 43번의 치유사역 중 14번이, 초대교회에서 제자들이 행한 21번의 치유사역 중 7번이 안수를 통하여 행해졌다.[35]

> "그러므로 **우리가 그리스도 도의 초보를 버리고 죽은 행실을 회개함과 하나님께 대한 신앙과 세례들과 안수와 죽은 자의 부활과 영원한 심판에 관한 교훈의 터를** 다시 닦지 말고 완전한 데 나아갈지니라"(히 6:1-2).

안수는 성령님 그분 자체를 전이하는 데 사용되었을 뿐만 아니라 그분을 통한 영적 은사를 전이 혹은 활성화시키는 데도 사용되었다.

> "바울이 그들에게 **안수하매 성령이 그들에게 임하시므로 방언도 하고 예언도 하니**"(행 19:6).
>
> "시몬이 사도들의 **안수함으로 성령 받는 것을 보고** 돈을 드려"(행 8:18).
>
> "그러므로 내가 나의 **안수함으로 네 속에 있는 하나님의 은사를 다시 불일듯하게 하기** 위하여 너로 생각하게 하노니"(딤후 1:6).
>
> "네 속에 있는 은사 곧 장로의 회에서 **안수 받을 때에 예언으로 말미암아 받은 것을** 조심 없이 말며"(딤전 4:14).

35) 정인석, 「위대한 의사, 예수 그리스도」(쿰란출판사, 2004), pp.195.

안수는 리더십의 권세, 지혜 그리고 소명을 위한 기름부으심의 전이에도 사용되었다.

"주를 섬겨 금식할 때에 성령이 가라사대 내가 불러 시키는 일을 위하여 바나바와 사울을 따로 세우라 하시니 이에 금식하며 기도하고 두 사람에게 **안수하여 보내니라**" (행 13:2-3).

"내가 강림하여 거기서 너와 말하고 **네게 임한 신을 그들에게도 임하게 하리니** 그들이 너와 함께 백성의 짐을 담당하고 너 혼자 지지 아니하리라"(민 11:17).

"모세가 눈의 아들 여호수아에게 **안수하였으므로 그에게 지혜의 신이 충만하니** 이스라엘 자손이 여호와께서 모세에게 명하신 대로 여호수아의 말을 순종하였더라" (신 34:9).

결과적으로 안수를 받는다는 것은, 마치 발전소에서 전기가 전선을 타고 흘러들어와 스위치를 올릴 때 전구가 켜지듯, 기도사역자의 손끝까지 임한 하나님의 권능이 기도 받는 자의 신체에 접촉되었을 때 전기가 흐르는 것처럼 흘러가는 것이다. 이 접촉점이 믿음이며, 전선은 하나님의 사랑과 능력이다.[36] 연결되는 순간 하나님의 사랑과 권능이 강물처럼 흘러들어가 기도 받는 사람을 가득 채운다.

그렇다면 사역에 있어 기름부으심의 전이만이 전부인가? 절대 그렇지 않다. 우리는 항상 왜 기름부으심이 필요한가에 대해서 내면의 동기를 살펴야 한다. 단지 기름부으심만을 위해서 기름부음 받은 자를 찾아다니거나 안수 받음으로 그와 같이 될 수 있다고 생각하는 것은 큰 잘못이다. 그렇게 생각한다면 마치 사도행전 8장에 나오는 돈을 주고 권능을 사고자 하는 마술 행하는 시몬과 같을 것이다. 정상적으로 '가나안 사역자 스쿨'을 졸업해야 한다.

36) 아그네스 샌포드, 「치유의 빛」(도서출판 기독양서, 1999), pp.15-23.

"시몬이 사도들의 안수함으로 성령 받는 것을 보고 돈을 드려 가로되 이 권능을 내게도 주어 누구든지 내가 안수하는 사람은 성령을 받게 하여 주소서 하니 베드로가 가로되 네가 하나님의 선물을 돈 주고 살 줄로 생각하였으니 네 은과 네가 함께 망할지어다 하나님 앞에서 네 마음이 바르지 못하니 이 도에는 네가 관계도 없고 분깃 될 것도 없느니라 그러므로 너의 이 악함을 회개하고 주께 기도하라 혹 마음에 품은 것을 사하여 주시리라 내가 보니 너는 악독이 가득하며 불의에 매인 바 되었도다"(행 8:18-23).

"나 여호와는 심장을 살피며 폐부를 시험하고 각각 그 행위와 그 행실대로 보응하나니"(렘 17:10) (But I know! I, the Lord, search all hearts and examine secret motives. I give all people their rewards, according to what their actions deserve).

4. 지식의 말씀과 방언의 은사

사도행전 29장을 쓰는 데 필요한 은사를 나누어 보자. 하나님은 한 성령으로 우리에게 다양한 은사를 주셨다. 마치 목수가 연장통을 들고 다니면서 필요할 때 필요한 도구를 꺼내들어 수리하는 것과 같다. 성령님이 연장통이라면 다양한 연장은 은사인 셈이다. 우리는 하나님께 은사를 구해야 하며, 복음을 전하는 데 적극적으로 활용해야 한다. 그런데 언제부터인지는 모르지만 영적 은사(고전 12:4-11, 성령의 외적 열매)를 구하는 것은 위험한 일이며, 그것보다는 성령의 내적 열매(갈 5:22-23)를 맺는 데 노력해야 한다는 이야기들을 자주한다. 그러나 고린도전서 2장에 나오는 사도 바울의 고백은 다르다.

"형제들아 내가 너희에게 나아가 **하나님의 증거를 전할 때에 말과 지혜의 아름다운 것으로 아니하였나니** 내가 너희 중에서 예수 그리스도와 그의 십자가에 못 박히신 것 외에는 아무 것도 알지 아니하기로 작정하였음이라 내가 너희 가운데 거할 때에 약하며 두려워하며 심히 떨었노라 **내 말과 내 전도함이 지혜의 권하는 말로 하지 아니**

하고 다만 성령의 나타남과 능력으로 하여 너희 믿음이 사람의 지혜에 있지 아니하고 다만 하나님의 능력에 있게 하려 하였노라"(고전 2:1–5).

말씀에 따르면 듣고 배운 지혜로 복음을 전할 것이 아니라, 성령의 나타남과 능력으로 하여 복음을 받은 사람의 믿음 또한 하나님의 능력에 토대를 두게 하는 것이 사도 바울의 전도핵심이다. 이때 성령의 나타남과 능력에 해당되는 것이 바로 은사이고 열매인 것이다. 우리가 사역하기 위해서는 성령의 내적 열매도 있어야 하고 은사도 필요하다. 또한, 은사를 구할 때는 사랑의 은사를 구해야 하며 다른 은사를 구하는 것은 잘못된 것처럼 말들 한다. 그러나 성경에는 모든 은사는 사랑에 기초하여 사랑 가운데 사용되어야 한다고 말했지, 사랑의 은사만이 최고이고 사랑의 은사만을 구해야 한다고 말씀하고 있지 않다.[37] 또한, 하나님에게 집중해야지 은사만 구하는 것은 잘못된 것이라고 들어 왔다. 이것 또한 은사를 잘못 알고 있기 때문이다. 은사는 자신을 위한 것이 아니라 다른 사람을 위한 것이다. 하나님께 온전히 쓰임받기 위해 은사를 구하면 자연스럽게 하나님 그분을 더 깊이 추구하게 된다. 우리는 더 이상 인간적 차원에서의 부작용만으로 하나님의 거룩한 뜻을 제한하는 일을 그만 두어야 한다.

고린도전서 12장에는 지식의 말씀, 지혜의 말씀, 영분별, 믿음, 능력, 치유, 예언, 방언, 통변의 은사 등 여러 가지 은사에 대해서 언급하지만, 여기에서는 특별히 방언의 은사와 지식의 말씀의 은사에 대해서 알아보고자 한다. 가장 흔히 사용되는 은사이지만, 오해되고 있는 부분들이 많기 때문이다. 특별히, 지식의 말씀의 은사는 치유사역 시 매우 유용하게 활용되며, 그 은사가 임할 때 순종하면 하나님의 놀라운 역사를 모든 사람에게 알릴 수 있다.

37) 고전 12–14장을 다시 읽어 보라. 특히 고린도전서 14장 1절은 "사랑을 따라 구하라 신령한 것을 사모하되…"로 시작한다.

"형제들아 신령한 것에 대하여는 내가 너희의 알지 못하기를 원치아니하노니"(고전 12:1).

지식의 말씀(word of knowledge)

간단히 말하자면 '지식의 말씀' 이란 성령님을 통한 초자연적으로 계시된 정보이다. 이러한 지식은 인간의 이성이나 합리적 판단과 추론에 의해 도출된 자연적인 것과는 다르다. 기도할 때 지식의 말씀이 임하면, 기도 받는 사람에 대한 여러 가지 정보를 알게 된다. 심지어는 그 사람이 잘 기억하지 못하는 일도 알게 해 주신다. 경험적으로 볼 때 이 은사는 치유사역에 꼭 필요한 은사다. 오랫동안 고통 받고 이유도 알지 못하는 사람을 위해서 기도할 때 이 은사가 임하면 정확하게 문제의 뿌리를 알려 주신다. 지식의 말씀의 은사는 미래에 대한 지침을 주는 예언의 은사와는 달리 주로 현재나 과거에 일어난 사실에 대해서 말해 준다. 성경의 예를 들자면 예수님이 사마리아 여인과 대화할 때 그 여인의 과거와 현재의 삶을 정확하게 지적함으로 그 여인이 예수님께 돌아오는 것을 볼 수 있다. 이것이 바로 "내 말과 내 전도함이 지혜의 권하는 말로 하지 아니하고 다만 성령의 나타남과 능력으로 하여 너희 믿음이 사람의 지혜에 있지 아니하고 다만 하나님의 능력에 있게 하려 하였노라"(고전 2:4-5)의 사도 바울의 고백에 해당되는 것이다.

1. 어떻게 주시는가?

지식의 말씀이라고 한마디로 말하지만, 하나님은 다양한 다른 방법으로 그 은사를 계시하신다. 내 개인적인 경험에 따르면, 이 은사는 사역 시, 느낌으로, 봄으로, 읽음으로, 생각함으로, 말함으로, 꿈으로, 경험으로 등 대략 일곱 가지 방법으로 온다.

우리가 지금까지 경험하고 배워온 모든 것은 감각(오감)을 통해서 습득된 것들이다. 따라서, 우리가 우리의 감각기관을 떠난다는 것은 우리 자신을 포기하는 것과 마찬가지다. 왜냐하면 내 자아의 기반이 바로 감각에 기초하고 있기 때문이다. 그러나 사실 하나님이 우리에게 오감을 주신 것은 단지 외부환경에서 오는 정보,

신호 그리고 자극들을 육신으로 받아들이는 통로로만 주신 것이 아니다. 타락된 후에 하나님의 영이 우리를 떠남으로써 우리의 오감들이 정상적인 기능을 일부 소실하고 또한 잘못 사용되어져 왔을 뿐이다. 예를 들면, 로마서 6장 13절의 말씀을 생각해 보라. "또한 너희 지체를 불의의 병기로 죄에게 드리지 말고 오직 너희 자신을 죽은 자 가운데서 다시 산 자 같이 하나님께 드리며 너의 지체를 의의 병기로 하나님께 드리라"(롬 6:13)(Do not let **any part of your body** become a tool of wickedness, to be used for sinning. Instead, give yourselves completely to God since you have been given new life. And **use your whole body as a tool to do what is right for the glory of God**). 이 말씀에는 놀라운 비밀이 숨어 있다. 과거 우리가 타락한 동안에는 오감이 단지 외부의 정보나 자극을 받아들이는 도구로만 사용되었지만, 우리가 새 생명을 받은 후부터 더 이상 그렇게 사용하지 말고 하나님의 영광을 위하여 옳은 일을 하는 도구로 사용하라는 뜻이다. 성령님이 임하셔서 나를 주관하시면 오감에 어떤 일이 일어나는가? 눈은 단지 보이는 것만을 보기 위해서 존재하는 것이 아니라, 하나님이 보여 주시는 것을 보도록 회복될 것이다. 귀는 외부에서 나는 소리만 듣는 것이 아니라 영으로부터 하나님이 말씀하시는 음성을 들을 수 있을 것이다. 느끼는 것도 마찬가지다. 지식의 은사가 임하면 우리의 육신 모두를 의의 병기로 사용할 수 있다. 나는 집회 전에 항상 내 몸을 먼저 점검한다. 왜냐하면 집회 전 기도할 때나 집회에 임했을 때 내 육신에 이전에 없던 것들이 느껴지거나 지각되는 것들은 대부분 하나님이 다른 사람을 치유하기 위해서 나타내 주시는 신호이기 때문이다. 우리의 육신이 바로 의의 병기가 되는 것이다. 우리가 날마다 죽어야 한다는 것은 바로 아무 생각 없이 불의의 병기로 드려진 지체를 보혈로 덮어 깨끗하게 하고, 의의 병기로 드리는 과정인 것이다.

1) **느낌으로:** 과거에는 사역에 앞서 준비기도를 하거나 집회장소에 들어갔을 때 혹은 기도사역 동안에 갑자기 신체의 일부분에 날카로운 통증을 느끼거나, 육

신거리는 느낌을 가지거나, 평상시 같지 않은 감각을 느끼거나, 두려움이나 공포와 같은 강한 감정을 느낀 적이 있다. 처음에는 대수롭지 않게 생각하고 지나쳤으며, 그 뒤에도 내가 피곤하거나 문제가 있다고 생각하거나 악한 영의 공격을 받았기 때문이라고 생각했다. 그러나 나중에야 이것이 바로 하나님이 주시는 지식의 말씀의 은사의 일부인 것을 알게 되었다. 나는 사역 시 이러한 일들이 내 몸에 나타나면 곧바로 믿음으로 그 장소에 있는 사람들 중에 내 몸에 나타나는 징후와 같은 사람이 있는지를 확인한다. 경험상으로 볼 때, 여기에 해당되는 사람은 99% 이상 치유되었다(아마 1%는 나의 실수로 인한 잘못된 느낌이라고 생각된다). 이때 가장 중요한 것은 자신의 문제로 나타나는 느낌이나 감각들과 구별해야 한다는 것이다. 시간이 걸리며 훈련이 필요하다. 그러나 ***은사의 계발은 실수를 통해서 얻어진다는 것을 잊지 말라.***

2) **봄으로:** 이것은 어떤 사건이나 상황들, 특히 치유사역 시에는 어떤 장기나 신체의 일부분 혹은 장애를 마음의 눈으로 보는 것이다. 기도 시 장기의 손상된 부분이나 형태를 정확하게 보기도 한다. 사역자에 따라 다양한 마음의 눈의 차원으로 이러한 일들을 본다. 예를 들면 눈을 감은 상태에서 혹은 눈을 뜬 상태에서 정지된 그림으로 혹은 동영상으로 보기도 한다.

3) **읽음으로:** 마음의 눈으로 글씨를 읽는다. 그리고 훈련 초창기 시절에 이러한 은사를 처음 체험했다. 어느 집회에서 주위에 있는 사람들과 서로 한 짝이 되어 영적훈련을 하는 중이었다. 어떤 자매와 한 짝이 되었을 때 낙태라는 단어를 자매의 얼굴에서 보았다. 당혹스러웠지만 용기를 내어 나중에 개인적으로 말했을 때 자매가 오랜 죄책감에서 벗어나 한순간에 회복되는 역사를 보았다. 이러한 일들은 사람의 이마나 얼굴, 혹은 배나 등에 쓰여 있는 글씨, 벽이나 카펫에 쓰여 있는 글씨, 신문의 헤드라인이나 배너 광고와 같은 형태로 나타날 수 있다.

4) **생각함으로:** 어떤 사람이 특별한 상태에 있는 것을 마음으로 지각할 수 있는 것이다. 혹은 성령님께서 내적인 음성으로 말할 수도 있다. 마음의 인상을 통해서 지각되는 것이다. 이것은 스스로 생각해 내는 것이 아니라, 마음눈을 열어 놓고 있을 때 성령님께서 주시는 것이다. 실제로 대화하는 도중에 상대방의 문제를 해결하기 위해서 자연스럽게 화제를 돌리거나 그 문제의 방향으로 대화가 진행되는 것을 많이 경험한다. 또한 대화 중에 상대방에 대한 어떤 문제들이 생각나게 하기도 한다.

5) **말함으로:** 누군가와 함께 서있거나, 말하거나, 기도할 때, 당신이 알지 못했던 신체적인 상태에 관련된 말을 불현듯 뱉어낼 수 있다. 이러한 말은 전혀 생각해 본 적도 없었던 것들이다. 이 은사가 임하면 상당히 당혹스럽게 된다. 왜냐하면 자신의 생각이나 판단 없이 자기도 모르는 사이에 입 밖으로 나오기 때문이다. 이런 은사가 임하여 사용하게 되면, 일단 입 밖으로 나온 말은 돌이킬 수 없기 때문에 늘 편안하지가 않지만, 이것이 지식의 말씀이었다는 것이 확증되어 그저 놀랍기만 했다.

6) **꿈으로:** 잠자는 동안 실제와 같은 생생한 꿈을 꿀 수 있다. 초청된 사역자가 그 집회에 참석한 사람에 대해서 꿈을 꾸고 이야기하는 것은 빈번한 일이다. 건강에 관한 것이나 어린시절에 관한 것이나, 특별한 사건에 관한 것들일 수도 있다. 그러나 꿈을 제대로 해석하기 위해서는 상당한 훈련이 필요하며 그것을 위해서는 오랜 기간 동안 저널링(하나님과의 교제에 대한 일기를 매일 꾸준히 작성하고, 그것을 통해서 하나님의 음성과 교제, 주신 비전, 이루시는 역사, 보여주신 꿈 등을 판단하고 해석해 보는 과정)이 필요하다.

7) **경험함으로:** 꿈꾸는 것과 비슷하지만, 깨어 있는 동안에 생생한 비전을 가질

수도 있다. 너무도 생생하여 관찰자가 아니라 사건 현장에 와 있는 것처럼 느껴지기도 한다. 이러한 경험은 단지 정지된 장면일 수도 있고, 입체영화같이 움직이는 화면일 수도 있다. 또한 희미하게 나타날 수도 있고, 너무나도 분명한 영상으로 나타날 수도 있다.

이상 일곱 가지를 나열하였지만, 실제로 이러한 경험들은 서로 함께 섞여서 나타나 구별하기가 쉽지 않다. 단지 편의상 이것을 구별한 것이지 분류 자체가 중요한 것은 아니다. 어떤 방법으로든 하나님이 마음대로 사용하실 수 있도록 우리의 전체를 드리고 민감하게 반응하는 것이 필요하다.

2. 언제 임하는가?

긍휼한 마음을 가지고 다른 사람을 위해 기도해 줄 때 성령님은 이러한 지식의 말씀의 은사를 주신다. 물론 이런 은사가 항상 임하는 것은 아니다. 어떤 경우에는 내가 원해도 주시지 않고 다른 경우에는 원치 않았음에도 주신다. 보통 성령님은 말씀이 주어진 그 시간에 치유하기를 원하시는 것 같다. 지식의 말씀은 치유가 필요한 사람의 믿음뿐만 아니라 지식의 말씀을 받은 사람의 믿음도 동시에 증가시킨다. 이러한 지식의 말씀이 임하면, 순종하여 적절한 시기에 주신 것을 말해야 한다. 또한 함께 있는 사람 중에 해당되는 사람이 있는지, 있다면 즉시 기도해 주는 것이 좋다.

지식의 말씀은 훈련에 의해서 점점 더 정확하고 자주 얻을 수 있게 된다. 일례로 하나님의 음성은 일상의 생활 속에서 외부 환경의 신호를 받는데 오감의 안테나를 올리는 대신 심령으로 그분에게 주파수를 맞추는 훈련을 하면 할수록 쉽게 감지할 수 있다. 가장 중요한 것은 이 훈련을 평상시에 꾸준히 해야 한다는 것이다. 우리의 심령을 영의 영역으로 개방하는 순간에 우리는 그 영역 안에 있는 수많은 소리를 들을 수 있다. 예를 들어, 라디오 수신기는 공중에 수많은 전파들이 존재하지만 맞춰진 주파수의 것만을 받아들이고 소리로 전환시켜 우리가 들을 수 있게 해준다. 만약, 우리가 그 방송을 원하지 않으면 주파수를 다른 곳으로 맞추면 된다. 전파의 유무가 문제가 되는 것이 아니라, 우리가 수신기의 동조코일을 어떻게 튜닝하느냐에 달려 있다. 실제로 영의 영역에서는 수많은 전파들이 날아다닌다. 사단의 음성도, 하나님의 음성도, 주의 사자의 음성도 말이다. 따라서 수신기의 다이얼을 돌려 우리가 들어야 하는 하나님의 주파수에 맞추는 법을 배워야 한다.

많은 사람들이 수신기를 켰을 때 막바로 나오는 사단의 방송을 듣고 두려워하여 스위치를 꺼 버린다. 영의 세계로 나아가기 위해서는 반드시 어두움도 있음을 알아야 한다. 그 어두움을 어떻게 이겨낼 수 있는가? 바로 신앙이다. 선배들이 보여준 예수의 증거, 성경의 말씀, 보혈의 피 그리고 믿음과 인내이다. 다양한 주파수에서 나오는 이상한 소리를 지나, 성경의 말씀과 예수의 증거 등을 기초로 해서 다이얼을 돌려 나간다. 마침내 하나님 나라 방송국에서 송출하는 그 주파수에 동조가 되었을 때 우리는 자연스럽게 알게 된다. 바로 이 방송이야! 매일 무릎 꿇고 연습하면 그 전보다 더 빨리 그 주파수를 찾을 수 있다. 우리는 항상 잡음 없는 분명한 소리를 듣기 위해서 자신의 오감을 내려놓고 심령으로 미세한 튜닝을 하는데 집중해야 한다. 영의 세계로 들어갈 때는 성령충만한 가운데 성령님의 인도하심과 예수님의 보혈로 덮는 것이 필수적이다.

한편 라디오가 평상시 잘 들리다가도 갑자기 잡음이 들리며 제대로 수신되지 않을 때가 있다. 이와 마찬가지로, 평상시 우리의 마음을 그분에게 온전히 드리지 못하고, 자주 두려워하거나 불안해하거나 분노를 잘 내거나 다른 것에 쉽게 미혹이 되거나 욕심을 부리면 하나님과의 교신이 끊어지거나 잡음이 많이 섞이게 되어 그분의 음성을 제대로 들을 수 없게 된다.

"너희가 전심으로 나를 찾고 찾으면 나를 만나리라"(렘 29:13).

대부분의 경우 지식의 말씀은 집회나 모임에 임한 사람에게 주어진다. 어떤 경우에는 참석한 사람이 아닐 수도 있으나, 흔히 참석한 사람은 그 사람에 대해서 잘 알고 있다. 또한 조만간 만날 사람에 대해서 주어지기도 한다. 이러한 지식의 말씀이 구체적이면 구체적일수록 참석한 사람들의 믿음이 더 증가된다. 만약 신체의 아픔을 통해서 말씀을 받았다면, 아픔의 종류와 위치 등 가능한 구체적으로 설명해 주는 것이 좋다. 그러나 추론과 짐작은 절대 금물이다. 더욱이 말씀을 받은 사람은 받은 것을 바꾸거나 첨가시키지 않도록 조심해야 한다. 당신의 생각이나 추론을 더 보태지 말고 있는 그대로(본 그대로, 느낀 그대로) 설명하라.

3. 어떻게 훈련하는가?

지식의 말씀은 게시판에 적혀 있는 것 같이 오는 것이 아니라 새나 나비가 우리 마음에 떠다니는 것과 같다. 지금 우리가 있는 공간에 눈에 보이지 않지만 수많은 전파들이 존재하는 것처럼, 우리의 심령에도 수많은 영들이 자신의 주파수를 내고 있다. 문제는 하나님의 영이 우리에게 계시하는 것을 어떻게 정확히 동조하거나 분별해서 잡아내느냐이다. 이러한 지식의 말씀은 우리 인간의 생각으로나 느낌으로는 확실한 것이 아니라 무시할 수도 혹은 걸러낼 수 있을 정도로 모호하다는 것이다. 내 말은 혼적으로는 모호하지만 영적으로는 확실하다는 의미이다. 따라서 우리의 주파수를 '혼대(soul band)'에 맞추고 있으면 분별하기가 어렵다. '영대(spirit)' 튜닝은 흔히들 이야기하는 '위조지폐'와 내가 경험한 '딸의 음성'으로 비유할 수 있다. 위조지폐를 가려내는 기술은 위조지폐를 철저히 조사하는 데 있는 것이 아니라, 진폐를 오랫동안 만지는 데 있다. 진폐만을 오랫동안 세어온 사람은 위조지폐가 섞여 있을 때 금방 알 수 있다. 내 딸이 두 살 때쯤인 것으로 기억한다. 언젠가 교회에서 많은 사람들 가운데 딸을 그만 놓쳐 버렸다. 혼잡하고 수많은 소리들이 뒤섞여 있었지만, 딸이 '아빠' 하고 불렀을 때 그 소리는 희미했고 작았지만 나는 너무나 확실하고 분명하게 구별할 수 있었다. 내 딸이기 때문이다. 마찬가지로, 그분의 소리가 비록 희미하고 미세하더라도 분명히 들을 수 있다. 우리 아버지이기 때문이다. 이것을 위해서는 아버지 하고만 시간을 보내는 '거룩한 낭비'가 필요하다.

4. 어떻게 활용할 수 있는가?

가장 좋은 방법은 당신이 받은 말씀을 과신하지 말고 겸손한 질문을 통해 알아보는 것이다. 예를 들면, "여기 계시는 분들 중에 혹시 왼쪽 팔꿈치에 통증이 있으신 분계시나요?"하고 물어보라. 아무도 대답하지 않으면, 괘념치 말라. 어떤 사람이 그렇다고 반응하면, "내가 현재 왼쪽 팔꿈치에 통증을 느끼는데, 하나님이 지금 치유해 주시기를 원하셔서 주어진 지식의 말씀인 것 같습니다. 괜찮으시다면 제가 그 문제에 대해서 기도해도 될까요?"라고 해보라. 열이면 열 사람 기도해 달라고 할 것이다. 그러면 믿음을 가지고 기도하라. 처음에는 이것이 지식의 말씀의 은사인지에 대해서 의심이 가겠지만, 훈련을 통해서 점점 더 구체적으로 확증될 것이다. 지식의 은사가 확실하다고 판단되면 나누라. 아무도 대답하지 않더라도 부끄러워하거나 얼굴 붉히지 말라. 나중에 "늦게 와서 못 들었다", "부끄러워서 말 못했다", "대중 앞에서 말하고 싶지 않았다", "그 사람이 바로 나였다" 등의 이야기를 개인적으로 숱하게 들을 것이다.

당신에게는 대수롭지 않은 말일 수 있지만, 정작 필요한 사람에게는 하나님의 살아 있는 말씀일 수도 있다. 그래서 지혜롭게 말해야 한다. '하나님이 말씀하시기를' 제발 그렇게는 시작하지 말라. '내가 신체의 어떤 부분에 이상한 느낌을 받았는데, 혹시 여기 계신 분 중에…' 등으로 시작하라. 꾸미지 않는 것이 최상의 방법이다. 당신이 약간 과민하게 되었다는 것을 숨길 필요도 없으며, 받은 인상이 정확하지 않으면 그렇다고 고백하라.

방언의 은사

신앙생활에서도 가장 혼란을 겪는 것이 바로 방언이다. 십수 년 전만 하더라도 말씀 중심의 복음주의 교회에서는 실제 교회에서 방언을 구하거나 권유하는 일이 드물었다. 방언은 초대교회에만 있었고 지금은 사라졌으며, 지금 방언하는 것은 사단이 주는 것이라고까지 말하기도 했다. 한편 오순절 계통의 교회에서는 방언을 해야만 성령세례를 받은 것이고 방언을 받지 못하면 성령세례를 받은 것이 아니라고 주장했다. 도대체 같은 하늘 아래 같은 성경을 가지고 동일한 주를 믿는데도 왜 이렇게 서로가 다른 건지 이해되지 않은 적도 있었다.

성경을 성경대로 믿는다면, 이런 오해는 사라질 것이다. 방언은 교리와 신학의 문제가 아니라 체험과 활용의 문제다. 방언은 교파나 교회의 주장이 아니라 성경의 주장이다. 사도행전에 따르면 초대교회에 성령님이 임하실 때 많은 경우 방언을 한 것으로 기록되어 있다. 그리고 방언은 성령의 주권에 달려 있는 것이지 인간의 노력이나 의지에 달린 것은 분명히 아니다.

방언은 은사이며 은사는 사역을 위해서 주어지는 것이지, 구원을 위해서 주어지는 것은 아니다. 또한, 방언은 하나님이 주신 은사 중 하나이기 때문에 다른 은사를 구하는 것처럼 긍정적으로 방언의 은사를 구해야 한다. 고린도전서에 따르면 사도 바울은 누구보다도 더 많이 방언을 한다고 고백했다(고전 14:18). 방언은 하나님과의 영적인 대화이기 때문에 하나님 나라의 비밀을 알고 성령충만한 삶을 살기 위해서 꼭 필요한 은사 중의 하나임에 틀림없다.

1. 어떤 유익이 있는가?

1) 성령의 은사와 능력이 활성화된다. 방언을 못 한다고 해서 표적과 능력이 나타나지 않는 것은 아니지만, 방언을 통해서 그러한 은사와 능력이 활성화되는 것

은 사실이다. 왜냐하면 방언의 훈련은 우리의 생각을 거치지 않고, 우리의 영으로 직접 하나님과 교제하는 기초적이고 실제적인 과정이기 때문이다.

"방언을 말하는 자는 **자기의 덕을 세우고** 예언하는 자는 교회의 덕을 세우나니"(고전 14:4).

"사랑하는 자들아 너희는 너희의 지극히 거룩한 믿음 위에 자기를 건축하며 **성령으로 기도하며**"(유 1:20).

2) 영이 깨끗하게 청소된 것을 느끼며, 영적으로 안식과 충전을 얻는다. 우리는 운동을 하지 않으면 몸이 개운치 않고, 땀이 제대로 배출되지 않아 편치 않음을 느낀다. 그러나 조깅을 하든지 운동을 하고 나면 육신이 상쾌해진다. 마찬가지로 기도 없이 살게 되면 온갖 불필요한 정보들이 우리의 마음을 통해서 우리의 영에 영향을 미쳐 쓰레기가 쌓이게 된다. 방언기도는 이러한 쓰레기를 제거하고 내면의 치유가 일어나게 한다.

"그러므로 생소한 입술과 다른 방언으로 이 백성에게 말씀하시리라 **전에 그들에게 이르시기를 이것이 너희 안식이요 이것이 너희 상쾌함이니** 너희는 곤비한 자에게 안식을 주라 하셨으나 그들이 듣지 아니하였으므로"(사 28:11-12).

3) 방언은 영의 기도이기 때문에 통변의 은사 없이는 마음으로 이해할 수 없지만, 중보기도를 돕는다. 성령이 하나님의 뜻대로 성도를 위하여 간구하시기 때문에 특별히 다른 사람을 위해 기도할 때 우리가 그 사람의 처지를 잘 알지 못할 경우 방언으로 기도하면 우리가 미처 모르는 부분을 위해서도 기도할 수 있다.

"내가 만일 방언으로 기도하면 나의 영이 기도하거니와 나의 마음은 열매를 맺히지 못하리라"(고전 14:14).

"이와 같이 성령도 우리 연약함을 도우시나니 **우리가 마땅히 빌 바를 알지 못하나**

오직 성령이 말할 수 없는 탄식으로 우리를 위하여 친히 간구하시느니라 마음을 감찰하시는 이가 성령의 생각을 아시나니 이는 성령이 하나님의 뜻대로 성도를 위하여 간구하심이니라"(롬 8:26-27).

2. 방언의 종류는?

방언의 종류를 특별하게 나눌 수 있는 것은 아니지만, 성경의 말씀과 우리의 경험을 토대로 몇 가지 생각해 볼 수 있다. 우선 영적인 대화의 관점에서 볼 때 사적인 방언과 공적인 방언이 있다. 사적인 방언이 우리가 영으로 하나님께 드리는 방언이라면, 공적인 방언은 하나님이 우리를 통해 말씀하시는 방언으로 주로 집회 시 예언의 성격을 띤다. 이때는 반드시 통변을 하여, 교회에 덕이 되게 해야 한다.

1) 하나님이 우리에게

"저희가 다 성령의 충만함을 받고 성령이 말하게 하심을 따라 **다른 방언으로 말하기를 시작하니라**"(행 2:4).

2) 우리가 하나님께

"방언을 말하는 자는 사람에게 하지 아니하고 하나님께 하나니 이는 알아듣는 자가 없고 그 영으로 비밀을 말함이니라"(고전 14:2).

"이와 같이 성령도 우리 연약함을 도우시나니 우리가 마땅히 빌 바를 알지 못하나 오직 성령이 말할 수 없는 탄식으로 우리를 위하여 친히 간구하시느니라 마음을 감찰하시는 이가 성령의 생각을 아시나니 이는 성령이 하나님의 뜻대로 성도를 위하여 간구하심이니라"(롬 8:26-27).

한편 발성기관과 언어적인 관점에서 언어방언, 영음방언, 찬양방언으로 나눌 수 있다. 사도행전 2장에서처럼 전혀 배우지 않은 다른 나라의 언어를 말할 때 언어방언이라 하고, 모르는 언어로 말하는 것은 영음방언이다. 그리고 "내가 영으로 찬미하고 또 마음으로 찬미하리라"(고전 14:15)에 해당되는 것은 찬양방언이다.

3. 방언을 받아야만 성령세례를 받은 것인가?

절대 그렇지 않다. 방언은 사역을 위해서 하나님께서 주권으로 주시는 은사일 뿐이다. 방언이 성령세례 판단의 기준이 아닌 것은 확실하지만, 개인적으로는 성령세례를 체험한 사람은 누구나 다 잠재적으로 방언을 할 수 있다고 생각된다. 단지 몇 가지 이유들 때문에 제한받고 있을 뿐이다.

4. 방언은 좋은 것인가?

두말할 필요가 없다. 가능하면 방언을 많이 하고, 통변의 은사도 구하라.

> "내가 너희 모든 사람보다 방언을 더 말하므로 하나님께 감사하노라"(고전 14:18).

5. 함께 모여서 방언을 해도 괜찮은가?

물론이다. 신앙의 성숙도가 비슷한 사람들끼리 모였다면, 함께 방언기도하고 방언찬양하며 하나님께 신령과 진정으로 영적 예배를 드리라. 그러나 방언을 하지 못하는 사람들이 있어 불편해 할 경우에는 삼가는 것이 좋다.

> "그런즉 형제들아 어찌할꼬 너희가 모일 때에 각각 찬송시도 있으며 가르치는 말씀도 있으며 계시도 있으며 방언도 있으며 통역함도 있나니 모든 것을 덕을 세우기 위하여 하라"(고전 14:26).
>
> "그런즉 내 형제들아 예언하기를 사모하며 방언 말하기를 금하지 말라"(고전 14:39).

6. 방언도 훈련이 필요한가?

그렇다. 방언도 계속하면 더 부드러워지고 유창해지며, 다른 방언을 받기도 하고, 방언의 뜻을 이해할 수도 있다. 자신의 생각을 자유롭게 방언으로 기도할 수 있으며, 반대로 방언을 따라하면서 뜻을 이해할 수도 있다(계속 하나님께 뜻을 여쭈어 본다). 즉 성령님의 임재 하에서 방언으로 기도하면서, 우리의 마음 문을 열고 그분이 하시는 말씀을 듣는 것이다.

> "내가 만일 방언으로 기도하면 나의 영이 기도하거니와 나의 마음은 열매를 맺히지 못하리라 그러면 어떻게 할고 내가 영으로 기도하고 또 마음으로 기도하며 내가 영으로 찬미하고 또 마음으로 찬미하리라"(고전 14:14-15).

7. 어떻게 받을 수 있는가?

사도행전의 말씀을 통하여 방언을 받게 되는 과정을 알아보자. 흔히 방언의 은사를 받기 위하여 성경적이지 않는 방법으로 방언을 구하고 받게 된다. 예를 들면, '할렐루야' 나 '랄랄라' 를 계속적으로 말하게 하면, 자신도 모르는 사이에 방언을 받게 된다는 식이다. 이런 식으로 방언을 받는 것은 반드시 지양해야 한다. 설령, 그렇게 해서 방언을 받은 경우에도, 그 뒤에는 자신이 받은 방언이 하나님이 주신 것인지, 인위적으로 만든 것인지, 심지어는 사단으로부터 온 것은 아닌지 등으로 인해 늘 마음에 의심이 들거나 두려움을 가지게 되고 결국은 그 방언을 사용하지 못하는 경우가 허다하다. 실제로 집회 동안에 상당수 사람들이 자신이 받은 방언이 옳은 방언인지를 확인하러 오곤 한다.

> "불의 혀같이 갈라지는 것이 저희에게 보여 각 사람 위에 임하여 있더니 저희가 다 **성령의 충만함을 받고 성령이 말하게 하심을 따라** 다른 방언으로 말하기를 시작하니라"(행 2:3-4).

성경의 말씀처럼 방언을 받기 위한 전제조건은 성령충만함이다. 성령충만함 없이 방언을 하게 되는 경우는 대부분이 인위적이다. 방언이라는 것은 영으로 하나님과 교제하는 것으로 마음과 생각을 거치지 않고 영에서 곧바로 발성기관인 혀와 입을 통하여 나오는 것이다.

> "방언을 말하는 자는 사람에게 하지 아니하고 하나님께 하나니 이는 알아 듣는 자가 없고 **그 영으로 비밀을 말함이니라**"(고전 14:2).
>
> "내가 만일 방언으로 기도하면 **나의 영이 기도하거니와** 나의 마음은 열매를 맺히지 못하리라"(고전 14:14).

성령이 충만하게 임하시면, 대부분 의식이 약해진다. 왜냐하면 영혼육 전부를 주님께 맡기기 때문이다. 이때 예수님이 말씀하신 것처럼 뱃속 깊은 곳에서 생수가 입으로 흘러나온다.

> "나를 믿는 자는 성경에 이름과 같이 그 배에서 생수의 강이 흘러나리라 하시니 이는 그를 믿는 자의 받을 성령을 가리켜 말씀하신 것이라 (예수께서 아직 영광을 받지 못하신고로 성령이 아직 저희에게 계시지 아니하시더라)"(요 7:38-39).

따라서 뱃속 깊은 곳에서부터 하나님이 주는 생수를 입 밖으로 낼 때, 방언이 자연스럽게 터지는 것이다. 방언은 내 의식 하에서 인위적으로 하는 것이 아니라 성령의 말하게 하심을 따라 행하는 것이다. 따라서 방언의 주도자는 내가 아니라 성령님이시며, 나를 그분에게 온전히 의탁하는 것이다.

> "이와 같이 성령도 우리 연약함을 도우시나니 우리가 마땅히 빌 바를 알지 못하나 오직 성령이 말할 수 없는 탄식으로 우리를 위하여 친히 간구하시느니라 마음을 감찰하시는 이가 성령의 생각을 아시나니 이는 성령이 하나님의 뜻대로 성도를 위하여 간구하심이니라"(롬 8:26-27).

만약 처음 방언을 하려는 사람이 의도적으로 어떤 생각(예를 들면 이런 말을 해

봐야지라든가)이나 행위(입이나 혀를 어떻게 해 봐야지라든가)를 가지고 한다면 방언은 절대로 나오지 않는다. 단지 성령충만함 가운데서 혀와 입을 그냥 주님께 맡기고 흘러나오는 생수를 따라 발성을 시작하면 되는 것이다. 방언의 은사가 임하지 않는 흔한 예는 자신의 모국어로 어떤 의미 있는 기도를 하려고 할 때이다. 모국어로 기도한다는 것은 설령 성령충만한 상태라 할지라도 스스로의 의식을 다시 일깨워 자신의 생각으로 기도하는 것이기 때문에 결코 방언을 받을 수 없게 된다. 방언은 하나님이 주시는 영적인 언어이기 때문에 세상적으로는 아무런 의미가 없는 말이다.

간혹 방언 받기를 원하는데 받지 못해 안타까워하는 사람들을 본다. 그런 경우 방언을 받기 위해서 땀을 흘리며 애쓰지만 1) 너무 긴장하고 있거나 2) 자신을 포기하지 못하고 자신의 노력으로 어떻게 해 보려는 생각이 너무 크거나 3) 악한 영이 그 사람의 혀나 입을 붙들고 있을 수 있다. 그런 사람에게는 계속 방언을 하도록 재촉하는 것보다 성령 안에서 안식하는 것부터 먼저 경험하도록 하는 것이 좋다.

5. 저주의 이해와 저주끊기

축복 받는다는 말은 익숙하지만, 저주 받는다는 말은 생소할 뿐만 아니라 비성경적인 것처럼 생각한다. 이러한 생각이야말로 기복신앙이 아닐까? 만약 신앙생활을 잘하면 축복받는다는 말이 당연하게 느껴진다면, 반대로 신앙생활을 잘못하면 저주받는다는 말도 당연하지 않은가? 사람들은 단지 '복을 받든지 아니면 복을 받지 않든지' 라고 생각한다. 하지만 축복(blessing) 아니면 저주(curse)이지 그 중간은 없다는 것이 성경적이다. 저주를 생각하지 않고 피한다고 해서 저주의 그늘에서 벗어날 수 있는 것은 아니다. 저주를 제대로 알고 저주를 끊어야 하나님의 축복 가운데 거할 수 있다.

죄를 지으면 해당하는 죄 값이 있으며, 그 죄 값을 갚을 때만 죄에서 자유로워진다. 이것이 바로 하나님이 만드신 법칙이다. 그 법칙은 하나님도 바꿀 수 없으며, 하나님은 바로 우리의 죄와 죄 값을 치르기 위해서 아들 예수 그리스도를 이 땅에 보내셨다. 우리는 더 이상 저주를 두려워하거나 피하지 말아야 한다. 우리에게 임한 저주가 무엇인지를 정확히 찾아내어 우리의 죄로 인한 것이면 회개하고, 악한 것들에 의한 것이면 예수 그리스도의 이름으로 대적하여 그것으로부터 자유로워져야 한다. 경험적으로 볼 때, 내적치유든 질병치유든 일반적인 방법으로 기도했을 때 치유되지 않은 경우는 그 원인이 직·간접적인 저주로 인한 것이 대부분이다.

그러나 놀랍게도 많은 그리스도인들은 예수님이 율법의 저주에서 우리를 속량하셨기 때문에(갈 3:13) 예수를 믿기만 하면 모든 저주에서 자동적으로 벗어난다고 생각한다. 그래서 심지어는 저주를 이야기하는 사람을 이단 시 하는 경우도 있다. 정말로 저주에서 고통 받던 사람이 해방되어 진정한 자유를 누리는 것을 본 적이 있는지 안타깝기만 하다. 어쨌든 예수를 믿기만 하면 모든 저주에서 벗어난다고 생각하는 사람은 성경이 말하는 구원의 근거와 적용을 오해하고 있다. 예를 들어 갈라디아서 3장 13절의 말씀은 구원받는 데 인간의 율법적인 행위가 더 이상 필요하지 않다는 사실을 증거하는 구절이지 예수를 믿고 구원받은 사람이 성화되어 가는 과정에서 죄의 회개가 더 이상 필요치 않다는 말이 아니다.[38]

> "그리스도께서 우리를 위하여 저주를 받은 바 되사 율법의 저주에서 우리를 속량하셨으니 기록된바 나무에 달린 자마다 저주 아래 있는 자라 하였음이라"(갈 3:13).

만약 저주를 회개할 필요가 없다고 생각한다면, 다음 구절은 어떻게 생각해야 하는가? 그리스도인 모두가 질병을 앓지 말아야 하며, 죄를 짓지 말아야 하고, 늘 승리해야 한다. 진짜로 그런가? 그렇지 않다면 왜 그런가? 그리스도인들이 고통받고 괴로워하는 것은 왜일까? 그들이 진짜로 구원받지 못했기 때문인가? 예수님

38) 다른 말로 우리의 영은 율법의 저주에서 자유함을 얻었지만(칭의: justification), 혼과 육은 완전한 구속을 위해 순례의 길을 가고 있다(성화: sanctification). 이 경우 칭의는 성화를 위한 우리의 위치와 신분을 의미하는 것이지 현재 우리의 상태는 아니다. 따라서 우리는 새 것이 되었고(고후 5:17) 율법의 저주에서 속량되었지만(갈 3:13), 여전히 날마다 죽어야 하며(고전 15:31) 푯대를 향해 부름의 상을 좇아가야 한다(빌 3:13–15). 결국, 우리는 구원의 근거에 기초하여 믿음으로 저주를 처리할 수 있는 법적 권리(예수 그리스도의 십자가와 보혈)를 적용하는 삶을 살아야 한다.

이 구원을 단번에 이루신 것은 틀림없다. 그러나 그것이 나에게 실현되기 위해서는 내 믿음을 통해 성령의 역사가 일어나야만 한다. 즉 구원의 근거는 만민 평등한 것이지만, 그 적용은 믿는 자에게만 해당하는 것처럼 말이다.

> "친히 나무에 달려 그 몸으로 우리 죄를 담당하셨으니 이는 **우리로 죄에 대하여 죽고 의에 대하여 살게 하려 하심이라** 저가 채찍에 맞음으로 너희는 나음을 얻었나니"(벧전 2:24).
>
> "그런즉 누구든지 **그리스도 안에 있으면 새로운 피조물이라 이전 것은 지나갔으니 보라 새것이 되었도다**"(고후 5:17).
>
> "하나님께로서 난 자마다 **죄를 짓지 아니하나니 이는 하나님의 씨가 그의 속에 거함이요 저도 범죄치 못하는 것은 하나님께로서 났음이라**"(요일 3:9).
>
> "그가 우리를 흑암의 권세에서 건져 내사 그의 사랑의 아들의 나라로 옮기셨으니 그 아들 안에서 우리가 구속 **곧 죄 사함을 얻었도다**"(골 1:13–14).
>
> "우리를 거스리고 우리를 대적하는 의문에 쓴 증서를 도말하시고 제하여 버리사 십자가에 못 박으시고 정사와 권세를 벗어버려 밝히 드러내시고 **십자가로 승리하셨느니라**"(골 2:14–15).
>
> "근신하라 깨어라 너희 **대적 마귀가 우는 사자같이 두루 다니며 삼킬 자를 찾나니**"(벧전 5:8).

저주란 도대체 무엇인가

저주라는 말은 성경에 약 230회나 나온다. 사전적 정의는 "어떤 사람에게 해나 손상이 가도록 기도하거나 기원하는 것"을 의미한다. 예를 들면 악담이나 사악한 운명이나 불운, 복수 등을 말하는 것이 바로 저주며, 저주의 대상은 저주 아래 있게 된다. 즉 일련의 불행한 일이나 재난이 일어날 때 사람들은 자신이 "저주 아래 있다"고 한다. 저주는 보통 어떤 사람에게 악한 영향을 주려는 다분히 고의적인 행위다. 그러나 고의가 아닐 경우에도 저주 아래 놓일 수 있다. 심지어 저주는 자신에게 스스로 할 수도 있다.

저주는 또 집안에 다른 장소로부터 귀신적인 상(우상)을 들여옴으로 생길 수도 있다. 어떤 물건은 우상이거나 상징물인 경우도 많다. 간단한 예로, 사단의 상징이 들어간 타페스트리(수놓아 만든 장식걸이), 다른 나라에서 온 장식품, 토템상, 끔찍한 조각상, 왜곡된 이미지들 또는 숭배하던 물건들은 저주를 집안으로 가져오는 매개물이 되기도 한다.

1. 다양한 저주가 있다

다양한 저주가 있지만, 특징상 조건적이냐 비조건적이냐, 혹은 의도적이냐 비의도적이냐로 나누어 볼 수 있다. 그러나 이러한 분류와 상관없이 모든 저주는 악한 영향을 미치며, 사단의 영향을 받거나 혹은 받기 쉬운 상태가 되게 한다. 저주의 종류에 대해서 알아 보자.

첫 번째, 하나님께 불순종하는 자에게 내려지는 하나님의 심판이나 재앙이란 의미에서의 저주다. 이미 설명한 것처럼, 하나님이 저주한다는 의미가 아니라 하나님의 법 밖으로 나간 결과로 당연히 찾아오는 저주다. 하나님의 보호 밖은 사단의 권세 아래 있는 것이며, 사단의 영향력이 바로 저주다. 이는 우리가 의지적으로 하나님의 보호를 거부(불순종)했을 때 일어난다.

신명기 27장 11-26절, 신명기 28장 15-68절 /

불신자가 아닌 신자를 향한 언약의 축복과 언약의 저주

"내가 오늘날 천지를 불러서 너희에게 증거를 삼노라 내가 생명과 사망과 복과 저주를 네 앞에 두었은즉 너와 네 자손이 살기 위하여 생명을 택하고"(신 30:19).

"너를 위하여 새긴 우상을 만들지 말고 또 위로 하늘에 있는 것이나 아래로 땅에 있는 것이나 땅 아래 물 속에 있는 것의 아무 형상이든지 만들지 말며 그것들에게 절하지 말며 그것들을 섬기지 말라 나 여호와 너의 하나님은 질투하는 하나님인즉 나를 미워하는 자의 죄를 갚되 아비로부터 아들에게로 삼사 대까지 이르게 하거니와 나를 사랑하고 내 계명을 지키는 자에게는 천대까지 은혜를 베푸느니라"(출 20:4-6).

"너희는 범한 모든 죄악을 버리고 마음과 영을 새롭게 할지어다 이스라엘 족속아 너희가 어찌하여 죽고자 하느냐 나 주 여호와가 말하노라 죽는 자의 죽는 것은 내가 기뻐하지 아니하노니 너희는 스스로 돌이키고 살지니라"(겔 18:31-32).

그러나 어떤 경우에는 하나님이 직접 저주를 내릴 수도 있다.

"내 사랑하는 자들아 너희가 친히 **원수를 갚지 말고 진노하심에 맡기라 기록되었으되 원수 갚는 것이 내게 있으니 내가 갚으리라고 주께서 말씀하시니라**"(롬 12:19).

"헤롯이 영광을 하나님께로 돌리지 아니하는 **고로 주의 사자가 곧 치니 충이 먹어 죽으니라**"(행 12:23).

"여호와의 신이 사울에게서 떠나고 여호와의 부리신 악신이 그를 번뇌케 한지라"(삼상 16:14).

두 번째, 사단과 그 졸개들이 하는 저주다. 우리가 죄를 짓지 않고 늘 깨어 있으면, 사단이나 귀신이 아무리 우리를 공격해도 우리는 영향을 받지 않을 것이다. 그러나 사단의 공격을 받지 않을 만큼 하나님 앞에 온전히 살아갈 사람이 있겠는가?

"까닭 없는 저주는 참새의 떠도는 것과 제비의 날아가는 것 같이 이르지 아니하느니라"(잠 26:2).

"하나님이여 나를 살피사 내 마음을 아시며 나를 시험하사 내 뜻을 아옵소서 내게 무슨 악한 행위가 있나 보시고 나를 영원한 길로 인도하소서"(시 139:23-24).

세 번째, 사람에 의해서 행해진 의도적인 저주다. 대부분 저주는 한 사람이 다른 사람에게 한다. 예를 들면 주술사, 사교집단의 저주의식에서 많이 한다. 지금도 미국의 큰 서점에 가면 기독교 서적 옆에 부두교에서 다른 사람을 저주할 때 사용하는 인형과 침들이 버젓이 판매되고 있다.

"실상은 내가 그의 죽기를 구하는 말로 저주하여 내 입으로 범죄케 아니하였느니라"(욥 31:30).

"너를 축복하는 자에게는 내가 복을 내리고 너를 저주하는 자에게는 내가 저주하리니 땅의 모든 족속이 너를 인하여 복을 얻을 것이니라 하신지라"(창12:3).

"너희를 저주하는 자를 위하여 축복하며 너희를 모욕하는 자를 위하여 기도하라"(눅 6:28).

"너희를 핍박하는 자를 축복하라 축복하고 저주하지 말라"(롬12:14).

"이것으로 우리가 주 아버지를 찬송하고 또 이것으로 하나님의 형상대로 지음을 받은 사람을 저주하나니"(약 3:9).

네 번째, 사람이 비의도적으로 하는 저주다. 이러한 저주는 흔히 가까운 사람들 간에 많이 일어난다. 예를 들면 부모와 자식간, 부부간, 형제간, 가까운 친구들 간에 일어난다. 저주할 의사가 전혀 없이 말을 함부로 할 경우, 그 말이 상대방의 심령 깊숙이 박혀 수치심을 주며 당사자의 존재가치에 치명적인 해를 주는 경우다.

"온량한 혀는 곧 생명나무라도 패려한 혀는 마음을 상하게 하느니라"(잠 15:4).

"죽고 사는 것이 혀의 권세에 달렸나니 혀를 쓰기 좋아하는 자는 그 열매를 먹으리라"(잠 18:21).

다섯 번째, 자기 자신에게 하는 저주 및 맹세다. 빌라도의 법정에서 군중들이 자신에게 저주한 경우다. "그의 피를 나와 우리 자손들에게 돌리소서"(마 27:25). 스스로가 다짐한 내적 맹세도 결국은 자신을 저주 아래 두게 한다. 내적치유 사역을 하다보면, 어린 시절 학대로 인하여 부모에 대해서 혹은 자신에 대해서 내적 맹세를 함으로 그것이 저주가 되어 자신이 묶이는 경우가 많다.

여섯 번째, 세대간 저주다. 저주는 한 세대에서 다른 세대로 전이될 수 있다. 마치 부모의 머리카락, 눈 색깔, 키 등 육체적인 정보가 유전되듯이, 영적인 특징(축복과 저주)도 세대로 통해서 내려갈 수 있다. 이스라엘 백성들이 빌라도 법정에서 외친 "우리와 우리 자손들"이란 말에서도 볼 수 있다. 엘리사가 탐욕과 부정직함으로 게하시를 책망하면서 나아만의 문둥병이 그와 그 자손에게 옮겨지도록 한 구절을 보라(왕하 5:27). 특히, 우상숭배나 주술적 행위로 인한 저주는 세대적으로 내려가는 경우가 많다.

> "그러므로 나아만의 문둥병이 네게 들어 네 자손에게 미쳐 영원토록 이르리라 게하시가 그 앞에서 물러 나오매 문둥병이 발하여 눈같이 되었더라"(왕하 5:27).

마지막으로 예수 그리스도를 믿지 않는 자에게 내려지는 영원한 형벌인 저주다. 예수 그리스도를 믿지 않는 자는 그 삶이 어떨지라도 결국에는 죄로 인해 영원한 형벌의 저주가 있다.

> "또 왼편에 있는 자들에게 이르시되 **저주를 받은 자들아 나를 떠나 마귀와 그 사자들을 위하여 예비된 영영한 불에 들어가라**"(마 25:41).
>
> "인자가 자기 영광으로 모든 천사와 함께 올 때에 자기 영광의 보좌에 앉으리니 모든 민족을 그 앞에 모으고 각각 분별하기를 **목자가 양과 염소를 분별하는 것 같이 하여** 양은 그 오른편에, 염소는 왼편에 두리라"(마 25:31-33).

2. 우리에게 어떤 영향을 미치는가?

지금까지 언급한 저주에는 영적인 힘이 있다. 이러한 저주는 저주한 사람에 의해서 의도된 효과 외에도, 당사자가 저주 아래 놓이게 되면 부차적인 일들도 일어나게 마련이다. 이런 영적인 힘은 하나님으로부터 온 것이 아니고 사단으로부터 온 것이다. 다른 곳에서도 언급하였지만, "영적인 능력은 우리의 동의에 의해서 흘러가게 된다." 이때 동의는 우리의 입으로 선포되는 말이나 어떤 일에 동의하는 행위에 있다. 만약, 우리가 하나님의 뜻에 맞지 않은 말을 하게 되면 그것은 사단에게 동의하는 결과가 되고, 사단은 그 지점을 통해서 인간에게 영향력을 미친다. 반대로 우리가 자신과 다른 사람을 축복하는 말을 선포하게 되면 그것은 하나님에게 동의하는 것이 되며 그것을 통하여 축복이 흘러 들어가게 된다. 저주를 다른 말로 표현하면 '우리나 다른 사람에게 어떤 것을 말하거나 행하는 것이 사단에게 능력을 행하도록 권리를 주는 것이다' 라고 말할 수 있다.

저주는 치유와 축사를 방해한다. 왜냐하면 저주 아래 놓인 것은 사단에게 합법적인 권리를 준 것이나 다름없기 때문이다. 따라서 반드시 저주를 파쇄하고 난 다음 치유나 축사를 해야 한다. 또한 저주 아래 놓이게 되면, 이유 없이 쇠약해지고, 직업적으로 성공하지 못하고, 재정적 문제, 가족의 어려움, 잦은 사고가 발생하기도 한다.

조건적 저주는 진술된 조건과 상관없는 악한 효과를 가진다. 사교 모임의 회원이거나 사탄적 주술에 관련된 사람이 그 모임을 떠나면 반드시 저주를 받는다. 이것은 가입할 때 맺은 언약 때문이기도 하지만, 사교일수록 조직을 떠나면 그냥 두지 않기 때문에 심한 저주를 받을 수 있다. 한편 조직에서 성실하게 자신의 임무를 다할지라도, 가족에게는 저주가 미친다. 왜냐하면 그 조직 자체가 하나님의 법을 벗어난 것이고, 하나님이 가증스럽게 여기기 때문이다. 따라서 저주를 끊고 자유하려면 그 사회나 조직에서 떠나 회개하고, 저주가 임하지 못하도록 대적하고 하나님의 보호를 받아야 한다.

3. 어떻게 들어오는가?

만일 저주가 어떻게 들어오는지 안다면 보다 쉽게 파쇄할 수 있다. 저주가 임하는 주 경로는, 말이나 문자화된 의도적인 것, 고의가 아닌 부주의한 말, 사교적 모임이나 주술적 모임에 가담하는 일, 그 모임에서 한 일, 선조의 망령된 행실이 자손들에게 전해오는 등의 저주와 비슷한 현상들을 들 수 있다. 각 저주의 경로를 구체적으로 알아보자.

첫 번째, 다른 사람에 대한 고의적인 저주는 가장 흔한 경로다. 지금도 아시아나 아프리카에서는 주술사의 능력을 빌어 다른 사람을 저주하는 일이 흔하다. 또 굳이 주술사를 통하지 않더라도 다른 사람에게 격렬한 분노를 보이거나 미움을 가지고 저주하는 경우가 종종 있다. 폭력적인 싸움(특히 오래된)에 연루된 개인이나 가족이 서로 저주하고, 어떤 문화에서는 고의로 다른 가족을 저주하기도 한다. 또한 사교집단들이 그리스도인과 다른 사람들을 저주하는 의식을 하는 일이 많다. 이러한 말이나 행동들이 저주가 들어오는 경로가 된다.

두 번째, 자기암시나 내적 맹세가 저주의 경로가 된다. 다른 사람들의 거슬리는 행위에 대해 깊이 반대하는 것은 자기 암시적 저주가 된다. 자녀가 부모의 행위에 대해서 못마땅하게 생각할 때 그 자녀는 자기는 절대로 그런 행동을 하지 않겠다고 맹세한다. 예를 들면 부모가 작은 일에도 폭력을 사용해서 해결하려고 하면 자녀는 절대 부모처럼 되지 않겠다고 한다. 이런 맹세는 거짓맹세가 된다. 왜냐하면, 그런 것을 경험하고 자란 아이가 그렇게 될 확률이 훨씬 더 높기 때문이다(닮아감의 법칙, 롬 2:1). 결국 그 자녀는 마귀에게 속박되고, 자신이 그렇게 싫어한 부모의 행동을 똑같이 하는 자신을 발견하게 된다. 또한, 하나님이 이미 용서하신 말이나 행위에 대해 스스로 계속 저주할 수 있다. 이것도 결국 마귀의 묶임을 초래한다.

또한 고의는 아니지만 부주의한 말들에 의한 자기암시도 저주가 된다. "그녀는 나를 미치게 해", "그 생각만 하면 진절머리가 나", "너만 생각하면 죽고 싶어", "나는 가난이 두려워 죽을 지경이야", "나는 죽음이 두려워", "나는 나 자신을 절대로 용서할 수 없어", "나는 못나고, 쓸데없고, 괜찮은 구석이라고는 하나도 없어", "나는 다시는… 말을 하지 않을 거야", "매력적으로 보이는 것은 절대 안전하지 못해", "아무도 나를 사랑하지 않아, 그래서 아무도 내게 가까이 오는 것을 허용하지 않겠어", "나는 죽고 싶다. 차라리 죽는 게 나아", "나는 더 이상 자라고 싶지 않아", "부모는 믿을 수가 없어", "성은 더러운 거야", "모든 아버지는 자식들에게 상처를 줘", "나는 절대로/결코/죽더라도… 하지 않을 거야", "나는 절대로 누구처럼 되지 않을 거야" 등. 이러한 말들이 자신에게 저주가 된다.

세 번째, 저주하려는 의도 없이 함부로 한 말들도 저주의 경로가 된다. 부모가 전혀 저주의 의도 없이 자식에게 함부로 한 말들이 결국 저주의 경로가 된다. 예를 들면, "쓸모없는 인간", "너는 잘되기는 글렀어, 네 어미와 똑같아", "뚝 그쳐! 울지 마! (울 만한 이유가 있음에도 불구하고 때리면서, 그것도 어린 나이에)", "너는 커서 결혼도 못할 거야, 너 같은 인간하고 누가 결혼하겠니? 혹은 누가 널 데려가겠니?", "너는 왜 이렇게 못 생겼니", "너는 틀림없이 백수가 될 거야", "사람을 믿지 마! 그렇게 하면 너는 항상 어려움에 처할 거야", "너 정말 악독하구나", "너는 절대 변하지 않을 거야. 항상 그 모양 그 꼴일 거야", "너는 제대로 하는 게 없어", "너는 멍청이야", "너는 아무 가치가 없어", "이 바보 같은 자식", "너는 절대 직업을 갖지 못할 거야", "너는 평생 아플 거야" 등. 흔히 부모의 기준에 미치지 못하는 자녀의 행동이나 무능력에 대해 행한 부주의한 말이 저주가 된다. 이런 부주의한 말은 자녀의 미래에 결정적으로 부정적인 영향을 미친다. 이런 말들은 아이의 마음을 병들게 하고 영적인 묶임(귀신의 묶임)을 가져온다. 또한, 부모의 말과 동일한 결과를 초래케 한다. 이런 종류의 저주는 교사, 군대 상관, 고용주 등과 같이 권위자에 의해서도 올 수 있다.

남편이 아내에게 함부로 하는 말들이 저주의 경로가 된다. 남편이든 아내이든 역기능 가정에서 자랐다면 많은 상처를 가지고 있어, 이기적이며 미숙하고 경우에 따라서는 잔인하다. 그래서 서로의 관계가 좋지 않을 경우나 평상시에도 말을 함부로 한다. 이러한 말이나 행동은 흔히 저주의 경로가 된다. 예를 들면, (남편이 아내에게) "당신(혹은 우리) 엄마처럼 할 수 없어?", "옷이 뭐야 시골뜨기 같애", "당신은 늘 형편없어", "당신, 옆집 아내처럼 할 수 없어?", "잠자리에서 당신을 볼 때마다 목석처럼 느껴져", 반대로 (아내가 남편에게) "나는 진짜 남자하고 결혼하길 바랐는데", "당신은 항상 성관계에만 관심이 있어", "자식들이 존경할 수 없는 아버지를 가졌다는 것은 너무 슬픈 일이야", "당신은 어쩌면 당신 아버지와 꼭 닮았어, 무능한 게 말이야", "직장을 못 가지는 게 당연해, 나 같아도 당신 같은 사람을 쓰지 않을 거야" 등. 이런 저주는 목사가 성도에게 반대로 성도가 목사에게, 고용주가 피고용주에게 반대로 피고용주가 고용주에게도 할 수 있다.

네 번째, 사교집단의 모임에 참여하는 것이 저주의 경로가 된다. 이런 활동에 조금만 가담해도 심각한 영향을 자신과 가족에게 끼칠 수 있다.

다섯 번째, 하나님이 죄라고 분명히 언급한 행동을 하는 것은 저주의 경로가 된다. 저주를 가져오는 행동은 영적인 행동, 즉 사탄적 주술행위나 하나님의 명령에 불순종하는 것이다. 성경 여러 구절에서 한 사람이나 그룹의 행동으로도 그 집단 전체에 저주가 임한 사건을 언급하고 있다. 신명기 27, 28장을 보라

여섯 번째, 조상의 망령된 행실이 저주의 경로가 된다. 조상들의 습관적이거나 악한 죄가 있을 때 마치 저주가 있는 것처럼 치유가 되지 않을 수 있다. 하나님이 모세에게 스스로의 속성을 묘사하시며 두 번째 십계명을 주신 말씀에서 찾아 볼 수 있다. 또한 회개하지 않은 죄는 세대적으로 내려가는 것이 성경의 말씀이다.

> "여호와께서 그의 앞으로 지나시며 반포하시되 여호와로라 여호와로라 자비롭고 은혜롭고 노하기를 더디하고 인자와 진실이 많은 하나님이로라 인자를 천대까지 베풀며 악과 과실과 죄를 용서하나 **형벌 받을 자는 결단코 면죄하지 않고 아비의 악을 자여손 삼사 대까지 보응하리라**"(출 34:6-7).
>
> "너를 위하여 새긴 우상을 만들지 말고 또 위로 하늘에 있는 것이나 아래로 땅에 있는 것이나 땅 아래 물 속에 있는 것의 아무 형상이든지 만들지 말며 그것들에게 절하지 말며 그것들을 섬기지 말라 나 여호와 너의 하나님은 질투하는 하나님인즉 **나를 미워하는 자의 죄를 갚되 아비로부터 아들에게로 삼사 대까지 이르게 하거니와**"(출 20:4-5).
>
> "여호와는 노하기를 더디하고 인자가 많아 죄악과 과실을 사하나 형벌 받을 자는 결단코 사하지 아니하고 **아비의 죄악을 자식에게 갚아 삼사 대까지 이르게 하리라 하**

셨나이다"(민 14:18).

"그것들에게 절하지 말며 그것들을 섬기지 말라 나 여호와 너의 하나님은 질투하는 하나님인즉 **나를 미워하는 자의 죄를 갚되 아비로부터 아들에게로 삼사 대까지 이르게 하거니와**"(신 5:9).

"사생자는 여호와의 총회에 들어오지 못하리니 **십대까지라도 여호와의 총회에 들어오지 못하리라**"(신 23:2).

"내가 오늘날 천지를 불러서 너희에게 증거를 삼노라 내가 생명과 사망과 복과 저주를 네 앞에 두었은즉 **너와 네 자손이 살기 위하여 생명을 택하고**"(신 30:19).

"그러므로 **내가 여전히 너희와 다투고 너희 후손과도 다투리라** 여호와의 말이니라"(렘 2:9).

"외모로 보시지 않고 각 사람의 행위대로 판단하시는 자를 너희가 아버지라 부른즉 너희의 나그네로 있을 때를 두려움으로 지내라 너희가 알거니와 **너희 조상의 유전한 망령된 행실에서 구속된 것은 은이나 금같이 없어질 것으로 한 것이 아니요**"(벧전 1:17–18).

"**우리 열조는 범죄하고 없어졌고 우리는 그 죄악을 담당하였나이다**"(애 5:7).

"우리는 이미 범죄하여 패역하며 행악하며 반역하여 주의 법도와 규례를 떠났사오며 우리가 또 **주의 종 선지자들이 주의 이름으로 우리의 열왕과 우리의 방백과 열조와 온 국민에게 말씀한 것을 듣지 아니하였나이다**"(단 9:5–6).

"이제 종이 주의 종 이스라엘 자손을 위하여 주야로 기도하오며 이스라엘 자손의 주 앞에 범죄함을 자복하오니 주는 귀를 기울이시며 눈을 여시사 종의 기도를 들으시옵소서 **나와 나의 아비 집이 범죄하여**"(느 1:6).

"부끄러운 그것이 우리의 어렸을 때로부터 우리 열조의 산업인 양떼와 소떼와 아들들과 딸들을 삼켰사온즉 우리는 수치 중에 눕겠고 우리는 수욕에 덮이울 것이니 **이는 우리와 우리 열조가 어렸을 때로부터 오늘까지 우리 하나님 여호와께 범죄하여 우리 하나님 여호와의 목소리를 청종치 아니하였음이니이다**"(렘 3:24–25).

4. 저주의 유무를 어떻게 알 수 있는가?

우선 면담을 해 보면 그 사람의 환경과 처지, 문제에 저주가 있음을 알 수 있다. 저주는 당사자가 모르는 경우도 있지만, 상당수는 본인이 그것이 저주라는 것을 모르고 있을 뿐 저주의 말이나 행위들을 알고 있다. 즉 자신에게 저주가 있고 언제, 누가 ,무엇 때문에, 어떻게 저주했는지를 분명히 기억한다. 또한 부모나 자신이 우상숭배나 사교모임에 가입하거나 어떤 행위를 했는지도 알고 있다. 가장 좋은 방법은 앞서 언급한 저주의 경로를 하나하나 확인해 보는 것이다.

한편 그 사람이 저주 아래 놓여 있는지 그렇지 않은지는 다음과 같은 특정한 현상들의 유무를 보고 판단할 수도 있다. 데렉 프린스는 다음과 같은 현상 중 여러 가지가 나타나거나 한 가지라도 자주 반복적으로 나타나면 저주 아래 있다고 생각해 보아야 한다고 했다.[39]

1) 정신병적 혹은 감정적 질환
2) 반복되거나 지속적인 만성 질병(특히 유전인 경우), 원인도 모르고 고칠 수 없는 병
3) 불임증이나 유산의 경향 또는 기타 부인병
4) 혼외정사 및 기타 원인으로 결혼의 붕괴, 이혼, 별거, 연속적 가정불화
5) 지속적인 가난과 재정 적자
6) 자동차 사고, 낙상 등 자주 갑작스런 사고를 당함
7) 가족 중 사고사, 인공/자연 유산, 자살자, 비명 횡사자 및 요절자가 있음
8) 악몽이나 불면증으로 시달리거나 가끔 정신이 몽롱하거나 혼미함
9) 알코올중독, 성중독증, 일중독증, 포르노, 마약, 도박 등 각종 중독증과 과소비, 폭발적 분노, 폭력, 거식증 등 유전된 나쁜 성격

---

39) 데렉 프린스, 「축복이냐 저주냐 당신이 선택하라」(베다니출판사, 1999), pp. 49-66.

10) 가족 중 무당/박수, 점쟁이, 이단 혹은 종교적 광신, 배교에 빠진 자, 스스로는 사교 및 주술행위에 전혀 참여한 적이 없는데 이해할 수 없는 힘과 신비를 경험함

만약 위의 상황들이 복합적으로 나타난다면 면담 시 아무 증거가 없을지라도 저주 아래 있다고 보아야 한다. 기도 받는 사람이 성령님의 임재를 받아들이기 어렵다면 이 역시 저주나 마귀의 묶임이 있다고 생각해 보아야 한다. 또한 치유기도가 진전이 없을 때 저주가 있지 않나 의심해 볼 필요가 있다. 저주 아래 있는 사람은 악한 영에 눌려 있다는 것을 염두에 두어야 한다. 특히 사탄적 주술, 사교적 능력 행함, 신통력 혹은 초능력 등에 가담했다면 저주를 푸는 것은 물론 축사도 행해야 한다.

성경의 말씀을 통해서도 저주의 구체적 원인들을 볼 수 있다.

"너는 **가증한 것을** 네 집에 들이지 말라 너도 그와 같이 진멸 당할 것이 될까 하노라 너는 그것을 극히 꺼리며 심히 미워하라 그것은 진멸 당할 것임이니라"(신 7:26).

"나의 **두려워하는 그것이** 내게 임하고 나의 무서워하는 그것이 내 몸에 미쳤구나"(욥 3:25).

"너희 중에라도 **왕을 저주하지 말며 침방에서라도 부자를 저주하지 말라** 공중의 새가 그 소리를 전하고 날짐승이 그 일을 전파할 것임이니라"(전 10:20).

"너는 그들과 **그들의 신과 언약**하지 말라"(출 23:32).

"만군의 여호와가 이르노라 너희 열조의 날로부터 너희가 **나의 규례를 떠나 지키지 아니하였도다** 그런즉 내게로 돌아오라 그리하면 나도 너희에게로 돌아가리라 하였더니 너희가 이르기를 우리가 어떻게 하여야 돌아가리이까 하도다 사람이 어찌 하나님의 것을 도적질하겠느냐 그러나 너희는 나의 것을 도적질하고도 말하기를 우리가 어떻게 **주의 것을 도적질**하였나이까 하도다 이는 곧 십일조와 헌물이라 너희 곧 온 나라가 나의 것을 도적질하였으므로 너희가 저주를 받았느니라"(말 3:7–9).

"나 여호와가 이같이 말하노라 무릇 **사람을 믿으며 혈육으로 그 권력을 삼고 마음이 여호와에게서 떠난** 그 사람은 저주를 받을 것이라 그는 사막의 떨기나무 같아서 좋은 일의 오는 것을 보지 못하고 광야 간조한 곳, 건건한 땅, 사람이 거하지 않는 땅에 거하리라 그러나 무릇 여호와를 의지하며 여호와를 의뢰하는 그 사람은 복을 받을 것이라 그는 물가에 심기운 나무가 그 뿌리를 강변에 뻗치고 더위가 올지라도 두려워 아니하며 그 잎이 청청하며 가무는 해에도 걱정이 없고 결실이 그치지 아니함 같으리라"(렘 17:5-8).

5. 나에게 저주가 있는지 어떻게 알 수 있는가?

'우리가 무엇을 하였는가?', '다른 사람이 무엇을 하였는가?', '선조들이 행한 망령된 행실이 무엇인가?'를 조사해 보면 쉽게 알 수 있다.

1) 우리가 무엇을 하였는가?

– 우상 숭배

"그 아들이나 딸을 불 가운데로 지나게 하는 자나 복술자나 길흉을 말하는 자나 요술을 하는 자나 무당이나 진언자나 신접자나 박수나 초혼자를 너의 중에 용납하지 말라 무릇 이런 일을 행하는 자는 여호와께서 가증히 여기시나니 이런 가증한 일로 인하여 네 하나님 여호와께서 그들을 네 앞에서 쫓아내시느니라"(신 18:10-12).

– 부모에 대한 잘못된 태도

"네 아버지와 어머니를 공경하라 이것이 약속 있는 첫계명이니 이는 네가 잘 되고 땅에서 장수하리라"(엡 6:2-3).

– 우리 자신의 말

"죽고 사는 것이 혀의 권세에 달렸나니 혀를 쓰기 좋아하는 자는 그 열매를 먹으리라"(잠 18:21).

– 스스로 선포한 저주

– 용서하지 못함, 판단과 쓴 뿌리, 비난과 험담

마태복음 6장 11–12절, 6장 14–15절, 11장 25–26절, 히브리서 12장 15절, 잠언 6장 16–19절, 신명기 29장 18절.

– 하나님이 금하신 활동에 가담한 일

속임수, 가난한 자의 것을 훔치는 것, 저울이나 측정을 속이는 것, 마약을 파는 것, 사람들에게 해를 가하는 사업을 하는 것, 성적으로 부도덕한 일.

2) 다른 사람이 무엇을 하였는가?

학대는 여러 형태가 있다. 그 중 말로 하는 학대는 계속 이어질 때 육체적인 학대보다 더 심각한 영향을 미친다. 신체적 학대는 쉽게 치유되지만, 언어적 학대는 심령 깊숙이 들어가 그 사람의 일생에 영향을 미친다.

– 권위자의 말

부모가 자식에게, 남편이 아내에게, 선생님이 학생에게, 나이 많은 권위자, 가족 중 나이든 분, 목사나 사역자와 같은 영적 권위자.

– 선조들이 행한 망령된 행실이 있는가?

선조들이 사교에 가담한 적이 있는가?

선조들이 저주를 받은 적이 있는가?

선조들이 악한 활동에 깊이 관여한 적이 있는가?

> "그것들에게 절하지 말며 그것들을 섬기지 말라 나 여호와 너의 하나님은 질투하는 하나님인즉 나를 미워하는 자의 죄를 갚되 아비로부터 아들에게로 삼사 대까지 이

르게 하거니와"(출 20:5).

"인자를 천대까지 베풀며 악과 과실과 죄를 용서하나 형벌 받을 자는 결단코 면죄하지 않고 아비의 악을 자여손 삼사 대까지 보응하리라"(출 34:7).

"이웃에게 술을 마시우되 자기의 분노를 더하여 그로 취케 하고 그 하체를 드러내려 하는 자에게 화 있을 진저 네게 영광이 아니요 수치가 가득한즉 너도 마시고 너의 할례 아니 한 것을 드러내라 여호와의 오른손의 잔이 네게로 돌아올 것이라 더러운 욕이 네 영광을 가리우리라 대저 네가 레바논에 강포를 행한 것과 짐승을 두렵게 하여 잔해한 것 곧 사람의 피를 흘리며 땅과 성읍과 그 모든 거민에게 강포를 행한 것이 네게로 돌아오리라"(합 2:15-17).

6. 어떻게 끊을 수 있는가?

저주를 끊는 능력과 권세는 예수님의 이름과 십자가에서 온다. 십자가에서 흘리신 예수의 보혈은 죄의 용서 외에도 많은 일들에 영향을 미친다. 또한 예수 그리스도의 대속은 치유의 능력, 악한 영으로부터의 해방, 성화, 저주를 끊는 능력의 근원이다.

- 우선 저주를 일으킨 의식, 행위, 상징물, 계약, 가담, 관계 등을 청산한다.
- 모든 저주의 행위를 회개하고, 죄 용서를 구한다(만약 가계에 내려오는 저주라면, 저주가 임하게 한 부모의 죄를 대신하여 회개하라).
- 또한 상처 준 모든 사람을 용서하고 용서를 구한다.
- 예수님의 보혈로 덮고, 그러고 나서 성령님의 임재를 초청한다.
- 그 다음 예수 그리스도의 이름과 능력으로 저주를 끊는다.

  이 기도는 구체적으로 해야 한다. 저주로 온 묶임을 예수의 이름으로 파쇄하고, 그 영향력을 끊는다.
- 그리고 그러한 저주로 인하여 발생된 내적인 상처를 치유하는 기도를 한다.
- 마지막으로 자신을 축복한다.

6. 집안의 영적 정화

그리스도인 중에서도 "이전을 해서 사업을 새로 시작했는데 하는 일마다 잘 안 된다"든지, "이사를 했는데 계속 악몽을 꾸고 사고가 잦고 알 수 없는 병으로 고생한다"는 말을 흔히 듣는다. 세상에 믿지 않는 사람들은 그래서 새로운 일을 하거나 거처를 옮길 때마다 고사를 지내고 굿을 하거나 집에다 부적을 붙이기도 한다. 그리스도인들은 이런 일을 볼 때마다 미신적인 행위로 취급하고 자신은 그리스도인이기 때문에 그런 것은 믿지도 하지도 않는다고 가볍게 넘어간다. 옳은 말이다. 분명 그런 행동은 귀신을 의존하고 귀신을 불러들이는 행위다. 하나님은 이를 가증스럽게 여긴다. 그런데 많은 그리스도인이 나는 그리스도인이기 때문에 나에게는 그런 일이 일어나지 않는다고 생각하는 데는 문제가 있다. 그렇지 않다. 나는 많은 그리스도인들이 자신이 알지 못하는 어려움에 처하는 것을 보아왔다. 그들은 신실하며 열심히 주를 섬기고 하나님 뜻대로 살려고 노력하는 성도들이었다. 그럼에도 불구하고, 그들의 삶이(혹은 새로운 곳에서 새로운 삶을 시작할 때) 알지 못하는 어려움을 겪는

다. 많은 경우 "나는 하나님을 믿는 그리스도인인데 왜 이런 일이 일어나는지 모르겠다"고 말한다. 도대체 이런 일들을 어떻게 설명해야 할까?

> "너희가 많이 뿌릴지라도 수입이 적으며 먹을지라도 배부르지 못하며 마실지라도 흡족하지 못하며 입어도 따뜻하지 못하며 일군이 삯을 받아도 그것을 구멍 뚫어진 전대에 넣음이 되느니라 나 만군의 여호와가 말하노니 **너희는 자기의 소위를 살펴볼지니라**"(학 1:6–7).

장소(땅)의 정화는 성경적인가?

지금까지 그리스도인들에게는 도외시되고 잘 알려져 있지 않지만, 그 이유 중 하나는 바로 그가 거하는 장소(땅)와 공간이 죄로 인하여 더러워져 있기 때문이다. 즉 찰스 크래프트가 내적치유의 원리를 설명할 때 '쓰레기가 있는 곳에 쥐들이 있다' 고 말한 것처럼, 여러 가지 이유들로 인하여 더러워진 그곳에 악한 영이 자리를 잡고 있을 수 있다. 이것은 다른 말로 그곳이 저주 아래 놓여 있다고 표현되어지기도 한다. 우리는 새로운 곳으로 거처를 옮길 때마다 땅을 회복시키고 그 장소가 영적으로 깨끗한 곳이 되도록 하나님께 구해야 한다. 또한, 그 곳에서 예배를 드리고 그 곳이 하나님의 땅임을 선포해야 한다. 이런 일들은 구약에서 너무나 많이 볼 수 있다. 노아도, 아브라함도, 이삭도, 야곱도, 모세도 모두 거처를 새롭게 옮길 때마다 그 장소에 단을 쌓고 피의 제사를 드렸다.

> "**노아**가 여호와를 위하여 단을 쌓고 모든 정결한 짐승 중에서와 모든 정결한 새 중에서 취하여 번제로 단에 드렸더니 여호와께서 그 향기를 흠향하시고 그 중심에 이르시되 내가 다시는 사람으로 인하여 땅을 저주하지 아니하리니 이는 사람의 마음의 계획하는 바가 어려서부터 악함이라 내가 전에 행한 것 같이 모든 생물을 멸하지 아니하리니"(창 8:20–21).
>
> "여호와께서 **아브람**에게 나타나 가라사대 내가 이 땅을 네 자손에게 주리라 하신

지라 그가 자기에게 나타나신 여호와를 위하여 그 곳에 단을 쌓고"(창 12:7).

"그 밤에 여호와께서 그에게 나타나 가라사대 나는 네 아비 아브라함의 하나님이니 두려워 말라 내 종 아브라함을 위하여 내가 너와 함께 있어 네게 복을 주어 네 자손으로 번성케 하리라 하신지라 **이삭**이 그곳에 단을 쌓아 여호와의 이름을 부르고 거기 장막을 쳤더니 그 종들이 거기서도 우물을 팠더라"(창 26:24-25).

"**야곱**이 밧단아람에서부터 평안히 가나안 땅 세겜 성에 이르러 성 앞에 그 장막을 치고 그 장막 친 밭을 세겜의 아비 하몰의 아들들의 손에서 은 일백개로 사고 거기 단을 쌓고 그 이름을 엘엘로헤이스라엘이라 하였더라"(창 33:18-20).

"또 **모세**에게 이르시되 너는 아론과 나답과 아비후와 이스라엘 장로 칠십 인과 함께 여호와에게로 올라와 멀리서 경배하고 너 모세만 여호와에게 가까이 나아오고 그들은 가까이 나아오지 말며 백성은 너와 함께 올라오지 말지니라 모세가 와서 여호와의 모든 말씀과 그 모든 율례를 백성에게 고하매 그들이 한 소리로 응답하여 가로되 여호와의 명하신 모든 말씀을 우리가 준행하리이다 모세가 여호와의 모든 말씀을 기록하고 이른 아침에 일어나 산 아래 단을 쌓고 이스라엘 십이 지파대로 열두 기둥을 세우고 이스라엘 자손의 청년들을 보내어 번제와 소로 화목제를 여호와께 드리게 하고 **모세가 피를 취하여 반은 여러 양푼에 담고 반은 단에 뿌리고** 언약서를 가져 백성에게 낭독하여 들리매 그들이 가로되 여호와의 모든 말씀을 우리가 준행하리이다 **모세가 그 피를 취하여 백성에게 뿌려 가로되 이는 여호와께서 이 모든 말씀에 대하여 너희와 세우신 언약의 피니라**"(출 24:1-8).

이러한 제사는 미신적인 행위가 아니라, 하나님의 백성이 하나님의 나라의 지경을 넓힐 때마다 그 땅과 그 백성을 피(신약의 예수님의 보혈을 예표하는 것임)로 덮음으로써 죄사함을 받고 깨끗함을 받는 것이며, 그곳의 모든 권세가 하나님께 속한다는 것을 제사를 통하여 형상화하는 의식인 것이다. 결론적으로 말하자면, 우상적인 행위는 가증히 여겨야 하지만, 땅과 어떤 장소가 저주받을 수 있다는 것과 그것을 하나님의 방법으로 회복시키는 것은 성경적이라는 사실이다.

우리는 하나님의 성전(고전 3:16)일뿐만 아니라, 하나님의 소유된 백성이며 왕 같은 제사장이다(벧전 2:9). 그렇다면 우리의 심령뿐만 아니라 우리가 거하는 땅과 장소도 거룩하게 하는 것은 당연한 일 아니겠는가? 이미 잘 알고 있듯이 하나님은 땅의 통치권을 우리에게 주셨다. 따라서 땅과 장소와 거민을 회복시키는 것은 당연히 우리가 해야 할 일이다.

> "너희는 천지를 지으신 여호와께 복을 받는자로다 **하늘은 여호와의 하늘이라도 땅은 인생에게 주셨도다**"(시 115:15-16).

이 문제에 대해서 성경적으로 좀 더 알아 보자. 아담이 지은 죄로 인하여 이 땅에 어떻게 저주가 임했는지를 살펴보자.[40] 실제로 성경에 보면, 죄로 인하여 이 세상에 들어온 저주는 하나님의 백성뿐만 아니라 그 땅에도 영향을 미쳤다(창 3:17). 한편, 예수님께서 이 땅에 오셔서 십자가의 피로 모든 죄를 사하실 때 단지 우리 인간의 죄만을 사하신 것이 아니라 땅을 포함한 저주 받은 만물을 하나님과 다시 화목케 하셨다(대하 7:14, 골 1:20, 롬 8:18-23). 우리는 이러한 성경말씀을 통하여 하나님의 약속은 단지 하나님의 백성에게만 제한된 것이 아니라 하나님이 그 백성에게 맡기신 땅과도 연관되어 있음을 분명히 알 수 있다.

> "아담에게 이르시되 네가 네 아내의 말을 듣고 **내가 너더러 먹지 말라 한 나무 실과를 먹었은즉 땅은 너로 인하여 저주를 받고 너는 종신토록 수고하여야 그 소산을 먹으리라**"(창 3:17).
>
> "내 이름으로 일컫는 내 백성이 그 악한 길에서 떠나 스스로 겸비하고 기도하여 내 얼굴을 구하면 **내가 하늘에서 듣고 그 죄를 사하고 그 땅을 고칠지라**"(대하 7:14).
>
> "그의 십자가의 피로 화평을 이루사 **만물 곧 땅에 있는 것들이나 하늘에 있는 것들을 그로 말미암아 자기와 화목케 되기를 기뻐하심이라**"(골 1:20).

---

40) 5부 1장 '영적 전쟁의 성경적 기초'를 참고하라.

"생각건대 현재의 고난은 장차 우리에게 나타날 영광과 족히 비교할 수 없도다 피조물의 고대하는 바는 하나님의 아들들의 나타나는 것이니 피조물이 허무 한데 굴복하는 것은 자기 뜻이 아니요 오직 굴복케 하시는 이로 말미암음이라 **그 바라는 것은 피조물도 썩어짐의 종노릇 한데서 해방되어 하나님의 자녀들의 영광의 자유에 이르는 것이니라 피조물이 다 이제까지 함께 탄식하며 함께 고통하는 것을 우리가 아나니** 이뿐 아니라 또한 우리 곧 성령의 처음 익은 열매를 받은 우리까지도 속으로 탄식하여 양자 될 것 곧 우리 몸의 구속을 기다리느니라"(롬 8:18-23).

따라서 무엇보다 하나님 아들들이 자유함을 얻는 것이, 땅을 포함한 모든 피조물들이 탄식과 고통과 속박에서 벗어나는 열쇠다. 하나님은 우리를 통해 이 땅을 회복하기를 원하신다는 사실을 기억하는가? 다시 성경에 나오는 땅의 의미를 관찰해 보면, 땅이라는 개념은 단순히 어떤 장소만을 나타내는 것이 아니라, 지역과 그 지역의 공간 그리고 그곳에 거주하는 생명체를 포괄하는 의미로, 또한 물리적인 땅의 의미뿐만 아니라 영적인 영역까지도 포함하는 상징적인 의미를 지니고 있다. 결과적으로 땅은 인간 삶의 바탕으로서, 삶과 땅을 분리해서 생각할 수 없을 만큼 밀접한 관계를 지니고 있다. 따라서 내가 거하는 장소를 영적으로 깨끗하게 청소하기 위해서는 먼저 그 땅부터 깨끗하게 해야 한다.

"**너희는 너희 거하는 땅 곧 나의 거하는 땅을 더럽히지 말라** 나 여호와가 이스라엘 자손 중에 거함이니라"(민 35:34).

"내가 너희를 인도하여 기름진 땅에 들여 그 과실과 그 아름다운 것을 먹게 하였거늘 **너희가 이리로 들어와서는 내 땅을 더럽히고 내 기업을 가증히 만들었으며**"(렘 2:7).

"인자야 **이스라엘 족속이 그 고토에 거할 때에 그 행위로 그 땅을 더럽혔나니** 나 보기에 그 소위가 월경 중에 있는 여인의 부정함과 같았느니라 **그들이 땅 위에 피를 쏟았으며 그 우상들로 더럽혔으므로 내가 분노를 그들의 위에 쏟아**"(겔 36:17-18).

나는 개인적으로 집회나 출장 등으로 호텔에서 지내는 경우가 많다. 호텔은 여러 사람들이 다녀가는 곳이기 때문에 그 장소나 공간이 다양한 죄와 죄악으로 저주 아래 놓여 있는 경우가 많다. 그래서 호텔에 체크인하면 제일 먼저 하는 것이 그 장소에 일어난 일을 대신하여 회개하고 용서를 구하고 보혈로 덮음으로 그 장소와 그곳에 임한 저주를 끊는 것이다. 그리고 그 장소를 축복하고 하나님의 영광이 임하도록 그리고 천사들이 함께하도록 요청한다. 그렇게 하지 않고 기도하거나 잠을 자면, 평상시와 다른 것을 항상 느낄 수 있다.

장소(땅)를 정화시키는 방법

우리에게 악한 영향을 미칠 수 있는 장소(땅)와 공간의 의미를 어느 정도 이해하였다면 실제적으로 그곳을 정화시키는 방법에 대해서 알아보자. 하나님은 우리에게 "악은 모든 모양이라도 버리라"(살전 5:22)고 말씀하셨다. 죄 가운데 거하는 인간은 알든 모르든 하나님이 거주의 한계로 주셨던 그 땅을 더럽히며 살아 왔다. 따라서 하나님이 우리에게 주신 지역을 회복시키기 위해서는 먼저 땅을 정화시키고, 그 집에 들어온 모든 가증한 물건들과 우리 삶 모두를 영적으로 깨끗하게 해야 한다. 다음과 같은 방법들과 순서들로 집안을 물리적, 영적으로 깨끗하게 정화시킬 수 있다. 이러한 정화 작업은 새로운 장소로 옮길 때나 이미 있는 장소에서 일어난 모든 일에 다 적용할 수 있을 것이다.

- 영적 오염의 징후 파악하기
- 역사적 · 문화적 관찰
- 죄와 저주 파악하기(영적도해)
- 모든 형상과 행위 제거하기
- 동일시 회개
- 하나님 영광의 임재 선포하기
- 저주끊기

– 축복하기

지금부터 우리의 터를 영적으로 정화하는 구체적인 방법을 알아보자. 제일 먼저 내가 거하는 땅과 집이 더렵혀졌거나 저주 아래 있는지 살펴본다. *'영적 오염을 나타내는 징후'*는 다음과 같다.

갑자기 진행되는 질병, 끊임없는 나쁜 꿈과 악몽, 불면증(편안히 잠들지 못함), 어른들이나 아이들 간에 문제되는 행동들(계속적인 싸움이나 오해), 평안이 없음, 설명할 수 없는 질병(만성 두통이나 피로), 강하게 속박됨(가중된 영적 또는 육체적 타락), 유령이나 악령의 출현, 요정들의 시끄러운 소리(악마들에 의한 물체들의 움직임), 설명할 수 없는 악취, 공기 중의 무거움(숨을 쉬기에도 힘든) 등.

만약 당신이 새로운 집으로 이사를 가거나 새로운 땅을 거처로 삼았을 경우 그곳에서 이런 영적 오염 현상 중에 어떤 것들을 계속 느끼거나 나타난다면 당신의 집에 영적 더러움이나 저주가 있다고 판단해야 한다. 우선, 우리의 행동이나 생각 그리고 가증한 물건이나 우상의 유입에 의한 더럽혀짐, 이전 주인의 불경건한 행동이나 생각에 의한 더럽혀짐, 혹은 이전부터 그 장소에 있었던 죄와 죄악들로 인한 저주들을 생각해 보아야 한다.

만약 내가 거하는 장소에서 위의 일들 중 여러 가지가 일어난다면, 다른 사람이나 사건으로 인한 죄와 저주가 그곳에 있다고 판단하고, 그 근원을 조사하는 것이 좋다. 나는 그것을 ***'역사적 · 문화적 관찰'***이라고 부른다.

먼저 그 땅이 역사적으로 특별한 일이 있었는지를 파악해 보라. 예를 들면, 큰 홍수나 지진, 전쟁, 지역간의 분쟁, 큰 사고 등 말이다. 그리고 과거를 다 알 수는 없지만 최소한 삼사대 전까지는 거슬러 올라가서, 그 땅을 누가 소유하였는지, 그 땅에서 일어난 사건들이 있었는지, 소유자의 집에 일어난 특별한 일들이 없었는지 말이다. 특히 질병이 계속 이어져 내려왔다거나, 가정의 불화가 잦았다거나, 살인사건이나 자살사건이 있었다거나, 다른 종교나 미신을 믿었다거나, 굿이나 가증한 의식들이 행해져 왔다거나, 성적으로 문란하였다거나, 부자간의 갈등이 심했다거나, 하나님이 가증히 여기는 직업을 가졌다거나 등의 사건은 매우 중요한 회개의 단서가 된다.

성경을 살펴보면, 땅은 대체로 우상숭배(렘 16:18), 성적 부도덕(레 18:24-28), 피흘림(민 35:33, 겔 9:9), 언약파기(사 24:5, 삼하 21:1-2), 세대간의 불화(말 4:6)와 같은 인간의 죄로 더렵혀지고 저주가 임한다고 말씀하신다.

> "내가 위선 그들의 악과 죄를 배나 갚을 것은 **그들이 그 미운 물건의 시체로 내 땅을 더럽히며 그들의 가증한 것으로 내 산업에 가득하게 하였음이니라**"(렘 16:18).
>
> "너희는 이 모든 일로 스스로 더럽히지 말라 **내가 너희의 앞에서 쫓아내는 족속들이 이 모든 일로 인하여 더러워졌고 그 땅도 더러워졌으므로** 내가 그 악을 인하여 벌하고 **그 땅도 스스로 그 거민을 토하여 내느니라** 그러므로 너희 곧 너희의 동족이나 혹시 너희 중에 우거하는 타국인이나 나의 규례와 법도를 지키고 이런 가증한 일의 하나도 행하지 말라 **너희의 전에 있던 그 땅 거민이 이 모든 가증한 일을 행하였고 그 땅도 더러워졌느니라 너희도 더럽히면 그 땅이 너희 있기 전 거민을 토함같이 너희를 토할까 하노라**"(레 18:24-28).
>
> "너희는 거하는 땅을 더럽히지 말라 피는 땅을 더럽히나니 피 흘림을 받은 땅은 이를 흘리게 한 자의 피가 아니면 속할 수 없느니라"(민 35:33).
>
> "그가 내게 이르시되 **이스라엘과 유다 족속의 죄악이 심히 중하여 그 땅에 피가 가득하며 그 성읍에 불법이 찼나니** 이는 그들이 이르기를 여호와께서 이 땅을 버리셨으며 보지 아니하신다 함이라"(겔 9:9).
>
> **"땅이 또한 그 거민 아래서 더럽게 되었으니** 이는 그들이 율법을 범하며 율례를 어기며 영원한 언약을 파하였음이라"(사 24:5).
>
> **"다윗의 시대에 년부년 삼년 기근이 있으므로** 다윗이 여호와 앞에 간구하매 여호와께서 가라사대 **이는 사울과 피를 흘린 그 집을 인함이니 저가 기브온 사람을 죽였**

음이니라 하시니라 기브온 사람은 이스라엘 족속이 아니요 아모리 사람 중에서 남은 자라 이스라엘 족속들이 전에 저희에게 맹세하였거늘 사울이 이스라엘과 유다 족속을 위하여 열심이 있으므로 저희 죽이기를 꾀하였더라 이에 왕이 기브온 사람을 불러 물으니라"(삼하 21:1-2).

"그가 아비의 마음을 자녀에게로 돌이키게 하고 자녀들의 마음을 그들의 아비에게로 돌이키게 하리라 돌이키지 아니하면 두렵건대 **내가 와서 저주로 그 땅을 칠까 하노라 하시니라**"(말 4:6).

우리의 죄와 죄악으로 인하여 땅이 더럽혀지면, 그 땅 또한 우리를 더럽히게 된다는 사실을 기억하라. 즉 땅이 죄로 인하여 더렵혀지면 그곳에 죄악과 저주들이 임하게 된다. 왜냐하면 그곳은 빛이 없는 어두움의 지역이 되기 때문이다. 그런 곳에는 마귀나 귀신들이 합법적인 권리를 얻게 되고 그곳에 강력한 진을 형성하게 된다. 그 땅에 거주하는 사람은 당연히 그 영향력 아래에 놓이게 된다. 의식적이든 무의식적이든 혹은 직접적이든 간접적이든 우리 인간의 동의에 의해서 더렵혀진 땅은 인간에 의해서 다시 회복되지 않으면 계속 저주 아래 놓이게 된다. 악한 영에게 묶여 있는 땅은 우리가 그 묶임을 끊고 하나님의 말씀을 선포하는 만큼 회복되어질 것이다. *우리는 두 발을 밟는 곳마다 이 세상 신과 타협하거나 계약하거나 동의했던 모든 것을 예수님의 이름으로 끊어야 한다. 그리고 하나님 뜻에 동의해서 하나님의 영광과 권세가 그 땅에 선포됨으로 그분의 나라가 임하도록 해야 한다. 이러한 일들은 사실 개인적인 집과 장소에서 뿐만 아니라 도시와 같은 지역 그리고 국가와 나라에서도 일어나야 할 것이다.*

"인자야 가령 **어느 나라가 불법하여 내게 범죄하므로** 내가 손을 그 위에 펴서 그 의뢰하는 **양식을 끊어 기근을 내려서 사람과 짐승을 그 나라에서 끊는다 하자 비록 노아, 다니엘, 욥, 이 세 사람이 거기 있을지라도 그들은 자기의 의로 자기의 생명만 건지리라 나 주 여호와의 말이니라 가령 내가 사나운 짐승으로 그 땅에 통행하여 적**

> **막케 하며 황무케 하여** 사람으로 그 짐승을 인하여 능히 통행하지 못하게 한다 하자 비록 이 세 사람이 거기 있을지라도 나의 삶을 두고 맹세하노니 그들은 자녀도 건지지 못하고 자기만 건지겠고 그 땅은 황무하리라 나 주 여호와의 말이니라 가령 내가 칼로 그 땅에 임하게 하고 명하기를 칼아 이 땅에 통행하라 하여 사람과 짐승을 거기서 끊는다 하자 **비록 이 세 사람이 거기 있을지라도 나의 삶을 두고 맹세하노니 그들은 자녀도 건지지 못하고 자기만 건지리라 나 주 여호와의 말이니라** 가령 내가 그 땅에 온역을 내려 죽임으로 내 분을 그 위에 쏟아 사람과 짐승을 거기서 끊는다 하자 **비록 노아, 다니엘, 욥이 거기 있을지라도 나의 삶을 두고 맹세하오니 그들은 자녀도 건지지 못하고 자기의 의로 자기의 생명만 건지리라 나 주 여호와의 말이니라 하시니라"**(겔 14:13-20).

또한 집에 들어온 가증한 물건이 있는지 조사하라.

> "너는 그들의 조각한 신상들을 불사르고 그것에 입힌 은이나 금을 탐내지 말며 취하지 말라. 두렵건대 네가 그것으로 인하여 올무에 들까 하노니 이는 네 하나님 여호와의 가증히 여기시는 것임이니라 **너는 가증한 것을 네 집에 들이지 말라** 너도 그와 같이 진멸당한 것이 될까 하노라 너는 그것을 극이 꺼리며 심히 미워하라 그것은 진멸당할 것임이니라"(신 7:25-26).

사도행전 19장에는 집의 영적 정화를 한 사람들을 말해 준다. 복음이 에베소에 전파되었을 때 "믿는 사람들이 많이 와서 자복하여 행한 일을 고하며 또 마술을 행하던 많은 사람이 그 책을 모아 가지고 와서 모든 사람 앞에서 불사르니 그 책값을 계산한즉 은 오만이나 되더라 이와 같이 주의 말씀이 힘이 있어 흥왕하여 세력을 얻으니라"(18-20절)는 일들이 일어났다. 아래의 목록은 집이나 어떤 장소에 악한 영을 초청할 수 있는 물건과 행동이다.

– 이교도 숭배와 관련된 물품(힌두신들, 요가, 뱀, 용, 피라미드, 깨진 십자가,

부처 상, 이교적인 염주, 불교 예언자의 지팡이, 주술에 관한 물건, 불교 기도책, 원시 부족 마스크, 고대 숭배 용품, 샤만에게 바쳐진 인디언의 예술품, 토템 막대기, 괴물상, 타로카드, 부두 인형들).

– 마술에 관련된 물품(지하 토굴 감옥이나 용 또는 우주 신들에 관련된 물건, 많은 비디오 게임, 별자리나 점성술에 관한 책, 악마적인 문신, 환생에 관한 책, 카발라(Kabala–유대 종교의 신비철학) 책자들, 악마주의적인 물건과 뉴에이지 물건).

– 비도덕적 행위가 있거나 주술적 언어를 사용하는 영화, 포르노 책, 그림이나 웹사이트.

– 악마적이거나 타락한 정신과 감정을 표현하는 노래, 외설스러운 노랫말이나 죽음, 살인에 흥미를 자아내는 노래.

– 포켓몬 인형(주머니 괴물), 여신상, 악마상, 악마를 묘사하는 코믹 만화물, 벽에 붙인 락 포스터, 괴물 인형, 영적 활동에 관한 상, 점쟁이의 막대나 추, 불사조(지하세계에 갇힌 이집트 신)의 형상물.

– 마귀나 무서운 주제의 디즈니 책이나 영화,[41] 악마주의, 마술, 뉴에이지, 환생, 점성술, 기독교 과학(christain scientology), 몰몬주의, 비밀결사, 도교, 유교, 이단사상, 흙점, 수점, 초월적 명상, 사교적인 무술, 마인드컨트롤, 기, 단전호흡에 관한 책.

– 악마를 시사하는 예술이나 보석, 뱀, 용, 괴물상, 음양에 관한 것, 깨진 십자가, 거꾸로 된 십자가, 나치 십자가(swastikas).

– 사단의 힘을 불러일으키려는 목적으로 사용된 크리스탈 물건, 샤만 경배용품, 이상한 팔 밴드, 부적, 행운의 부적, 행운을 비는 구슬 팔찌.

41) 사단은 오늘날 우리 문화와 생활 속에 교묘하게 침투하여 분별이 어려울 정도다. 모든 것을 무시하는 것만이 능사가 아니다. 우리는 물건이나 상황 속에서 하나님의 뜻이 무엇인지, 사단이 우리를 어떻게 미혹하는지 분별해야 한다. 또한 단순히 이원론적으로 선하고 악한 것으로 구분하는 데 그치지 말고 예수 그리스도의 보혈과 능력으로 정복해야 한다.

마지막으로 우리 삶을 오염시켰던 우리 과거의 관계나 그에 따른 파생물일 수 있다. 부정한 관계를 맺은 적이 있거나 학대, 사람을 조정하는 것과 관련된 일을 했었다면 불결한 영적 관계가 성립되었을 수 있다. 이 불결한 영적 관계는 초자연적으로 사람에게 영향을 주는, 보이지 않는 영적 연합이나 언약을 이룬다. 한편 역사적으로 보면, 사람들이 언약을 맺을 때 서로 물건을 교환함으로써 그 언약을 확증하곤 한다. 이런 언약에 사용된 물건들은 과거의 죄들을 계속 묶어 두고 영향력을 미치게 할 수 있다.[42] 이러한 영향력을 나타내기 쉬운 물건들로는 서로 주고받은 사진, 보석, 러브레터, 옷, 가구, 동물 모양 인형들 같은 것들이다.

위의 '역사적 · 문화적 관찰'을 통해서 집과 그 장소에서 일어난 죄와 저주를 구체적으로 파악해야 한다. 나는 이것을 ***'죄와 저주 파악하기'***라고 부르며, 일종의 ***'영적 도해'***라고 볼 수 있다. '죄와 저주 파악하기'는 매우 중요하다. 왜냐하면 이것에 기초해서 우리가 기도하고 경우에 따라서 축사(deliverance: 악한 영을 내어 쫓음으로 자유함과 해방을 누리는 것)를 행하기 때문이다. 이때 가장 중요한 것은 현재 영적 오염이 나타나는 이유와 그 뿌리(root cause 혹은 entry point)를 찾아내는 것이다. 즉 어떤 일로 인하여 언제 어디를 통해서 지금의 오염이 시작되었는가를 알아내는 것이다. 이 부분을 찾아 회개하고 주의 보혈로 덮어 악한 영의 침입 루트를 영원히 봉해 버려야 한다.

일단 영적 도해가 그려지면, 본격적으로 청소 작업을 시작한다. 그러나 영적 청소 작업을 하기 전에 반드시 눈에 보이는 '물리적인 청소 작업'을 먼저 해야 한다(혹은 경우에 따라서는 물리적인 청소의 필요성을 모르고 있다가 영적 청소 작업 중에 또는 그 후에 알게 되어 제거하는 경우도 있다). 나는 이것을 ***'모든 형상의 제***

42) 예를 들어 결혼 전에 만났던 이성끼리 정표로 주고받았던 기념품을 결혼 후에도 버리지 않고 계속 가지고 있다면 그것은 분명 혼의 묶임(soul tie)에 영향을 받는 것이다.

거'라고 부른다. 이때 '형상'이라는 것은 어떤 힘이나 그 근원을 상징적으로 나타내는 모형이다.

나의 예를 들자면, 아들이 독서실에서 아주 늦게 들어온 날, 새벽에 기도를 하는데 하나님이 우리 집에 더러운 물건이 있다고 말씀하셨다. 우리 집에 더러운 물건은 하나도 남김없이 다 청소했기 때문에 아무것도 없다는 것을 알고 있었다. 그래서 "주님, 아시다시피 가증하고 더러운 물건은 우리 집에 하나도 없습니다"라고 대답했다. 그런데도 하나님은 그렇지 않다고 하셨다. 그래서 집을 다시 살펴보기 시작했고, 현관에 내가 알지 못하는 신발이 한 켤레 있음을 알았다. 알고 보니 아들이 밤늦게 친구를 데리고 와서 함께 잠을 잤던 것이다. 아침에 아들 방에 들어가, 아들에게 혹시 밤에 들어올 때 하나님이 싫어하는 물건을 가지고 온 적이 있냐고 물었다. 아들은 없다고 단호히 말했다. 내가 아들 친구 녀석에게 눈을 돌리는 순간 손목에 있는 염주가 눈에 확 들어왔다. 순간적으로 하나님이 말씀하신 것이 무엇인지 알았고, 나는 잘 얘기해서 그것을 건네받아 버렸다. 그런 다음 다시 기도했을 때 하나님의 평강이 다시 임했다. 나는 그때 하나님은 어떤 조그마한 것이라도 더럽거나 가증한 것은 싫어하신다는 사실을 배웠다.

이사할 때도 그런 일이 있을 수 있다. 나의 부모님이 이사를 갔을 때, 전 주인에 대해 전혀 알지 못했다. 그래서 새로 도배를 하기 전에 집을 철저히 조사하라고 몇 번이나 당부했다. 아니나 다를까, 방바닥 장판 밑에서 부적을 발견했고, 그것을 제거한 후에 다시 장판을 깔았다. 만약 부적을 발견하지 못했더라면 사는 동안 부적(즉 악한 영의 침입로)의 저주 아래 놓이는 것이다.

한 가지 더 첨부하자면, 실제 집안에 있는 여러 조각품이나 전시물, 기념품이다. 흔히 부유한 집에 가면, 외국에서 선물로 받거나 여행 시 구입한 고대 장식품이나 이상한 미술품, 값비싼 토산물과 장식품이 많이 있다. 주로 아시아나 아프리

카에서 온 동물형상이 많다. 우리는 그것을 단순한 작품으로만 볼 것이 아니라 뒤에 있는 영적인 세력을 볼 줄 알아야 한다.

구약의 히스기야 왕도 25세 때 왕 위에 오른 후 제사장들과 레위인들에게 그들 자신과 하나님의 성전을 새롭게 하기 위해서 '물리적 청소작업'과 '영적 청소작업'을 단행한 것을 볼 수 있다. 제사장들은 자신을 성결하게 하고 모든 더러운 것들을 성전에서 제거했으며 모든 기구와 제단과 탁자도 깨끗케 했다. 이것은 오늘날 우리에게도 모범이 된다.

> "저희에게 이르되 레위 사람들아 내 말을 들으라 **이제 너희는 성결케 하고 또 너희 열조의 하나님 여호와의 전을 성결케 하여 그 더러운 것을 성소에서 없이하라 우리 열조가 범죄하여 우리 하나님 여호와 보시기에 악을 행하여 하나님을 버리고 얼굴을 돌이켜 여호와의 성소를 등지고 또 낭실 문을 닫으며 등불을 끄고 성소에서 분향하지 아니하며 이스라엘 하나님께 번제를 드리지 아니한고로** 여호와께서 유다와 예루살렘을 진노하시고 내어버리사 두려움과 놀람과 비웃음거리가 되게 하신 것을 너희가 목도하는 바라 **이로 인하여 우리의 열조가 칼에 엎드러지며 우리의 자녀와 아내가 사로잡혔느니라**"(대하 29:5–9).

결론적으로 영적 청소를 시작하기 전에 우리가 알고 있는 모든 행위, 물건, 관계(포괄하여 형상)를 깨끗하게 정리해야 한다. 예수의 이름으로 그 형상에 있는 악한 세력의 영향력을 파쇄하라. 그리고 아깝다고 다른 사람에게 주거나 팔지 말고, 부숴버리거나 태워버리라.

> "이러므로 사람이 선을 행할 줄 알고도 행치 아니하면 죄니라"(약 4:17).

이렇게 모든 형상을 제거했다면, 이제 본격적으로 영적 청소작업, 즉 기도를 시작할 때다. 저주를 끊기 위한 가장 중요한 기도는 *'회개'*다. 왜냐하면 저주 아래 있다는 것은 당사자든 다른 사람이든 간에 죄로 말미암아 저주가 들어오는 통로를 열어 주었기 때문이다. 그것을 하나님께 고백하고 회개하여 죄사함을 받아야 한다. 설령 당사자가 아니더라도 당사자를 대신해서 회개해야 한다. 이를 일반적으로 *'동일시 회개(혹은 대리적 고백)'* 라고 한다. *동일시 회개는 당사자가 아닌 내가 당사자를 대신하여 하나님 앞에서 당사자의 죄를 회개하는 것이다.*[43] 이러한 회개는 동시대에 일어난 일뿐만 아니라 우리의 선조들이 행한 일에 대한 회개에도 적용된다. 이 동일시 회개는 매우 성경적이며, 최근 전 세계적으로 많은 중보자들이 지역을 회복하기 위해서 동일시 회개를 하고, 그 결과로 엄청난 승리를 보고한 예들이 많이 있다.[44] 우선 성경에 나오는 동일시 회개에 대해서 몇 가지 알아보자.

> "**그들이 자기 죄와 그 열조의 죄와 및 그들이 나를 거스린 허물을 자복하고** 또 자기들이 나를 대항하였으므로 나도 그들을 대항하여 그 대적의 땅으로 끌어 갔음을 깨닫고 그 할례 받지 아니한 마음이 낮아져서 그 죄악의 형벌을 순히 받으면 내가 야곱과 맺은 내 언약과 이삭과 맺은 내 언약을 생각하며 아브라함과 맺은 내 언약을 생각하고 그 땅을 권고하리라 그들이 나의 법도를 싫어하며 나의 규례를 멸시하였으므로 그 땅을 떠나서 사람이 없을 때에 땅이 황폐하여 안식을 누릴 것이요 그들은 자기 죄악으로 형벌을 순히 받으리라"(레 26:40-43).
>
> "주여 공의는 주께로 돌아가고 수욕은 우리 얼굴로 돌아옴이 오늘날과 같아서 유다 사람들과 예루살렘 거민들과 이스라엘이 가까운데 있는 자나 먼데 있는 자가 다 주께서 쫓아 보내신 각국에서 수욕을 입었사오니 이는 그들이 주께 죄를 범하였음이니이다 **주여 수욕이 우리에게 돌아오고 우리의 열왕과 우리의 방백과 열조에게 돌아온 것은 우리가 주께 범죄하였음이니이다마는 주 우리 하나님께는 긍휼과 사유하심이 있사오니 이는 우리가 주께 패역하였음이오며 우리 하나님 여호와의 목소리를 청종**

43) '동일시 회개가 죄 지은 개인의 구원을 보장하지는 않는다. 그러나 동일시 회개를 함으로 죄의 영향력을 해결하거나 감소시킨다' (마틴 스콧, 「부흥의 씨 심기」에서).
44) 밥 베킷, 「지역을 바꾸는 기도」(예수전도단, 2002), 마틴 스콧, 「부흥의 씨 심기」(은혜출판사, 2004), 존 도우슨, 「하나님을 위하여 도시를 점령하라」(예수전도단, 2004)를 참고하라.

치 아니하며 여호와께서 그 종 선지자들에게 부탁하여 우리 앞에 세우신 율법을 행치 아니하였음이니이다"(단 9:7-10).

"말하기를 나의 하나님이여 내가 부끄러워 낯이 뜨뜻하여 감히 나의 하나님을 향하여 얼굴을 들지 못하오니 이는 우리 죄악이 많아 정수리에 넘치고 우리 허물이 커서 하늘에 미침이니이다 **우리의 열조 때로부터 오늘까지 우리 죄가 심하매 우리의 죄악으로 인하여 우리와 우리 왕들과 우리 제사장들을 열방 왕들의 손에 붙이사 칼에 죽으며 사로잡히며 노략을 당하며 얼굴을 부끄럽게 하심이 오늘날 같으니이다 … 이스라엘 하나님 여호와여 주는 의롭도소이다 우리가 남아 피한 것이 오늘날과 같사옵거늘 도리어 주께 범죄하였사오니 이로 인하여 주 앞에 한 사람도 감히 서지 못하겠나이다**"(스 9:6-15).

"가로되 하늘의 하나님 여호와 크고 두려우신 하나님이여 주를 사랑하고 주의 계명을 지키는 자에게 언약을 지키시며 긍휼을 베푸시는 주여 간구하나이다 **이제 종이 주의 종 이스라엘 자손을 위하여 주야로 기도하오며 이스라엘 자손의 주 앞에 범죄함을 자복하오니** 주는 귀를 기울이시며 눈을 여시사 종의 기도를 들으시옵소서 **나와 나의 아비 집이 범죄하여** 주를 향하여 심히 악을 행하여 주의 종 모세에게 주께서 명하신 계명과 율례와 규례를 지키지 아니하였나이다"(느 1:5-7).

위 구약의 말씀은 동일시 회개의 대표적인 예다. 그러나 우리에게 가장 와 닿는 동일시 회개는 신약의 예수님의 회개다. 바로 말씀이 육신이 되어 이 땅에 거하신 죄 없는 예수님이 죄 있는 인간을 대신해서 회개하는 놀랍고 신비로운 장면 말이다. 예수님은 죄가 없으신 분인데 왜 세례를 받으셨을까? 예수님은 이 사건을 통해서 동일시 회개를 하셨을 뿐만 아니라 자신이 죽으심으로 죄인이 죄사함을 받을 수 있는 구체적이고 외형적인 물세례와 성령세례를 예표적으로 보여 주신 것이 아닐까?

"이 때에 예수께서 갈릴리로서 요단강에 이르러 요한에게 세례를 받으려 하신대

요한이 말려 가로되 내가 당신에게 세례를 받아야 할 터인데 당신이 내게로 오시나이까 **예수께서 대답하여 가라사대 이제 허락하라 우리가 이와 같이 하여 모든 의를 이루는 것이 합당하니라 하신대** 이에 요한이 허락하는지라 예수께서 세례를 받으시고 곧 물에서 올라오실새 하늘이 열리고 하나님의 성령이 비둘기 같이 내려 자기 위에 임하심을 보시더니 하늘로서 소리가 있어 말씀하시되 이는 내 사랑하는 아들이요 내 기뻐하는 자라 하시니라"(마 3:13-17).

모든 회개는 '죄와 저주 파악하기(영적 도해)' 에 기초하여 행해져야 한다. 이러한 기도는 두리뭉실하게나 대충해서는 안 된다. 하나님은 내 마음과 문제를 알고 계시니까 이렇게 대충해도 괜찮을 거라고 생각하기가 쉽다. 분명히 말하지만 괜찮지 않다. 이런 기도는 얼굴도 들지 않고 기관총으로 표적 방향을 향해 마구잡이로 쏘는 것과 같은 기도가 아니라, 사전에 충분히 준비해서 정확하게 목표물을 조준하여 파괴하는 저격수의 기도가 되어야 한다. 따라서 '죄와 저주 파악하기' 를 얼마나 정확하게 했느냐가 이 회개기도와 다음에 설명할 '파쇄 및 대적기도' 의 성패를 가름한다. 또한, 이러한 회개기도와 뒤따르는 나머지 기도는 혼자 하는 것보다 가족과 함께 또는 구역식구들과 함께 하는 것이 좋다. 특별히 이러한 일에 경험이 있거나 하나님의 기름부으심과 은사가 있는 사람이 인도하여 함께 기도하는 것이 가장 효과적이다.

우선 '죄와 저주 파악하기' 에 기초하여 당신과 당신 가족의 죄, 나쁜 태도, 습관, 관계, 우상숭배 등을 조목조목 회개하라. 만약 장막 터를 옮겼다면 앞서 조사한 '역사적, 문화적 고찰' 을 바탕으로 작성한 '죄와 저주 파악하기' 에 기초하여 '동일시 회개' 를 하라.

회개와 동일시 회개가 끝나면, 하나님의 영광이 그곳에 임하시도록 그리고 그곳이 하나님의 나라가 되었음을 선포해야 한다. 예를 들어 "내가 예수 그리스도의 이름으로 성령님이 이곳에 임하시도록 아버지께 간구합니다. 성령님 이 곳에 당신의 영광으로 임하시옵소서! 천사를 보내 주셔서 이 곳을 보호하여 주시옵소서! 내가 이 곳에 하나님의 영광이 임하였음을 예수의 이름으로 선포하노라"고 선포하는 것이다. 하나님의 영광이 임할 때라야 비로소 우리는 하나님의 말씀으로 영적 전쟁을 벌일 수 있다.

하나님 영광의 임재를 선포했다면 이제부터 본격적으로 예수 그리스도의 이름과 주의 보혈과 성령의 능력으로 묶고, 풀고, 파쇄하는 *'저주끊기 기도와 대적하는 기도'*를 해야 한다.

> "진실로 너희에게 이르노니 무엇이든지 **너희가 땅에서 매면 하늘에서도 매일 것이요 무엇이든지 땅에서 풀면 하늘에서도 풀리리라** 진실로 다시 너희에게 이르노니 **너희 중에 두 사람이 땅에서 합심하여 무엇이든지 구하면 하늘에 계신 내 아버지께서 저희를 위하여 이루게 하시리라** 두 세 사람이 내 이름으로 모인 곳에는 나도 그들 중에 있느니라"(마 18:18-20).
>
> "그러면 **십 팔년 동안 사단에게 매인바 된 이 아브라함의 딸을 안식일에 이 매임에서 푸는 것이 합당치 아니하냐** 예수께서 이 말씀을 하시매 모든 반대하는 자들은 부끄러워하고 온 무리는 그 하시는 모든 영광스러운 일을 기뻐하니라"(눅 13:16-17).

묶는다는 것은 그곳에 거하는 사람의 죄로 인하여 들어와 자리를 잡고 있는 모든 죄악들과 악한 영들이 더 이상 영향력을 미치지 못하도록 그 세력을 묶는 것에 해당되고, 푼다는 것은 그러한 것들에 동의함으로 결국 하나님의 축복이 묶여 있었던 것을 예수님의 이름으로 풀어버림으로써 하나님의 영광과 축복이 다시 임하도록 한다는 것이다.

특별히 의도적이든 그렇지 않든 당신 혹은 다른 사람이 맺은 하나님 나라의 비합법적인 일들(우상숭배나 비밀결사 그리고 그에 해당되는 사교적인 행위, 성적 부도덕이나 간음과 낙태 등 다른 사람에게 피해를 주거나 살인이나 교살과 같은 피흘림, 언약파기나 잘못된 언약들, 세대간의 불화 등)에 대해 큰 소리로 관계를 끊고 성스럽지 못한 과거의 죄에 대한 모든 언약들을 파괴하라. 그리고 예수 그리스도의 보혈로 장소, 행위, 관계, 사람에게 덮어라. 그리고 예수의 이름으로 마귀와 더러운 귀신들에게 당신과 가족, 집 그리고 하나님이 주신 모든 것에서 떠나라고 명령하라. 당신과 그 땅이 회개하고 죄사함을 받았으므로 어떤 더러운 세력이나 악한 영도 그 장소와 거민에게 어떤 권세와 영향력도 미칠 수 없음을 예수의 이름으로 선포하라.

마지막으로 *'축복기도'*를 하라. 하나님을 찬양하고 경배하며, 이제부터는 그 땅이 저주의 땅이 아니라 축복의 땅임을 선포하라. 어떠한 죄와 죄악, 저주도 영원히 임하지 못할 것임을 선포하라. 그곳은 하나님의 자녀가 다스리고 정복한 땅임을 선포하라. 그곳에 하나님의 나라가 임했음을 선포하라. 그리고 이제부터 하나님 나라의 법칙이 그 땅과 장소를 다스릴 것을 선포하라. 야곱이 돌베개에 기름을 붓고 제사를 지낸 것처럼, 신령과 진정으로 예배를 드리라. 그리고 하나님만이 그 땅과 장소와 거민의 주인이시며 다스리실 분임을 선포하라. 마지막으로 예수님 이름으로 천사를 요청하여 지켜주시도록 하나님께 간구하라.

모든 영적 전쟁의 시작은 당신과 당신이 거하는 땅(하나님이 당신에게 준 땅) 바로 그곳에서부터 시작해야 한다. 하나님이 우리의 땅을 회복시켜 주시면 어떤 일이 일어나는지 말씀을 보라. 우리는 하나님이 우리에게 맡기신 땅을 회복하고 흙으로 메웠던 우물을 다시 파고, 생수를 길어야 한다. 그리하여 모든 사람이 그 땅에 하나님의 나라가 도래한 것을 목도하도록 해야 한다.

> "내가 너희 비를 그 시후에 주리니 **땅은 그 산물을 내고 밭의 수목은 열매를 맺을지라** 너희의 타작은 포도 딸 때까지 미치며 너희의 포도 따는 것은 파종할 때까지 미치리니 너희가 음식을 배불리 먹고 너희 땅에 안전히 거하리라 **내가 그 땅에 평화를 줄 것인즉** 너희가 누우나 너희를 두렵게 할 자가 없을 것이며 내가 사나운 짐승을 그 땅에서 제할 것이요 칼이 너희 땅에 두루 행하지 아니할 것이며 **너희가 대적을 쫓으**

리니 그들이 너희 앞에서 칼에 엎드러질 것이라 **너희 다섯이 백을 쫓고 너희 백이 만을 쫓으리니** 너희 대적들이 너희 앞에서 칼에 엎드러질 것이며 내가 너희를 권고하여 나의 너희와 세운 언약을 이행하여 너희로 번성케 하고 너희로 창대케 할 것이며 너희는 오래 두었던 묵은 곡식을 먹다가 **새 곡식을 인하여 묵은 곡식을 치우게 될 것이며**"(레 26:4-10).

"이삭이 거기서 옮겨 다른 우물을 팠더니 그들이 다투지 아니하였으므로 그 이름을 르호봇이라 하여 가로되 이제는 여호와께서 우리의 장소를 넓게 하셨으니 이 땅에서 우리가 번성하리로다 하였더라 이삭이 거기서부터 브엘세바로 올라갔더니 그 밤에 여호와께서 그에게 나타나 가라사대 나는 네 아비 아브라함의 하나님이니 두려워 말라 내 종 아브라함을 위하여 내가 너와 함께 있어 네게 복을 주어 네 자손으로 번성케 하리라 하신지라 이삭이 그곳에 단을 쌓아 여호와의 이름을 부르고 거기 장막을 쳤더니 그 종들이 거기서도 우물을 팠더라"(창 26:22-25).

H E A V E N L Y T O U C H

| 손기철 장로가 인도하는 집회 안내 |

월요 HTM
말씀치유집회

장소 | **선한목자교회 본당**(지하철 8호선 복정역 2번 출구)

일시 | **매주 월요일 저녁 7시**

말씀 · 치유 | **손기철 장로**(HTM 대표, 온누리교회 장로, 건국대 교수)

*장소와 시간은 추후 변경될 수 있으니 꼭 홈페이지에서 확인하세요.
(1년중 1월과 8월은 해외 집회 관계로 집회가 없습니다)

HTM월요말씀치유집회에서는 휠체어를 타고 왔던 성도들이 걸어다니고, 뇌출혈로 말을 못하던 사람이 다시 말하게 되고, 허리 디스크 환자가 허리를 펴서 서고, 중풍병자가 일어나 걸으며, 어린 자녀들의 아토피가 깨끗해져서 새살이 돋고, 부러진 뼈가 붙어서 집회 현장에서 깁스붕대를 풀고 돌아다니는가 하면, 목발을 짚고 집회에 왔다가 목발을 들고 집으로 돌아가는 일이 일어나고 있습니다.

HTM은 'Heavenly Touch Ministry'의 약어로 '하나님나라의 도래'와 '천국으로의 침노'를 지칭합니다. 우리는 회개함으로 구원을 받고, 우리 안에 계신 그리스도의 영(성령)으로 말미암아 하나님의 나라와 그 백성의 삶, 즉 하나님의 아름다운 덕을 나타내는 삶을 살아야 합니다. 즉, 우리는 이 땅에 도래한 하나님나라에서 그분의 뜻을 이루어가는 삶을 살아야 합니다. HTM은 말씀과 치유로 그 하나님나라를 경험할 수 있는 집회와 하나님나라를 세워갈 킹덤빌더들을 세우는 각종 훈련프로그램으로 하나님나라 백성들을 섬기는 사역단체입니다.

HTM 홈페이지 안내

www.heavenlytouch.kr

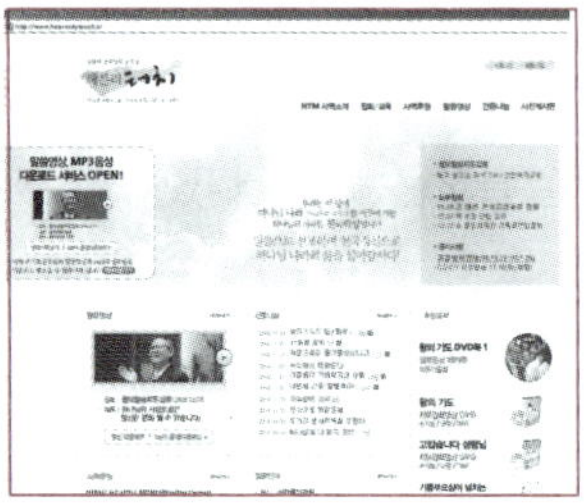

헤븐리터치미니스트리(HTM)의 홈페이지에서는 HTM에서 진행하는 모든 집회, 교육, 사역 안내와 손기철 장로의 말씀 영상을 볼 수 있으며, HTM 집회와 도서와 동영상을 통해 치유를 경험한 성도님들의 치유간증을 실시간으로 보실 수 있습니다.

특히 '간증나눔' 게시판은 오직 하나님께만 감사와 영광을 올리는 곳으로서, 이곳에 올려주시는 간증글들은 HTM사역과 은혜나눔을 위해서 귀하게 사용됩니다.

갓피플 닷컴
집회 영상, MP3 다운로드 서비스(유료)

htm.godpeople.com

전세계 어디서나, 지역과 시간을 초월하여 HTM의 집회 동영상과 손기철 장로의 말씀을 듣기 원하는 분들을 위해 집회 영상, MP3 다운로드 서비스를 실시하고 있습니다. PC는 물론 개인용 동영상 플레이어(PMP)나 MP3 플레이어를 사용해, 사용할 수 있습니다.

헤븐리 터치

www.heavenlytouch.kr GODpeople.com 검색창에 헤븐리터치 검색

전화(HTM) 02-576-0153 이메일 htm0691@naver.com 후원계좌 787201-04-069305 국민은행 헤븐리터치